Karl A. Mollnau (Hrsg.) · Probleme einer Strukturtheorie des Rechts

Staats- und rechtstheoretische Studien

15

Herausgeber:
Institut für Theorie des Staates und des Rechts
der Akademie der Wissenschaften
der Deutschen Demokratischen Republik

Karl A. Mollnau (Hrsg.)

Probleme einer Strukturtheorie des Rechts

Mit Beiträgen von

BERNHARD GRAEFRATH
MANFRED KEMPER
HERMANN KLENNER
VIKTOR KNAPP
RAINER KOITZ
KARL A. MOLLNAU
WOLFGANG SEGETH

AKADEMIE-VERLAG · BERLIN 1985

Autoren der Beiträge: Bernhard Graefrath, Abschnitt 8; Manfred Kemper/Rainer Koitz, Abschnitt 7; Hermann Klenner, Abschnitt 2; Viktor Knapp, Abschnitt 5; Karl A. Mollnau, Abschnitte 1, 3, 4.1., 4.5., 6; Wolfgang Segeth, Abschnitt 4.2., 4.3., 4.4.

Redaktionelle Bearbeitung: Ernst Weihrauch

Erschienen im Akademie-Verlag, DDR-1086 Berlin, Leipziger Straße 3—4

Lizenznummer: 202 · 100/6/85
Printed in the German Democratic Republic
Gesamtherstellung: VEB Druckerei „Thomas Müntzer“, 5820 Bad Langensalza
Umschlaggestaltung: Rolf Kunze
LSV 0425
Bestellnummer: 754 229 6 (2173/15)
01500

Inhalt

Vorwort

Strukturüberlegungen sind in der Regel an Systemüberlegungen gebunden. Beide sind für die Rechtswissenschaft nicht neu; besonders lang ist aber die Tradition der rechtswissenschaftlichen Beschäftigung mit Systemfragen. Unzweifelhaft ist die juristische Beschäftigung mit Systemfragen viel älter als die Systemtheorie. Nichtsdestoweniger erhielten aber die einschlägigen rechtswissenschaftlichen Forschungen durch das Aufkommen der Systemtheorie Impulse.[1]

Die System- und Strukturproblematik des Rechts ist in den letzten Jahren immer mehr zu einem Feld des rechtstheoretischen Parteienkampfes geworden. Eine wesentliche Ursache dafür, daß sich die bürgerliche wie die marxistisch-leninistische Rechtswissenschaft dieser Problematik verstärkt zuwenden, liegt in den aufgrund des fortschreitenden Vergesellschaftungsprozesses der Produktion komplexer gewordenen sozialen Beziehungen in den einzelnen Gesellschaften und deren Auswirkungen auf das Recht. Eine Entwicklung, die teilweise noch potenziert wird durch die intensiver werdende Wechselwirkung zwischen kapitalistischen und sozialistischen Staaten, ihre Rechtsordnungen nicht ausgenommen.

Das Anliegen des vorliegenden Bandes wäre gründlich mißverstanden, würde es als Plädoyer für eine selbständige, außerhalb der marxistisch-leninistischen Rechtstheorie stehenden Strukturtheorie des Rechts aufgefaßt werden. Es soll vielmehr auf einen Frage- und Aussagebereich der Rechtstheorie aufmerksam gemacht werden, in dem forschungsstrategisch wichtige Aufgaben der Lösung harren. Von Strukturtheorie des Rechts wird hier in dem Sinne gesprochen, wie bereits von „Rechtsbildungstheorie" oder „Wirkungstheorie des Rechts" die Rede ist.

Mit dem vorliegenden Band sollen Überlegungen zu einigen theoretischen Eckpunkten einer Strukturtheorie des Rechts zur Debatte gestellt werden. Es geht darum, auch die strukturtheoretischen Analysen des Rechts in der Gesellschaftstheorie des historischen Materialismus zu verankern. All denen, die die Rechtsstruktur nur als eine erkenntnistheoretisch-logische Kategorie ansehen oder vorgeben, die Rechtsstruktur aus präpositiven Rechtsebenen ablesen zu können, wird damit von vornherein eine Absage erteilt. Mit dieser Arbeit setzt der Bereich Rechtstheorie des Akademie-Instituts seine Bemühungen fort, den sozialtheoretischen Ansatz in der Rechtstheorie systematisch zu entfalten und weitere Bausteine für eine materialistische und dialektische Theorie der rechtlichen Regelung gesellschaftlicher Verhältnisse zu liefern.

[1] Hierzu: D. A. Kerimow, Philosophische Fragen des Rechts, Berlin 1975, S. 199ff.

Wie schon der in dieser Schriftenreihe als Band 13 erschienene Titel „Probleme einer Rechtsbildungstheorie“, so möchte auch diese Monographie theoriebildende Impulse geben. Grundlagentheoretisches steht deshalb im Vordergrund, jedoch nicht ohne praktischen Bezug. Die vorgetragenen Überlegungen haben entweder die strukturelle Optimierung des sozialistischen Rechtssystems als Komponente seiner Effektivität oder die ideologische Auseinandersetzung im Auge.

Sowohl der zur Verfügung stehende Umfang des Bandes wie der Stand der Forschungen geboten es, sich bei der Problemwahl zu beschränken, wobei allerdings sicherzustellen war, daß die angestrebte strukturtheoretische Gesamtkonzeption in ihrer Grundlinie vorgestellt wird. Unter diesem Gesichtspunkt ist auch die Behandlung von strukturellen Problemen des Völkerrechts zu sehen. Rechtstheoretische Überlegungen können wohl kaum noch länger angestellt werden, wenn sie nur auf innerstaatliche Rechtssysteme gestützt werden. Für die Abrundung der Gesamtkonzeption sind ferner die Querverbindungen zwischen der Strukturtheorie des Rechts und der allgemeinen Normentheorie unerläßlich; unter einigen Aspekten werden sie im 4. Abschnitt dargelegt.

Die in der Natur der Sache liegenden Schwierigkeiten strukturtheoretischer Analysen des Rechts werden gegenwärtig vermehrt durch sehr unterschiedliche Auffassungen über das, was die Elemente des Rechtssystems sind und welche Relationen zwischen ihnen bestehen. Wie das V. Berliner Rechtstheoretische Symposium zeigte, betreffen diese Kontroversen besonders die Rechtsnormstruktur und die strukturelle Gliederung des sozialistischen Rechtssystems in Rechtszweige.[2] Die vorliegende Arbeit sollte daher auch bewußt von einigen dieser unterschiedlichen Auffassungen nicht freigehalten werden. Mehr noch: Ihrem theoriebildenden und grundlagentheoretischen Anliegen entsprechend, werden verschiedene Zugänge bei der Lösung von strukturellen Details dem wissenschaftlichen Streit der Meinungen offeriert.

Ein derartiges Vorgehen erschien angebracht, um nicht schon am Forschungsbeginn die Lösung struktureller *Detail*probleme des Rechts auf eine Blickrichtung einzuengen. Dieses Vorgehen wird nur der mißverstehen, der das Risiko des neuen wissenschaftlichen Gedankens scheut und den Meinungsstreit nur allzugern deshalb führt, um das bestätigt zu bekommen, was er gestern bereits gedacht hatte.

Karl A. Mollnau

---

[2] Siehe K. A. Mollnau (Hrsg.), Struktur- und Systemgestaltung des sozialistischen Rechts und ihr Einfluß auf dessen Effektivität. Materialien des V. Berliner Rechtstheoretischen Symposiums, Berlin 1984.

1. Statt einer Einleitung: Marginalien zur Formfrage des Rechts

> Die Differenz zwischen der Wirklichkeit und ihrer rechtlichen Reproduktion ist die Stelle, wo Form statthat.
> (Frei nach: Peter Hacks, Die Maßgaben der Kunst, Berlin 1978, S. 97.)

So wenig von der materiellen Bedingtheit des Bewußtseins, von seiner sekundären, abgeleiteten Natur auf dessen Zweitrangigkeit in der Entwicklung der Gesellschaft und bei ihrem Funktionieren geschlossen wird, so wenig sollten Formfragen des Rechts — bloß weil sie ebenfalls abgeleiteter Natur sind — an die zweite Stelle gerückt werden. Zu den Elementarerfahrungen der Rechtsgeschichte gehört es, daß für jeden klassenmäßig konkret bedingten Rechtsinhalt im großen wie im kleinen die ihm gemäße Form gefunden werden muß. Jede Rechtsbildung steht deshalb vor der Doppelaufgabe, sowohl ein Recht zu schaffen, dessen Inhalt den gesellschaftlichen Erfordernissen angemessen ist, wie dem Rechtsinhalt solche Form zu geben, die ihm entspricht. Wenn auch das Recht primär über seinen Regelungs*inhalt* auf das Verhalten der Gesellschaft und ihrer Mitglieder einwirkt, unabhängig von der Form des Rechts geschieht dies nicht. Mehr noch: Auch die Form des Rechts kann einen mehr oder weniger relevanten Beitrag zu seiner Funktionstüchtigkeit und Effektivität leisten. So ist es beispielsweise eine Trivialerkenntnis, daß logische Widersprüche im Recht seiner Wirksamkeit abträglich sind. Oder: Unverständlich formuliertes Recht schmälert seinen Anwendungserfolg und bedarf in der Regel eines großen Interpretationsaufwandes. Zwischen Inhalt und Form des Rechts gibt es eine dialektische Wechselwirkung. Bei Dominanz des Inhalts wirkt die Form auf ihn zurück; sie kann seine allgemein verbindliche Durchsetzung erleichtern oder erschweren.

Diese Einsicht läßt sich die marxistisch-leninistische Rechtstheorie weder durch bestimmte formalistische bürgerliche Rechtskonzeptionen noch durch konvergenztheoretische Behauptungen von einer vermeintlichen Formähnlichkeit bestimmter Prozesse, die sich angesichts der wissenschaftlich-technischen Revolution in der bürgerlichen wie in der sozialistischen Rechtsordnung vollziehen, verstellen. Die marxistisch-leninistische Rechtstheorie entstand in scharfer Konfrontation gegenüber all den vorproletarischen Rechtsauffassungen, die die juristische Form anhimmelten und darüber die ökonomische Abstammung des Rechts und seinen sozialen Inhalt vergaßen. Dies führte aber nicht dazu, daß sie den sozialen Inhalt anhimmelt und darüber die juristische Form vergißt.

Die marxistische Rechtskonzeption ermöglicht aufgrund ihres sozialtheoretischen Ansatzes eine der Vielseitigkeit ihres Gegenstandes angemessene Rechtsbetrachtung; ihr ist es fremd, das Recht entweder um seinen historisch-genetisch-inhaltlichen Aspekt oder um seinen systematisch-strukturell-formellen Aspekt verkürzt zu betrachten. Hierin liegt zugleich einer ihrer entscheidenden weltanschaulichen und wissenschaftstheoretischen Differenzpunkte zur bürgerlichen Rechtsphilosophie, die sich heute mehr denn je dem Außenstehenden als ein Wirrwarr von scheinbar unterschiedlichen, ja sogar teilweise logisch entgegengesetzten Schulen darbietet, die in Wirklichkeit aber allesamt davon leben, daß sie das Recht von reduktionistischen wissenschaftstheoretischen Ansätzen her betrachten. Je nachdem, ob mehr inhaltliche oder formale Aspekte des Rechts favorisiert werden, schwankt das bürgerliche rechtsphilosophische Grundlagendenken zwischen sogenannten materialen und formalen Rechtslehren hin und her. Hier liegt — nebenbei gesagt — eine der erkenntnistheoretischen Wurzeln für die ideologisch nicht wenig wirksame Doppelgesichtigkeit des bürgerlichen Rechtsdenkens: Pluralität in der Erscheinung bei gleichzeitiger Komplementarität im Klassenwesen und in der Klassenfunktion.

Als Beispiel des Schwankens zwischen sogenannten materialen und formalen Rechtslehren sei auf die fast ein jahrhundertlang geführte innerbürgerliche Kontroverse zwischen dem Naturrechtsdenken und dem Rechtspositivismus verwiesen. Aber auch nachdem diese Divergenz zwischen beiden Strömungen in den 60er Jahren eingeebnet wurde, bemüht man sich heute vor dem Hintergrund eines wachsenden weltanschaulichen Irrationalismus um eine Kontrastierung zwischen der Wertungsjurisprudenz und solchen Richtungen wie der Topik, der Rechtslinguistik, der systemstrukturellen Rechtslehre usw. Man erinnert sich, wie bemerkt wurde, der Verbindung zwischen Wert- und Wehrhaftigkeit.[1]

Doch selbst jene bürgerlichen Schulen, die zu den materialen Rechtslehren zu zählen sind, decken natürlich den Klasseninhalt des Rechts nicht auf. Denn gleichgültig, ob mehr material oder formal orientiert, die Grundfunktion des herrschenden Rechtsdenkens in Ausbeutergesellschaften bleibt davon unberührt: Die Verschleierung des Klasseninhalts des Ausbeuterrechts ist eine Bedingung seiner Funktionsfähigkeit.

Die Wesenserkenntnis des Rechts, die Einsicht in seinen Inhalt, konnte nur dort und dann einsetzen, wo soziale Kräfte auf den Plan traten, die aufgrund ihrer sozialen Lage auch das Recht so betrachten konnten, wie es wirklich ist, und nicht tatsächliche oder vermeintliche Erkenntnisse über die Form des Rechts als Erkenntnisse über dessen Inhalt ausgeben mußten. Ein Erkenntnisinteresse an der Bloßlegung von Wesen und Inhalt des Rechts entstand weit später, als die Herausbildung beider in der Wirklichkeit vor sich gegangen war. Einsichten in bestimmte Seiten dieses gesellschaftlichen Phänomens wurden in der Regel in der Geschichte der Rechtsphilosophie von Rechtsdenkern der jeweils aufstrebenden Klassen gewonnen. Als die Arbeiterklasse auf den Plan der Geschichte trat, konnte auch das Recht, wie alle anderen sozialen Erscheinungen, ohne jede Klassenschranke betrachtet werden.

Die Betonung, wonach die marxistische Rechtskonzeption Inhalt und Form des Rechts als Einheit sieht, heißt nicht, daß in der Geschichte der marxistischen Rechts-

---

[1] Vgl. P. Schneider, Rezension zu J. J. van der Ven, Jus humanum, Frankfurt a. M. 1981, in: Archiv für Rechts- und Sozialphilosophie, Wiesbaden (im folgenden: ARSP), 3/1982, S. 424.

theorie beide Aspekte immer mit gebührender oder gleicher Aufmerksamkeit behandelt wurden; aber es heißt auch nicht, daß beide Aspekte immer mit gleicher Aufmerksamkeit behandelt werden müssen.

So hat der alte Engels verschiedentlich darauf hingewiesen, Marx und er hätten in ihrer Arbeit zunächst das Hauptgewicht auf die Ableitung des Rechts aus den ökonomischen Grundtatsachen legen müssen und dabei die formelle Seite über der inhaltlichen vernachlässigt.[2] Außerdem ist in Betracht zu ziehen, daß Marx und Engels, vor allem aber Marx, das juristische Recht weniger untersuchten als die geschichtliche Berechtigung, die gesellschaftliche Zustände haben.[3] Auch in dieser Sicht mußte zwangsläufig die Formfrage des Rechts, die ja zu seiner Spezifik, zu seiner Natur gehört, in den Hintergrund treten. Dennoch gibt es aber auch bei Marx und Engels wichtige Hinweise zu dieser Frage des Rechts. Dazu gehören:

a) die Tatsache, daß bestimmten ökonomischen Beziehungen entsprechendes Recht in verschiedenen Formen zum Ausdruck gebracht werden kann;[4]
b) das Auftreten neuer Rechtsinhalte in alten Formen;[5]
c) die Möglichkeit des Fortbestehens („Forterbens") von rechtlichen Regelungen nur ihrer Form nach; solche Regelungen sind dann nicht mehr herrschend, sondern existieren nur noch nominell;[6]
d) die Anerkennung der Rechtssprache als einer spezifischen Sprachsphäre;[7]
e) die Notwendigkeit logischer Widerspruchsfreiheit im Rechtssystem.[8]

Es soll aber auch nicht bestritten werden, daß der Formaspekt des Rechts infolge einseitiger oder irrtümlicher Forschungsprämissen bisweilen in der marxistisch-leninistischen Rechtswissenschaft an den Rand gedrängt oder gar völlig eliminiert wurde. In der Geschichte der DDR-Rechtswissenschaft war dies Ende der 50er und in den 60er Jahren weitgehend der Fall, als dem Recht seine spezifische Natur streitig gemacht wurde.

Eine Formanalyse des Rechts, auf dialektisch-materialistischer Grundlage durchgeführt, hat weder etwas mit formalistischer Rechtsauffassung zu tun, noch ist sie verwandt mit formeller Rechtsbetrachtung bürgerlicher Art. Das ideologische Problem liegt nicht darin, daß im bürgerlichen Rechtsdenken auch Formanalysen betrieben werden, sondern darin, daß diese Formanalysen inhaltsentleert vorgenommen werden und daß dies in solchen Strömungen, wie der Reinen Rechtslehre Kelsens oder der Analytischen Jurisprudenz Harts, zum entscheidenden konzeptionellen Eck- und Ausgangspunkt gehört.

Daß sich auch die marxistisch-leninistische Rechtstheorie bei der Formanalyse des Rechts bestimmter Instrumente, wie z. B. der Logik, bedienen muß, die per definitionem und von ihrem Wesen her gar nicht den Inhalt des Rechts erfassen wollen und können, liegt auf einer anderen Ebene. Zutreffend ist denn auch bemerkt worden, so wie die

---

[2] Vgl. K. Marx/F. Engels, Werke (im folgenden: MEW), Bd. 29, S. 96; Bd. 37, S. 490ff.
[3] Vgl. MEW, Bd. 21, S. 501.
[4] Vgl. ebenda, S. 301.
[5] Vgl. ebenda.
[6] Vgl. MEW, Bd. 3, S. 312.
[7] Vgl. ebenda, S. 26; Bd. 21, S. 458.
[8] Vgl. MEW, Bd. 37, S. 491.

Aussagenlogik gleichermaßen auf Marx' „Kapital" *und* auf Thomas von Aquins „Summa theologiae" anwendbar sei, so sei auch die Normenlogik auf sozialistisches wie auf kapitalistisches Recht anwendbar.[9] Und wieder auf einer anderen Ebene liegen die Versuche bestimmter bürgerlicher Rechtstheoretiker, unter Hinweis auf logische und andere formale Beziehungen, den Klassencharakter des Rechts zu verwischen. Sie können nur zurückgewiesen werden; nie dürfen sie aber Grund dafür sein, sich nicht mit Formproblemen des Rechts in der marxistisch-leninistischen Rechtswissenschaft gebührend zu beschäftigen oder dabei auf die Erkenntnisse der Logik und andere, ähnliche Wissenschaften zu verzichten.

Die Beachtung des wechselseitigen Zusammenhangs zwischen Inhalt und Form in der sozialistischen Rechtsentwicklung ist in den rechtspolitischen Forderungskatalogen der marxistisch-leninistischen Parteien sowie in der Rechtspolitik der sozialistischen Staaten mehrfach artikuliert worden.

Wenn Lenin bald nach der Machtergreifung des Proletariats auf dem VIII. Parteitag der Bolschewiki davon sprach, die Dekrete der Sowjetmacht müßten als Aufrufe, als Instruktionen zum praktischen Handeln für Millionen Werktätige aufgefaßt werden,[10] dann lag in dieser Feststellung unausgesprochen die Aufforderung, den Dekreten eine solche Form zu geben, die ihrem Wesen und ihrer Funktion förderlich ist.

Auch in seiner praktischen gesetzgeberischen Tätigkeit als Vorsitzender des Rates der Volkskommissare legte Lenin großen Wert auf die Form und den Stil der Dekrete der jungen Sowjetmacht; deshalb kümmerte er sich — trotz seiner enormen anderweitigen Arbeitsbelastung — auch um die Abfassung der Gesetze.[11] Allein aus der Periode von Oktober 1917 bis Anfang März 1918 sind von Lenin persönlich geschriebene Manuskripte von 47 Beschlußentwürfen des Rates der Volkskommissare erhalten; 36 Dekretentwürfe hat Lenin in dieser Zeit außerdem korrigiert. Lenin wußte die Präzision der Rechtssprache zu schätzen. Er strebte nach Gemeinverständlichkeit der Dekrete, aber diese durfte nicht im Widerspruch zu rechtswissenschaftlichen Erkenntnissen stehen und auch nicht auf deren Kosten gehen. Wie Lunatscharski zu berichten weiß, hatte Lenin — er war ja selbst Jurist — eine Leidenschaft für Formulierungen juristischen Typs. Zu dieser oder jener rechtlichen Formel verhielt er sich wie zu einem echten wissenschaftlichen Wert, wie zu einem großen Geistesgewinn.[12]

Da Lenin um die Bedeutung juristischer Formfragen in dem auch mit Hilfe des Rechts geführten Klassenkampf wußte, maß er der Regelung auch bestimmter prozeduraler Fragen der Rechtsbildung die notwendige Beachtung schon frühzeitig bei. So geht beispielsweise auf seine Initiative das Dekret des Rates der Volkskommissare über die Ordnung der Bestätigung und Veröffentlichung von Gesetzen (29. Oktober 1917) zurück.[13]

---

[9] Vgl. H. Klenner, Rechtsnormstruktur, in: Probleme der Rechtsnormtheorie, Leipzig 1980, S. 104 (Schriftenreihe Methodologie der marxistisch-leninistischen Rechtswissenschaft, 8).

[10] Vgl. W. I. Lenin, Werke (im folgenden: LW), Bd. 29, S. 195.

[11] Vgl. I. M. Stepanow/W. S. Orlow, Lenin und die Anfänge der Sowjetgesetzgebung, in: Neue Justiz (im folgenden: NJ), 16/1977, S. 529ff.

[12] Vgl. A. V. Lunačarskij, Čelovek novogo mira, Moskva 1976, S. 50.

[13] Dekrety sovetskoj vlasti, Bd. 1, Moskva 1957, S. 29/30.

Wenn Lenin dem Formaspekt des sozialistischen Rechts keinen geringen Stellenwert zubilligte, so lag dem nicht zuletzt die Einsicht in die ideologische Natur des Rechts zugrunde. Die Stärke des sozialistischen Rechts besteht wesentlich in seiner Verankerung im Bewußtsein der Masse der Arbeiterklasse und ihrer Verbündeten; das sozialistische Recht bewirkt nur etwas beim Aufbau einer neuen Gesellschaft, wenn es die Werktätigen selbst benutzen, um ihr Handeln zu organisieren. Aber dies ist nur möglich, wenn der Inhalt des Rechts nicht realitäts- und interessenfern ist und zudem in einer angemessenen Form seinen Ausdruck gefunden hat. Zwischen bewußter Einhaltung und Anwendung des sozialistischen Rechts durch die Bürger sowie durch die gesellschaftlichen und staatlichen Organe und bewußter gesetzgeberischer Gestaltung sowohl des Inhalts als *auch* der Form des Rechts gibt es unmittelbare Beziehungen.

Die ideologische Natur des sozialistischen Rechts, seine Rolle im Bildungs- und Veränderungsprozeß des gesellschaftlichen, kollektiven und individuellen Bewußtseins in der sozialistischen Gesellschaft gewinnen um so mehr an Gewicht, je höher die Stufe ist, auf der die bewußte Gestaltung dieser Gesellschaft möglich und notwendig wird. In der entwickelten sozialistischen Gesellschaft und bei ihrer Gestaltung wird dies besonders augenscheinlich. Mehr denn je praktisch relevant wird aber auch die Notwendigkeit, die gesellschaftliche Wirksamkeit des sozialistischen Rechts zu verbessern, was wiederum ohne breite Entfaltung seiner ideologischen Rolle nicht zu bewerkstelligen ist.

Hier scheint uns ein wesentlicher Punkt zu sein, von dem aus die Aufmerksamkeit auf Probleme der Formgestaltung des sozialistischen Rechts heute und in absehbarer Zukunft zu richten ist, und zwar aus rechtspolitischen Gründen. Folgerichtig war es denn auch, wenn die KPdSU, die SED und die marxistisch-leninistischen Parteien anderer sozialistischer Staaten ihre programmatischen Forderungen zur Entwicklung der Rechtserziehung mit Hinweisen für konkrete Maßnahmen zur optimalen Formgestaltung des sozialistischen Rechts flankierten.

So regte der XXV. Parteitag der KPdSU an, das geltende Recht in einem Gesetzbuch des Sowjetstaates zu systematisieren; ein Vorschlag, der ausdrücklich mit der Erwartung versehen wurde, ein solches Gesetzbuch würde allen sowjetischen Bürgern die Gesetze zugänglicher machen.[14] Die hierzu gefaßten gemeinsamen Beschlüsse des ZK der KPdSU, des Präsidiums des Obersten Sowjets und des Ministerrates der UdSSR aus dem Jahre 1976 und 1978[15] machen mit Nachdruck deutlich, daß es sich bei dem Gesetzbuch des Sowjetstaates nicht um eine gewöhnliche Bestandsaufnahme der Allunionsgesetzgebung handelt, sondern um ein Unternehmen zur rationelleren Formgestaltung des sowjetischen Rechts; vor allem sollen sein System und seine Struktur optimiert werden. Deshalb ist u. a. eine Systematisierung des Rechts auf der Grundlage überarbeiteter Zweigkodifikationen vorgesehen.

Der VIII. Parteitag der SED verlangte von den rechtsetzungsbefugten Organen, Gesetze und andere Normativakte so zu gestalten, daß sie für den Bürger überschaubar und

---

14 Vgl. Rechenschaftsbericht des ZK der KPdSU und die nächsten Aufgaben der Partei in der Innen- und Außenpolitik, Berichterstatter: L. I. Breshnew, Berlin 1976, S. 101.

15 Die betreffenden Beschlüsse sind veröffentlicht in: Vedomosti verchovnogo soveta SSSR (Moskva), 37/1976, St. 515, S. 607/608; ebenda, 15/1978, St. 239, S. 187—192.

verständlich sind.[16] Die Forderung des Parteiprogramms der SED, die sozialistische Rechtsordnung entsprechend dem Reifegrad der sozialistischen Gesellschaft planmäßig auszubauen,[17] bezieht sich also auch auf die Form des Rechts.

Der Rechtsinhalt steht dann erst völlig im Einklang mit der Gesellschaftsentwicklung, wenn er seine entsprechende Form gefunden hat. Auch der sozialistische Rechtsinhalt ist nicht formlos, sondern formbestimmt. Auch dem sozialistischen Recht ist die Form nichts Äußerliches. Es ist darum unnötig, wie schon Hegel bemerkte, dem konkreten Inhalt den Formalismus äußerlich anzutun; jener ist an ihm selbst, das Übergehen in diesen, der aber aufhört, dieser äußerliche Formalismus zu sein, weil die Form das einheimische Werden des konkreten Inhalts selbst ist.[18]

Die Form des Rechts zu vernachlässigen, ist theoretisch eine besondere Variante, die Spezifik des Rechts zu untergraben oder zu negieren; praktisch führt sie oft zum Rechtsnihilismus mit all seinen Folgen für die Rechtssicherheit und Gesetzlichkeit. Ein Beleg für diesen Zusammenhang ist der unter der Flagge des Kampfes gegen die Begriffsjurisprudenz segelnde Antiformalismus der Interessenjurisprudenz und der Freirechtsschule, der nichts anderes war als ein ideologisches Vorausgefecht zum Bruch der bürgerlichen Gesetzlichkeit durch den Imperialismus in großem Stil.[19]

Was die Rechtsetzungspraxis der DDR angeht, so schenkt sie Fragen der formellen Gestaltung des Rechts wachsende Aufmerksamkeit; die einschlägigen Ergebnisse sind besonders an den beiden großen Kodifikationen der 70er Jahre, dem Zivilgesetzbuch (ZGB) und dem Arbeitsgesetzbuch (AGB), ablesbar. In der Rechtsetzungsordnung vom 25. Juli 1980 (GBl. Sonderdruck Nr. 1056) wird ebenfalls auf die formelle Gestaltung des Rechts eingegangen (§§ 14, 15); allerdings geschieht dies sehr lapidar.

Aufgabe der Rechtswissenschaft ist es, die vorliegenden Erfahrungen nicht nur zu reflektieren, sondern auch kritisch zu bewerten und weiterführende theoretische Grundlagen zu schaffen. Die Form des sozialistischen Rechts heute rechtstheoretisch zu analysieren, kann nicht heißen, die Beziehung zwischen Inhalt und Form des sozialistischen Rechts bloß kategorial erfassen zu wollen und die entsprechenden Lehrbuchpassagen zu erweitern, obwohl dies auch nötig ist.[20] Außerdem gehen die Standpunkte über das, was Inhalt und was Form, was Wesen und was Erscheinung des Rechts ist, weit auseinander.

---

[16] Vgl. Bericht des ZK an den VIII. Parteitag der SED, Berichterstatter: E. Honecker, Berlin 1971, S. 67.

[17] Vgl. Programm der Sozialistischen Einheitspartei Deutschlands, Berlin 1976, S. 43.

[18] Vgl. G. W. F. Hegel, Werke, Bd. 2, Berlin 1840, S. 53.

[19] Dies wurde teilweise von bürgerlichen Juristen selbst erkannt; so im Vortrag von Fritz Berolzheimer auf dem II. Weltkongreß der IVR 1911: „Die Gefahren einer Gefühlsjurisprudenz in der Gegenwart“, in: ARSP, 4/1910/11, S. 595—610.

[20] Der sehr knappe Abschnitt im Lehrbuch Marxistisch-leninistische Staats- und Rechtstheorie, 3., bearb. Aufl., Berlin 1980 (im folgenden: Theorie-Lehrbuch), S. 108, enthält zudem noch einen groben sinnentstellenden Druckfehler. Die Aussage, wonach „das Recht einen letztlich materiellen Inhalt“ habe, „der in einer entsprechenden Form in Erscheinung“ trete, muß richtig lauten, daß „das Recht einen letztlich materiell *bedingten* Inhalt“ hat, „der in einer ...“ (usw.).

Doch wie dem auch sei, noch dringlicher ist etwas anderes: Gefragt und gefordert ist die Ausarbeitung theoretischer Grundlagen für Empfehlungen zur praktischen Formgestaltung des sozialistischen Rechts. Es geht um Regeln, die in der Rechtsbildung, vor allem in der Rechtsetzung, angewandt werden können, damit eine möglichst gute Formqualität des sozialistischen Rechts zustande kommt. Kurzum, es geht um das, was traditionellerweise als Gesetzgebungstechnik bezeichnet wird,[21] was aber eigentlich nichts Technisches ist, weshalb wir hier auf den Gebrauch des Begriffs „Gesetzgebungstechnik" verzichten und treffender von „legistischen Regeln", „legistischen Postulaten" oder „Rechtsbildungsregeln" sprechen. Überdies erscheint der Begriff „Gesetzgebungstechnik" nicht geeignet, gerade das qualitativ Neue abzudecken, das den Inhalt von Rechtsbildungsregeln in der sozialistischen Gesellschaft ausmacht.

So impliziert beispielsweise der Prozeß, in dem das Recht, vor allem aber seine Bildung, immer mehr selbst zum Objekt der bewußten politischen Leitung wird — denn das Recht ist nicht nur ein Instrument der bewußten Gesellschaftsgestaltung im Sozialismus, auch die Produktion von Recht bedarf der bewußten Leitung —, planerische Maßnahmen im Bereich der Rechtsetzung; auch hierzu bedarf es entsprechender Regeln.

Dies ist kein Vorwurf gegen die Auffassungen, was Gegenstand einer Gesetzgebungstechnik zu sein habe, denn die Bestrebungen, die Rechtsetzung zu planen, sind ja relativ jung. Hier ist zwar nicht der Ort, Überlegungen über die Planbarkeit der Gesellschaft und der Rechtsentwicklung sowie über die Wechselbeziehungen zwischen beiden anzustellen; indes vereinfacht wird diese Problemlage, wenn behauptet wird, die Planmäßigkeit der Rechtsetzung — sie setzt ja deren Planbarkeit und Geplantsein voraus — sei ein Wesensmerkmal des sozialistischen Rechts und erfolge daher von Beginn der sozialistischen Revolution an.[22] Dies scheint uns ein Fall puren rechtstheoretischen Deduktionismus zu sein; jedenfalls ist als Faktum zunächst zur Kenntnis zu nehmen, daß in der Geschichte des sozialistischen Rechtstyps die Planung der Rechtsetzung erst zu Beginn der 70er Jahre praktisch akut wurde. Dafür gibt es Gründe; es wäre in jedem Falle absurd, dem sozialistischen Recht der Übergangsperiode seine wesensmäßige Zugehörigkeit zum sozialistischen Rechtstyp abzusprechen, weil die Rechtsetzung zu jener Zeit nicht geplant war; genauso absurd wäre es aber auch, die anlaufende Planungspraxis auf dem Gebiet der Rechtsetzung nach hinten zu extrapolieren.

Die Ausarbeitung und der Erlaß legistischer Regeln sind in der sozialistischen Gesellschaft Ausdruck einer Entwicklung, deren Ziel es ist, auch die Bildung der Normen des menschlichen Zusammenlebens, die das Tun und Lassen der Menschen millionenfach beeinflussen oder bestimmen, in stets steigendem Maße der bewußten, planmäßigen Gestaltung zu unterwerfen. Das kann man allerdings von den ebenfalls

---

[21] D. A. Kerimow (Fragen der Gesetzgebungstechnik, Berlin 1958, S. 16) versteht unter Gesetzgebungstechnik „die Gesamtheit der Regeln, die auf Grund historischer und praktischer Erfahrungen herausgebildet worden sind und die sich darauf beziehen, wie Rechtsinstitute, Rechtsnormen und Artikel der Rechtsakte zu bilden und zu fassen sind, damit die Formen, in denen die Gesetzgebung zum Ausdruck gelangt, möglichst vollkommen sind".

[22] So T. Schönrath, Zur Planmäßigkeit der sozialistischen Rechtsetzung, in: Rechtswissenschaft und Gesetzgebung, Berlin 1983, S. 19 (Abhandlungen der Akademie der Wissenschaften der DDR, W 2).

in den letzten Jahren erlassenen Rechtsetzungsordnungen in verschiedenen bürgerlichen Staaten, wie z. B. Österreich, der Schweiz und der BRD, nicht sagen, denn diese Ordnungen bewegen sich im engen Rahmen traditionell gesetzgebungstechnischer Fragen, ja, zum großen Teil behandeln sie bloß Dinge der sprachlichen Gestaltung von Rechtsnormen. So wird detailliert verordnet, wie Abkürzungen zu gebrauchen, andere Vorschriften zu zitieren und Überschriften zu wählen sind. Von den 103 Einzelanweisungen der legistischen Richtlinien des österreichischen Bundeskanzleramtes von 1979 sind fast die Hälfte Vorschriften zur sprachlich-formalen Gestaltung des Rechts.[23]

Um nicht falsch verstanden zu werden: Natürlich kann eine theoretische Formanalyse des Rechts nicht allein die kognitive Basis für Rechtsbildungsregeln abgeben, dazu ist auch die Rechtsbildungs- und Wirkungstheorie sowie, nicht zuletzt, die Wesenstheorie des Rechts erforderlich. Dies folgt schon aus der eingangs erörterten Abhängigkeit der Form des Rechts von seinem Inhalt.

Wenn weiter oben gesagt wurde, in der Rechtsetzungsordnung der DDR seien die Regeln zur Formgestaltung nur lapidar ausgefallen, so ist dies nach unserem Dafürhalten auch ein Indiz für ungenügenden rechtswissenschaftlichen Forschungsvorlauf auf diesem Gebiet. Die Dissertationen, die zur Formanalyse des sozialistischen Rechts in den letzten 30 Jahren geschrieben wurden, lassen sich an den Fingern einer Hand abzählen; die bereits erwähnte Schrift von Kerimow erschien vor mehr als 25 Jahren!

Bestimmung und Verwendungsweise des Begriffs Form des Rechts (= Rechtsform) sind, wie schon angedeutet, nicht einheitlich in der marxistisch-leninistischen Rechtstheorie.[24] Da dieser Begriff dem Begriff Rechtsinhalt korrelativ zugeordnet ist, hängen in der Regel seine Benutzung und Bestimmung von jener des Begriffs Rechtsinhalt ab. So wird mitunter das Recht schlechthin als Form bestimmter Klassenverhältnisse, namentlich bestimmter ökonomischer Verhältnisse angesehen. In dieser Version verfügt das Recht über keinen relativ selbständigen Inhalt; er ist dann nichts Volitives, nichts Ideologisches, sondern etwas Faktisches. In einer anderen Deutung wird das Verhalten der Mitglieder von Klassengesellschaften als Inhalt und die Rechtsnorm als Form des Rechts angesehen. Paschukanis benutzte den Begriff Rechtsform sogar, um das Recht in seiner Spezifik gegenüber anderen gesellschaftlichen Erscheinungen zu erfassen. So etwa, wenn er von der Gegensätzlichkeit privater Interessen als Voraussetzung und realer Ursache der Rechtsform sprach.[25]

Die nicht auflösbare Abhängigkeit der Form des Rechts von seinem Inhalt verweist theoretisch auf den Umstand, daß die Antworten, die auf Formfragen des Rechts

---

[23] Vgl. H. Kindermann, Entwicklungsstand legistischer Richtlinien im deutschen Sprachraum, in: Th. Öhlinger (Gesamtredaktion), Methodik der Gesetzgebung, Wien—New York 1981, S. 212.

[24] Vgl. hierzu etwa: Marxistisch-leninistische allgemeine Theorie des Staates und des Rechts, Bd. 1, Berlin 1974, S. 90, 274ff.; A. F. Šebanov, Forma sovetskogo prava, Moskva 1968, S. 105ff.; D. A. Kerimov, Philosophische Probleme des Rechts, Berlin 1977, S. 161/162; W. A. Kutschinski, Persönlichkeit — Freiheit — Recht, Berlin 1980, S. 47ff.; S. S. Alekseev, Struktura sovetskogo prava, Moskva 1975, S. 87ff.

[25] Vgl. E. Paschukanis, Allgemeine Rechtslehre und Marxismus, Wien—Berlin 1929, S. 55; Neuaufl., Frankfurt a. M. 1969.

gegeben werden, sehr direkt von der Rechtskonzeption, vom Begriff des Rechts beeinflußt sind. Die unterschiedlichen Standpunkte, die es zur Formfrage des Rechts in der marxistischen Rechtstheorie gab und gibt, sind deshalb in vieler Hinsicht Ausläufer von Unterschieden und Nuancierungen, die sich auf die Bestimmung des Rechtsbegriffs beziehen. Da gegenwärtig in der marxistischen Rechtstheorie erneut um den Rechtsbegriff diskutiert wird, soll hier zu einigen Punkten, die für die theoretische Fundierung der Problemstellung dieser Schrift von Interesse sind, kurz Flagge gezeigt werden.

Logisch gesehen, geht es bei der gegenwärtigen Diskussion um den Rechtsbegriff um dessen extensionale Seite; soziologisch geht es aber um die klarere Bestimmung des Platzes des Rechts *innerhalb* der Gesellschaft, vor allem innerhalb der sozialistischen Gesellschaft. Es ist dies also kein Problem der Wechselwirkung zwischen Recht *und* Gesellschaft — diese Wendung scheint uns überhaupt unscharf zu sein, denn sie könnte den Eindruck suggerieren, das Recht sei nicht Teil der Gesellschaft, sondern nur, wenn auch kausal, mit ihr verbunden —; es ist vielmehr eine Frage der Kausal- und Funktionalbeziehungen zwischen dem Recht und anderen Teilen der Gesellschaft. Je genauer diese Beziehungen theoretisch erfaßt werden, um so präziser läßt sich der Begriff des Rechts bestimmen. Methodisch verbirgt sich nämlich nach unserem Dafürhalten hinter der Diskussion um die extensionale Seite des Rechtsbegriffs das praktisch bedeutsame Problem, wie angesichts der hochgradig komplex gewordenen gesellschaftlichen Beziehungen von heute das Recht, insbesondere das sozialistische Recht, dem Postulat der Allseitigkeit entsprechend, theoretisch adäquat erfaßt werden kann.

Daß das Recht eine komplexe, vielseitige Erscheinung ist und dementsprechend von verschiedenen Zugängen her zu untersuchen ist, sollte außer Zweifel bleiben. Auch sollte nicht von vornherein jeder Vorschlag zur Erweiterung des Rechtsbegriffs als abwegig verworfen werden; jedoch noch wichtiger als solche Vorschläge scheint uns zu sein, die Marxsche Rechtskonzeption in ihrem ganzen Reichtum, in ihrer differenzierten Eigenentwicklung zu erfassen und sie undogmatisch auf die Rechtsrealität von heute anzuwenden.

Das Recht ist bekanntlich eine notwendige Erscheinung von Klassengesellschaften. Um die Not der Selbstzerfleischung und der Anarchie von diesen Gesellschaften zu wenden, gehen aus ihnen das Recht wie auch der Staat notwendig hervor, das heißt, beide *müssen* geschaffen werden.[26]

Die Gründe, die es erforderlich machen, bestimmte gesellschaftliche Verhältnisse rechtlich regeln zu müssen, fanden Marx und Engels in der Analyse des Zusammenhangs zwischen der Entwicklung der Produktivkräfte und der Arbeitsteilung einerseits und der Entwicklung des Privateigentums, der Klassen- und Sozialstruktur sowie der ihr entsprechenden Interessenstruktur andererseits. Sie brachten ihre Argumentation auf diesen Punkt: Gesellschaftliche Verhältnisse sind dann rechtlich zu regeln, wenn sie *gemeinschaftliche* Interessen der ökonomisch und politisch *herrschenden* Klasse verkörpern oder wenn es sich um gesellschaftliche Verhältnisse handelt, die Interessen repräsentieren, welche in irgendeiner Weise die Existenz, Entwicklung und Durchsetzung der gemeinschaftlichen Interessen der herrschenden Klasse tangieren. Folgerichtig begreifen sie

---

[26] Vgl. MEW, Bd. 21, S. 165ff.

das juristische Gesetz — dieser Begriff ist hier im Sinne von Rechtsnormen zu verstehen — als Ausdruck gemeinschaftlicher Interessen.[27]

Daraus ziehen Marx und Engels einen prinzipiellen Schluß für die jeweils herrschende Klasse: das Recht, welches sie sich notwendigerweise zur Aufrechterhaltung ihrer eigenen politischen und ökonomischen Macht schaffen muß, bedeutet Selbstbehauptung ihrer gemeinsamen Interessen im Durchschnittsfall; aber auch Selbstverleugnung ihrer unterschiedlichen Interessen im Ausnahmefall.[28]

Damit wird die Priorität der im Recht ausgedrückten gesellschaftlichen Interessen der herrschenden Klasse nicht nur gegenüber anderen Klassen und Schichten, sondern auch gegenüber der eigenen Klasse, all ihren Teilen und einzelnen Angehörigen herausgestellt. Dieser Gedanke, von Marx und Engels zunächst als allgemeine rechtstheoretische Einsicht gefaßt, wird später bei Lenin mehrfach wiederkehren. So, wenn er den Staat der Diktatur des Proletariats als Instrument der Arbeiterklasse faßt, um unter Führung ihrer Avantgarde die *ganze* Arbeiterklasse zu organisieren und zu mobilisieren, und wenn er die unbedingte Einheitlichkeit der Gesetzlichkeit begründet. Angesichts der wachsenden Arbeitsteilung im politischen System und im Staatsmechanismus gewinnt das Postulat der ausnahmslosen Allgemeinverbindlichkeit des Rechts in der sozialistischen Gesellschaft unter neuen Aspekten an Bedeutung. Zumindest ist dies eine Seite der Forderung nach Festigung der Rechtsgrundlagen des politischen Systems im entwickelten Sozialismus.[29]

Indem Marx das Gesetz als Ausdruck gemeinschaftlicher Interessen der herrschenden Klasse zu erklären vermochte, öffnete er das Tor, um rechtstypspezifisch die klassenmäßig-sozialen Grundlagen jener allem Recht zukommenden Eigenschaft freizulegen, nämlich: ungleiche Individuen mit gleichem Maßstab zu messen. Sowenig Marx die Klassen entdeckte, sowenig entdeckte er die Normativität des Rechts. Schon Plato wußte um die Einseitigkeit des Rechts und um die Notwendigkeit, von der Individualität abstrahieren zu müssen.[30] Marx' Leistung bestand vielmehr darin, die normative Natur des Rechts soziologisch erklärt und begründet zu haben. So entzog er all jenen Fragestellungen den Boden, die sich um die Begriffe normativer oder soziologischer, enger oder weiter Rechtsbegriff ranken. Damit aber stellte Marx auch das Verhältnis zwischen Recht und anderen Teilen bzw. Bereichen der Klassengesellschaft auf eine neue sozialtheoretische, nämlich historisch-materialistische Grundlage und überwand konstruktiv den Dualismus zwischen Naturrecht und staatlich gesetztem Recht, zwischen Recht und Geschichte.

Unverrückbarer Eckpunkt der materialistischen Beantwortung der Grundfrage der Rechtstheorie ist die Unterscheidung zwischen den materiellen gesellschaftlichen Verhältnissen, die für das Recht letztlich kausal sind, und dem Recht selbst. Diese Unterscheidung wird aber gefährdet, wenn die gesellschaftlichen Verhältnisse, die direkt oder indirekt das Recht verursachen bzw. von ihm geregelt werden, oder das Handeln, welches wiederum diese Verhältnisse reproduziert, als Recht selbst angesehen oder in den

---

27 Vgl. MEW, Bd. 3, S. 311.

28 Vgl. ebenda, S. 312.

29 Vgl. L. I. Breshnew, Auf dem Wege Lenins. Reden und Aufsätze, Bd. 6, Berlin 1979, S. 691/692.

30 K. Marx vermerkt Platos Einsicht ausdrücklich, vgl.: MEW, Bd. 2, S. 190.

Rechtsbegriff einbezogen werden. Dies wird von jenen nicht genügend bedacht, die in der gegenwärtigen Debatte um den Rechtsbegriff zwischen Recht und Gesetz unterscheiden, faktisch also einen Rechtsdualismus erneut konstituieren.[31]

Wer die gesellschaftlichen Verhältnisse, die dem Recht zugrunde liegen und auf die einzuwirken seine Funktion ist, in dieser oder jener Form in den Rechtsbegriff aufzunehmen vorschlägt, gleicht jenem, der sowohl Söhne als auch Väter als Söhne zu bezeichnen anrät[32] und dann zwei Arten von Söhnen unterscheidet bzw. uns auf das immer noch nicht unbeliebte Spiel mit einem engeren und einem weiteren Begriff vom Sohn (Recht) verweist.

Um das Recht allseitig auf den Begriff zu bringen, muß auch der juristische Überbau in seiner Gänze und Vielfalt begrifflich erfaßt werden. Bei Diskussionen um den Rechtsbegriff, besonders mit Blick auf die sozialistische Gesellschaft, sollte immer parallel geprüft werden, was dabei eine differenziertere Analyse des juristischen Überbaus zu leisten vermag.[33] Dies schließt ein, die Beziehungen zwischen politischem und juristischem Überbau, zwischen dem politischen System und dem Rechtssystem exakter auszuarbeiten. Das Recht und das Rechtssystem einfach zu Bestandteilen des politischen Systems zu erklären, ist eine These, die wohl nur haltbar ist, wenn sie erheblich differenziert wird; zumindest resultieren aus ihr dann beträchtliche Schwierigkeiten, wenn sie einer forschungsmethodischen Konzeption zugrunde gelegt wird.[34]

Daß das Recht und das Rechtssystem politische Erscheinungen sind, gehört zum ABC des Marxismus. Beide sind dies aber in ihrer *juristischen Spezifik*, denn Recht und Rechtssystem sind weder auf Politik und politisches System reduzierbar, noch sind sie einfach mit diesen identifizierbar. Nedbailo zieht daraus die richtige wissenschaftstheoretische Konsequenz, wenn er schreibt, die Rechtswissenschaft sei eine politische Wissenschaft, und zwar insofern, als sie Rechtswissenschaft sei.[35] Daran zu

---

[31] Hierzu: D. A. Kerimow, Verfassung der UdSSR und politisch-rechtliche Theorie, Berlin 1981, S. 150ff.

[32] Diesen Vergleich entnehmen wir: R. Lukic, Der soziologische Rechtsbegriff, in: Wissenschaften und Philosophie als Basis der Jurisprudenz, ARSP, Beiheft 13/1980, S. 80.

[33] Viele Anregungen vermittelt hierzu: U.-J. Heuer, Recht und Wirtschaftsleitung im Sozialismus. Von den Möglichkeiten und von der Wirklichkeit des Rechts, Berlin 1982, S. 86ff.; kritisch zu einigen Positionen Heuers: L. Lotze, Zur Rolle des sozialistischen Rechts als Mittel der staatlichen Wirtschaftsleitung, in: Staat und Recht (im folgenden: StuR), 9/1983, S. 748—753.

[34] Das wird belegt durch die konzeptionell widersprüchliche Behandlung des Rechts in den von K. H. Röder herausgegebenen Arbeiten zum politischen System des Imperialismus (Bd. 1: USA, Bd. 2: Großbritannien, Bd. 3: BRD).

[35] Vgl. P. E. Nedbailo, Einführung in die allgemeine Theorie des Staates und des Rechts, Berlin 1972, S. 49. — Nedbailo fährt an gleicher Stelle sodann fort: „Dieser Grundsatz bezieht sich in gleichem Maße auch auf die Theorie des Staates und des Rechts, die eine juristische und zweifelsohne eine politische Wissenschaft ist. Aber die Rechtswissenschaft, die ihre politischen Funktionen erfüllt, folgt nicht jeder Windung der Politik. Ihr sind Grundsätze eigen, die ihre wissenschaftlichen Pfeiler bilden und an denen sich auch die staatliche Politik zu messen hat. Die Beseitigung dieser Pfeiler im Hinblick auf politische Tagesprobleme kann zur Liquidierung der Rechtswissenschaft führen, was der Politik selbst keinen Nutzen bringt, da sie in diesem Falle der juristischen Mittel entkleidet wird."

erinnern, ist angesichts der Diskussionen um den Wert oder Unwert einer Politologie, um die Notwendigkeit oder Überflüssigkeit, politische Wissenschaft als spezielle Disziplin zu begründen, sicher nicht unzweckmäßig.

Die marxistische Rechtskonzeption steht nicht vor der Alternative, das Recht weiter als ein letztlich in den materiellen Lebensbedingungen der herrschenden Klasse wurzelndes System staatlich gesetzter und/oder sanktionierter sowie geschützter Normen zu kennzeichnen oder diese Kennzeichnung aufzugeben; es geht vielmehr um die differenziertere dialektisch-materialistische Begründung der Normativität des Rechts.

Und noch eins: Da die extensionale Seite des Rechtsbegriffs nicht nur methodische Bedeutung für die Analyse der Elementbeziehungen innerhalb des juristischen Überbaus hat, sondern auch für die Analyse der Beziehungen zwischen dem Recht und anderen, nichtjuristischen Überbaubereichen sowie anderen Bereichen der Gesellschaft, muß auch unter diesem Gesichtspunkt jede Erweiterung des Rechtsbegriffs ausgelotet werden. So will etwa bedacht sein, welche Konsequenzen eine Erweiterung des Rechtsbegriffs für die Bestimmung des Verhältnisses zwischen Recht und Staat hat: Wird die Verbundenheit des Rechts mit dem Staat nicht gelockert werden, wenn die Unterscheidung zwischen Recht und Gesetz zu einem Begriffsmerkmal des Rechts erhoben würde? Oder: Welche einschlägigen Folgen hat der Vorschlag, das Rechtsbewußtsein respektive das Handeln als Element in den Rechtsbegriff aufzunehmen?

Geht man konsequent vom sozialtheoretischen Ansatz der marxistischen Rechtskonzeption aus, wendet man die dialektisch-materialistische Widerspiegelungstheorie an und nimmt man die klassische These über das Recht aus dem Kommunistischen Manifest, die zwar nicht das Wesen des Rechts, doch wesentliche Seiten des Rechts definiert, so ist als Inhalt des Rechts der in ihm ausgedrückte, materiell bedingte staatliche Wille der herrschenden Klasse begründet anzusehen, während die Form dort zu finden ist, wo es darum geht, diesen Willen „zum Gesetz zu erheben".

Bei Reflexionen über die Kategorien Inhalt und Form des Rechts ist es weltanschaulich wichtig, *beide* als etwas letztlich materiell Bedingtes, Ableitbares, nicht aber als etwas faktisch Vorgefundenes zu bestimmen. Dies ist eine erkenntnistheoretische Voraussetzung, um zu begreifen, warum sowohl der Inhalt des Rechts wie seine Form etwas vom Kampf der Klassen Abhängiges, vom Gesetzgeber Gestalt- und Produzierbares ist. Lenins Diktum, wonach Gesetze politische Maßnahmen sind,[36] sollte auch in diesem Zusammenhang nicht aus dem Auge verloren werden.

Überlegungen zur Form des sozialistischen Rechts sollten nicht nur abstrakt mit seinem Inhalt zusammengedacht, sondern auch an empirischen Befunden der realen sozialistischen Rechtsentwicklung festgemacht werden, denn sonst geraten sie leicht zu Seminar-Sprachspielen, bei denen zumeist schon die Fragestellungen leer sind.

Die Form des Rechts hat verschiedene Aspekte; neben dem sprachlich-semiotischen gehören dazu vor allem die strukturellen Aspekte des Rechtssystems, einschließlich die der Rechtsnorm. Wahrscheinlich ist die Strukturfrage sogar die wichtigste, auf die bei der Formgestaltung des Rechts eine Antwort gefunden werden muß.

---

[36] Vgl. LW, Bd. 23, S. 40.

2. Systemstrukturen als Gegenstand von Rechtstheorie und Rechtsphilosophie

2.1. Juristisches Systemdenken im 19. Jahrhundert

Da im Nachfolgenden nicht so sehr die (unentbehrlichen) kleinen Wahrheiten, sondern die großen Konturen systemstruktureller Aufgabenbereiche innerhalb einer marxistischen Rechtswissenschaft von Bedeutung sind, also zu Grundlagenforschung von weltanschaulichem Format auf einem Terrain angeregt werden soll, das gemeinhin als technisch-neutrales Abseits verdächtigt wird, möge uns ein längerer Anlauf zugebilligt werden. Wege nach vorn — diese Trivialerkenntnis hat sich inzwischen auch in unserer Rechtswissenschaft durchgesetzt — sind immer auch Wege von hinten. Sie bedürfen des Rückblicks. Zukunft hat etwas mit Herkunft zu tun.

Das 19. Jahrhundert endete, wie es begann: mit Kodifikationen. Frankreich eröffnete den Reigen 1804 mit dem Code civil (1806 Zivilprozeß-, 1807 Handels-, 1808 Strafprozeß-, 1810 Strafgesetzbuch), gefolgt, was das Zivilrecht, den Code bourgeois, anlangt, von Österreich 1811, den Niederlanden 1828, Italien 1865, Portugal 1867, Spanien 1888 und Deutschland schließlich 1896/1900. Kodifizieren ist nicht kompilieren, sondern systematisieren. Anders als die Dutzendware von Gesetzen enthalten Gesetzbücher, mit den Worten Savignys, „erschöpfende, abgeschlossene Rechtssysteme";[1] aus der Ganzheit der in ihnen verknüpften Rechtsnormen und anderen Struktureinheiten haben die Richter wie aus einem entscheidungsdefiniten Handlungsprogramm lückenloser Regeln die Gerichtsurteile zu deduzieren, ohne etwa, so jedenfalls Art. 4 des Code civil, die Rechtsprechung unter dem Vorwand des Schweigens oder der Unzulänglichkeit des Gesetzes verweigern zu dürfen.

Die in der juristischen Theorie und der juristischen (Gesetzgebungs- und Gerichts-) Praxis Deutschlands das ganze 19. Jahrhundert andauernden Auseinandersetzungen um System und Struktur des Rechts — wir kommen noch darauf zurück — fanden auf dem Hintergrund (nicht im Vollzug!) der von der klassischen deutschen Philosophie erarbeiteten Systemkonzeption statt. Es war Immanuel Kant, der schlankweg behauptet hatte, daß unter der Regierung der Vernunft unsere Erkenntnisse kein Aggregat und keine Rhapsodie, sondern ein System ausmachen müßten, ein gegliedertes Ganzes, wobei es ein Haupterfordernis der philosophischen Architektonik sei, „die Grenzen der Wissenschaften nicht ineinander laufen zu lassen, sondern jeder ihr Territorium pünktlich zu

[1] F. C. v. Savigny, System des heutigen Römischen Rechts, Bd. 1, Berlin 1840, S. 104.

bestimmen"[2]. Gustav Ritter von Hugo, der Altmeister der Historischen Rechtsschule, der sich für einen Kantianer hielt und fälschlicherweise oft genug für einen solchen gehalten wird, hat jedenfalls gemäß dem „großen Prinzip der Teilung der Arbeit" die Dogmatik des Rechts von der Geschichte und der Philosophie des Rechts separiert,[3] womit er, natürlich ohne es zu ahnen, den Grundstein für jene positivistische Rechtswissenschaftsstruktur legte, in deren Verständnis Recht von seinen Ursachen und Wirkungen absolut getrennt, Rechtswissenschaft von aller Ideologie, Psychologie, Soziologie und Theologie gereinigt wird.

Jeder auf innersystemare Strukturbeziehungen der juristischen Elemente limitierten Rechtsmethodologie, bei der qua definitione die Gesellschaft und ihre Entwicklungserfordernisse gar nicht erst im Blickwinkel des Juristen auftauchen, ist in Hegels Totalitätskonzept längst der Gegner erwachsen: das Recht, zwar „ein System in sich selbst", dürfe sich bei Strafe seines Untergangs nicht für eine Totalität nehmen, so wie jeder Teil, der sich der Herrschaft des Ganzen entziehe, sich negativ affiziere und schließlich sterbe.[4] Direkt gegen Ritter von Hugo gewendet, der unter Berufung immerhin auf Leibniz behauptet hatte, daß die Juristen im konsequenten Schließen aus Prinzipien den größten Mathematikern an die Seite gesetzt zu werden verdienen, hat Hegel dann von der Rechtswissenschaft als einer Mathematik ohne Vernunft gesprochen.[5] Tatsächlich hatte der große Leibniz seit seiner ersten juristischen Promotionsschrift „Doctrina Conditionum" immer wieder das Ingenium der Juristen Roms gepriesen, die die Rechtswissenschaft auf das sichere Fundament der Mathematik gestellt hätten, weshalb die goldene Kette ihrer Definitionen und Argumente ebenso beweiskräftig sei wie ein Lehrsatz des Euklid.[6]

Spätestens hier wird die entscheidende praktische Konsequenz einer als eigengesetzlich behandelten Systemstruktur des Rechts deutlich. Wird dem Rechtssystem (als einer strukturierten Gesamtheit von Rechtsnormen mit übereinstimmenden Autoren und Adressaten, zeitlichem und räumlichem Geltungsbereich) nämlich mehr als Darstellungs- und Ordnungswert zugesprochen, wird ihm gar Axiomatisierbarkeit eingeräumt, dann erscheint eine technisch-neutrale Rechtsanwendung möglich: Aus dem Rechtssystem, einer als vollständig und widerspruchsfrei ausgegebenen Menge von Normen, würden sich mit Hilfe von Kettendefinitionen und -beweisen alle als gesetzlich zu charakterisierenden Gerichtsurteile und Verwaltungsverfügungen ableiten lassen, und zwar ausschließlich mit logischen Mitteln, also ohne Zuhilfenahme von Empirie.[7] Unter solchen

---

[2] I. Kant, Gesammelte Schriften, hg. von der Königlich Preußischen Akademie der Wissenschaften, Bd. 3, Berlin 1911, S. 538/539; ders., Bd. 21, Berlin 1936, S. 179.

[3] G. Hugo, Lehrbuch eines civilistischen Cursus, Bd. 4, Berlin 1810, S. 5/6.

[4] G. W. F. Hegel, Grundlinien der Philosophie des Rechts, hg. von H. Klenner, Berlin 1981, S. 244; ders., Naturrecht, in: K. F. A. Schelling/ G. W. F. Hegel, Kritisches Journal der Philosophie 1802/1803, Leipzig 1981, S. 401.

[5] Vgl. G. Hugo, Lehrbuch der Geschichte des Römischen Rechts, Berlin 1810, S. 373; G. W. F. Hegel, Grundlinien der Philosophie des Rechts, a. a. O., S. 38, 410.

[6] Vgl. die Detailbelege bei: H. Schiedermair, Das Phänomen der Macht und die Idee des Rechts bei Leibniz, Wiesbaden 1970, S. 55.

[7] Vgl. (kontrovers): U. Klug, Juristische Logik, Berlin (West) 1982, S. 192; C.-W. Canaris, Systemdenken und Systembegriff in der Jurisprudenz, Berlin (West) 1983, S. 25, 86.

Voraussetzungen von Klassenjustiz zu sprechen, hätte keinen rechten Sinn. Hingegen stünde die vollständige Automatisierbarkeit der Gerichts- und Verwaltungstätigkeit auf der Tagesordnung.

Letzteres war dem 19. Jahrhundert, das die Kühnheit eines Leibniz nicht mehr aufbrachte, fremd. Was aber den Anspruch technisch-neutraler Juristentätigkeit anlangt, ausschließlich ex datis geltender Gesetze zu entscheiden, so läßt sich von Hugo und Savigny ausgehend tatsächlich eine Linie verfolgen, die, über Puchta und Stahl, über Gerber und Laband, über den jungen Jhering und Windscheid führend, das herrschende Rechtsbewußtsein bis in die Struktur und Anwendung der Kodifikationen des wilhelminischen Reiches hinein formierte:

Savigny reduzierte mit seinem auf den inneren Zusammenhang zwischen allen Rechtsinstituten und Rechtsregeln beschränkten Systembegriff[8] auch die Geschichte des Rechts auf die Rechtsgeschichte (das heißt auf die Historie seiner Rechtsquellen).

Puchta ließ mit seiner Konstruktionsjurisprudenz der Rechtswissenschaft nur die Aufgabe, „die Rechtssätze in ihrem systematischen Zusammenhang als einander bedingende und von einander abstammende zu erkennen, um die Genealogie der einzelnen bis zu ihrem Prinzip hinauf verfolgen zu können", wodurch zugleich Rechtssätze zutage gefördert würden, „die erst als Produkt einer wissenschaftlichen Deduktion sichtbar entstehen".[9]

Stahl legitimierte unter christlich-konservativem Schirm („das Christentum ist der Born des Lebens, der unerschöpflich quillt, es ist diese Macht des Wunders, durch welche der Hinfälligste erneuert, der Schwache gestärkt, der Sündige geheiligt wird") die Etablierung der Subsumtionsmethode zur juristischen Methode schlechthin.[10]

Gerber betrieb eine konsequente Trennung des Dogmatischen vom Geschichtlichen („welches möglichst ausgeschieden werden sollte"), des Rechtlichen vom Politischen, um das „rein Juristische" als ausschließlichen Untersuchungsgegenstand übrigzubehalten.[11]

Jhering (jedenfalls in seinen jüngeren Jahren) entwickelte mit der ihm eigenen Phantasie und Konsequenz eine ganze Konstruktionstheorie einer juristischen Systemtechnik, enthaltend: a) eine „logische Zersetzung des Rechts" in seine Bestandteile, das „Rechtsalphabet", b) eine „Erhebung des Rechtsstoffes in einen höheren Aggregatzustand", den Rechtskörper, der nach seiner Struktur, seinen anatomischen Momenten definiert ist, und c) eine „systematische Klassifikation der Rechtskörper", das Rechtssystem schließlich, eine angeblich „unversiegbare Quelle neuen Stoffes".[12]

---

[8] Vgl. F. C. v. Savigny, System des heutigen Römischen Rechts, a. a. O., S. XXXVI, 214; ders., Vom Beruf unserer Zeit für Gesetzgebung und Rechtswissenschaft, Heidelberg 1814, S. 48.

[9] G. F. Puchta, Cursus der Institutionen, Bd. 1, Leipzig 1841, S. 36.

[10] F. J. Stahl, Die Philosophie des Rechts, Bd. 2/1, Heidelberg 1833, S. V, 165.

[11] C. F. Gerber, System des Deutschen Privatrechts, Bd. 1, Jena 1848, S. XVI.

[12] R. v. Jhering, Geist des römischen Rechts, Bd. 2/2, Leipzig 1858, S. 334—414: Theorie der juristischen Technik (abgedruckt auch bei: W. Krawietz [Hrsg.], Theorie und Technik der Begriffsjurisprudenz, Darmstadt 1976, S. 11—82). — Der späte Jhering (Scherz und Ernst in der Jurisprudenz, Leipzig 1898) wurde seit 1860 zu einem der schärfsten Kritiker (freilich von rechts) des „juristischen Begriffshimmels", noch für die heutigen Diskussionen Munition liefernd. Eine völlige Destruktion logischer Methoden in der Rechtswissenschaft lieferte erst: E. Ehrlich, Die juristische Logik (1918), Aalen 1966, S. 288ff.

Laband definierte die Rechtsdogmatik als Konstruktion von Rechtsinstituten, Zurückführung von Rechtssätzen auf allgemeine Begriffe und Herleitung von Folgerungssätzen aus diesen Begriffen, was alles in allem außer einer beherrschenden Kenntnis der positiven Rechtssätze, unter Ausschluß aller historischen, politischen und philosophischen Betrachtungen, mit einer „rein logischen Denktätigkeit" zu bewältigen sei.[13]

Und *Windscheid* schließlich fand für die juristische Konstruktionstätigkeit, die Zurückführung eines Rechtsverhältnisses auf die ihm zugrunde liegenden Begriffe, aus deren voller Erfassung sich das wahre System aller Rechte ergebe, die Formel, daß die jeweilige juristische Entscheidung das Resultat einer Rechnung sei, bei welcher die Rechtsbegriffe die Faktoren sind.[14]

Auch wenn diese konstruktivistische Begriffsjurisprudenz mit ihrer Vorstellung eines begrifflich und institutionell strukturierten, vollständig und widerspruchsfrei projektierten Systems geltender Rechtssätze, aus dem jedes Gerichtsurteil, jede Verwaltungsverfügung, jede wissenschaftlich vertretbare Kommentierung des Gesetzes ausschließlich mittels logischer Analyse und Synthese herzuleiten sei, selbst innerhalb des bürgerlichen Rechtsdenkens scheitern mußte, sie lag jedenfalls der bedeutendsten Kodifikation des deutschen Bürgertums, dem Bürgerlichen Gesetzbuch (BGB), zugrunde.[15] Die begriffsjuristisch konstruierte Struktur dieser Kodifikation, der Absicht ihrer Autoren nach eine abschließende und erschöpfende Normierung ihrer Materie mit strenger richterlicher Bindung an das Gesetz, hat ganz entscheidend zur Volksfremdheit dieses Zivilrechtssystems beigetragen.

Um diese Behauptung zu verifizieren: Auch ein geschulter Jurist braucht Stunden, um sich den Inhalt von BGB § 2013 oder gar der Verweisungskette der §§ 581/543/539/460 klar zu machen, obwohl es dabei um Erbschaftsregelungen und um Pacht geht, also keinesfalls um ausgefallene Rechtsfiguren. Nimmt man aber gar das normalste und häufigste aller Rechtsgeschäfte, geradezu den Prototyp jedes Vorganges innerhalb der Zirkulationssphäre jeder warenproduzierenden Gesellschaft, den Kauf und Verkauf, in den jedes Mitglied einer bürgerlichen Gesellschaft, und das täglich, verwickelt ist, dann stellt man zwar zunächst fest, daß das BGB mit 81 Paragraphen für eine Materie auskommt, für die das Allgemeine Landrecht für die Preußischen Staaten von 1794 immerhin 362 Paragraphen, der Code civil noch 119 Paragraphen brauchte. Anders aber als diese beiden Kodifikationen und das Schweizer ZGB von 1912 ist das deutsche BGB nach vier verschiedenen Abstraktionsebenen seiner Normen strukturiert: den einzelnen Schuldverhältnissen, zu deren Untertypen der „Kauf" gehört, sind allgemeine Schuldverhältnisse und innerhalb dieser die Schuldverhältnisse aus Verträgen vorgegliedert und all diesen Regelungen wiederum ein Allgemeiner Teil des ganzen Gesetzes. Konkret bedeutet das: Jeder gutwillige, auf Gesetzlichkeit seines Verhaltens erpichte Benutzer des BGB § 433 muß wissen, daß er allein zum Verständnis des ersten Satzes („durch den Kaufvertrag wird der Verkäufer einer Sache verpflichtet, dem Käufer die

[13] P. Laband, Das Staatsrecht des Deutschen Reiches, Bd. 1, Freiburg 1888, S. XI.
[14] Vgl. B. Windscheid, Lehrbuch des Pandektenrechts, Bd. 1, Frankfurt a. M. 1882, S. 64.
[15] Vgl. H. Hammen, Die Bedeutung Friedrich Carl v. Savignys für die allgemeinen dogmatischen Grundlagen des Deutschen Bürgerlichen Gesetzbuches, Berlin (West) 1983, S. 209; F. Wieacker, Privatrechtsgeschichte der Neuzeit, Göttingen 1967, S. 475/476.

Sache zu übergeben und das Eigentum an der Sache zu verschaffen") neben den folgenden 80 Paragraphen auch noch im Hinterkopf parat zu halten hat, daß einschlägige Regelungen auf anderer Abstraktionsstufe auch noch in den Abschnitten über allgemeine Schuldverhältnisse (§§ 241 ff.), über Schuldverhältnisse aus Verträgen (§§ 305 ff.), über Verträge allgemein (§§ 145 ff.) zu finden sind und er im § 104 erfährt, wer Verkäufer sein kann, im § 116, wie eine vertragsgerechte Willenserklärung aussieht, im § 90, was eine „Sache", im § 854, was „Übergabe" ist, und im § 929, wie die „Eigentumsübertragung" zu erfolgen hat.

Gewiß ergibt sich die Volksfremdheit eines Gesetzes in erster Linie aus dem Inhalt einer Regelung; daß aber die Struktur eines Regelungssystems wie seine sprachliche Gestalt einen relativen Eigenwert hat, mehr oder weniger optimal zur Rechtsverwirklichung beizutragen vermag, sollte nach dem gegebenen Beispiel des simplen Kaufvertrages, dem Allerweltsgeschäft par excellence, nicht mehr zweifelhaft sein. Zugleich aber wird damit der Praxisbezug systemstruktureller Untersuchungen demonstriert. Es geht wahrlich *nicht* darum, den Logikern Neuland für ihre Spielwiesen gewinnen zu helfen.

2.2. Von der Komplexität einer materialistisch-dialektischen Rechtstheorie

Wie bereits ein Blick in die bei uns gängigen Staats- und Rechtstheorie-Lehrbücher marxistischer Autoren beweist, werden strukturtheoretische Überlegungen bisher nur punktuell, etwa bei der Behandlung von Strukturen des Rechtsbewußtseins, der Rechtsnorm oder Rechtssysteme angestellt.[16] Dabei wird weder ein einheitlicher Begriff von „Struktur" benutzt, noch wird über ihn reflektiert, das heißt, der allgemein erhobene Anspruch, daß Rechtstheorie sich mit den Entwicklungs- und Strukturgesetzen des Rechts zu befassen habe, wird nicht oder jedenfalls recht unzulänglich eingelöst. Kommt gar die Struktur als logische Größe bzw. Kategorie ins Spiel, wird immer noch der Rückversicherungssatz vorangestellt, daß damit keine formaljuristische, klassenneutrale Betrachtungsweise gemeint und zu befürchten sei.

Solche „Befürchtungen" sind nicht einfach von der Hand zu weisen. Wenn, immerhin von Georg Klaus, die Logik als eine „Wissenschaft der absoluten Wahrheiten" bezeichnet und vom logischen Denken behauptet wurde, es sei klassenindifferent,[17] dann liegt der Schluß nahe, daß die normativlogischen Bestandteile einen Fremdkörper im Rahmen der marxistischen Rechtstheorie darstellen, vielleicht sogar eine Danaergabe sind, als „Entideologisierungsoase" innerhalb einer weltanschaulich geprägten, in den geistigen Kämpfen unserer Zeit Partei ergreifenden Wissenschaftsdisziplin zu wirken bestimmt. Wer sich allerdings nicht der Mühe unterzieht, seinen Weg in die Probleme selbst zu suchen, wer Parteilichkeit als verbale Aggressivität gegen Andersgläubige mißversteht, wer sich über die Relation dialektische Logik/Aussagen-

---

[16] Vgl. Marxistisch-leninistische Staats- und Rechtstheorie, 3., bearb. Aufl., Berlin 1980, S. 17, 475, 528, 549; Marxistisch-leninistische allgemeine Theorie des Staates und des Rechts, Bd. 4, Berlin 1976, S. 111, 170, 208, 278; A. I. Korolev/L. S. Javič (Hrsg.), Teorija gosudarstva i prava, Leningrad 1982, S. 277, 294.

[17] G. Klaus, Moderne Logik, Berlin 1964, S. 52, 19.

logik so wenig klar ist wie über die Relation Deontik/Modalitätenlogik, wer sich die Frage „Was kann Logik?" nie gestellt hat, der fährt freilich am besten, wenn er seinen Verstand vor den Ungewißheiten eines Forschungsfeldes dadurch schützt, daß er sich ihm gar nicht erst nähert. Aber damit hat er dann auch den Wissenschaftsanspruch einer marxistisch-leninistischen Rechtstheorie und mit ihm diese selbst aufgegeben.

Für eine dem Materialismus und der Dialektik verpflichtete Grundlagendisziplin der Rechtswissenschaft ist es hingegen unverzichtbar, das Recht als Realobjekt ihrer Analyse in a) *genetischer*, b) *struktureller* und c) *funktionaler* Beziehung als Material für Abstraktionen und Konklusionen zu bewahren. Jeder Reduktionismus, die Verkürzung des Problembereiches von Rechtsphilosophie und Rechtstheorie auch nur um einen der drei angeführten Aspekte, hat unweigerlich mit der Spezifik des Rechts die Preisgabe ihrer materialistischen oder ihrer dialektischen Qualität zur Folge. Verabsolutiert man auch nur eines der drei Attribute des Rechts, seine *Reflexivität* (Widerspiegelung von materiellen Gesellschaftsverhältnissen zu sein), seine *Normativität* (verbindliches Verhaltensreglement zu sein), seine *Funktionalität* (als Mittel von Macht wirksam zu sein), dann läßt sich kein realitätsadäquater Begriff des Rechts bilden. Die Erfahrungen unserer eigenen Wissenschaftsgeschichte, dringend aufarbeitungsbedürftig wie sie sind, lehren, daß der oft genug auf eine einzige (angebliche) Spezifik des Rechts konzentrierte Meinungsstreit in einem Definitionsgezänk endete, das entgegen allen, auch guten Absichten nur die Flucht aus der Wirklichkeit in die dogmatischen Regionen begünstigt, also eine ausgewogene Theorie-Praxis-Relation gestört hat.

Wer folglich das Wesen des Rechts darauf reduziert, daß es *Abbild von etwas* ist, verfehlt dieses Wesen nicht weniger als derjenige, der es darauf reduziert, *Vorbild für etwas* zu sein. Wer den Klassencharakter des Rechts für so dominant hält, daß er ohne den Normativcharakter des Rechts auskommen zu können meint (und umgekehrt natürlich), der hat sich wie derjenige, der den axiologischen Charakter des Rechts von seinem historischen Charakter separiert, den Zugang zum Recht methodologisch verbaut. Zurückgewiesen werden also gleichermaßen die vorgeschlagenen oder jedenfalls betriebenen *Beschränkungen* von Rechtsphilosophie und Rechtstheorie a) auf die Ableitung des Rechtsinhalts aus der ökonomischen Gesellschaftsstruktur, b) auf das innersystemare Strukturgefüge einer vorgegebenen Normenordnung, c) auf die instrumentelle Verfügbarkeit des Rechts im Dienste herrschender Gesellschaftsklassen.

Zu a): Der metaphysisch-idealistischen These von der Jenseitsherkunft aller Diesseitsgesetze ist mit der mechanisch-materialistischen Antithese vom Recht als einem passiven Reflex ökonomischer Macht nicht beizukommen. Gewiß hat, wer seine Lebens- und Ordnungsrechtfertigung aus Offenbarung und Glauben bezieht, innerhalb einer rational geführten Diskussion keine Überzeugungen zu vermitteln, er demonstriert nur seine eigene. Gewiß trägt, wer, wie Judentum, Christentum und Islam übereinstimmend, die überirdische Abstammung des irdischen Rechts behauptet (2. Moses 24,3: Moses kam und sagte dem Volk alle Worte des Jahwe und alle Rechtsordnungen; Ajatollah Chomeini: kein Gesetz außer dem göttlichen ist anwendbar[18]), die Beweislast,

---

[18] Vgl. Ajatollah Chomeini, Der islamische Staat, Berlin 1983, S. 52. — Die von A. D. Falaturi (in: Archiv für Rechts- und Sozialphilosophie [im folgenden: ARSP], Neuwied/Rhl., 45/1959, S. 371) behauptete Vernunft als Letztbegründung des Rechts in der schiitischen Lehre läuft auf eine Etikettenvertauschung hinaus: die Vernunft sei der innere Prophet, wie der Prophet die äußere Vernunft.

wie sie Hegel für seine Behauptung trägt, daß der Boden des Rechts das Geistige und das Rechtssystem die Welt des Geistes aus ihm selbst hervorgebracht sei, und daß überhaupt der Compositeur der Geist sei, der in die Herrschaft der Welt mittels Bajonetten, Kanonen, Geld und Leibern eingreife.[19] Aber nicht jede Negation einer falschen Aussage ergibt schon eine richtige. Wenn das Recht eine bloße Folgeerscheinung von ökonomischer Macht wäre, wohl konstituiert von der Gesellschaft, aber unfähig, diese wiederum auch zu konstituieren, dann wäre dieses Recht eine überflüssige Verdopplung der Welt, eine Quantité négligeable zumindest, und unerklärbar bliebe, daß Produktionsverhältnisse vom gleichen Typ und etwa gleichem Entwicklungsstand sehr unterschiedliches Recht hervorgebracht haben, und überflüssig wäre jedes Mühen um optimales Recht in Inhalt und Struktur.

Zu b): Die für alle Varianten des Rechtspositivismus charakteristische Selbstbeschränkung auf innersystemare Strukturgefüge einer vorgegebenen Normenordnung, ob philosophisch untermauert mit der These von der absoluten Eigengesetzlichkeit des Rechts oder nicht, versagt spätestens dann sichtbar, wenn eine Inhaltsentwicklung des Rechts in Vergangenheit und Gegenwart wissenschaftlich erörtert oder de lege ferenda-Probleme anders als strukturell angegangen werden sollen. Ob John Austins Konzept des Rechts als general commands set by a superior armed with might to inferiors whom that might can reach,[20] ob Herbert Harts Anspruch, in der Kombination zweier Typen sozialer Regeln, der Verpflichtungs- und der Befugnisübertragungsregeln, das Wesen des Rechts aufgedeckt zu haben,[21] oder ob Hans Kelsens unerschrockene Limitierung seines Wissenschaftsinteresses auf ein Sollen, das durch eine torlose und unübersteigbare Mauer von jedem Sein getrennt ist (was ihn schließlich, sehr zum Entsetzen seiner Anhänger, zu einer Bankrotterklärung des juristischen Denkens schlechthin geführt hat)[22] — immer handelt es sich um restriktive, gewissermaßen aus der sozialen Totalität herausgebrochene Systemstruktur, an der sich die Rechtstheorie versuchen darf. Rechtstheorie kann so auch nie als Moment einer Sozialtheorie betrieben werden, sie ist verselbständigt, hat auch wie ihr Analyse-Objekt, das Recht, eine *eigene* Geschichte und ein *eigenes* System.

Zu c): Die dezisionistische These von einer institutionalisierten Beliebigkeit des Rechtsinhalts[23] mit ihrer noch als methodologische Tugend ausgegebenen Unfähigkeit, Funktionalität auf ihre Kausalität zu hinterfragen, blockt gewissermaßen existentes Machtreglement gegen seine Problematisierung ab. Die Legalität selbst sei legitim. Nicht die Begründung, die Geltung des Rechts wird zur zentralen Frage. Rechtsphilo-

---

[19] Vgl. G. W. F. Hegel, Werke (Ed. Suhrkamp), Frankfurt a. M. 1969—1971, Bd. 2, S. 561; ebenda, Bd. 7, S. 46.

[20] Vgl. J. Austin, Lectures on Jurisprudence, Bd. 1, London 1869, S. 340; ders., The Province of Jurisprudence Determined, London 1954, S. 9.

[21] Vgl. H. L. Hart, Der Begriff des Rechts, Frankfurt a. M. 1973, S. 118, 214.

[22] Vgl. H. Kelsen, Reine Rechtslehre, Wien 1976, S. 5ff., 215ff.; ders., Allgemeine Theorie der Normen, Wien 1979, S. 179. — Vgl. dazu: O. Weinberger, Kelsens These von der Unanwendbarkeit logischer Regeln auf Normen, in: Die Reine Rechtslehre in wissenschaftlicher Diskussion, Wien 1982, S. 108: Kelsens Normenirrationalismus gefährde die gesamten Bemühungen der analytischen Jurisprudenz.

[23] Vgl. N. Luhmann, Ausdifferenzierung des Rechts, Frankfurt a. M. 1981, S. 122, 144, 168.

sophie wird auf Rechtstheorie eingeebnet, wird ausdifferenziert. Die denkenden Diener der Macht produzieren Herrschafts- und Vollzugswissen. — Es hat wohlgemerkt Zeiten gegeben, in denen es durchaus progressiv war, die Macht als die Grundlage und zugleich als die Grenze des Rechts darzustellen. Machiavellis „Herrschaft behauptet man nicht mit dem Rosenkranz in der Hand", Bodins „die Gewalt der Gesetze hängt von der Macht der Obrigkeit ab", Hobbes' „autoritas, non veritas facit legem" emanzipierten seinerzeit die Rechtsphilosophie von Theologie und Ethik, das Recht von Religion und Moral.[24] Sie ebneten den Weg in die Vernunftanalyse von Recht *und* von Macht, taten also genau das, wovon die heutigen Dezionisten und Funktionalisten nichts wissen, ja was sie verhindern wollen.

Die notwendige Komplexität einer materialistisch-dialektischen Analyse des Rechts (und zwar unabhängig davon, zu welcher Definition des Rechts man sich entschließt, ob man einem „engen" oder einem „weiten" Rechtsbegriff huldigt) kann sich nur mit einem auf Totalität zielenden *System* zufrieden geben, in dem das Recht, wie z. B. Natur, Ökonomie, Staat, Kunst, Religion, Wissenschaft auch, nur als relativ selbständiges Glied einer strukturierten, sich widersprüchlich entwickelnden Universalität seinen speziellen Platz einnimmt. Jeder Versuch, ein geschlossenes (das heißt, ohne input und output arbeitendes) Rechtssystem zu konstruieren, muß genauso scheitern, wie die Versuche gescheitert sind, die historische Grundlage des Rechts auf die *Rechts*geschichte einzuzwengen. Die vermutlich gegen den Philosophen der Historischen Rechtsschule Friedrich Julius Stahl — den reaktionären Nachfolger des bedeutendsten juristischen Lehrers von Karl Marx an der Berliner Universität, Eduard Gans — gerichtete Schockbehauptung von Marx: „Es gibt keine Geschichte des Rechts" kann überhaupt nur voll verstanden werden, wenn man ihre andere Medaillenseite, von Engels ins Extrem formuliert, mitberücksichtigt: Das Recht ist in sich selbst einer systematischen Darstellung nicht fähig.[25] Genauso wie die Einsicht, daß das Recht keine *eigene* Geschichte hat, eine wissenschaftlich betriebene „Rechtsgeschichte" erst ermöglicht, ermöglicht erst die Einsicht, daß das Recht auch kein *eigenes* System hat, eine wissenschaftlich betriebene Rechtssystematik. Nur als Moment der Gesellschaftstotalität in Vergangenheit und Gegenwart läßt sich das Recht, wie immer man es definiert, historisch wie systematisch adäquat erfassen. Diese Generalthese hat für den Forschungsgegenstand wie für die Forschungsmethode von juristischen Systemstrukturen weichenstellende Bedeutung.

2.3. Rechtswissenschaftliches zur Einheit von Geschichte und System, Struktur und Prozeß, Logischem und Historischem

Das notwendige Miteinander der genetischen, strukturellen und funktionalen Aspekte einer materialistisch-dialektischen Rechtsanalyse darf nicht als ein Nebeneinander dreier

---

[24] K. Marx/F. Engels, Werke (im folgenden: MEW), Bd. 3, S. 304, 311; N. Machiavelli, Gesammelte Schriften, Bd. 4, München 1925, S. 419; J. Bodin, Sechs Bücher über den Staat, München 1981, S. 446; Th. Hobbes, Leviathan, Leipzig 1978, S. 236, 356.

[25] Vgl. F. J. Stahl, Die Philosophie des Rechts, Bd. 2/1, a. a. O., S. 145: „Das Recht hat seine eigene Geschichte." — Vgl. MEW, Bd. 3, S. 539; Bd. 20, S. 574; Bd. 21, S. 302; Bd. 39, S. 97.

verselbständigter Teilbereiche betrachtet und betrieben werden. Die erörterte Komplexität von Rechtsbildung, Rechtsstruktur und Rechtswirkung (um von der Metaebene der Theorie in die Objektebene des Rechts überzuwechseln) charakterisiert kein Konglomerat. Eine Summe ist noch keine Gesamtheit. Eklektik und Totalität sind Antagonismen. Wer durch Ausschaltung aller ontologischen Fragestellungen Rechtstheorie auf Rechtstechnologie reduziert, indem er etwa den instrumentellen Aspekt des Rechts seinem genetischen entgegensetzt oder aber einfach, wie Rudolf Jhering, den Zweck des Rechts nicht mit seinen Ursachen begrifflich zu verbinden vermag,[26] der ist auch innerhalb der von ihm anerkannten Teilbereiche juristischer Grundlagenforschung außerstande, in den Kern der Dinge zu dringen. Im Falle Jherings, des immerhin folgenreichsten Juristen, den das deutsche Bürgertum in der zweiten Hälfte des vorigen Jahrhunderts hervorgebracht hat, heißt das: mit der Entgegensetzung von Ursache und Ziel des Rechts wird die Kausalanalyse sozialer Zwecksetzungen gar nicht erst versucht; es wird nur noch instrumentalisierte Vernunft, Rationalität als Apologie vollzogener Tatsächlichkeiten übriggelassen. Aus ähnlichen Gründen (wenn auch aus anderen Ursachen) flacht jede Darstellung der Widerspiegelungseigenschaft des Rechts ins Mechanischmaterialistische ab, wenn sie die konstitutiven Eigenschaften des Rechts vernachlässigt oder sich nicht mit einer auch strukturtheoretischen Analyse der verschiedenen Bewußtseinsformen verbindet, die als Momente des geistigen Lebensprozesses der Gesellschaft deren materiellen Lebensprozeß reflektieren. Wäre das Recht in Qualität und Quantität eine automatische Folgeerscheinung bestimmter materieller Gesellschaftsverhältnisse, dann wäre es überflüssig, sich die Frage nach der inhaltlichen und strukturellen Optimierung des Rechts vorzulegen. Selbstlauf täte das Mögliche wie das Notwendige.

Es kann sich also nicht darum handeln, die unabhängig voneinander gewonnenen Erkenntnisse über die Konstituierung von Recht durch die Gesellschaft, über die Strukturierung dieses Rechts, über die Konstituierung von Gesellschaft durch dieses Recht nachträglich zusammenzufügen. Die immer wieder gemachten Vorschläge, Kelsens Ergebnisse in eine marxistische Rechtstheorie zu integrieren,[27] den Marxismus überhaupt als eine nun allseitig wahre Synthese von einseitigen Wahrheiten anderer zu konstruieren, gehen wohl von dieser falschen Voraussetzung aus. Selbst die Hypothese des frühen Lukács, die von Kelsen geleistete erkenntniskritische Arbeit hätte zu einem Gesellschaftsfortschritt führen können, wenn das mit ihr verbundene Postulat wissenschaftlicher Arbeitsteilung verwirklicht worden wäre,[28] dürfte nicht ganz frei von dieser Auffassung sein, erst recht nicht die keineswegs vereinzelt auftretende Meinung, daß eine materialistische Rezeption des systemtheoretischen Rezepts von Luhmann möglich und geboten sei: „Das funktional-strukturelle und system-theoretische Wirklichkeitskonzept Niklas Luhmanns läßt sich ohne Abstriche im Wesentlichen in einen dialektisch-

[26] Vgl. R. v. Jhering, Der Zweck im Recht, Bd. 1, Leipzig 1884, S. XII.

[27] Vgl. P. Römer, Von Grundnorm und Normgründen, in: Demokratie und Recht (Köln), 1/1982, S. 60ff.; F. A. v. Hayek (Recht, Gesetzgebung und Freiheit, Bd. 2, Landsberg 1981, S. 79) hält gar die Reine Rechtslehre für eine sozialistische Ideologie!

[28] Vgl. G. Lukács, Geschichte und Klassenbewußtsein (1923), Neuwied 1968, S. 206. — In seiner „Zerstörung der Vernunft" (Berlin 1954, S. 482) betont Lukács den Irrationalismus von Kelsens Rechtsentstehungskonzept.

und historisch-materialistischen Rahmen übertragen, und zwar mit der Folge eines theoretischen Fortschritts für die marxistisch-leninistische Soziologie."[29]

Wenn auch der genetische und der funktionale Aspekt des Rechts gewöhnlich, und zwar von Marxisten, als ein zeitliches Nacheinander und ein organisatorisches Nebeneinander fehlinterpretiert werden, in der gesellschaftlichen Wirklichkeit erfolgt die Rechtsanwendung zeitlich nach *und* vor der Rechtsetzung, beteiligen sich also allein schon deshalb die für die Rechtsanwendung arbeitsteilig zuständigen Organe an der Rechtsetzung und lassen sich deshalb auch Rechtsetzung und Rechtsanwendung nicht als logisch konträr verlaufende Tätigkeiten voll erfassen.

Die größten Schwierigkeiten, die soeben gezogenen Konsequenzen aus einem der grundlegenden Prinzipien marxistisch-leninistischer Erkenntnistheorie, der Einheit von Logischem und Historischem,[30] methodisch bewußt zu handhaben, bestehen bei ihrer Ausdehnung von den historisch-genetischen und den historisch-funktionalen Aspekten des Rechts auf seine logisch-strukturellen. Schon die sich aus der gleichen Einsicht herleitende, anderenorts[31] erörterte These von der letztlichen Identität von Rechtsetzung und Rechtsanwendung (Identität hier natürlich nicht im Sinne von Synonymität oder Tautologie gemeint) hat mehr Kopfschütteln als Nachdenken ausgelöst. Um wieviel mehr wird also die Behauptung, daß Geschichte und System des Rechts, Rechtsstruktur und Rechtsentwicklung, juristischer Historismus und juristischer Strukturalismus eine untrennbare Einheit derart bilden, daß das Wesen des einen nicht ohne das Wesen des anderen ausgemacht werden kann, auf Nichtverstand oder gar Unverstand stoßen.

Zwar ist man sich unter Materialisten darüber einig, daß die axiomatische These der Positivisten von der absoluten Eigengesetzlichkeit des Rechts samt ihrer wissenschaftslimitierenden Behauptung von der Ableitbarkeit aller Normative nur aus Normativen unhaltbar ist. Desungeachtet wird aber die strukturelle Analyse der einzelnen Rechtsnorm oder der Relationen zwischen den Normen eines Rechtsinstituts, Rechtszweiges oder Rechtssystems auch von vielen Marxisten ausschließlich so betrieben, als ob das Recht keine besondere Weise der Produktion sei und nicht unter ihr allgemeines Gesetz falle. Tatsächlich hat aber die Strukturierung sozialer Phänomene in materielle und ideelle, die Relation zwischen dem materiellen und dem geistigen Lebensprozeß der Gesellschaft, zwischen sozialem Sein und rechtlichem Sollen genetischen und funktionalen, also historischen Charakter. Insofern ist die jeweilige Struktur des Rechts geschichtlich bedingt, heute anders als gestern und morgen, sie ist vergänglich. Insofern sind aber auch die Versuche eines philosophischen Strukturalismus, zeit- und inhaltslose Strukturen

---

[29] H. v. Gleichenstein, Die Allgemeinheit des Rechts, München 1979, S. 187, 388.

[30] Vgl. allgemein: P. V. Kopnin, Dialektik — Logik — Erkenntnistheorie, Berlin 1970, S. 237ff.; D. Wittich/K. Gößler/K. Wagner, Marxistisch-leninistische Erkenntnistheorie, Berlin 1978, S. 482ff.; Geschichte der marxistischen Dialektik, Von der Entstehung des Marxismus bis zur Leninschen Etappe, Berlin 1974, S. 234ff.; A. K. Pokrytan, Das Historische und das Logische in der ökonomischen Theorie des Sozialismus, Berlin 1981, S. 11ff.; G. Baranowski, Zur Einheit des Logischen und Historischen in der Staats- und Rechtswissenschaft, Leipzig 1978, S. 10ff. (Schriftenreihe Methodologie der marxistisch-leninistischen Rechtswissenschaft, 1/2); G. Haney, Historisches und Logisches in rechtlicher Relevanz und Vermittlung, in: Wissenschaftliche Zeitschrift der Universität Jena, 6/1983, S. 617ff.

[31] Vgl. H. Klenner, Vom Recht der Natur zur Natur des Rechts, Berlin 1984, Kap. 8: Arbeitsteilige Produktion von Recht, S. 187 (Staats- und rechtstheoretische Studien, 14).

als Dominanten des Menschen und der Menschheit, von Beginn an und ein für allemal abgeschlossen, auszumachen und diesen methodischen Ansatz auf Marx zurückzuführen,[32] verfehlt. Schon eher wäre es denkbar, diese im Zentrum unhistorisch geortete Strukturtheorie mit der thomistischen Naturrechtsstruktur und -hierarchie, dem Dreiklang einer lex aeterna, lex naturalis und lex humana, als Delegierungszusammenhang von Ewigem bis hin zum Recht im Hier und Heute gedeutet, in Übereinstimmung zu bringen, was hier nicht etwa geschehen soll.

Ist, wie ein konkretes Rechtssystem insgesamt, etwa das 1794 in Preußen in Geltung gesetzte Allgemeine Landrecht (ALR), auch deren einzelne Rechtsnorm (etwa ALR Teil 2, Titel 7, § 125: Der Gutsherrschaft liegt besonders ob, für eine gute und christliche Erziehung der Kinder ihrer Untertanen zu sorgen) ein Produkt der Geschichte, dann kann deren Text weder ohne ihren normativen noch ohne ihren sozialen Kontext verstanden werden. Auch eine Strukturtheorie des Rechts darf nicht, oder jedenfalls nicht auf allen ihren Abstraktionsebenen, vergessen machen wollen, daß das Sein der Rechtsnormen ein Gewordensein und ein Werden zugleich ist. Faßt man, wie Marx, das Recht als Moment eines durch die Produktionsweise des materiellen Lebens der Gesellschaft bedingten (und in sie eingreifenden) geistigen Lebensprozesses dieser Gesellschaft, also selbst als Produktion und Prozeß, dann ist es wissenschaftlich unumgänglich, die Strukturen sowohl der ontologischen als auch der gnoseologischen Dimension dieses Vorganges mitzuerfassen. Es verbietet sich folglich eine Beschränkung auf die Analyse der Struktur der vereinzelten Rechtsnorm (*Mikrostruktur*) oder der strukturellen Beziehungen zwischen den zeitgleich geltenden Rechtsnormen eines Autors (*Makrostruktur*); auf die sich im Prozeß der Bildung und der Wirkung, also der Entwicklung des Rechts ergebenden strukturellen Beziehungen zwischen Nichtrecht und Recht (*Sozialstruktur*) und auf deren Einflußnahme auf die innersystemare Rechtsstruktur zu verzichten, hieße an der Wirklichkeit des Rechts vorbeizudenken. Damit wären auch der materialistischen Dialektik innerhalb der Rechtswissenschaft Grenzen gesetzt. Es kommt aber gerade im Interesse einer immer vollständigeren Erkenntnis der gesellschaftlichen Gesetzmäßigkeiten und ihrer praktischen Beherrschung darauf an, eine materialistisch-dialektische Strukturtheorie des Rechts zu entwickeln, was eine Aufhebung der metaphysischen Entgegensetzung (nicht der Unterscheidung!) von Geschichtlichem und Systematischem voraussetzt bzw. zur Folge hat.

Es ist nun an der Zeit, einige Definitionen bzw. Quasidefinitionen einzuführen, im wesentlichen von festsetzender Art, also ohne Wahrheitsanspruch. Die materialistisch verstandene Einheit von Logischem und Historischem als eine notwendige methodologische Voraussetzung für eine rechtsrelevante Systemtheorie soll hier im breitestmöglichen Sinn interpretiert werden: sowohl als Relation zwischen a) *Real-Historischem* (RH: der tatsächlich, geschichtlich-konkret vor sich gehenden Rechtsentwicklung) und b) *Real-Logischem* (RL: den Entwicklungs- und Strukturgesetzen des Rechts) wie auch als Relation zwischen c) *Ideell-Historischem* (IH: der kognitiven Widerspiegelung der real-historischen Rechtsentwicklung) und d) *Ideell-Logischem* (IL: der kognitiven Widerspiegelung der real-logischen Gesetzmäßigkeiten des Rechts). Die so verstandene Einheit von Logischem und Historischem erweist sich als eine vierfache Beziehung

[32] Vgl. C. Lévi-Strauss, Strukturale Anthropologie, Frankfurt a. M. 1967, S. 367; R. DeGeorge/ F. DeGeorge, The Structuralists: From Marx to Lévi-Strauss, Garden City, N. J., 1972.

innerhalb einer vierstelligen Relation, wobei die vier „Einheits"-Beziehungen (RH:RL; IH:IL; IH:RL; RH:IL) von unterschiedlicher Wertigkeit sind, je nachdem, um welche Aufgabenstellung es sich handelt, und jedenfalls in Abhängigkeit vom Wechselverhältnis RH:IH und RL:IL. Daß in diesem Beziehungsgefüge für einen Rechtstheoretiker die Relation RH:IL (Real-Historisches im Verhältnis zum Ideell-Logischen) entscheidende Bedeutung gewinnt, braucht hier nicht begründet zu werden, schließlich kommt es für ihn auf begriffene Rechtsentwicklung an. Nichtsdestoweniger hat es sich in der Geschichte der Rechtstheorie noch nie ausgezahlt, wenn nicht das ganze Beziehungsgeflecht von Historischem und Logischem im Auge behalten wurde:

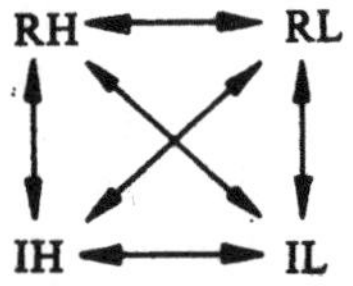

In Anlehnung an andere[33] werden unter Rechtsstruktur die Menge aller Elemente eines Rechtssystems und die dieses mit dem Gesellschaftssystem in einem bestimmten Zeitintervall verknüpfenden Relationen verstanden. Die „innere" Rechtsstruktur (Mikro- und Makrostruktur des Rechts) und die von ihr zwar unterscheid-, aber nicht trennbare „äußere" Rechtsstruktur[34] (Sozialstruktur des Rechts) werden also nicht auf die invarianten Eigenschaften des Rechts oder auf die objektiv gesetzmäßigen Beziehungen seiner Bestandteile beschränkt, und auch nicht darauf, daß der Zeit*intervall* t_1—t_2 als Zeit*punkt*, das heißt als Null gesetzt wird.

Vom Rechtssystem ist das Rechtswissenschaftssystem, enger gefaßt: das System der Rechtstheorie, wohl zu unterscheiden.[35] Geordnete Erkenntnisse über das Recht, z. B. über die Wechselbeziehungen zwischen Produktions- und Rechtsverhältnissen, zwischen Aussagen und Normen gehören einer Meta-Ebene über der Objekt-Ebene an, dem sozialen Ordnungsreglement herrschender Gesellschaftsklassen. Hier haben wir es mit einem empirisch erfaßbaren Ausgangsmaterial von ganz unterschiedlicher Qualität und Quantität, auch von sehr unterschiedlicher intellektueller Durcharbeitung zu tun. Schon zwischen der Struktur der Zwölftafelgesetze Roms (soweit erhalten), von denen immerhin noch Cicero behauptete, daß man sie zu seiner Knabenzeit auswendig zu lernen hatte,[36] und den sechshundert Jahre späteren Institutionen des Gaius (hier als

---

[33] Vgl. H. Hörz, Materiestruktur, Berlin 1971, S. 71; K.-F. Wessel (Hrsg.), Struktur und Prozeß, Berlin 1977, S. 11; G. Klaus/M. Buhr, Philosophisches Wörterbuch, Bd. 2, Leipzig 1974, S. 1180.

[34] Eine etwas andere Gegenüberstellung von innerer und äußerer Struktur rechtlicher Erscheinungen findet sich bei: D. A. Kerimow, Philosophische Probleme des Rechts, Berlin 1977, S. 236.

[35] Das beachtet nicht immer: H. Coing, Geschichte und Bedeutung des Systemgedankens in der Rechtswissenschaft, in: Frankfurter Universitätsreden (Frankfurt a. M.), 17/1956, S. 26.

[36] Vgl. M. T. Cicero, Staatstheoretische Schriften, Berlin 1974, S. 290/291. — Abdruck der Zwölftafelgesetze und der Institutionen des Gaius bei: L. Huchthausen (Hrsg.), Römisches Recht, Berlin 1983.

Gesetz, nicht als Lehrbuch genommen) klaffen Welten. Die „Leges barbarorum", aber auch noch der „Sachsenspiegel" sind eher als Kompilationen denn als Kodifikationen zu charakterisieren, wenn man sie mit den um einige Jahrhunderte früheren Digesten Justinians vergleicht. Strukturell betrachtet, steht jedenfalls die „Lex Salica" dem Kodex des Hammurapi oder der Gesetzsammlung des Manu näher als dem „Corpus juris", was wiederum nur historisch erklärt werden kann. Überhaupt ist der Wandel normativer Strukturen, wenn man sie als Realstruktur existenten Rechts (und nicht als Idealstruktur eines konstruierten Ordnungsmodells) versteht,[37] geschichtlich greifbaren Veränderungen der Gesellschaftsstruktur und der dieser zugrunde liegenden Entwicklung von Produktivkräften und Produktionsverhältnissen geschuldet. Genau das ist aber den moderneren Naturrechts-Theorien eines sich mit ewigem Recht wandelndem positiven Recht verschlossen.[38] Da fällt buchstäblich der Wandel vom Himmel, auch hier unerforschlich der Ratschluß Gottes. Zwar verändern sich Rechtsstrukturen überwiegend langsamer als Rechtsinhalte, sie überdauern zuweilen sogar deren Qualitätswechsel, sind aber hinsichtlich ihres Entstehens und Vergehens nichtsdestoweniger erklärungsbedürftig und erklärungsfähig. Daß die Peinliche Gerichtsordnung Kaiser Karls V. von 1532 den „besonderen Teil" mit Gotteslästerung, Meineid, Zauberei beginnt (Art. 106—109), die Religionsdelikte also dem irdischen Aufruhr (Art. 127) vorordnet, hat schon etwas mit dem mittelalterlich-christlichen Weltbild zu tun, nach dem Gott in Frage zu stellen als die erste Stufe eines Infragestellens der hiesigen Autoritäten erscheinen mußte. Die Gesamtstruktur des ALR Preußens von 1794 war dergestalt mit dem abtretenden Feudalismus verbunden (die Rechte und Pflichten des Adels, des Gesindes, der Bauern, der Untertanen, der Handwerker, der Fabrikanten, der Kaufleute, der Beamten, der Pfarrer und der Künstler wurden jeweils gesondert geregelt), daß ein Struktur und Inhalt erfassender juristischer Paradigmenwechsel in Richtung Code civil/BGB auch früher oder später eingetreten wäre, wenn Napoleon das linksrheinische Territorium Deutschlands nicht mit seinen Gewehren und Gesetzen beglückt oder Bismarck nicht mit Blut und Eisen die kleine Reichseinheit hergestellt hätte.

Welches Rechtssystem man sich auch vergegenwärtigt: es ist unklug zu vergessen, daß es, wenn schon kein Längsschnitt, so doch ein Querschnitt der Gesellschafts*entwicklung* ist. Früher oder später geht die Treue der Widerspiegelung ökonomischer Verhältnisse in jedem Rechtssystem trotz aufeinander abgestimmter, wohlstrukturierter Regelungen in die Brüche, wie es Friedrich Engels mit der ihm eigenen Anschaulichkeit belegt hat, und es kommt unvermeidlich die Zeit, in der man die Wahrheit des Romantiker-Paradoxons begreifen lernt: Es ist gleich tödlich, ein System zu haben und keins zu haben.[39]

---

[37] Wie in den von K. Schrape (Theorien normativer Strukturen und ihres Wandels, Basel 1977/78) kritisch analysierten Vorgaben.

[38] Vgl. A. Aarnio, Philosophical Perspectives in Jurisprudence, Helsinki 1983, S. 94—118: „Eternal and Changing Law — Problems in Modern Natural Law Theory"; J. Llompart, Die Geschichtlichkeit der Rechtsprinzipien, Frankfurt a. M. 1976.

[39] Vgl. MEW, Bd. 37, S. 491; Athenäum (1798), Leipzig 1978, S. 83.

2.4. Von der Realstruktur des Rechts zur logischen Rechtsstruktur (Deontik)

Im Vorangegangenen wurde unter Rechtsstruktur betont das Beziehungsgefüge eines empirisch erfaßbaren (gesetzes-, oder richter- oder gewohnheitsrechtlichen) Normenkörpers verstanden, und zwar unabhängig davon, ob es sich dabei um einen geltenden, einen in Geltung gewesenen oder erst zur Geltung vorgesehenen Corpus handelt. Es wäre von bloß akademischem Wert, wenn Strukturprobleme des Rechts vorwiegend unter dem Gesichtspunkt erörtert würden, wie man einen juristischen Vorlesungsstoff vorteilhaft gliedert (obwohl die gelungene Struktur einer Dogmatikvorlesung nicht unerheblich zum Forschungsvermögen und zur Rechtsanwendungsfähigkeit der künftigen Rechtspraktiker und -wissenschaftler beizutragen vermag). Gleichwohl gewinnt eine Analyse von Rechtsstrukturen ihre eigentliche Bedeutung erst als De-lege-ferenda-Problem, als Bestandteil einer Gesetzgebungstheorie.

Denn so wie es kaum *ein*deutige Beziehungen zwischen einem bestimmten Typ oder Entwicklungsniveau von Produktionsverhältnissen und einem bestimmten Rechts*inhalt* gibt, sondern eine ganze Bandbreite von inhaltlichen Regelungsmöglichkeiten, die mehr oder weniger den Regelungserfordernissen entsprechen, so gibt es auch Varianten verschiedener Rechts*strukturen*, die mehr oder weniger den Interessen der jeweils herrschenden Gesellschaftsklassen zu einem bestimmten Zeitpunkt entsprechen. Gewiß erzwingt jede warenproduzierende Gesellschaft den Vertrag zwischen Käufer und Verkäufer als ein Rechtsinstitut, aber die Gültigkeits- oder Anfechtungsbedingungen für die diesen Vertrag konstituierenden Willenserklärungen können doch sehr unterschiedlich geregelt sein. Für die bürgerlichen Rechtsordnungen ist die Trennung von Privat- und öffentlichem Recht charakteristisch, auch wenn sie in den Gesetzgebungssystemen kapitalistischer Staaten unterschiedlich ausgeprägt sind. Die für alle Rechtsordnungen und Rechtszweige typische Herausbildung eines dem materiellen Recht zugeordneten formellen Rechts in Gestalt einer Verfahrensregelung hat in manchen, aber keineswegs in allen hochkapitalistischen Staaten zur Herausbildung einer strukturell selbständigen Verwaltungsgerichtsbarkeit, auch zu einer Verfassungsgerichtsbarkeit geführt. Die vom deutschen BGB bevorzugte Vorschaltung höherer normativer Abstraktionsebenen vor der eigentlichen Kaufvertragsregelung (mit dem Ergebnis einer komplizierten Strukturverschachtelung dieser Kodifikation) ist nicht hinreichend aus der Existenz oder Dominanz kapitalistischer Produktions- und Zirkulationsverhältnisse zu erklären, denn Code civil und schweizerisches Zivilgesetzbuch kommen — unter pragmatischen Aspekten gesehen: sogar besser ! — ohne diese Art von Normenhierarchie aus. Teil 7 des DDR-ZGB von 1975 läßt sich kaum als strukturelle Conditio sine qua non einer sozialistischen Zivilrechtskodifikation ausgeben und ist, wie die Präambel auch, offensichtlich nicht verallgemeinerungsfähigen Entstehungsbedingungen dieses Gesetzes geschuldet.

Wenn also, analog den Ergebnissen der Hegellektüre Lenins,[40] das Wesen so oder anders formiert ist, und zwar in Abhängigkeit auch vom Wesen, der Gehalt des

---

[40] Vgl. W. I. Lenin, Werke (im folgenden: LW), Bd. 38, S. 134; G. W. F. Hegel, Wissenschaft der Logik, Bd. 2, Berlin 1971, S. 69.

Rechts so oder anders strukturiert ist, und zwar in Abhängigkeit auch vom Gehalt des Rechts, so ergeben sich daraus zumindest folgende strukturtheoretische Schlüsse:

a) Dann ist die jeweilige Realstruktur des Rechts zwar nicht im Detail, aber in ihren Grundzügen objektiv determiniert und nicht das Zufallsprodukt willkürlicher Klassifizierungen. Struktur, auch Rechtsstruktur, ist eine ontologische und nicht bloß eine gnoseologische oder formal-logische Kategorie. Ein administratives „Abschaffen" z. B. bestimmter Rechtszweige, wie nach 1958 bei uns des Verwaltungs- und später des Wirtschaftsrechts, kann zwar zu einem „Verwendungsverbot" von Bezeichnungen führen, auch die intellektuelle Durcharbeitung und gesetzgeberische Vervollkommnung des betroffenen Normenkörpers erschweren, deren Existenz aber nicht aufheben. Rechtsstrukturen verändern sich ohnehin langsamer als Rechtsinhalte.

b) Dann ist die synchronische Erforschung der Struktur von mehr bis minder spontan gewachsenen Rechtsordnungen der Vergangenheit ein notwendiges Moment der Rechtsgeschichtswissenschaft, für die es unerläßlich ist, Prozeß und Struktur vergangener Rechtssysteme aufzudecken. Theodor Mommsens großangelegte, zumeist diffamierte Versuche, die Grundstruktur des Römischen Staats- und Strafrechts für einen tausendjährigen Zeitintervall aufzudecken, eine Struktur, die anders als beim Privatrecht nicht durch wissenschaftliche Tradition überliefert, sondern durch wissenschaftliche Abstraktion erst zu erschließen war, haben dem Wissenschaftsfortschritt nicht bloß durch die immense Materialverarbeitung, sondern vor allem auch durch den methodologischen Fundamentalgedanken gedient, eine Rechtsmaterie, die von den Römern zwar praktiziert, aber nie kodifiziert und doziert worden war, auch systematisch (im Querschnitt, in dem sich die Rechtsentwicklung wie im „erstarrten Sturzbach" darstelle) zu erschließen.[41]

c) Dann ist aber, da eine Gesetzgebungsstruktur mehr bis minder gut, also minder bis mehr schlecht, den inhaltlichen Anforderungen des Rechts entspricht und eben nicht eine automatische Folgeerscheinung der Eigentumsverhältnisse ist, auch die Suche nach einer optimalen Rechtsstruktur für einen vorgesehenen Geltungsbereich und Zeitintervall höchst legitimer Bestandteil einer Rechtswissenschaft, wie es die marxistische ist, die sich nicht damit bescheidet, als denkender Diener einer in Inhalt und Struktur vollendeten Gesetzgebung zu fungieren.

Gesetzgebungsstruktur und Rechtsstruktur decken sich höchstens partiell. Abgesehen vom Gewohnheitsrecht und vom Fallrecht (case law), die von der Gesetzgebung höchstens mittels einer Blankettnorm erfaßt werden, stimmt weder die Paragraphenstruktur mit der Rechtsnormstruktur überein, noch pflegen oder vermögen Kodifikationen *alle* zu einem bestimmten Rechtszweig gehörenden Regelungen zusammenzufassen. Auch enthalten viele Gesetze nicht nur Recht, sondern auch Begründungen für Recht, also nicht nur Normen, sondern auch Aussagen, während zum Rechtssystem im eigentlichen Sinn lediglich Relationen zwischen den Rechtsnormen als den kleinsten sinntragenden Einheiten dieses Systems[42] zählen, also keine Aussagen.

---

[41] Vgl. im Detail: J. Kuczynski, Studien zu einer Geschichte der Gesellschaftswissenschaften, Bd. 9: Theodor Mommsen — Porträt eines Gesellschaftswissenschaftlers, Berlin 1978, S. 212—236.

[42] Vgl. vor allem: W. Grahn, Die Rechtsnorm, Leipzig 1979, S. 4 (Schriftenreihe Methodologie der marxistisch-leninistischen Rechtswissenschaft, 6); ders., Zum systemaren Wesen des Rechts, Leipzig 1982, S. 128 (Schriftenreihe Methodologie . . ., 12).

Entgegen der vorherrschenden oder jedenfalls vorherrschend publizierten Meinung, nach der das wichtigste Subsystem des Rechts die Rechtszweige sind — daß es keine Rechtsnorm für sich gibt, sondern nur Normen, die in ihrem Zusammenhang gelten, ist eine alte Erkenntnis —[43], gilt es, zunächst sichtbar zu machen, daß es neben der Rechtszweigproblematik, über die zumeist (es ist das ein falscher Kriegsschauplatz) mit Weltanschauungsimpetus gestritten wird, ein ganzes Bündel verschiedener makrostruktureller Probleme von unterschiedlicher Abstraktion und Wichtigkeit gibt. Für die Rechtspraxis bedeutsamer als der Existenzstreit um Rechtszweige und deren „saubere" Abgrenzung voneinander (eine Quadratur-des-Kreises-Aufgabe, da sich Rechtszweige zu überlappen pflegen: das Recht auf Arbeit, um ein Beispiel zu nennen, gehört ins Staats- *und* ins Arbeitsrecht) sind wohl die Struktureinheiten der sogenannten Rechtsinstitute, aber auch der Delikts- und Vertragstypen, deren erforderliche Herausarbeitung und Optimierung durch ein angemessen differenziertes Normenensemble mit einer ausgewogenen Korrelation zu den Permanenzaufgaben der Rechtswissenschaft gehört. Von fundamentaler Bedeutung für die Effektivität des Rechts — und historisch früher ausgeprägt als Rechtszweigunterschiede — ist das Strukturverhältnis zwischen materiellem Recht und der ihm „eingebornen Prozeßform" — es geschah in diesem Zusammenhang, daß Marx den zumeist herausgerissen zitierten Satz prägte, die Form habe keinen Wert, wenn sie nicht die Form des Inhalts sei, und Mommsen meinte: ein Strafrecht ohne Strafprozeß sei ein Messergriff ohne Klinge und Strafprozeß ohne Strafrecht eine Klinge ohne Messergriff.[44] Von hervorragender Bedeutung für die intellektuelle Durcharbeitung eines Rechtsstoffes, ohnehin Element des geistigen Lebensprozesses der Gesellschaft, den materiellen Lebensprozeß widerspiegelnd, ist das Strukturverhältnis der Rechtsnormen von verschiedenem Abstraktionsgrad: des allgemeinen und des besonderen Teils eines Strafgesetzbuches, der Prinzipien- und der Normalnormen im Völkerrecht etwa, oder auch der legalisierten Moralgrundsätze zu den Detailregelungen im Zivilgesetzbuch der DDR (Präambel, §§ 14, 15, 44, 68, 323, 373).

Mit dem Herauskehren struktureller Arbeitsaufgaben an einem empirisch gegebenen oder experimentell in Varianten konstruierten Normenmaterial ist nicht etwa die Notwendigkeit bestritten, innerhalb einer juristischen Strukturtheorie die logische Abstraktionsebene auch so weit zu treiben, daß für sie das von Friedrich Engels für bestimmte mathematische Vorhaben entwickelte Arbeitsprinzip vergleichsweise gilt: Um diese Formen und Verhältnisse in ihrer Reinheit untersuchen zu können, muß man sie vollständig von ihrem Inhalt trennen.[45] Der Grenzfall einer idealtypischen, das heißt statischen, von Raum- und Zeitbedingungen unabhängigen logischen Mikrostruktur

---

[43] Vgl. F. Somlo, Juristische Grundlehre, Leipzig 1917, S. 382.

[44] Vgl. K. Marx/F. Engels, Gesamtausgabe (im folgenden: MEGA), Bd. I/1, Berlin 1975, S. 234; Th. Mommsen, Römisches Strafrecht (1819), Berlin 1955, S. VII.

[45] Vgl. MEW, Bd. 20, S. 36. — Damit ist nicht etwa der Anspruch irgendwelcher Rechtstheorie auf ideologiefreie Reinheit legitimiert! — Vgl. F. Kaufmann, Logik und Rechtswissenschaft, Tübingen 1922; J. Horovitz, Law and Logic, Wien—New York 1972; J.-L. Gardies, Juristen und Logiker. Die Schwierigkeiten einer Zusammenarbeit, in: Argumentation und Hermeneutik in der Jurisprudenz, Berlin (West) 1979, S. 225 (Rechtstheorie, Beiheft 1).

vereinzelter Rechtsnormen ist nicht nur nicht auszuschließen, sondern ganz im Gegenteil durch entsprechende Gedankenarbeit herbeizuführen. Gleiches gilt für die deontische Relationslogik, das heißt für die idealtypische Makrostruktur von Rechtsnormen, ihre logisch möglichen Verbindungen zu Normenketten, Normennetzen, Normenkörpern und anderen abgrenzbaren Teilsystemen innerhalb einer hierarchisch gegliederten Gesamtheit geltender Normen einer Rechtsordnung.

Die zuletzt genannte Aufgabenstellung, bisher nur selten in Angriff genommen,[46] obwohl erst ihre Bewältigung den Computereinsatz in der Gesetzgebung über die bisherige Stückwerktechnologie wird hinauswachsen lassen, setzt freilich handhabbare Ergebnisse bei der logischen Analyse von Normsätzen mit dem Ziel ihrer Reduktion auf eine universal nachweisbare deontische Struktur von Rechtsnormen voraus. Daß hierfür das unter marxistisch-leninistischen Rechtstheoretikern noch immer herrschende (von ihnen aber nicht erfundene) Dreigliedrigkeitskonzept: Disposition/Hypothese/Sanktion ungeeignet ist, ist anderwärts nachgewiesen worden.[47] Hingegen ist die These, man könne jede Norm als eine durch einen deontischen (Gebots-, Verbots- oder Erlaubnis-) Operator verknüpfte Beziehung zwischen einem Tatbestand und einer Folgehandlung darstellen,[48] bisher nicht widerlegt worden, was insofern günstige Ergebnisse für die Strukturierung ganzer Rechtsordnungen erwarten läßt, als aus atomaren Normen (Konjunktionen sind im Tatbestandselement, Kontravalenzen im Folgehandlungselement möglich) sich leicht molekulare Normen (Verbindung gleicher Tatbestands- oder gleicher Folgehandlungselemente), auch Normenketten (z. B. zwischen Aktions- und Reaktionsnormen) und Normennetze bilden lassen. Da Verbote, Gebote und Erlaubnisse wechselseitig transformierbar sind, läßt sich ein Normativsystem, „a class of norms which stem from the same supreme authority",[49] mit wenigen Konstanten als ein System von Handlungsgeboten, gültig unter bestimmten Bedingungen, darstellen. Es handelt sich um ein offenes System, da keineswegs jede Handlung (oder Handlungsunterlassung) deontisch determiniert ist, und auch um ein nicht wider-

---

[46] Vgl. C. E. Alchourrón/D. Makinson, Hierarchies of Regulations and their Logic, in: R. Hilpinen (Hrsg.), New Studies in Deontic Logic, Dordrecht—Boston—London 1981, S. 125—148; O. Weinberger, Rechtslogik, Wien—New York 1970, S. 212—216.

[47] Vgl. K. A. Mollnau (Hrsg.), Probleme einer Rechtsbildungstheorie, Berlin 1982, S. 27 (Staats- und rechtstheoretische Studien, 13), gerichtet gegen: Marxistisch-leninistische allgemeine Theorie des Staates und des Rechts, Bd. 4, Berlin 1976, S. 170; A. I. Korolev/ L. S. Javič (Hrsg.), Teorija gosudarstva i prava, a. a. O., S. 275.

[48] Vgl. J. Marten, Strukturtheoretische Betrachtungen zur Neuererverordnung, Diplomarbeit an der Juristischen Fakultät der Humboldt-Universität zu Berlin, 1968, S. 11, 32; H. Klenner, Zur logischen Struktur sozialistischer Rechtsnormen, in: Wissenschaftliche Zeitschrift der Universität Jena, 3/1966, S. 452; V. Knapp, Einige Probleme der deontischen Modalität „erlaubt", in: ARSP, 67/1981, S. 397; O. Weinberger, Logische Analyse in der Jurisprudenz, Berlin (West) 1979, S. 168: Jede Rechtsregel enthält als Bedingungsnormsatz eine Tatsachenbedingung und einen normativen Bestandteil.

[49] G. v. Wright, An Essay in Deontic Logic, Amsterdam 1968, S. 83. — Vgl. auch: F. Lachmayer, Legistische Analysen der Struktur von Gesetzen, Wien 1976, S. 45.

spruchsfreies System, da logische Konsistenz kaum als notwendige Bedingung einer Normenordnung betrachtet werden kann.[50]

Mit diesen hier nicht im Detail entwickelten und bewiesenen Behauptungen sind wir unversehens in den Grenz- und Überlappungsbereich zwischen Rechtstheorie und Rechtslogik geraten, der schließlich in das ureigene Forschungsgebiet der Logik, hier in Gestalt der Normenlogik oder Deontik, überleitet.

2.5. Zur Sozialstruktur des Rechts

Soweit sich marxistische Rechtstheorie, von Rechtsphilosophie ganz zu schweigen, mit Strukturen befaßt, kann sie sich nicht auf die Rechtsstruktur, das heißt auf die Mikro- und Makrostruktur eines gegebenen Rechtssystems als einer mehr bis minder geordneten Normenmenge einer gegebenen Rechtsordnung beschränken. Will marxistisch-leninistische Rechtswissenschaft ihren Anspruch einlösen, als Gesellschaftswissenschaft, also als Wirklichkeitswissenschaft, vergangenes, existentes und künftiges Recht zu interpretieren, zu prognostizieren und zu analysieren,[51] dann gehören zu ihrem Forschungsfeld notwendigerweise auch die sich in der Wechselwirkung zwischen den verschiedenen Momenten des materiellen und ideellen Produktionsprozesses der Gesellschaft herausbildenden rechtsrelevanten Strukturen. Zu diesem, hier in Anlehnung an Lenin als Sozialstruktur des Rechts[52] bezeichneten objektiven Beziehungsgefüge zählen auch die relativ konstanten Relationen zwischen den verschiedenen Abstraktionsstufen im Rechtsbildungsprozeß, den verschiedenen Konkretisierungsstufen im Rechtsanwendungsprozeß samt den ihnen zugrunde liegenden sozialen Prozessen. Zum Gegenstand struktureller Untersuchungen der marxistischen Rechtstheorie gehören also die innere und die äußere Struktur des Rechts: die Rechtsstruktur einerseits und andererseits die

---

[50] Vgl. J. Berkemann, Zum Prinzip der Widerspruchsfreiheit in der deontischen Logik, in: H. Lenk (Hrsg), Normenlogik, München 1974, S. 166; L. Reisinger, Zur Vollständigkeit normativer Systeme, in: J. Mokre/O. Weinberger (Hrsg.), Rechtsphilosophie und Gesetzgebung, Wien—New York 1976, S. 97; M. Thaler, Mehrdeutigkeit und juristische Auslegung, Wien—New York 1982, S. 20ff.; J. v. Kempski, Grundlegung zu einer Strukturtheorie des Rechts, Wiesbaden 1961, S. 31: Eine Rechtsordnung (R) ist lückenlos, wenn nach ihr im konkreten Fall jede mögliche Handlung des betreffenden Bereiches R-gemäß oder R-widrig ist, und sie ist widerspruchsfrei, wenn im konkreten Fall zwei R-gemäße Handlungen H_1 und H_2 verträglich sind.

[51] Zum Folgenden vgl.: S. S. Alekseev, Problemy teorii gosudarstva i prava, Moskva 1979, S. 230; A. Baumgarten, Rechtsphilosophie auf dem Wege, Berlin 1972, S. 501; L. S. Javič, Obščaja teorija prava, Leningrad 1976, S. 101; R. D. Lukič, Metodologija prava, Moskva 1981; K. A. Mollnau (Hrsg.), Rechtswissenschaft als Gesellschaftswissenschaft. Beiträge zum XI. Weltkongreß der Internationalen Vereinigung für Rechts- und Sozialphilosophie, Berlin 1983 (Konferenzmaterial); V. Peschka, Die Theorie der Rechtsnormen, Budapest 1982; I. Szabó, Les Fondements de la Theorie du Droit, Budapest 1973; J. G. Tkačenko, Metodologičeskie voprosy Teorii pravootnosenij, Moskva 1980, S. 133; H. Wagner, Recht als Widerspiegelung und Handlungsinstrument, Köln 1976.

[52] Vgl. LW, Bd. 17, S. 127. — Gewissermaßen ein Pendantbegriff zu: „ökonomische Struktur der Gesellschaft" (MEGA, Bd. II/2, Berlin 1980, S. 100).

Sozialstruktur, soweit an ihr Recht als produziertes oder produzierendes Element unmittelbar beteiligt ist.

Die Sozialstruktur des Rechts hat sowohl eine ontologische wie eine gnoseologische Dimension, deren Gesetzmäßigkeiten aufzudecken zur unverzichtbaren Aufgabe einer materialistisch-dialektischen Rechtstheorie zählt.

Innerhalb der *ontologischen Dimension* einer juristischen Strukturtheorie dürfte der Ausgangspunkt in der Erkenntnis liegen, daß sowohl Aussagen über das Recht (ob Basis-, ob Metaaussagen) als auch Normen des Rechts als Momente des idellen Lebensprozesses der Gesellschaft deren materiellen Lebensprozeß nicht bloß repräsentativ, simultan begleiten, sondern mit ihm genetisch verbunden sind. Recht ist Produkt und Produzierendes. Die Unterstellung, der Marxismus träume den Wunschtraum von der logischen Deduktion einer Aussage über ein Sollen aus der Aussage über ein Sein, übersieht, daß der Materialismus die gnoseologische Aussage/Norm-Problematik von der ontologischen Sein/Sollen-Problematik nicht bloß unterscheidet, sondern die erstere der zweiten deshalb unterordnet, weil sie sich von ihr ableitet, und zwar nicht logisch-deduktiv, sondern sozial-induktiv. Aus der Aussage über eine Norm kann so wenig auf die Existenz dieser Norm geschlossen werden wie aus der Aussage über einen anderen Sachverhalt auf die Existenz dieses Sachverhalts. Zwischen den in Basisaussagen zu Rechtsnormen bewußt gewordenen Klasseninteressen auf Rechtsbildung und der schließlichen Veränderung des geltenden Rechts, zwischen der Rechtsbildung und der Rechtswirkung, aber auch zwischen diesen beiden und einer in Metaaussagen bewußt gewordenen Erkenntnis über die Adäquanz und Äquifinalität des in Geltung gesetzten Rechts liegen nicht bloß Erkenntnis-, sondern auch und vor allem Gesellschaftsentwicklungen. Wie aus der Geltung einer Rechtsnorm nicht deren Verwirklichung oder Wirkung gefolgert werden darf, so darf aus Aussagen über bestimmte Gesellschaftsverhältnisse oder Gesetzmäßigkeiten gesellschaftlicher Entwicklungen zwar Zweckmäßigkeit, auch Wahrscheinlichkeit geltender Rechtsnormen, nicht aber zwingend deren Existenz gefolgert werden. Gesetzgeberische und richterliche Tätigkeit sind nicht durch professorale Tätigkeit ersetzbar. Sie sind auch Machtausübung.

Die Transformation von Aussagen über das (gegebene und erforderliche) Recht in Normen des Rechts ist folglich kein innerlogischer, auch kein rein argumentativer Vorgang, wie in neuerlichen, begrüßenswerten Versuchen angenommen worden, ist zwischen einer transformation into the law und einer transformation inside the law zu unterscheiden.[53] Eine Transformation von Nichtrecht zu Recht, ob spontan sich entwickelnd oder bewußt vollzogen, ist ein sich in Theorie und Praxis vollziehender Aneignungs- und Veränderungsprozeß der Welt durch herrschende Gesellschaftsklassen. Insofern ist es auch falsch, von einer letztlichen Willkürlichkeit zu sprechen, auf der wie jedes Normativsystem auch das Rechtssystem basiere. Materielle Interessen sind nicht irrational; sie können aufgedeckt und in den Entwicklungsprozeß der Menschheit eingeordnet werden.

---

[53] Vgl. A. Aarnio/R. Alexy/A. Peczenik, The Foundation of Legal Reasoning, Berlin (West) 1981, S. 142 (Rechtstheorie, 12). — Daß der „Sprung ins Recht" soziale Machtfragen involviert, wird auch nicht in der Kritik O. Weinbergers (Logische Analyse als Basis der juristischen Argumentation, in: Metatheorie juristischer Argumentation, Berlin [West] 1983, S. 159) an der voranstehenden Drei-Autoren-Konzeption aufgedeckt.

Innerhalb der *gnoseologischen Dimension* einer juristischen Strukturtheorie dürften *Aussage* und *Norm* die grundlegenden Begriffe sein, das heißt die jeweils kleinsten sinntragenden Einheiten einer deskriptiven bzw. präskriptiven Sprache. Zwischen den *Normen des Rechts* und den *Aussagen über das Recht*, ob geltend oder erforderlich, gibt es wohl Begriffsbrücken, aber keine wechselseitige Reduzierbarkeit des jeweiligen Inhalts, der jeweiligen Widerspiegelungsspezifik und der jeweiligen sozialen Funktion. Die entgegengesetzten Meinungen haben die von Aristoteles über Leibniz bis Wright in die Gegenwart reichenden Auffassungen von der prinzipiellen Unterscheidbarkeit des gedanklichen Gehalts von Aussage- und von Normsätzen nicht zu widerlegen vermocht. In einer materialistischen Erkenntnistheorie dialektischen Typs ist diese Unterscheidung, wie immer man sie bezeichnet, unverzichtbar.

Definiert man „Wahrheit" als Eigenschaft von Aussagen, mit dem in ihr widergespiegelten Sachverhalt übereinzustimmen, ist es folglich sinnlos, Rechtsnormen verifizieren oder falsifizieren zu wollen (anders bei Aussagen über Geltung oder Gerechtigkeit des Rechts). Definiert man „Wahrheit" in einem weiteren Sinn als Adäquanz der ideellen Resultate des Widerspiegelungsprozesses mit den abgebildeten Gesellschaftsverhältnissen, dann hat es sehr wohl Sinn, von der Wahrheit oder Falschheit einer bestimmten rechtlichen Regelung zu sprechen. Aus Zweckmäßigkeitsgründen ziehen wir es aber vor, lieber den zuerst genannten, engeren Wahrheitsbegriff zu benutzen, beim Recht also nicht von Wahrheit, sondern von Adäquanz dann zu sprechen, wenn sein Inhalt „der Produktionsweise entspricht, ihr adäquat ist"[54]. Von der Eigenschaft des Rechts, dem ihm zugrunde liegenden materiellen Lebensprozeß der Gesellschaft mehr oder weniger zu entsprechen (und das heißt auch: weniger oder mehr zu widersprechen!), ist seine Äquifinalität wohl zu unterscheiden, das heißt seine Eigenschaft, ein angemessenes oder unangemessenes Mittel zu sein, um ein gestelltes Ziel zu erreichen. Adäquanz ist eine Reflexionseigenschaft, Äquifinalität eine Funktionseigenschaft des Rechts. Da zwischen Bewirken mit Recht und Widerspiegeln durch Recht enge Beziehungen bestehen, gibt es auch entsprechend enge Beziehungen zwischen Adäquanz und Äquifinalität des Rechts. Auch wenn man Rechtsnormen anders als Aussagen nicht für wahrheitsfähig hält, dürfte wegen der Widerspiegelungseigenschaft des Rechts und seiner engen Verbindung mit den seinen Inhalt und seine Struktur begründenden Basisaussagen die Behauptung nicht richtig sein, daß „ought-sentences, i. e. sentences which express a norm or an evaluation, have no cognitive meaning. Science cannot be carried on *in* norms, but, to be sure, *about* norms"[55].

Für eine materialistische Erkenntnistheorie ist es unabdinglich, die Frage nach der Wahrheit von Aussagen und Aussagenverbindungen, ihrer Erforschungs- und Überprüfungsmethoden zu stellen. In gleicher Weise ist es für eine materialistische Rechtstheorie unabdinglich, die Frage nach der (juristischen, sozialen und historischen) Gerechtigkeit von Normen und Normenverbindungen zu stellen. Insofern kann — und

---

[54] MEW Bd. 25, S. 352.
[55] St. Jörgensen, Law and Society, Aarhus 1971, S. 85.

muß — die Gerechtigkeitseigenschaft einer Rechtsnorm mit der Wahrheitseigenschaft einer Aussage analogisiert werden.[56]

Die Erforschung der arbeitsteiligen Produktion von Recht im synchronischen Querschnitt erfolgt mit dem Ziel, objektive Strukturen und Strukturgesetze aufzudecken, um, günstigenfalls, Modelle optimaler Mikro-, Makro- und Sozialstrukturen des Rechts zu entwickeln, eine de lege ferenda-Aufgabe mit pragmatischen Aspekten. Zu diesem immensen Problembereich gehören, um einige disparate Beispiele anzuführen, die Relationen zwischen Gesetz und Gerichtsurteil, zwischen soft law und strengem Recht, zwischen den Rechtszweigen, zwischen den Elementen einer Rechtsnorm oder eines Rechtsverhältnisses, zwischen materiellem und formellem Recht, zwischen den Rechtsinstituten, zwischen den Normengruppen einer Kodifikation, zwischen den Interpretationsargumenten a simile, e contrario, a majore ad minus, a minore ad majus, zwischen Legalität und Legitimität, zwischen (objektiven) Gesetzmäßigkeiten und (juristischen) Gesetzlichkeiten, zwischen Religion und Recht, zwischen Kunst und Recht, zwischen ökonomischer und politischer Macht usw., alles stets bezogen auf eine konkrete (vergangene oder gegenwärtige) Gesellschafts- und Rechtsordnung, mit dem Ziel, allgemeine strukturale Gesetzmäßigkeiten für Typen von Recht oder für Recht insgesamt aufzudecken.

Für eine Strukturanalyse des Rechts stehen zwar unterschiedliche und unterschiedlich entwickelte Arbeitsmethoden und -ergebnisse zur Verfügung, teilweise auch hochentwickelte; aber ein einigermaßen strukturiertes Instrumentarium für das gesamte Arbeitsfeld ist nicht in Sicht. Geniestreiche sind gefragt. Solange diese ausbleiben, ist strukturanalytische Kleinarbeit in dreierlei Richtung gefordert:

a) Übertragung von längst erprobten Verfahren und erzielten Ergebnissen anderer Wissenschaftsdisziplinen, insbesondere des historischen Materialismus und der Logik, auf die Erforschung der Mikro-, Makro- und Sozialstruktur des Rechts. Daß dabei die Ergiebigkeit z. B. der Deontik, der Aussagen-, Klassen-, Prädikaten-, Interpretations- und Relationslogik, der Topik (ganz zu schweigen von der Basis/Überbau-Theorie) usw. ganz entscheidend davon abhängt, daß mit ihren Erkenntnissen nicht auf der höchstmöglichen Abstraktionsebene, sondern am juristischen Material gearbeitet wird, ist eine triviale, leider selten beherzigte Einsicht. Wenn man die Regeln des Schachspiels mit denen des Rechts parallelisiert (was man gewiß tun kann), wird man kaum eine richtige Antwort auf die Frage nach der Widerspiegelungsrelation erhalten, an der das Recht beteiligt ist.

b) Strukturanalytische Feldforschung an konkretem abgegrenztem Normenmaterial. Dabei dürften als einsatzbereite Methoden die von der strukturellen Linguistik,[57] die für ihre sozial bedingte philosophische Fehlinterpretation nicht verantwortlich gemacht werden darf, verwendeten Verfahren z. B. einer distributiven Analyse (Umgebungs- und Anordnungsermittlung von Normsätzen) oder einer Konstituentenanalyse (Ketten- und

---

[56] Anderer Meinung: K. A. Mollnau, Zur Beziehung zwischen Wahrheit und Recht, in: Erkenntnis und Wahrheit, Berlin 1983, S. 172. — Vgl. H. Klenner, Marxismus und Menschenrechte, Berlin 1982, S. 147—158: „Gerechtigkeit — eine rechtsphilosophische Kategorie?“

[57] Vgl. G. Wotjak, Untersuchungen zur Struktur der Bedeutung, Berlin 1971; W. Motsch/ D. Viehweger (Hrsg.), Richtungen der modernen Semantikforschung, Berlin 1983.

Netzbildung von syntaktisch aufeinander bezogenen Normsätzen), aber auch rechtsvergleichende Strukturparallelen gleicher Rechtsinstitute oder strukturelle Variantenproduktion eines überschaubaren Regelungskomplexes zur Verfügung stehen. Zielstellung sollte dabei sein, von der sprachlichen Oberflächenstruktur juristischer Texte in deren logische Tiefenstruktur vorzudringen.

c) Weiterführung der immer noch unbefriedigenden Untersuchungen über das Verhältnis von Entwicklungs- und Strukturgesetzen, von determinierenden und koexistentiellen Gesetzen, von dialektischer und formaler Logik, alles zu erarbeiten am juristischen, also einem historischen Stoff. Bei dieser Dialektik des Historischen und Logischen dürfte für die Juristen vor allem folgendes von unverzichtbarer Hilfe sein: die von Marx für die Politische Ökonomie (eine Wissenschaft, die auf gleicher Abstraktionsstufe steht wie die Rechtstheorie) erarbeiteten und angewandten Methoden sowie, nach dem Vorbild von Marx/Engels, ins Materialistische umgestülpte Erkenntnisse aus Hegels „Wissenschaft der Logik", besonders ihre Form/Wesen-, Form/Inhalt-, Form/Materie-Problematik, die wiederum von Lenin konspektiert wurde.[58]

Da eine Rechtsstruktur zum Zeitpunkt t_2 nicht von der Rechtsstruktur zum Zeitpunkt t_1 determiniert wird, es sich vielmehr beim Rechtssystem um einen Permanenzprozeß eines vielfältig im Gesellschaftssystem und -prozeß verkoppelten Subsystems handelt, haben sich alle strukturtheoretischen Forschungsergebnisse schließlich einzuordnen in eine materialistische und dialektische Sozialphilosophie — wenn sie nicht sich verselbständigendes Stückwerk bleiben wollen, Wahrheiten zwar, aber Wahrheiten nur für eine kleine Zeit auf einem engen Raum.

---

[58] Vgl. MEGA II/2, a. a. O., S. 252ff.; G. W. F. Hegel, Wissenschaft der Logik, Bd. 2, a. a. O., S. 66ff.; LW, Bd. 38, S. 133ff.

3. Zum Charakter der Rechtsstruktur

3.1. Erforderlichkeit einer Strukturtheorie des Rechts

Nachdem im vorangegangenen Abschnitt von Systemstrukturen als Gegenstand rechtstheoretischer Überlegungen aus weltanschaulich-übergreifender Sicht die Rede war und dargetan wurde, warum strukturtheoretische Analysen essentieller Bestandteil einer materialistisch-dialektischen Rechtstheorie sind, sei im folgenden zunächst die Aufmerksamkeit auf das Erfordernis gelenkt, die Strukturtheorie besonders des *sozialistischen Rechts* weiter auszuarbeiten.

Wir meinen also, die Bemühungen, eine Theorie der Bildung und des Wirkens des sozialistischen Rechts sowie seiner Effektivität vorzulegen, müssen um dieses Anliegen erweitert werden.[1] Denn ohne strukturtheoretische Analysen wird das Rechtssystem der entwickelten sozialistischen Gesellschaft nicht rationell gestaltet werden können. Daß diese — wenn man so sagen darf — Teiltheorien nicht nebeneinander stehen, sondern nur in einem notwendigen Miteinander geschaffen und betrieben werden können, davon war schon die Rede.

Folgende Überlegungen sprechen dafür, der strukturellen Analyse des sozialistischen Rechts mehr Gewicht in der Forschung zu geben:

a) In dem Maße, wie das Recht, vor allem auch die Rechtsbildung zum Objekt bewußter politischer Leitung in der sozialistischen Gesellschaft gemacht werden müssen, gewinnen methodische Empfehlungen und Postulate zur Struktur- und Systemgestaltung an Bedeutung. Es liegt auf der Hand, eine Leitung und Planung der Rechtsentwicklung setzen Vorstellungen über die künftige Entwicklung des Rechtssystems und seiner Struktur voraus. Leitung und Planung der Rechtsbildung beziehen sich nicht nur auf die Entwicklung von Rechtsforderungen und ihre Umsetzung in Rechtsnormen, sondern auch auf die strukturelle Beschaffenheit des Rechtssystems.

b) Die Langfristigkeit der Existenz des reifen Sozialismus verlangt, unsere Vorstellungen vom Zeithorizont der Existenz und des Wirkens des sozialistischen Rechts zu präzisieren. Dies ist allerdings nicht eine bloße Quantitätsfrage des sozialistischen Rechts in der Zeit, sondern so wie der Sozialismus als Gesellschaftsganzes Zeit

---

[1] So verstehen wir auch die Ausführungen von N. A. Ušakov, der in einem Rundtischgespräch von „Sowjetstaat und -recht" die Ausarbeitung einer „Rechtssystematologie" verlangte; vgl. Sovetskoe gosudarstvo i pravo (Moskva), 7/1982, S. 115/116.

braucht, um zur Reife zu kommen, so auch sein Recht. Dazu gehört auch, daß das sozialistische Rechtssystem wohlstrukturiert ist. Eine gelungene Rechtsstruktur ist ein Aspekt entwickelter sozialistischer Rechtskultur. Auch deshalb gehören rechtstheoretische Strukturforschungen zur Ausarbeitung der Rechtskonzeption des entwickelten Sozialismus.

c) Im entwickelten Sozialismus und bei seiner Gestaltung geht die Rechtsbildung nicht mehr auf der Basis der Beseitigung ursprünglich von vorsozialistischen Gesetzgebern gesetzter rechtlicher Regelungen vor sich, sondern auf der Grundlage des vom sozialistischen Staat originär gesetzten Rechts und dessen Strukturen. Unter diesem Gesichtspunkt ist die Einordnung neuer Regelungen in bereits geltendes Recht nicht mehr mit der Berücksichtigung oder Überwindung ehemals bürgerlicher Regelungen verbunden, sondern es geht um die Ersetzung alten *sozialistischen* Rechts durch *neues* sozialistisches Recht; es geht zugleich um die Ersetzung alter, überlebter Strukturbeziehungen im sozialistischen Recht durch neue, optimalere Strukturen.

Zu Recht betont die Rechtsetzungsordnung der DDR die Einordnungsnotwendigkeit neuer rechtlicher Regelungen in das Gefüge der bereits geltenden Rechtsnormen (§ 14); um aber dieses Postulat methodisch zu untersetzen, ist die Beziehung zwischen der Gesamtstruktur des Rechts und seinen Funktionen entwicklungstheoretisch zu untersuchen.

d) Schließlich sind Strukturforschungen als perspektivische Erkundung realer und ökonomisch vertretbarer Einsatzmöglichkeiten von Computern in der Rechtsordnung notwendig. Damit ist nicht der relativ einfache Computereinsatz für die Speicherung und Wiedergewinnung von Informationen gemeint, die für Entscheidungen in der Rechtsetzung und -anwendung benötigt werden. Gemeint ist vielmehr die Einsatzerkundung von Computern in bestimmten Abschnitten juristischer Entscheidungsprozesse selbst, bei der Widerspruchsauffindung, bei der erwähnten Einfügung von neuen Gesetzen oder Gesetzesänderungen in das Ganze des bereits geltenden Rechts usw. (siehe hierzu Abschn. 7).

Doch dies ist nur ein *zusätzlicher* Grund für strukturtheoretische Forschungen. Ihre Notwendigkeit zuvörderst oder gar allein aus der wissenschaftlich-technischen Revolution und ihren Auswirkungen auf das Recht herleiten zu wollen, würde zu einer Bildverschiebung in der ideologischen Basis der marxistisch-leninistischen Rechtstheorie führen. Die genuine Zugehörigkeit einer Strukturtheorie des Rechts zur marxistisch-leninistischen Rechtstheorie folgt aus ihren historisch-materialistischen Grundlagen.

Die Rechtstheorie sollte sich aber auch deshalb der Analyse struktureller Fragen stellen, um auf diesem Feld für die Rechtszweigwissenschaften ein aussagefähiger Partner zu werden. Ein Blick in die zur Zeit in der DDR benutzten einschlägigen Lehrbücher zeigt nämlich, daß Strukturfragen des Rechts überhaupt nicht oder unzulänglich und in vieler Hinsicht kontrovers behandelt werden.[2]

---

[2] Vgl. die entsprechenden Aussagen in folgenden Lehrbüchern: G. Egler (Hrsg.), Staatsrecht der DDR, Berlin 1977, S. 20ff.; R. Arlt (Hrsg.), Agrarrecht für Staats- und Wirtschaftsfunktionäre, 2. Aufl., Berlin 1979, S. 13, 28/29; G. Rohde (Hrsg.), Bodenrecht, Berlin 1976, S. 101ff.; M. Kemper/D. Maskow, Außenwirtschaftsrecht der DDR, Berlin 1975, S. 41/42, 58ff.; R. Hänert (Hrsg.), LPG-Recht, Berlin 1976, S. 48ff., 56; H. Kröger (Hrsg.), Völkerrecht, Berlin 1973, S. 65, 94ff.; H. Luther (Hrsg.), Strafverfahrensrecht, Berlin 1977, S. 30ff.; G. Pflicke (Hrsg.), Wirtschafts- und Außenwirtschaftsrecht für Ökonomen, Berlin 1977, S. 61ff.,

Die Ausarbeitung einer Strukturtheorie des Rechts wird auch die Rechtstheorie strukturell weiter differenzieren. Damit wird ein Prozeß fortgesetzt, der ohnehin schon seit längerer Zeit im Gange ist.

In der bürgerlichen Rechtswissenschaft werden strukturtheoretische Fragen des Rechts vor allem in der Rechtslogik oder in der Rechtsinformatik angesiedelt, die beide als selbständige Disziplinen angesehen werden. Aber das gilt ja auch für die Rechtssoziologie, die Rechtspsychologie, die Rechtslinguistik usw.

Ob sich aus der Strukturtheorie des Rechts als einem nach unserer Meinung integralen Bestandteil der Rechtstheorie selbständige Disziplinen, z. B. Rechtsinformatik und Rechtslogik, entwickeln oder entwickelt werden sollen, ist eine Fragestellung, die in gewisser Weise ihr Analogon im Pro und Contra einer selbständigen Rechtssoziologie hat. Gerade aber die Diskussion um die Selbständigkeit der Rechtssoziologie zeigt, daß über die Existenz oder Nichtexistenz von wissenschaftlichen Disziplinen abstrakte Gegenstandsdiskussionen am allerwenigsten entscheiden. Wir halten deshalb gegenwärtig dafür, statt solcher Diskussionen mehr rechtssoziologische Untersuchungen, empirische *und* theoretische Analysen des Rechts, durchzuführen.

Die weitere Differenzierung der Struktur der Rechtstheorie wird ja — wie gesagt — nicht bestritten; sie ist eine Folge der Differenzierung ihres Gegenstandes. Indes, wie auch immer diese Entwicklung verlaufen wird, eines ist zu beachten: Nach marxistischem Rechtsverständnis kann die Rechtstheorie, wird sie in sogenannte rechtsphilosophische, -soziologische, -psychologische, -logische, -informatorische usw. Komponenten zerlegt, weder ausgebaut noch fortentwickelt werden. Das Recht als vielseitige gesellschaftliche Erscheinung verlangt bei seiner Untersuchung eine entsprechend allseitige Wissenschaftsmethodik, die es aus der Totalität der gesellschaftlichen Gesamtbewegung heraus zu interpretieren ermöglicht. Was bliebe vom marxistischen Rechtsverständnis, was von der marxistisch-leninistischen Rechtstheorie, würden aus ihr die soziologischen Fragestellungen und Aussagen eliminiert und zu einer separaten Rechtssoziologie etabliert; was wäre aber eine Strukturtheorie des Rechts, was eine Rechtslogik, Rechtsinformatik, Rechtspsychologie usw., die ihre Nabelschnüre zum sozialtheoretischen Fundament der Rechtstheorie zerschneiden und sich verselbständigen würden?

Die notwendige strukturelle Differenzierung der Rechtstheorie muß von der Elimination bestimmter Teilbereiche dieser Wissenschaft unterschieden werden. Wer dies nicht tut, wer nur auf Elimination setzt und sie betreibt, legt die Axt an die Wurzeln der marxistisch-leninistischen Rechtstheorie; er ist im Begriff, einen Vorzug dieser Theorie zu demolieren — nämlich die Allseitigkeit ihrer Erklärungskraft. Selbst wenn sich im weiteren Prozeß der Entwicklung der Rechtstheorie und Rechtswissenschaft insgesamt neue selbständige Disziplinen herausbilden, so kann und darf das nicht auf Kosten eben dieser allseitigen Aussagekraft der Rechtstheorie gehen, deren Kehrseite ja in ihrer integrativen Wirkung liegt.

Wie sagt doch der Dichter, der auch ein philosophisch scharfsinniger Kopf ist:

114, 120ff.; H. Kellner (Hrsg.), Zivilprozeßrecht, Berlin 1980, S. 38ff.; F. Kunz/W. Thiel (Hrsg.), Arbeitsrecht, Berlin 1983, S. 43ff.; J. Lekschas/J. Renneberg (Hrsg.), Strafrecht. Allgemeiner Teil, 2. Aufl., Berlin 1978, S. 82ff., 124ff.; A. Grandke (Hrsg.), Familienrecht, 3. Aufl., Berlin 1981, S. 67/68; G. Schulze (Hrsg),Verwaltungsrecht, Berlin 1979, S. 44ff., 63; J. Göhring (Hrsg.), Zivilrecht, Berlin 1981, S. 40ff.

„Die Welt ist rund und also einem Käse vergleichbar. Schneidet man den Käse auf, kann dies so geschehen, daß der Mittelpunkt auf den Schnitt zu liegen kommt, wodurch zwei Halbkugeln von größtmöglicher Grundfläche entstehen. Es gibt außerdem Schnitte, die den Mittelpunkt nicht treffen, sondern von dem Innern des Käses kleinere Kreise bloßlegen. Auch im Drama kann man die Welt von unendlich vielen Richtungen aufschneiden. Totalität aber meint, daß der Käse, ob längs, schräg oder senkrecht, jedenfalls mittendurch geschnitten sein muß."[3]

Und noch eins: Wenn über Konsequenzen aus der strukturellen Differenzierung der Rechtstheorie gesprochen wird, sollten Gegenstand, Inhalt und Aufgaben der Rechtstheorie nicht gleichgesetzt werden.

Gegenstand der Rechtstheorie sind die objektiven Gesetze des Rechts, seiner Bildung, Anwendung bzw. — im Falle einer Metatheorie des Rechts — von Aussagen über das Recht; Inhalt der Rechtstheorie ist das, was ihren Gegenstand widerspiegelt, also die Gesamtheit der rechtstheoretischen Aussagen und Fragen; die Aufgaben der Rechtstheorie hingegen sind die Probleme, mit denen sie sich aufgrund der gesellschaftlichen Entwicklung und der daraus resultierenden rechtspolitischen Erfordernisse in einer bestimmten Zeitphase vordringlich zu befassen hat.

3.2. Bestimmtheit und Gestaltbarkeit der Rechtsstruktur

Die Rechtsstruktur entsteht weder aus dem strukturellen Nichts, noch ist sie deduzierbar aus präpositiven Rechtsebenen und deren Struktur. So wie das Recht als Ganzes aus nichtrechtlichen, aber rechtlich relevanten wirklichen gesellschaftlichen Verhältnissen entsteht, so muß die Struktur des Rechts aus nichtrechtlichen, aber wirklich vorhandenen *Sozial*strukturen herausentwickelt werden. Die Rechtsstruktur ist sowohl bestimmt als auch gestaltbar, allerdings — wie bereits dargelegt — abhängig letztlich von Strukturen materieller, klassengesellschaftlicher Verhältnisse.

Zwar ist die Rechtsstruktur nicht in der Sozialstruktur gegeben — die Rechtsstruktur ist nicht bloß eine simple Doppelung der Sozialstruktur —, aber ohne ihre Analyse und Kenntnis kann das Recht nicht in einer für seine Effektivität förderlichen Weise strukturiert werden. Die Strukturierung des Rechts kann also *nicht willkürlich* vorgenommen werden. Zwar erfolgt sie im Rahmen einer gewissen Bandbreite gesetzgeberischer Entscheidungsmöglichkeiten, in den Grundzügen jedoch wird die Struktur des Rechtssystems von der Sozialstruktur der Gesellschaft, der das Rechtssystem angehört, objektiv determiniert. Dieser Sachverhalt findet in den strukturgesetzlichen Aussagen, die jeweils für einen bestimmten Rechtstyp gelten, seinen konzentrierten Ausdruck.

Weil die Rechtsstruktur bestimmte Sozialstrukturen widerspiegelt, lassen sich in gewisser Weise von der Rechtsstruktur Rückschlüsse auf die Sozialstruktur ziehen. Umgekehrt kann das Vorhandensein bestimmter Elemente in einem Rechtssystem und der Relationen zwischen ihnen ohne Rückgriffe auf die ihnen zugrunde liegenden Sozialstrukturen nicht schlüssig erklärt werden.

So hatte beispielsweise die Herausbildung von Monopolen beim Übergang vom Konkurrenz- zum Monopolkapitalismus erhebliche Auswirkungen auf die Struktur des

[3] P. Hacks, Die Maßgaben der Kunst, Berlin 1978, S. 29.

bürgerlichen Rechts, indem sie die Systematisierung des bürgerlichen Rechts in sogenanntes öffentliches und privates Recht ins Wanken brachte. Das sogenannte Privatrecht, welches auf die Interessen frei konkurrierender Kapitalisten zugeschnitten war, genügte den Bedürfnissen der Monopole nicht länger. Dies zeigte sich u. a. deutlich an der rechtlichen Behandlung der Kartellbildung. Da aber der bürgerliche Gesetzgeber nicht synchron mit den Veränderungen in der Gesellschaftsstruktur auch die Rechtsstruktur veränderte, setzte der entsprechende Strukturwandel des bürgerlichen Rechts über die richterliche Rechtsfortbildung ein. Exemplarisch hierfür war die Rechtsprechung des Reichsgerichts zur Kartellbildung; besonders sein Urteil vom 4. 2. 1897,[4] das Hedemann gut 30 Jahre später als eines der historisch bedeutendsten Urteile des Reichtsgerichts überhaupt bewertete.[5] In der bürgerlichen Rechtswissenschaft jener Zeit wurden die mit dem Übergang zum Imperialismus notwendig gewordenen Strukturveränderungen des Rechts besonders in der Diskussion um die Schaffung eines bürgerlichen Wirtschaftsrechts reflektiert.[6]

Noch deutlicher zeigt sich der Widerspiegelungscharakter der Rechtsstruktur an den Rechtszweigeinteilungen und den strukturellen Beziehungen zwischen den Rechtszweigen in den Rechtssystemen unterschiedlicher oder gegensätzlicher Rechtstypen. So wenig es im bürgerlichen Rechtssystem das LPG-Recht geben kann, so gegenstandslos wäre ein Aktienrecht in einem sozialistischen Rechtssystem.

Aber auch die mikrostrukturellen Beziehungen im Recht sind nicht willkürlich ersonnen, sondern aus der Realität herauskonstruiert. Die Struktur von Rechtsnormen spiegelt die Struktur von Handlungen wider, denen gegensätzliche oder unterschiedliche Interessen zugrunde liegen und klassengesellschaftliche Verhältnisse zum Ausdruck bringen.

In der Rechtsstruktur widerspiegeln sich nicht nur die Strukturen der Basis, sondern auch die verschiedener Überbaubereiche, zumindest wird die Rechtsstruktur von diesen beeinflußt. So übt die Struktur des politischen Systems einen großen Einfluß auf die Strukturgestaltung des Rechtssystems aus, dieser Einfluß verläuft allerdings auch in umgekehrter Richtung. Scheremet hat u. E. daher völlig zu Recht auf die organische Wechselbeziehung zwischen der Entwicklung des Rechtssystems und der Demokratie hingewiesen, die in der Tat die Struktur- und Systemgestaltung des Rechts mit einer grundlegenden Gesetzmäßigkeit der staatlichen Entwicklung im Sozialismus verbindet. Er vertritt — und belegt — die These: Die System- und Strukturgestaltung des Rechts ist als ein wesentlicher Indikator der Entwicklungstendenz der stetigen Entfaltung der sozialistischen Demokratie zu betrachten; der Zusammenhang zwischen Demokratie und Recht sei nicht erfaßt, wenn man ihn nur im Sinne des demokratischen Willens*inhalts* des Rechts und dessen grundsätzliche Ausrichtung auf die Festigung der staatlichen Ordnung begreife.[7]

Der Nachweis der letztlich materiellen Determiniertheit der Rechtsstruktur gehört zum weltanschaulichen Dreh- und Angelpunkt einer marxistisch-leninistischen Struktur-

---

[4] Reichsgerichtsentscheidungen. Zivilrecht (RGEZ), Bd. 38, Leipzig 1917, S. 155.

[5] Vgl. J. W. Hedemann, Reichsgericht und Wirtschaftsrecht, Jena 1929, S. 55.

[6] Vgl. A. Nußbaum, Das neue deutsche Wirtschaftsrecht, Berlin 1920; siehe auch: J. W. Hedemann, Laufende Chronik zur Entwicklung des Wirtschaftsrechts, in: Mitteilungen des Jenaer Instituts für Wirtschaftsrecht, Abt. 2, H. 1—32, Jena 1921 ff.

[7] Vgl. Sovetskoe gosudarstvo i pravo (Moskva), 7/1982, S. 100ff.

theorie des Rechts, die eine brauchbare Basis für die Rechtsetzungs- und Rechtsanwendungsmethodik abgeben und zugleich als Aktivposten in der ideologischen Auseinandersetzung wirken kann. Dieser Nachweis ist genau der Punkt, von dem aus die These von der Klassenneutralität der strukturell-systematischen Aspekte des Rechts und der entsprechenden theoretischen und methodentheoretischen Reflexionen über sie in ihrem wissenschaftlichen Erklärungswert auf Null zurückzuschrauben und ihr apologetischer Gehalt aufzuweisen ist.

Natürlich ist auch beim Nachweis der letztlich materiellen Determiniertheit der Rechtsstruktur jede linear-mechanische Kurzschlüssigkeit zu vermeiden. Dies gilt um so mehr, da die Struktur des Rechts im Vergleich zu seinem Inhalt in noch höherem Maße in vermittelter Abhängigkeit von ihren materiellen Voraussetzungen steht. Zumindest ist zu beachten, daß der die Rechtsstruktur determinierende Rechtsinhalt als Teil des Subjektbereiches seinerseits ebenfalls über eine relative Selbständigkeit verfügt, also mehrfach vermittelt ist.

Die Sozialstruktur bestimmt die Rechtsstruktur auch deshalb nicht direkt, weil bei der Strukturgestaltung eines Rechtssystems auch strukturimmanente Faktoren mitspielen. So richtig es ist, daß die Strukturgestaltung eines Rechtssystems von morgen nicht von dessen heutiger Struktur bestimmt wird, so gibt es doch in gewissem Umfang auch hier innerrechtliche Einflüsse. Sie werden bewußt aufgenommen z. B. durch in der Rechtsetzungsvorbereitung genutzte Rechtsvergleiche, die sich auf die Rechtsstruktur erstrecken. Fazit: Um die Struktur der lex ferenda zu gestalten, muß man die der lex lata verstanden haben.

In diesem Zusammenhang muß auch der Einfluß erwähnt werden, der in gewisser Weise vom Völkerrechtssystem auf die Strukturgestaltung nationaler Rechtssysteme ausgehen kann.

Mit dem Gesagten sind auch Weichen gestellt, um den Charakter struktureller Beziehungen, besonders juridischer Strukturgesetze zu bestimmen. Solche Gesetze sind weder primär Gesetze des gesellschaftlichen Seins noch primär des gesellschaftlichen Bewußtseins. Die juridischen Strukturgesetze, wie alle juridischen Strukturbeziehungen, beruhen auf der gesellschaftlichen Wirklichkeit, werden aber auf der Grundlage von Erkenntnissen über diese Wirklichkeit im Rechtsbildungsprozeß geschaffen und gehören demzufolge dem Subjektbereich an.

Die Erkenntnis, derzufolge die juridische Struktur in bestimmter Weise von der Struktur sozialer Verhältnisse und Beziehungen abhängig ist, bringt nicht nur historische Momente in die Rechtsstruktur ein, sondern eröffnet auch Wege zur Entwicklung objektiver Kriterien, nach denen die Struktur des Rechts zu gestalten ist. Wird aber die These akzeptiert, daß nicht nur der Rechtsinhalt, sondern auch die ihm entsprechende Struktur letztlich objektiv bestimmt ist, muß konsequenterweise die Frage nach der Adäquatheit in der Rechtstheorie weiter differenziert werden (auf die philosophisch relevanten Zusammenhänge der Adäquanz gehen wir im Abschn. 4 näher ein). Die Rechtstheorie kommt nicht mit nur einer Adäquatheit aus.[8] Wir schlagen vor, folgende Aspekte der Adäquatheitsfrage zu unterscheiden (nicht aber zu trennen):

---

[8] Vgl. H. Klenner, Grundsatzprobleme im Vorfeld einer Rechtsbildungstheorie, in: K. A. Mollnau (Hrsg.), Probleme einer Rechtsbildungstheorie, Berlin 1982, S. 28 (Staats- und rechtstheoretische Studien, 13).

a) *Inhaltliche* Adäquatheit als Frage danach, ob der Regelungsinhalt des Rechts (besonders die Rechte, Pflichten und Sanktionen) die objektiven Erfordernisse der Entwicklungsgesetze und ihre jeweils konkreten objektiven und subjektiven Wirkungsbedingungen sowie die Interessen der Arbeiterklasse und ihrer Verbündeten widerspiegelt;

b) *Ziel*adäquatheit als Frage nach der Geeignetheit der Rechte, Pflichten und Sanktionen rechtlicher Regelungen (= Mittel), bestimmte angestrebte soziale Ziele unter angegebenen Ausgangsbedingungen zu erreichen. Der Zieladäquatheit liegen hauptsächlich Kausalbeziehungen zugrunde;

c) Ziel*setzungs*adäquatheit als Frage nach der Übereinstimmung der gesetzten Ziele mit den objektiven Erfordernissen der Entwicklungsgesetze unter ihren jeweils konkreten objektiven und subjektiven Wirkungsbedingungen sowie mit den Interessen der Arbeiterklasse und ihrer Verbündeten. Die Zielsetzungsadäquatheit ist also von der Zieladäquatheit zu unterscheiden. Illusionäre, unrealistische Ziele können auch mit den anscheinend geeignetsten, also zieladäquaten, rechtlichen Mitteln nicht erreicht werden;

d) *Strukturelle* Adäquatheit als Frage danach, ob das Recht über Strukturierungen verfügt, die letztlich mit der Sozialstruktur konform gehen, dem Inhalt des Rechts, seinen Zielen und Funktionen angemessen sind.

3.3. Offenheit des Rechtssystems und Dynamik seiner Struktur

Rechtssysteme existieren in der Realität nicht als geschlossene Systeme, ihre Struktur ist nicht statisch. Rechtssysteme sind offene und dynamische Systeme; zu ihrer Natur als einem abgeleiteten ideellen System gehört es, daß vielfältige Faktoren seiner Umwelt in das System hineinwirken und daß es selbst nach außen wirkt. Die Offenheit des Rechtssystems und seine Dynamik sind eine objektive Eigenschaft, die durch keinerlei subjektive Maßnahmen der Rechtsetzung oder Rechtsanwendung bei der System- und Strukturgestaltung beseitigt werden kann. In der Tat scheiterten denn auch in der Rechtsgeschichte entsprechende rechtsphilosophische Lehrmeinungen; insbesondere das Gesetzgebungsideal der bürgerlichen Aufklärung von einem lückenlosen geschlossenen Normennetz erwies sich als illusionär.

Geschlossenheit und Statik des Rechtssystems anzustreben, heißt das Recht gegenüber der Gesellschaft zu verselbständigen und sich auf den Standpunkt z. B. des frühen Jhering zu stellen, das heißt, den Rechtsbegriffen Produktivität zuzuschreiben, da sie sich angeblich miteinander paaren und neue zeugen;[9] heißt auf Paul Laband zurückzufallen und das Recht als lückenloses System von Rechtsnormen und -begriffen begreifen zu wollen, das von allen sozialen Voraussetzungen und jedem politischen Ziel abgelöst und allein mittels formaler Logik zu erfassen sei.[10]

Geschlossenheit und Statik dem Rechtssystem zu unterstellen, ist mit der dialektisch-materialistischen Rechtskonzeption nicht in Einklang zu bringen: Weder das System des Rechts noch seine Struktur sind gegenüber der Gesellschaft selbständig; als bloß relativ selbständiges Phänomen verfügt das Recht weder über ein eigenes System noch

---

9 Vgl. R. v. Jhering, Geist des römischen Rechts, Bd. 1, Leipzig 1866, S. 40.

10 Vgl. P. Laband, Das Staatsrecht des deutschen Reiches, Bd. 1, Freiburg 1888, S. XI/XII.

über eine eigene Struktur; die bekannte Klassiker-Aussage, das Recht habe keine eigene Geschichte — im einzelnen wurde das Nötige bereits im vorigen Abschnitt ausgeführt —, bezieht sich nicht nur auf dessen Inhalt, sondern auch auf sein System und seine Struktur.[11]

Was auf das Rechtssystem insgesamt zutrifft, gilt entsprechend für seine partiellen Regelungen. Dies wird ungenügend beachtet, wenn in unserer Literatur von in sich geschlossenen rechtlichen Regelungen geredet wird oder wenn solche Regelungen gefordert und angestrebt werden. Soweit mit der Formulierung von den sogenannten geschlossenen rechtlichen Regelungen das gemeint ist, was in wirtschaftsrechtstheoretischer Redeweise mit dem Verb „durchregeln" bezeichnet wird, sollte man das präzise ausdrücken.

Aus der Tatsache, daß es sich beim Rechtssystem um kein geschlossenes System handelt, ergeben sich methodentheoretische wie methodische Schlußfolgerungen grundsätzlicher Art. Die Beziehungen der Elemente des Rechtssystems sind vollständig nur in der Begegnung des Rechtssystems mit der Wirklichkeit zu erfassen, die Rechtsstruktur entfaltet sich gewissermaßen erst vollends im Prozeß des Wirkens des Rechts. Hier berühren wir die strukturtheoretische Relevanz des Konkretisierungsprozesses. Sie weiter zu analysieren, ist von großer praktischer Bedeutung, weil sie neues Licht auf den Subsumtionsvorgang im Prozeß der Rechtsanwendung werfen wird. So wird auch deutlich werden, daß eine pauschale Zurückweisung logischer Folgerungsbeziehungen unter der Flagge einer Polemik gegen den sogenannten Justizsyllogismus am Kern der Sache vorbeigeht.

Es kann nach unserem Dafürhalten nicht geleugnet werden, daß auch in der Rechtsanwendung logische Folgerungsbeziehungen, auch zwischen Normen, eine Rolle spielen; nur ist es eben eine bürgerliche Fehldeutung, sich diese Beziehungen pyramidenförmig vorzustellen, etwa mit einem „allgemeinsten Begriff" an der Spitze, unter den sich im Wege rein logischer Operationen alles subsumieren lasse.

In Wirklichkeit geht dem Rückgriff auf die Logik in der Rechtsanwendung die konkretisierende „Zurichtung" der anzuwendenden Normen *voraus*, und dies ist in erster Linie ein soziologischer Vorgang. Auch bei Strukturanalysen des Rechts sollte man die von Marx formulierte, mit Hegel[12] konform gehende, aber mit Savigny[13] auf Kriegsfuß stehende These bedenken: „Auch der Richter gehört zum Gesetz. Wenn die Gesetze sich selbst anwendeten, dann wären die Gerichte überflüssig."[14]

Die Offenheit als objektive Eigenschaft des Rechtssystems ist letztlich ein wichtiger Grund dafür, warum sich Rechtssysteme nicht axiomatisieren lassen. Denn dies würde sowohl Lückenlosigkeit in diesem *System*, das heißt eine a priori vollständige Gesetz-

---

[11] Vgl. MEW, Bd. 3, S. 63.

[12] Vgl. G. W. F. Hegel, Grundlinien der Philosophie des Rechts, hg. von H. Klenner, Berlin 1981, S. 244: „Daß es bei der Anwendung der Gesetze Kollisionen gibt, wo der Verstand des Richters seinen Platz hat, ist durchaus notwendig, weil sonst eben die Ausführung etwas durchaus Maschinenmäßiges würde."

[13] Vgl. F. C. v. Savigny (Juristische Methodenlehre, hg. von G. Wesenberg, Stuttgart 1951, S. 14) meint, das Gesetz diene dem Ausschluß von Willkür — hierzu auch Marx, allerdings ohne ausdrücklichen Bezug darauf (MEW, Bd. 1, S. 61) — und müsse daher so „vollständig sein, daß der, der es anwendet, nichts von sich selbst hinzuzutun braucht".

[14] MEW, Bd. 1, S. 61.

gebung, als auch die Möglichkeit voraussetzen, alle geltenden Rechtsnormen aus wenigen Grundnormen — die als Axiome angenommen werden — im Wege logischer Schlußfolgen abzuleiten.[15]

Über die Axiomatisierung des Rechts ist in den vergangenen Jahren sehr viel in der bürgerlichen Rechtswissenschaft im Zusammenhang mit den Einsatzmöglichkeiten von elektronischen Datenverarbeitungsanlagen diskutiert worden;[16] der praktische Ertrag mußte indes ausbleiben, weil diese Diskussion von unzutreffenden sozialtheoretischen Prämissen über den Charakter und die Natur des Rechtssystems und seiner Struktur ausging. Richtig scheint uns zu sein, die Idee der Axiomatisierung des Rechts zuallererst als eine theoretische Konstruktion zu betrachten, die eine methodologische Rolle bei der Lösung gewisser Probleme spielen kann; jedoch unwahrscheinlich ist es, daß sie etwas Wesentliches zur Problemlösung bei der Rechtsetzung und Rechtsanwendung beizutragen vermag.[17]

Um die Dynamik der Rechtsstruktur theoretisch auf den Begriff zu bringen, ist es erforderlich, sich konkrete Zugänge für eine Analyse der Rechtsstruktur zu verschaffen. Ein Weg dahin ist die Unterscheidung bestimmter Strukturebenen, vor allem im makrostrukturellen Bereich. So etwa:

a) Beziehungen zwischen den Rechtszweigen sowie innerhalb von Rechtszweigen;

b) Beziehungen zwischen Rechtsnormen (oder Rechtsnormbestandteilen) verschiedener hierarchischer Stufen als Ausdruck verschiedener rechtsetzerischer Kompetenz;

c) Beziehungen zwischen Rechtsnormen (oder Rechtsnormbestandteilen) gleicher oder verschiedener hierarchischer Stufen, gleicher oder verschiedener Rechtszweige (horizontale und/oder vertikale Normenverknüpfungen);

d) Beziehungen zwischen Rechtsnormen oder Rechtsnormengruppen eines Normativaktes und seinen nichtnormativen Teilen sowie zwischen diesen Teilen (Präambel, Allgemeiner Teil, Besonderer Teil, Aussagen zur Regelungsbegründung oder/und -erklärung usw.);

e) Beziehungen zwischen Rechtsnormen verschiedener semantischer Stufen (Beziehungen zwischen Objekt- und Metanormen); so beispielsweise die strukturelle Bedeutung von Legaldefinitionen, aber auch die Beziehungen zwischen materiellen und prozeßrechtlichen Normen.

Diese Unterscheidungen dürfen weder im theoretischen Forschungsprozeß noch bei der empirischen Analyse von gegebenen Normenkörpern starr und vermeintlich messerscharf voneinander abgrenzbar gehandhabt werden. Vor allem muß darauf hingewiesen werden, daß es Übergänge und Überschneidungen zwischen der Mikro- und Makrostruktur des Rechts gibt; sie sind vor allem dort zu finden, wo Verknüpfungen zwischen Strukturbestandteilen verschiedener Rechtsnormen auftreten. So ist beispielsweise jedem Juristen geläufig, daß eine bestimmte Sanktion in mehreren Normen als deren Struktur-

---

15 Die Möglichkeit einer solchen Gesetzgebung scheint D. Joseph für sozialistische Verhältnisse anzunehmen; siehe seine Rezension zu: R. Svensson, Konkretisierung von Rechtsnormen, in: Staat und Recht, 6/1983, S. 499.

16 Verdienstvoll frühzeitig wurde diese Frage von Ullrich Klug (Juristische Logik, Berlin—Heidelberg—New York 1950 [4. Auflage 1982], S. 192ff.) aufgeworfen.

17 So K. Opalek/J. Wolenski, Das Problem der Axiomatisierung des Rechts, in: G. Winkler (Hrsg.), Rechtstheorie und Rechtsinformation, Wien—New York 1975, S. 51 ff.

bestandteil fungieren kann. Auch ist es denkbar, Unterscheidungen von strukturellen Ebenen des Rechts nach anderen Gesichtspunkten vorzunehmen; zum Teil geht es dabei auch um terminologische Festsetzungsfragen.

Dem Schein nach haben wir es bei Strukturanalysen des Rechts mit statischen Systemstrukturen zu tun; gerade deshalb darf nicht aus dem Auge verloren werden, daß die Struktur des Rechts in Wirklichkeit einer Momentaufnahme vom Veränderungs- und Entwicklungsprozeß des Rechts gleicht. Rechts*struktur* ist insofern geronnene Rechts*entwicklung*; deshalb sind Rückschlüsse von jener auf diese möglich. Gleichzeitig ist die juridische Struktur Ausgangspunkt für weitere Veränderung und Entwicklung des Rechts. Natürlich hat die Rechtsentwicklung selbst auch eine Struktur.

Zur Struktur des Rechts gehören, wie im vorangegangenen Abschnitt dem Grunde nach schon dargelegt, nicht nur die invarianten Beziehungen zwischen den Elementen des Rechtssystems, sondern auch die unwesentlichen, besonderen und zufälligen Beziehungen. Strukturelle Beziehungen sollten u. E. also nicht auf strukturgesetzliche Beziehungen reduziert werden. Die Untersuchung der strukturellen Beziehungen des Rechts in ihrer Mannigfaltigkeit ist Voraussetzung für das Auffinden juridischer Strukturgesetze. Es gibt Strukturgesetze, die für Rechtssysteme aller Rechtstypen gelten — wer dies leugnet, bringt die Marxsche These zu Fall, wonach alles Recht ungleiche Verhältnisse mit gleichem Maßstab mißt —, aber auch solche, die nur für Rechtssysteme bestimmter Rechtstypengruppen oder einzelner Rechtstypen zutreffen.

Der Klasseninhalt eines Rechtssystems, insbesondere auch die neue Qualität des sozialistischen Rechts, kann natürlich nicht von der Strukturanalyse, auch nicht von Strukturgesetzen her aufgedeckt werden. Klarheit in der Bestimmung des Klasseninhalts eines Rechtssystems und seiner rechtspolitischen Funktion ist im Gegenteil Voraussetzung für tragfähige Aussagen über die Rechtsstruktur.

Eine Reduzierung der Struktur auf die invarianten Beziehungen würde die reale Strukturvielfalt der verschiedenen zu einem Rechtstyp gehörenden Rechtssysteme in Vergangenheit und Gegenwart nicht erklären können. Indes ist dies weder eine rein akademische noch eine bloße Lehrbuchfrage, sondern angesichts der wachsenden strukturellen Vielfalt, mit der uns die sozialistischen Rechtssysteme entgegentreten, handelt es sich um eine theoretische Frage mit deutlichem rechtspolitischem Hintergrund.

Die strukturellen Unterschiede in den einzelnen sozialistischen Rechtssystemen sind zum Teil erheblich; sie werden schon deshalb nicht mechanisch minimiert werden können, weil sie stets eine konkrete Erscheinungsform des sozialistischen Rechtstyps unter den gegebenen Bedingungen sind, unter denen dieser in den jeweiligen sozialistischen Staaten existieren und funktionieren muß. Von der Problemstellung her finden diese Zusammenhänge ein Analogon in der staatstheoretischen Beziehung zwischen sozialistischem Staatstyp und sozialistischen Staatsformen. So wie es ein objektives Gesetz der sozialistischen Revolution ist, daß die Arbeiterklasse ihren Staat konstituiert, dieser aber vielfältige Formen annehmen kann, genauso ist es ein objektives Gesetz, ein Rechtssystem zu schaffen, das zum sozialistischen Rechtstyp gehört, wobei eben auch dieses Rechtssystem vielfältige strukturelle Erscheinungsformen annehmen kann. Um die strukturelle Vielgestaltigkeit des sozialistischen Rechts erfassen und erklären zu können, kommt man mit den struktur*gesetzlichen* Zusammenhängen allein nicht aus. Die strukturelle Vielfalt der sozialistischen Rechtssysteme ist zwar gesetzmäßig, aber nicht jeder ihrer strukturellen Zusammenhänge ist Ausdruck eines juridischen Strukturgesetzes.

3.4. Exkurs: Über empirische Sozialerkenntnis, Rechtsbildung und Rechtswissenschaft

Um Recht aus den jeweiligen konkret-historischen klassengesellschaftlichen Verhältnissen heraus entwickeln zu können, ist ein auf empirischen Daten fußendes Wissen über diese Verhältnisse, ihren Inhalt, ihre Struktur und Entwicklung eine notwendige Voraussetzung. Dies ist eine logische Folge, die sich aus der Tatsache ergibt, daß das Recht unter bestimmten historischen Bedingungen aus den sozialen Verhältnissen heraus, aufgrund von entsprechender Entscheidungsaktivität gesellschaftlicher Kräfte, die politisch respektive staatlich organisiert sind, entsteht, und daß das Recht inhaltlich wie strukturell mehr oder minder ausgeprägt, verschleiert oder offen die Wirklichkeit widerspiegelt.

Wissen über die kausalen Faktoren des Rechts sowie über jene, die den Prozeß der Bildung und des Wirkens des Rechts konstituieren und in dieser oder jener Weise beeinflussen, ist die Basis sowohl für wissenschaftlich begründete Entscheidungen, die die Strukturierung des Rechts betreffen, wie für alle anderen juristischen Entscheidungen, gleich, ob sie in der Rechtsbildung oder in der Rechtsanwendung zu fällen sind. Anders gesagt: Empirische Sozialerkenntnisse und darauf gestützte theoretische Aussagen werden gebraucht, um eine solche kognitive Basis zu konstituieren, die zu den notwendigen Bedingungen der Gestaltung von Recht gehört, das über die Eigenschaft der Adäquatheit in mehrfacher Dimension verfügt. Empirische Sozialerkenntnisse sind sonach nicht nur Voraussetzung, um eine strukturell adäquates, sondern um ein in *jeder* Hinsicht adäquates Recht zu schaffen.

Allerdings: Weder empirische Sozialerkenntnis noch theoretische Sozialerkenntnis fördern direkt Recht zutage, sondern liefern lediglich Material zur Produktion von Recht. Dies bestreiten zu wollen, hieße, sowohl den Willenscharakter des Rechts in Frage zu stellen, wie den Unterschied zwischen Sein und Sollen, Wissen und Wollen, Aussage und Norm zu negieren. Beides ist aber von substantieller Bedeutung für die marxistische Rechtskonzeption: Ohne Willenscharakter läßt sich der Klassencharakter des Rechts nicht begründen; ohne zwischen Sein und Sollen, Wissen und Wollen, Aussage und Norm zu unterscheiden (nicht zu trennen!), lassen sich die meisten weltanschaulich brisanten Fragen der Rechtstheorie materialistisch nicht befriedigend lösen.

Empirische und theoretische Sozialerkenntnisse können deshalb nicht direkt Recht zutage fördern, weil Recht *nicht* in gesellschaftlichen Tatbeständen als *ontologische Vorgegebenheit* existiert. Denn wäre dies der Fall, dann wäre die empirische Sozialerkenntnis ein Mittel, um das bereits fix und fertig in bestimmten gesellschaftlichen Sachverhalten vorhandene Recht mehr oder weniger gut zu reflektieren. Hier ist ein Punkt, in dem sich die marxistisch orientierte rechtssoziologische Fragestellung von virulenten bürgerlichen rechtssoziologischen Konzepten unterscheidet, die in der einen oder anderen Weise bestimmtes faktisches Handeln selbst bereits als Recht ausgeben. Diese Konzepte, gleich, ob psychologistisch, biologistisch oder soziologistisch unterlegt, wurden in der spätbürgerlichen Rechtswissenschaft vor allem entwickelt, um einerseits den Klassencharakter des Rechts zu verdecken und es nicht als Resultat und Mittel des Klassenkampfes erscheinen lassen zu müssen, andererseits, um in bewußter Frontstellung gegen das gesetzte Recht und im Namen des sogenannten faktischen Verhaltens der Normadressaten die bürgerliche Gesetzlichkeit zu untergraben, was oft den herrschenden Monopolen direkt zugute kam und kommt. Daß von der bürgerlichen rechtssoziologischen Forschung enormes Faktenmaterial zusammengetragen wurde und wird, ist nicht zu bestreiten.

Um die kognitive Basis für eine in zunehmendem Maße wissenschaftlich begründete Rechtsgestaltung zu konstituieren, sind, grob gesehen, in mehrfacher Hinsicht empirische Sozialerkenntnisse in Theorie und Praxis des Rechts erforderlich:

Erstens werden empirische Sozialerkenntnisse benötigt, um die rechtliche Regelungsnotwendigkeit, -fähigkeit und -möglichkeit gesellschaftlicher Verhältnisse und ihre Struktur zu erkennen, auf der Grundlage dieser Erkenntnis entsprechende rechtliche Regelungen (Rechtsnormen) eben dieser Verhältnisse zu schaffen sowie den Prozeß der Rechtsetzung unter Umständen zu prognostizieren, zu leiten und zu planen.

Zweitens, um Rechtsnormen anwenden und ihre tatsächlichen Wirkungen feststellen zu können, sind ebenfalls empirisch gestützte Sozialerkenntnisse über die gesellschaftlichen Verhältnisse und Prozesse erforderlich, die mit Hilfe des geltenden Rechts beeinflußt werden sollen. Dies ist eine weitere Säule des rechtssoziologischen Fragebereichs innerhalb der marxistischen Rechtskonzeption. Empirische Sozialerkenntnisse sind beispielsweise in der Rechtsanwendung nötig, um die Sachverhalte zu ermitteln, die Rechtsnormen — vor allem, wenn sie Generalklauseln oder Bewertungsbegriffe enthalten — auszulegen und ihre Bedeutung zu erfassen sowie die Entscheidungen zu begründen.

Drittens bedarf es der empirischen Untersuchung jener vielfältigen gesellschaftlichen, kollektiven und personalen, politischen, institutionellen, ökonomischen, ideologischen, demographischen, psychischen, sozialpsychischen, moralischen und soziobiologischen Bedingungen und Faktoren (eingeschlossen ihre Wechselwirkung untereinander), die die Bildung oder das Wirken des Rechts tatsächlich beeinflussen oder potentiell beeinflussen können.

Viertens sind empirische Erkenntnisse über rechtliche bzw. rechtlich relevante Verhaltensgewohnheiten sowie deren Struktur, die in der Gesellschaft existieren, notwendig. Besonders interessiert die Rechtsbildung wie auch die Rechtsanwendung der Grad ihrer Regelmäßigkeit. Wenn auch das Gewohnheitsrecht in sozialistischen Gesellschaften, im Vergleich zu jenen, in denen die Spontaneität herrscht, keine besonders ins Gewicht fallende Rolle spielt, so stellt sich dennoch, ja noch dringlicher für uns das Problem der Beziehungen zwischen Verhalts*entwicklung*, Verhaltens*normalität* und *Rechtsnorm*.

Die genannten vier Ebenen notwendiger empirischer Sozialerkenntnisermittlung sind von Bedeutung für eine Rechtswissenschaft, die Wert darauf legt, auch *praxiswirksame Empfehlungen* vorzulegen. Davon ist nicht zu trennen, wohl aber zu unterscheiden, die Bedeutung der empirischen Sozialerkenntnisse für die rechtswissenschaftliche Theoriebildung, die ihrerseits eine entscheidende Grundlage für die Praxisrelevanz der Rechtswissenschaft ist.

Diese Unterscheidung wird nicht immer gemacht, was oft mit unklaren Vorstellungen über die Rolle der rechtswissenschaftlichen Grundlagenforschung und Theoriebildung zusammenhängt. Solchen Vorstellungen begegnet man mitunter in einer kurzschlüssigen Beurteilung der rechtswissenschaftlichen Theorie/Praxis-Beziehung. Wenn z. B. theoretische Thesen *ausschließlich* danach beurteilt werden, ob der Richter oder der Justitiar oder ein anderer Praxisvertreter unmittelbar in seiner täglichen Arbeit etwas mit ihnen anfangen kann, so läuft dies auf ein Aufgeben der Grundlagenforschung hinaus und führt in den Praktizismus, der jede theoriegeleitete Orientierung scheut und deshalb seinerseits die Theorie in die Rolle eines ad hoc-Lieferanten pragmatischer Argumente drängt.

Es muß nicht besonders betont werden, daß solche Auffassungen mit dem Marxismus-Leninismus wenig zu tun haben, schrieb doch schon der junge Marx, die Philosophie könne sich nicht verwirklichen ohne die Aufhebung des Proletariats, das Proletariat könne sich nicht aufheben ohne die Verwirklichung der Philosophie.[18]

Ohne Tatsachenmaterial, ohne empirische Basis kann sich die Rechtswissenschaft nur spekulativ entwickeln und gerät in Gefahr, lebensfremd zu werden. Die marxistische Rechtskonzeption ist mit der praktischen Rechtsentwicklung, mit dem Kampf der Arbeiterklasse eng verbunden; sie geht deshalb vom wirklichen Lebensprozeß der Menschen aus, von ihrem tatsächlichen, empirisch anschaulichen Entwicklungsprozeß unter bestimmten Bedingungen. In dieser Konzeption haben die Fakten die Bedeutung von erkannten rechtlich relevanten Fragmenten der sozialen Wirklichkeit.[19]

Empirische Basis und ihre rechtstheoretische Verallgemeinerung sollten in der marxistisch-leninistischen Rechtswissenschaft eine organische Einheit bilden. Anhäufung von empirischem Material als Selbstzweck ist ihr fremd; es wird vielmehr gewonnen, um theoretisch verallgemeinert zu werden. Umgekehrt geschieht die Faktengewinnung immer theoriegeleitet; schon aus diesem Grunde besteht eine vielschichtige Wechselwirkung zwischen Theorie und Empirie. Dessenungeachtet ist die empirische Forschung als eine relativ selbständige Tätigkeitsebene innerhalb der Rechtswissenschaft — keine ihrer Disziplinen ausgenommen — anzuerkennen. Allerdings ist die Beziehung der einzelnen Rechtswissenschaftsdisziplinen zur Wirklichkeit unterschiedlich. So gibt es Unterschiede z. B. in den Beziehungen der Völkerrechtswissenschaft zu ihrer empirischen Basis im Vergleich mit den entsprechenden Beziehungen der innerstaatlichen Rechtszweigwissenschaften. Wieder anders sind diese Beziehungen in der Rechtstheorie (Rechtsphilosophie) und in der Rechtsgeschichtswissenschaft.

Noch auf einen weiteren Bereich der Beziehungen zwischen empirischer Sozialerkenntnis und Rechtswissenschaft muß aufmerksam gemacht werden; er spielt zwar gegenwärtig keine große Rolle, wird aber zunehmend entwicklungsbedürftig. Gemeint ist die empirische Basis, die für die Entwicklung einer juristischen Wissenschaftstheorie unentbehrlich ist. Sie steht mit der Methodologie rechtswissenschaftlicher Erkenntnis und Forschung im Zusammenhang, geht aber teilweise über sie hinaus. Zu einer marxistischen juristischen Wissenschaftstheorie gehören Fragen der Wechselwirkung zwischen Theorie und Praxis; ihre Spezifik infolge ihrer engen Verbindung zur Politik und zur Machtfrage; die Wechselwirkung der Rechtswissenschaft mit anderen Gesellschaftswissenschaften und bestimmten Zweigen der Naturwissenschaften; die Auseinandersetzung mit nichtmarxistischen oder antimarxistischen rechtswissenschaftlichen Theorien als eine Notwendigkeit der Weiterentwicklung der marxistisch-leninistischen Rechtswissenschaft usw. Kurzum, die Existenz, Entwicklung und Wirkung der

---

18 Vgl. MEW, Bd. 1, S. 391.

19 Diese Begriffsbildung erfolgt in Anlehnung an: V. A. Stoff, Problemy metodologii naučnovo posnanija, Moskva 1978, S. 141, 137/138. — Stoff macht noch folgende Unterscheidung: Hinter dem Begriff eines Faktums stehen unmittelbar Erscheinungen der Wirklichkeit (Faktum 1); ihre Beschreibung und Fixierung erfolgt in einer bestimmten Sprache (Faktum 2).

Rechtswissenschaft müssen auch selbst zum Gegenstand empirischer Untersuchung und Erkenntnisgewinnung gemacht werden.

Daß empirische Sozialerkenntnisse in der Tätigkeit der Rechtsetzer und Rechtsanwender sowie der Rechtswissenschaftler unentbehrlich sind, ist eine Folge des Sachverhalts, wonach die Bildung und das Wirken des Rechts soziale Vorgänge sind. Rechtswissenschaft, die keine Elfenbeinturmexistenz will, muß sich auf die Gesellschaftlichkeit des Rechts, seiner Bildung und seines Wirkens gründen. Die marxistische Rechtswissenschaft, die weiß, daß es darauf ankommt, die Welt nicht nur zu interpretieren, sondern zu verändern, betrachtet empirische Sozialerkenntnis als eines ihrer essentiellen Elemente. Sie unterscheidet sich damit von all jenen bürgerlichen juristischen Strömungen, die die Sozialwissenschaften als Trojanisches Pferd in der Zitadelle der Rechtswissenschaft denunzieren, in der sozialwissenschaftlichen Fundierung der Rechtswissenschaft ein geradezu ideales Betätigungsfeld für eine Strategie der Systemüberwindung der bürgerlichen Staats- und Rechtsordnung erblicken und deshalb eine Abwehrhaltung gegen eine solche Fundierung einnehmen;[20] oder die, was im Ergebnis nichts anderes ist, den Sinn sozialwissenschaftlicher Informationen in der Rechtswissenschaft — also auch den von empirischen Sozialerkenntnissen — auf den niederen Zweck der Anreicherung juristischer Dogmatik herunterbringen. Mit einer solcherart orientierten Ausbildung wird die Hoffnung verbunden, sie werde die jungen Juristen davor bewahren, sich tatkräftig in den Dienst einer revolutionären Ideologie zu stellen.[21]

Daß empirische Sozialerkenntnis ein essentieller Bestandteil der marxistischen Rechtswissenschaft ist, hängt mit ihrem sozialtheoretischen Ansatz zusammen. Dementsprechend ist der Basissachverhalt der marxistischen Rechtskonzeption außerrechtlicher Natur: er liegt in den gesellschaftlichen Verhältnissen, vor allem den ökonomischen. Der Begriff „gesellschaftliches Verhältnis“ ist ein Zentralbegriff der marxistisch-leninistischen Rechtskonzeption. Juristisch relevante empirische Sozialerkenntnisse beziehen sich deshalb in dieser oder jener Weise auf gesellschaftliche Verhältnisse oder sind mit diesen in irgendeiner Weise verbunden.

Die Frage ist nun, welche gesellschaftlichen Verhältnisse rechtlich geregelt werden müssen, welche sozialen Determinanten die Bildung und das Wirken des Rechts letztlich und wesentlich prägen. Die Antwort auf diese Frage ist zugleich ein Hinweis darauf, worüber empirische Sozialerkenntnisse im Bereich des Rechts und der Rechtswissenschaft unentbehrlich sind. Mit anderen Worten, es geht um das Erkenntnisobjekt der Rechtswissenschaft, um die sozialen Fakten, die juristischen Entscheidungen zugrunde liegen oder auf die sie direkt oder indirekt Bezug zu nehmen haben.

Im Unterschied zu jenen bürgerlichen rechtswissenschaftlichen Strömungen, die zwar auch die empirische Sozialerkenntnis als Teil der Rechtswissenschaft ansehen, die die Rechtswissenschaft als Sozialwissenschaft betreiben wollen und die Rechtssoziologie weder dazu mißbrauchen möchten, bloß die bürgerliche Rechtsdogmatik anzureichern bzw. zu zementieren, noch in der rechtssoziologischen Forschung ein wohlfeiles Mittel

---

[20] Hierzu: A. Heldrich, Das Trojanische Pferd in der Zitadelle des Rechts?, in: Juristische Schulung. Zeitschrift für Studium und Ausbildung (München—Frankfurt a. M.), 5/1974, S. 281 ff., 285.

[21] Vgl. ebenda, S. 285/286.

sehen, um ausschließlich blankes Herrschaftswissen zu produzieren,[22] hebt die marxistische Rechtswissenschaft aus dem Gefüge der Determinanten des Rechts die aus der jeweiligen Produktionsweise hervorgehenden Interessen der ökonomisch und politisch herrschenden Klasse als entscheidend hervor. Dasjenige, was es erforderlich macht, bestimmte gesellschaftliche Verhältnisse rechtlich regeln zu müssen, ist letztlich nicht auszumachen, ohne den Zusammenhang zwischen der Entwicklung der Produktivkräfte und der Arbeitsteilung einerseits und der Entwicklung des Eigentums, der Klassen und ihrer Interessen andererseits theoretisch und empirisch zu analysieren.

Ohne die Mehrdimensionalität des Rechts in Frage stellen zu wollen, ohne einem ökonomistischen, psychologistischen oder sonstwie gearteten Reduktionismus in der Rechtswissenschaft das Wort zu reden — wenn es um empirische Sozialerkenntnisse in der Rechtswissenschaft geht, können die gesellschaftlichen Verhältnisse, die Interessen und das Verhalten der herrschenden und beherrschten Klassen nicht ausgespart werden. Das Interesse ist dabei nicht als psychologische Kategorie zu fassen, sondern in seiner soziologischen und philosophischen Bedeutung zu sehen und als in der Wirklichkeit existierende gegenseitige Abhängigkeit der Individuen, unter denen die Arbeit geteilt ist,[23] zu bestimmen.

Da die Transformation der gemeinschaftlichen Interessen der herrschenden Klasse in deren Rechte nicht direkt und einfach gradlinig, sondern über objektive wie subjektive Vermittlungen vor sich geht, sind auch diese in die empirische Analyse einzubeziehen. Mehr noch: Die empirische Analyse gerade dieser Vermittlungen in der Rechtsetzung wie in der Rechtsanwendung ist ein Hauptfeld der marxistischen rechtssoziologischen Forschungen. Erst damit wird jeder kurzschlüssigen Denkweise und Argumentation vorgebeugt und deutlich gemacht, was es eigentlich auf sich hat, wenn Marx und Engels immer wieder darauf hinweisen, die Ökonomie bestimme *in letzter Instanz* das Recht. Man kann auch sagen, bei der empirischen Analyse der objektiven und subjektiven Vermittlungen des Rechts geht es um die rechtssoziologische Entfaltung der bekannten, oft aber nur auf ihre erste Hälfte verkürzt zitierten These Marxens aus seiner Gothaer Programm-Kritik: „Das Recht kann nie höher sein als die ökonomische Gestaltung und *dadurch bedingte Kulturentwicklung der Gesellschaft.*“[24] (Hervorhebung — K. A. M.)

Die empirische Analyse der Vermittlungen zwischen materiellen, vor allem ökonomischen Ursachen und dem Recht bzw. einzelnen rechtlichen Erscheinungen, wie z. B. die Kriminalität, die Akzeptanz von Rechtsnormen und ihre freiwillige Einhaltung usw., ist rechtstypspezifisch und zunächst wohl immer bezogen auf eine bestimmte Rechtsord-

---

[22] Vgl. etwa: H. Rottleuthner, Rechtswissenschaft als Sozialwissenschaft, Frankfurt a. M. 1973; ders., Rechtstheorie und Rechtssoziologie, München 1981. — Zwar ist es übertrieben, in Rottleuthner einen Marxisten sehen zu wollen (so: K. F. Röhl, Gegenwartsströmungen der Rechtssoziologie, Berlin [West] 1977, S. 16), aber die Tatsache, daß er Marx nicht ganz ohne Gewinn gelesen hat, genügt den Alt- und Neukonservativen unter den bürgerlichen Juristen und Soziologen bereits, ihn unter Beschuß zu nehmen. H. Schelsky (Die Soziologen und das Recht, Opladen 1980, S. 75ff.) sieht beispielsweise in Rottleuthners Konzept den bisher ungeschminktesten und zerstörerischsten Angriff auf die juristische Rationalität und das geistige und gesellschaftliche Selbstverständnis der bürgerlichen Juristen.

[23] Vgl. MEW, Bd. 3, S. 33.

[24] MEW, Bd. 19, S. 21.

nung oder bestimmte ihrer Teile anzustellen. Welche Vermittlungen nämlich konkret wirken, kann sehr verschieden sein, auch hier wirkt die Dialektik zwischen allgemeinen, gesetzmäßigen Zusammenhängen und Einzelnem, Besonderem. Die empirische Analyse der Vermittlungen und ihrer konkreten Mechanismen bei einzelnen Rechtserscheinungen wird die Beziehung zwischen objektivem Gesetz, Notwendigkeit und Zufall künftig mehr berücksichtigen müssen. Auch bei den Vermittlungen gibt es Zufälliges; dies ist zwar notwendig, aber nicht gesetzmäßig.[25] Dieses Problem wird an Bedeutung gewinnen, je mehr die sozialistische Gesellschaft reift. Auf dem Hintergrund ihrer historisch langfristigen Existenz auf dem Wege zum Kommunismus werden ideologische Prinzipien und Verfahrensweisen, kulturelle Wertorientierungen, weltanschauliche Einstellungen, moralische Haltungen und Erfahrungen nicht nur stärker tradiert sein, sondern auch die Vermittlungsschritte zwischen dem Recht und seinen gesellschaftlichen Grundlagen weiter auffächern. Da dies ein Prozeß ist, der sich jeweils unter den konkreten Bedingungen eines Landes vollzieht, werden dabei nicht wenige Momente auftreten, die das Besondere oder Zufällige an sich haben.

Die empirische Analyse der Vermittlungsmechanismen des sozialistischen Rechts durchzuführen, ist eine unabdingbare Voraussetzung dafür, um seine rechtstypspezifische relative Selbständigkeit theoretisch näher zu bestimmen.

Wie bereits weiter oben vermerkt, sind empirische Sozialerkenntnisse notwendig, um auf ihnen aufbauend jene kognitive Basis zu konstituieren, auf der wiederum juristische Entscheidungen in Rechtsetzung und Rechtsanwendung getroffen werden können, um die Strukturierung des Rechts vornehmen zu können usw. Die Konstituierung dieser kognitiven Basis hat in der Rechtsentwicklung ständig mehr an Bedeutung gewonnen, seit der juristische Entscheidungsmechanismus aus jener Naturwüchsigkeit heraustrat, die in gewissen primitiven Gesellschaftsformen anzutreffen war. Heute, da das juristische Entscheiden, vor allem die juristische Normenproduktion, zu einem Gebiet der gesellschaftlichen Arbeitsteilung geworden ist, das selbst immer mehr, vor allem in der sozialistischen Gesellschaft, zum Gegenstand bewußter politischer Leitung gemacht wird, ist ohne Analyse der Probleme, die mit der Konstituierung der kognitiven Basis juristischen Entscheidens zusammenhängen, eine weitere Ausarbeitung der wissenschaftlichen Grundlagen rechtsetzerischen und -anwenderischen Entscheidens nicht möglich. Vor allem in der Rechtsetzung der sozialistischen Staaten stellt sich dieses Problem mit besonderer Dringlichkeit.

Hier ist die Frage nach der Informationsgrundlage — dies ist nur eine andere, erkenntnistheoretisch allerdings weniger präzise Wendung für den Begriff „kognitive Basis" — der Rechtsetzung deshalb so wichtig, weil einerseits die Rolle des Rechts in der sozialistischen Gesellschaft tendenziell zunimmt, die rechtlich zu regelnde Materie aber komplexer und die Determinanten, die den rechtlichen Regelungsprozeß beeinflussen, verflochtener werden, und weil andererseits die Informationsbasis, die bei der Vorbereitung und beim Erlaß von Normativakten verfügbar ist, die Regelungsqualität des Rechts und über diese dessen gesellschaftliche Gestaltungskapazität und Effektivität beeinflußt.

Angesichts der hohen Komplexität des Regelungsgegenstandes kann die für die Rechtsetzung notwendige empirische Sozialerkenntnis von der Rechtswissenschaft nur

---

[25] Vgl. H. Hörz, Zufall. Eine philosophische Untersuchung, Berlin 1980, S. 79ff.

in interdisziplinärer Zusammenarbeit mit anderen Wissenschaften bereitgestellt werden. Es geht um interdisziplinäre Zusammenarbeit, nicht aber um Aufhebung der wissenschaftlichen Arbeitsteilung; diese sowie die Spezifik des Rechts werden aber mit der manchmal leichthin geforderten systematischen Einbeziehung nichtjuristischer Disziplinen in die Rechtswissenschaft untergraben, und die Rechtswissenschaft wird selbst dazu gedrängt, sich als scientia omnium rerum zu verstehen.

Letztlich sind solche Vorstellungen immer in dieser oder jener Weise mit Vorstellungen vom Recht und seiner Funktion verbunden, die aus ganz unterschiedlichen Motiven heraus die relative Eigenständigkeit und Spezifik des Rechts nicht anerkennen oder verwässern wollen. So wird beispielsweise in einschlägigen bürgerlichen Diskussionen aus der sogenannten Ubiquität und Omnipräsenz des Rechts der multidisziplinäre Charakter der Rechtswissenschaft postuliert und die These aufgestellt, Rechtswissenschaft sei per se multidisziplinär und müsse sich wissenschaftstheoretisch, institutionell und methodisch diejenigen Wissenschaftsgebiete angliedern, die sie zur Beantwortung ihrer Fragen brauche.[26] Rechtssoziologie wird in dieser Perspektive als Sammelbecken von Disziplinen, als eine sogenannte Tatsachenwissenschaft angesehen, welche die für das Recht nötigen empirischen Daten zur Verfügung stellen soll. Zu dieser Art von Rechtssoziologie werden dann Politologie, Psychologie, Sozialstatistik, Demographie, Ethologie, Sozialanthropologie u. a. m. gezählt.[27]

Einen gewissen, durchaus nicht vollständigen Eindruck von der erforderlichen interdisziplinären Zusammenarbeit von Rechtswissenschaften und Rechtspraxis mit anderen Wissenschaftsdisziplinen zwecks Bereitstellung der für das Entscheiden in einzelnen Rechtsgebieten notwendigen kognitiven Basis vermittelt die beigefügte Übersicht (S. 60).

Diese Übersicht macht auch die wachsende Bedeutung von natur- und technikwissenschaftlichen Daten und Aussagen für das juristische Entscheiden deutlich. Allgemein läßt sich infolge der Auswirkung des wissenschaftlich-technischen Fortschritts auf das Recht und das Entscheiden in Rechtsetzung und Rechtsanwendung die Tendenz feststellen, wonach innerhalb der kognitiven Basis des Rechts die natur- und technikwissenschaftlichen Daten und Aussagen im Verhältnis zu den empirischen und theoretischen Sozialerkenntnissen (Daten und Aussagen) zunehmen. Der wissenschaftlich-technische Fortschritt ändert aber nichts daran, daß das Recht klassengesellschaftliche Verhältnisse, also zwischenmenschliches Handeln und Verhalten, regelt; im Vergleich zu früheren Zeiten sind jedoch heute für die Schaffung und Durchsetzung der rechtlichen Regelungen (Rechtsnormen) quantitativ und qualitativ mehr naturwissenschaftliche, technikwissenschaftliche und technische Informationen notwendig. Mit diesem Umstand sind ohne Zweifel neue rechtswissenschaftliche und rechtspraktische Problemstellungen verbunden, die noch gelöst werden müssen. Wie die Auseinandersetzung um diese Fragen zeigt, tangiert dies auch weltanschauliche Fragen.

Doch die neuen Anforderungen, die sich aus den Wechselbeziehungen zwischen Recht und wissenschaftlich-technischem Fortschritt ergeben, in eine fortschreitende fast ausschließliche Abhängigkeit des Rechts von technologischen Erkenntnissen umzudeuten und davon zu sprechen, das juristische Denken müsse letztlich dem technischen

---

[26] Vgl. H. Ryffel, Rechtssoziologie, Neuwied 1974, S. 166ff.

[27] Vgl. W. Naucke, Über die juristische Relevanz der Sozialwissenschaften, Frankfurt a. M. 1972, S. 17.

Übersicht über die interdisziplinäre Zusammenarbeit

Wissenschafts-gebiet	Rechtsgebiet							
	Arbeits-recht	Straf-recht	Agrar-recht	Neuerer-recht	Familien-recht	Wirtschafts-recht	Umwelt-recht	Gewerbl. Rechts-schutz
Ethik	x	x	x	x	x	x	x	x
Logik	x	x	x	x	x	x	x	x
Wirtschafts-wissenschaften	x			x		x	x	x
Agrar-wissenschaften			x	x		x	x	
Psychologie	x	x			x			
Technik-wissenschaften	x		x	x		x	x	x
Chemie			x	x			x	
Genetik		x			x			
Ethologie	x	x			x			
Medizin	x	x			x		x	
Biologie			x	x			x	
Soziologie	x	x	x	x	x	x	x	x
Pädagogik		x			x			
Demographie	x				x			
Ästhetik				x				x

Denken weichen, dazu besteht kein Anlaß.[28] Das Recht wird künftig so wenig *die Technik* regeln wie in der Vergangenheit; es war und bleibt ein Regulierungsmechanismus *gesellschaftlicher* Verhältnisse, der keine Überwucherung durch die Technik zu fürchten hat. Die komplementären Schlagworte bürgerlicher Ideologen bzw. Technokraten von der „Technisierung des Rechts" und der „Verrechtlichung der Technik" sind aus fälschlicher Interpretation von Oberflächenerscheinungen gegenwärtiger Rechtsentwicklung geboren und haben das Ziel, die soziale und klassenmäßige Bestimmtheit des Rechts zu verdunkeln. Außerdem sind sie nicht neu, ähnliche Wendungen gab es auch schon zu den Zeiten, als sich das Eisenbahnrecht bzw. das Luftrecht herauszubilden begann. Überhaupt ist es sehr nützlich, bei den gegenwärtig anstehenden grundlagenbezogenen Untersuchungen zum Verhältnis von Recht und Technik, Rechtswissenschaft und Technik- bzw. Naturwissenschaft die geschichtliche Dimension dieses Verhältnisses mit zu erfassen. Kaum eine geschichtlich bedeutende Kodifikation dürfte es geben, die nicht auch gesellschaftliche Beziehungen regelte, welche mittelbar oder direkt mit der Technik, mit den Arbeitsmitteln in Berührung standen. Auch scheint es nützlich, die vergangenen rechtsphilosophischen Versuche, das Recht mit Hilfe natürlicher und technischer Daten sowie mit naturwissenschaftlichen Aussagen zu legitimieren bzw. zu illegitimieren, neu zu analysieren. Dabei geht es nicht nur um solche bekannten Rechtskonzeptionen wie die von Montesquieu, sondern auch um weniger Bekanntes: beispielsweise um Polacks „Mathesis Forensis" (1756), „worinnen die Rechenkunst, Geometrie, Baukunst, Mechanik und Hydrostatik, wie auch Chronologie, nach ihren Grundsätzen hinlänglich abgehandelt, zugleich die Anwendung derselben auf die in der Rechtsgelehrsamkeit, bei allen obern und niedern Gerichten, vielfältig vorkommenden Fälle, in besonderen Abhandlungen, zu nützlichem Gebrauch für diejenigen sowohl, welche bereits in Aemtern stehen, als auch die sich erst zu gerichtlichen und Cameralbedienungen geschickt machen wollen, deutlich gezeiget wird".

[28] Vgl. H. Fischerhof, Technologie und Jurisprudenz, in: Neue Juristische Wochenschrift (München—Frankfurt a. M.), 28/1969, S. 1193ff.; E. Klingmüller, Technischer Fortschritt in rechtlicher Wertung, in: Revolution der Technik — Evolutionen des Rechts. Festschrift für Karl Oftinger, Zürich 1969, S. 121ff.

4. Überlegungen zur Zielfrage im Recht

4.1. Problemlage

Für eine dialektisch-materialistische Strukturtheorie des Rechts ist die Zielproblematik schon deshalb zentral, weil sie wesentliche Verankerungslinien der Rechtsstruktur in der Sozialstruktur sichtbar machen kann. Bezogen auf das sozialistische Recht ist sie zudem mit all den qualitativ neuartigen Zügen verbunden, die daraus resultieren, daß es sich bei diesem Recht um das Recht einer Gesellschaft handelt, die in stets steigendem Maß die Übereinstimmung zwischen den gewollten und beabsichtigten Zielen des Handelns und seinen tatsächlich eintretenden Wirkungen herzustellen bemüht ist. Schließlich ist, besonders in der DDR, die Relation Ziel/Recht seit längerem in der Diskussion, besonders im Zusammenhang mit der sogenannten Aufgabennorm. Nicht zuletzt sprechen Erfordernisse der politischen Leitung der Rechtsbildung und -verwirklichung für eine Erörterung dieses Problems; geht es doch substantiell bei dieser Leitung um die Effektivität des Rechts als staatliches Machtinstrument, deren Analyse eine relativ eindeutige strukturelle Zuordnung von Rechten, Pflichten, Sanktionen usw. zu Zielen im Recht voraussetzt.

Zunächst scheint es angebracht, die hier in Rede stehende Problematik in klare Fragestellungen zu bringen. Daran zu deuteln, daß mit Hilfe des Rechts Ziele der herrschenden Klasse verfolgt werden, hieße sowohl die klassenmäßige Instrumentalität wie die gesellschaftliche Funktionalität des Rechts überhaupt in Frage zu stellen und im Recht einen selbstgenügsamen Wert zu sehen. Nicht ganz identisch mit der Frage, ob mit Hilfe des Rechts Ziele der herrschenden Klasse verfolgt werden, ist die Frage, ob zum Rechtsinhalt auch Zielstellungen zu rechnen sind. Jedoch ist auch dies für die marxistische Rechtskonzeption eigentlich keine Frage oder sollte eigentlich keine sein. Deshalb sind auch Diskussionen darüber, ob mit Hilfe des Rechts soziale Ziele verfolgt werden oder ob es Ziele (= Aufgaben) im Recht gibt oder geben müsse, Diskussionen um falsch gestellte Fragen. Die eigentlichen Probleme bestehen darin, herauszufinden, welche Ziele mit Hilfe des Rechts erreicht werden können, wie die Ziele, die Teil des Rechtsinhalts werden sollen, gebildet werden und welche Konsequenzen sich für die Struktur- und Systemgestaltung des Rechts aus den zielsetzenden Komponenten seines Inhalts ergeben, wie die zielsetzenden Bestandteile des Rechts strukturell einzuordnen und zu bewerten sind.

Sind bestimmte Zielstellungen, etwa jene, die in Präambeln enthalten sind — wie kürzlich behauptet wurde —, nichtrechtliche oder vorrechtliche Bestandteile juristischer Normativakte? Können im Recht enthaltene Ziele als Pflichten angesehen werden?

Wenn dies bejaht wird, lassen sich dann nicht umgekehrt alle Pflichten als Ziele, als Aufgaben interpretieren? Sind im sogenannten engeren Sinne als Ziele, als Aufgaben im Recht nur jene anzusehen, die konkret zu erreichende Resultate, etwa den Bau eines Atomkraftwerkes, vorschreiben?[1]

Diese und andere Fragen sind gegenwärtig weder theoretisch noch praktisch befriedigend gelöst, wie die fortgesetzten Diskussionen um die Aufgabennormen zeigen.[2]

Die strukturtheoretisch entscheidende Frage ist, ob eine im Recht enthaltene Zielstellung für sich genommen schon eine Rechtsnorm darstellt oder ob sie nur Teil einer Rechtsnorm ist. Von der Beantwortung dieser Frage hängt nicht nur die Orientierung ab, die bei der Struktur- und Systemgestaltung des sozialistischen Rechts befolgt wird, sondern sie tangiert die Bestimmung des Rechtscharakters von Zielstellungen im Recht und — was rechtspolitisch vor allem ins Gewicht fällt — deren tatsächliche Durchsetzbarkeit.

Aber nicht nur das. Eine klare Bestimmung des strukturellen Stellenwertes der Zielstellungen im Recht hat erheblichen Einfluß auf die Möglichkeiten einer staatlichen Effektivitätskontrolle des Rechts. Da jede Effektivitätskontrolle des Rechts zielbezogen ist, kann die Effektivität von Rechtsnormen nur dann ermittelt werden, wenn es möglich ist, deren Ziele zu ermitteln.

Hier wird deutlich, wie der Wert des Rechts als eines Instruments des sozialistischen Staates zur Gestaltung gesellschaftlicher Beziehungen von den Auffassungen über die Ziel/Recht-Beziehung beeinflußt wird. Kerimow hat recht, wenn er sagt, das Ziel liege der Erkenntnis des Rechts sowie dem Prozeß seiner Schaffung, Verwirklichung, Entwicklung und Vervollkommnung zugrunde, es sei besonders relevant für die gesellschaftsgestaltende Rolle des sozialistischen Rechts beim Aufbau der kommunistischen Gesellschaftsformation.[3]

Wie bemerkt, ist die strukturtheoretisch entscheidende Frage, welchen strukturellen Platz Zielstellungen im Recht haben, ob sie Rechtsnormen sind oder nicht. Darin erschöpft sich natürlich die Zielproblematik in strukturtheoretischer Hinsicht nicht; natürlich haben auch andere Forschungsbereiche der Rechtstheorie mit dieser Problematik zu tun.[4] Im folgenden werden wir uns aber auf die besagte Fragestellung beschränken.

Natürlich erheischt dieser Fragenkomplex eine von der Gegenstandsspezifik der Rechtswissenschaft her geprägte Antwort. Es scheint jedoch angebracht, dabei auch philosophische und normentheoretische Überlegungen mit einzubeziehen; denn die Frage, ob Zielstellungen Bestandteile von Rechtsnormen oder ob sie selbst Rechtsnormen sind, ist in philosophischer Hinsicht ein Spezialfall des Verhältnisses von Normen, oder noch allgemeiner, von Aufforderungen und Zielstellungen. Im folgenden werden

---

[1] Siehe: M. Grigo/L. Lotze, Die Aufgabe im sozialistischen Recht, in: Staat und Recht (im folgenden: StuR), 2/1980, S. 164.

[2] In jüngster Zeit z. B.: A. K. Krawzew/L. Lotze, Staatliche Pläne und Planauflagen — Bestandteile des sozialistischen Rechts, in: Wirtschaftsrecht (im folgenden: WiR), 2/1979, S. 93—96; U.-J. Heuer/G. Pflicke, Plan und Recht, in: WiR, 3/1979, S. 154—158; I. Wagner, Rechtstheoretisches zur Frage Plan und Recht, in: WiR, 2/1980, S. 105—107.

[3] Vgl. D. A. Kerimow, Philosophische Probleme des Rechts, Berlin 1977, S. 266.

[4] Hierzu: A. Michailowa, Ziel und Recht, Sofia 1982.

deshalb zunächst aus philosphischer und allgemein normentheoretischer Sicht einige für die genannte Problematik relevante Zusammenhänge erörtert.

4.2. Funktion und Struktur von Aufforderungen (Normen)

Die Menschen sind seit ihrer Entstehung, seit ihrer Herauslösung aus dem Tierreich, gesellschaftliche Wesen. Denken und Sprache haben sich im Zusammenhang mit gemeinsamer Arbeit der Menschen herausgebildet und entwickelt.[5] Ausgehend von diesen Voraussetzungen ist anzunehmen, daß von vornherein gedankliche Mittel einschließlich geeigneter sprachlicher Existenzformen geschaffen werden mußten, die — mehr oder weniger differenziert — mindestens folgende Funktionen erfüllen konnten: 1. Wissen über die Wirklichkeit zu vermitteln, 2. Orientierungen für das Zusammenwirken der Menschen bei der Aneignung der Wirklichkeit zu geben, 3. Fragen zu stellen und 4. Dinge und Handlungen zu bewerten. Mit der Entwicklung der gesellschaftlichen Verhältnisse differenzierten und verfeinerten sich auch diese gedanklichen Mittel und ihre sprachlichen Ausdrucksformen, und seit der Arbeitsteilung zwischen körperlicher und geistiger Arbeit und der damit verbundenen Entstehung der Wissenschaft wurden sie auch mehr oder weniger zum Gegenstand wissenschaftlicher Forschung. Wir kennen heute 1. Aussagen (Urteile) und Systeme von Aussagen (Berichte, Theorien usw.), 2. Aufforderungen und Systeme von Aufforderungen (Methoden, Moral- und Rechtskodizes, Pläne, politische Programme usw.), 3. Fragen, die als Antwort eine Aussage, und Fragen, die als Antwort eine Aufforderung erheischen, und 4. Werturteile.

Philosophie und Logik haben seit der Antike — neben dem Begriff, der allerdings innerhalb aller vier Formen auftritt — vorzugsweise die Aussage zu ihrem Gegenstand gemacht und die anderen Formen teils stillschweigend oder ausdrücklich aus ihren Untersuchungen ausgeschlossen, teils auf die Aussage zu reduzieren versucht. In jüngerer Zeit — etwa seit den 20er Jahren dieses Jahrhunderts — werden vorwiegend durch Logiker zunehmend auch Aufforderungen bzw. Arten von ihnen (Befehle, Imperative, Normen usw.), Fragen und Wertungen hinsichtlich ihrer logischen Merkmale untersucht. In der Philosophie hingegen spielen sie nach wie vor im Vergleich zur Aussage allenfalls eine untergeordnete Rolle. Vielleicht meint mancher, angesichts der weltbewegenden Probleme der gesellschaftlichen Entwicklung, des Klassenkampfes zwischen Imperialismus und Sozialismus, der weiteren Gestaltung der entwickelten sozialistischen Gesellschaft und der Grundlagen des Kommunismus in den Ländern des realen Sozialismus sei die philosophische Analyse von Denkformen unwesentlich, womöglich gar lebensfremd. Tatsächlich ist das Problem der Denkformen, speziell das der Denkform Aufforderung gerade Bestandteil dieser großen Probleme und seine Lösung ein nicht unwesentlicher Beitrag zu deren Bewältigung. Bekanntlich kann die kommunistische Gesellschaftsordnung nur geschaffen werden auf der Grundlage der Erkenntnis der gesellschaftlichen Entwicklungsgesetze „mit Gesamtwillen nach einem Gesamtplan“[6]. Damit ordnet sich das Problem der Denkform Aufforderung ein in das der gesellschaftlichen Gesetze, ihres Wirkungs- und Ausnutzungsmechanismus. Es geht

[5] Vgl. K. Marx/F. Engels, Werke (im folgenden: MEW), Bd. 20, S. 446.
[6] MEW, Bd. 39, S. 206.

darum, Aussagen über die objektiven gesellschaftlichen Gesetze umzusetzen in Aufforderungen zum Handeln, die den Willen der Arbeiterklasse zur Realisierung ihrer historischen Mission zum Ausdruck bringen.

Das Problem der Aufforderung, speziell der Sozialnorm ist zugleich Gegenstand des philosophischen Parteienkampfes, des ideologischen Klassenkampfes. Das hängt nicht nur mit der Entstehung und erfolgreichen Entwicklung des realen Sozialismus zusammen, sondern auch mit der allgemeinen Krise des Kapitalismus, die eine Krise der bürgerlichen Ideologie, eine Orientierungskrise einschließt. Bürgerliche Theoretiker reagieren darauf seit Beginn der 60er Jahre mit einer verstärkten Hinwendung zu Problemen der Handlungsnormen und -ziele. Dies geschieht unter der Flagge der Wiederbelebung, Rehabilitierung oder Erneuerung der praktischen Philosophie.[7] Ein charakteristisches Abbild dieser Bemühungen bieten die Materialien dreier Kolloquien, die in den Jahren 1976 bis 1978 in der BRD, zu Verfahren der Normbegründung und -durchsetzung und ihrem Verhältnis zur Geschichte stattfanden.[8] Vertreter verschiedener, allerdings nur nichtmarxistischer philosophischer Richtungen stritten sich lebhaft — über zweitrangige Fragen. Worin sie übereinstimmen, geht mehr aus dem hervor, was sie nicht sagten, als aus dem, was sie sagten. Nach W. Oelmüller ist man sich darin einig, daß das einzige Verfahren zur Legitimierung von Normen der Diskurs ist.[9] Nach den Grundlagen von Normen in den materiellen gesellschaftlichen Verhältnissen wird gar nicht erst gefragt. In diser Hinsicht ist die angebliche Rehabilitation der praktischen Philosophie ein Versuch, den gesellschaftsphilosophischen Idealismus zu rehabilitieren. Mit dieser Gemeinsamkeit hängt eine zweite zusammen: die politische Voraussetzung des philosophischen Idealismus. Aus dem Stil, in dem antisozialistische Äußerungen vorgetragen werden, ist zu entnehmen, daß man sich des Einverständnisses seiner Diskussionspartner sicher ist. Man braucht also nicht mehr ausdrücklich zu sagen, daß man die kapitalistische Gesellschaftsordnung vertritt. Im Diskurs sollen die Normen ausgehandelt werden, die der Bewältigung von Handlungskonflikten dienen. Die politische Grundhaltung wirkt sich hier als Erkenntnisschranke aus, sie versperrt die Einsicht, daß sich die Konflikte des Kapitalismus, speziell die Konflikte zwischen den antagonistischen Klassen nicht durch Diskurse und nicht durch in Diskursen vereinbarte Normen bewältigen lassen, sondern nur durch den konsequenten gesellschaftlichen Fortschritt, durch den gesetzmäßigen revolutionären Übergang vom Kapitalismus zum Sozialismus. Die heutige bürgerliche praktische Philosophie dient also — bei aller Unterschiedlichkeit der Standpunkte zu Details und möglicherweise sogar der subjektiven Ansichten — objektiv der imperialistischen Bourgeoisie und ihrer Herrschaft und ist damit *politisch reaktionär*. Der wirksamste Beitrag gegen diese Erscheinungsform bürgerlicher Ideologie und zugleich für die Lösung aktueller theoretischer Probleme der Leitung gesellschaftlicher Prozesse im Sozialismus besteht u. E. in der Untersuchung der Aufforderung und ihrer Arten, speziell der Sozialnormen, ihrer

---

7 Vgl. W. Eichhorn I, Historischer Materialismus und Erneuerung der „praktischen Philosophie", in: Deutsche Zeitschrift für Philosophie (im folgenden: DZfPh), 6/1978, S. 723/724.

8 Vgl. W. Oelmüller (Hrsg.), Materialien zur Normendiskussion, Bd. 1: Transzendentalphilosophische Normenbegründungen, Bd. 2: Normenbegründung — Normendurchsetzung, Bd. 3: Normen und Geschichte, Paderborn 1978/79.

9 Vgl. ebenda, Bd. 2, S. 8.

Struktur, ihrer objektiven Determiniertheit, der Art und Weise ihrer Begründung, ihrer Umsetzung in zielgerichtetes Denken und Handeln usw. durch Philosophen und Einzelwissenschaftler auf der Grundlage und mit den Methoden der marxistisch-leninistischen Wissenschaft. Gerade der Denkform Aufforderung sollte in der Forschung wie in der wissenschaftlichen Diskussion mehr Aufmerksamkeit gewidmet werden.

Systematische Darstellungen der marxistisch-leninistischen Erkenntnistheorie, z. B. in Lehrbüchern, beschränken sich bis in die jüngste Zeit noch auf die Denkformen Begriff und Aussage bzw. Urteil und Systeme von Aussagen (Schluß, Hypothese, Theorie), die zum Teil als selbständige Denkformen betrachtet werden. Obwohl in ihnen betont wird, daß die Erkenntnistätigkeit nicht Selbstzweck ist, sondern die Funktion hat, „als Mittel der praktischen Umgestaltung von Natur und Gesellschaft zu dienen",[10] werden gedankliche Mittel, die unmittelbar der Anleitung eben dieses praktischen Handelns dienen, nicht erwähnt, so daß der Eindruck entsteht, daß Aussagen bzw. Systeme von Aussagen selbst diese Funktion haben. Staats- und Rechtstheoretiker hingegen kennen das Problem des Übergangs von Aussagen zur Aufforderungen; sie wissen, daß eine Erkenntnis noch keine Norm ist.

Aussage und Aufforderung seien hier zunächst einmal nach ihrer Funktion unterschieden. Eine Aussage hat *be*schreibenden oder *de*skriptiven Charakter; sie gibt Auskunft über das Bestehen oder Nichtbestehen eines Sachverhalts. Eine Aufforderung hat *vor*schreibenden, *prä*skriptiven Charakter; sie leitet menschliche (geistige oder praktisch-gegenständliche) Tätigkeit. Die normale sprachliche Existenzform der Aussage ist der Aussagesatz, die der Aufforderung der Aufforderungssatz. Nimmt man noch hinzu, daß dasselbe Verhältnis zwischen Frage und Fragesatz besteht, wird der Grund für die Wahl des Terminus „Aufforderung" deutlich. Sie ist insofern nicht unproblematisch, als manchem sein Sprachgefühl verbietet, eine Bitte oder eine Empfehlung, eine Erlaubnis, eine methodische Regel oder andere tatätigkeitsleitende Gedanken „Aufforderung" zu nennen. D. Wittich schlägt deshalb für die Gedanken, die hier als Aufforderungen bezeichnet werden, die Termini „Handlungsanweisung" oder „Handlungsorientierung" vor.[11] Diese Bezeichnungen schließen jedoch von ihrer ursprünglichen Bedeutung her Mißverständnisse ebensowenig aus, provozieren möglicherweise sogar eine Beschränkung auf Aufforderungen zu praktisch-gegenständlicher Tätigkeit.

Eine Unterscheidung zwischen Aussage und Aufforderung allein nach ihrer Funktion, allein aus pragmatischer Sicht ist natürlich unzureichend. S. Bönisch und K.-P. Noack schlagen deshalb vor, diese Unterscheidung semantisch zu fundieren.[12] Wenn man nun aber versucht, Aufschluß über das Wesen von Aufforderungen zu erhalten, indem man Aufforderungssätze semantisch, das heißt hinsichtlich ihrer Bedeutung analysiert, stößt man auf unüberwindliche Schwierigkeiten. Die Existenz der Aufforderungssätze als einer besonderen Satzart neben anderen wird von Sprachwissenschaftlern verschiedener Richtungen angenommen. Es gibt aber keine Kriterien, die Aufforderungssätze

---

[10] Dialektischer und historischer Materialismus. Lehrbuch für das marxistisch-leninistische Grundlagenstudium, Berlin 1980, S. 168.

[11] D. Wittich/K. Gößler/K. Wagner, Marxistisch-leninistische Erkenntnistheorie (im folgenden: Erkenntnistheorie), Berlin 1978, S. 345.

[12] Vgl. S. Bönisch/K.-P. Noack, Zu einigen Unterschieden zwischen moralischen Normen, Werturteilen und Aussagen, in: DZfPh, 6/1975, S. 820.

von ihrer sprachlichen Form her in jedem Falle eindeutig von anderen Satzarten unterscheiden. Der Imperativsatz ist als Aufforderungssatz klar erkennbar. Andere Formen hingegen, wie der kategorische Indikativ des Präsens und des Futurs, Sätze mit dem Konjunktiv des Präsens, mit dem unpersönlichen Präsens Passiv, elliptisch gebrauchte Nomina u. a. können sowohl Aufforderungs- als auch Aussagesätze sein. Dasselbe gilt für Sätze, die mit Modalverben (müssen, sollen, dürfen u. a.) gebildet werden. — Schon deshalb ist übrigens eine Bestimmung der Aufforderung bzw. der Norm als Bedeutung eines Sollsatzes nicht als Definition der Aufforderung bzw. der Norm zu akzeptieren. Hinzu kommt, daß der Sollsatz, also ein mit dem Modalverb „sollen" gebildeter Satz nur eine der Formen ist, die ein Aufforderungssatz annehmen kann, sich andererseits aber nicht beliebige Aufforderungssätze ohne Bedeutungsänderung in Sollsätze umformen lassen. — Da, wie gesagt, Aufforderungssätze von ihrer sprachlichen Form her nicht eindeutig identifizierbar sind, werden sie in der Sprachwissenschaft von ihrer Bedeutung her bestimmt. Dabei spielen direkt oder indirekt immer wieder zwei Gesichtspunkte für die Bestimmung der Aufforderungssätze eine Rolle: 1. Aufforderungssätze sind Ausdruck einer Willenstätigkeit, eines Begehrens; 2. Aufforderungssätze sind auf Ziele bezogen.[13]

Diese Gesichtpunkte sind für die Bestimmung der Aufforderung wichtig, bedürfen aber selbst noch der Begründung und vor allem der Ergänzung. Eine semantische Analyse führt hier nicht weiter. Die marxistisch-leninistische Philosophie orientiert darauf, bei Bewußtseinsinhalten immer danach zu fragen, in welchem Verhältnis sie zur objektiven Realität stehen, Bestandteil dieser Fragestellung ist die Frage danach, was diese Bewußtseinsinhalte widerspiegeln. Eine begründete Antwort hierauf ist u. E. bezüglich der Aufforderung am ehesten zu finden, wenn man von ihrer Funktion ausgeht, menschliche Tätigkeit zu leiten. Es soll, genauer gesagt, zunächst die Frage beantwortet werden, was eine Aufforderung enthalten muß, aus welchen Strukturbestandteilen sie bestehen muß, um ihre Funktion gegenüber menschlicher Tätigkeit erfüllen zu können.

Die grundlegende Tätigkeit, weil Voraussetzung menschlicher Existenz überhaupt, ist die materielle Produktion, die Produktion materieller Güter. „Die einfachen Momente des Arbeitsprozesses sind die zweckmäßige Tätigkeit oder die Arbeit selbst, ihr Gegenstand und ihre Mittel",[14] schreibt Marx. Und weiter: „Im Arbeitsprozeß bewirkt also die Tätigkeit des Menschen durch das Arbeitsmittel eine von vornherein bezweckte Veränderung des Arbeitsgegenstandes."[15] Der Mensch verfügt am Beginn des Arbeitsprozesses bereits über eine Vorstellung von dessen Resultat, einem Resultat, das Ziel bzw. Zweck des Arbeitsprozesses ist, auf das er hinarbeitet.[16] Naturvorgänge, soweit sie nicht vom Menschen beeinflußt werden, laufen ohne Ziel und Zweck ab; aber der Mensch handelt stets zu einem gewollten Zweck, mit einem gewollten Ziel.[17] Was hier über den Arbeitsprozeß gesagt wurde, trifft offenbar nicht nur auf den Produktionsprozeß im eigentlichen Sinne zu, sondern läßt sich sinngemäß auf jede praktische Tätigkeit

---

[13] Vgl. W. Segeth, Aufforderung als Denkform, Berlin 1974, S. 21—27.
[14] MEW, Bd. 23, S. 193.
[15] Ebenda, S. 195.
[16] Vgl. ebenda, S. 193.
[17] Vgl. MEW, Bd. 21, S. 296.

übertragen und, da das Denken im Prinzip die gleiche Struktur hat wie die praktische Tätigkeit,[18] auch auf das Denken.

Demnach hat der Mensch vor Beginn seiner Tätigkeit zu bedenken: 1. das Ziel, das er erreichen, den Zweck, den er verwirklichen will; 2. den Arbeitsgegenstand, das Ausgangsmaterial, den Ausgangszustand, die Ausgangsbedingungen, worauf er einzuwirken hat; 3. die Tätigkeit, die unter Einsatz geeigneter Mittel die bezweckte Veränderung herbeizuführen vermag. Dabei sind diese Momente des Arbeitsprozesses in ihrem Zusammenhang zu sehen, so daß eine Antwort gegeben wird auf die Frage: „In welcher Weise habe ich zu welchem Zweck (Ziel) worauf einzuwirken?"

Diese Frage erfordert als Antwort nicht eine Aussage, sondern eine Anleitung zum Handeln, eine Aufforderung. Die Antwort könnte lauten: „Führe die Operation O unter der Ausgangsbedingung A mit dem Ziel (zu dem Zweck) Z aus!" oder „Wenn die Ausgangsbedingung A besteht, führe die Operation O aus, um das Ziel Z zu erreichen!" Mit diesen Formulierungen ist die Struktur angegeben, die eine Aufforderung im Idealfall hat. Eine Aufforderung, die Angaben enthält über die Ausgangsbedingung A, das Ziel Z und die Operation O, die von A nach Z führt, kann daraufhin geprüft werden, ob sie mit der (objektiven) Wirklichkeit übereinstimmt, und ist, wenn das zutrifft, geeignet, menschliche Tätigkeit zu leiten.

Wenn man in dem angegebenen Strukturschema für Aufforderungen die einzelnen Bestandteile durch geeignete Angaben ersetzt, erhält man Schemata für unterschiedliche Arten von Aufforderungen oder Aufforderungen selbst. Wesentlich ist dabei, daß man von den zugrunde liegenden objektiven Zusammenhängen zwischen A, O und Z ausgeht und diese hinreichend genau bestimmt.[19]

Mit Hilfe empirischer Untersuchungen wird man, besonders im Alltagsleben, wenig Aufforderungen finden, die dem angegebenen Schema völlig entsprechen. Häufig fehlt mindestens einer der drei Bestandteile. In der Regel läßt sich jedoch, zumindest im Alltagsleben, das Fehlende rekonstruieren. Und das ist, wie sich zeigen wird, wesentlich für die Bewertung einer Aufforderung.

4.3. Gegenständliche und sozialökonomische Determiniertheit von Aufforderungen (Normen)

Wenn es zutrifft, daß eine Aufforderung (in ihrer Idealgestalt) folgende Form hat: „Wenn die Ausgangsbedingung A besteht, führe die Operation O aus, um das Ziel Z zu erreichen!", dann läßt sich zu jeder Aufforderung eine Aussage, die Basisaussage dieser Aufforderung, mit folgender Form bilden: „Wenn die Ausgangsbedingung A besteht und die Operation O ausgeführt wird, wird der Zustand Z erreicht."

Ist die Basisaussage wahr, dann ist die ihr entsprechende Aufforderung eine geeignete Anleitung für die menschliche Tätigkeit, ausgehend von A durch die Ausführung von O, Z zu erreichen. Ist die Basisaussage falsch, kann die ihr entsprechende Aufforderung keine geeignete Anleitung für das Erreichen von Z sein. Eine Aufforderung

[18] Vgl. A. Leontjew, Tätigkeit — Bewußtsein — Persönlichkeit, Berlin 1979, S. 48.
[19] Vgl. auch: D. Wittich/K. Gößler/K. Wagner, Erkenntnistheorie, a. a. O., S. 318.

der ersten Art soll „adäquat“, eine Aufforderung der zweiten Art „inadäquat“ genannt werden.

Der Terminus „Adäquatheit“ wird hier nach G. Klaus verwendet, um die Übereinstimmung eines ideellen Abbildes mit dem von ihm widergespiegelten Objekt zu bezeichnen.[20] Der Begriff der Adäquatheit, wie er hier verstanden wird, umfaßt als einen Spezialfall den der Wahrheit. Wahrheit ist Adäquatheit von Aussagen, das heißt Übereinstimmung mit den von ihnen widergespiegelten Sachverhalten. Adäquatheit ist objektive Adäquatheit; das heißt, ob einem Abbild Adäquatheit zukommt oder nicht, hängt ausschließlich vom widergespiegelten Objekt ab. Genau genommen, müßte hier für Aufforderungen ein Terminus eingeführt werden, der dem der Adäquatheit subordiniert und mit dem der Wahrheit koordiniert ist. Dies würde jedoch das Verständnis eher erschweren als erleichtern, und da auch die Gefahr von Verwechslungen nicht besteht, wird darauf verzichtet. Adäquatheit (bzw. Inadäquatheit) wird hier jedenfalls als ein objektabhängiger, subjektunabhängiger Wert betrachtet, der Aufforderungen zukommt und mit der Wahrheit (bzw. Falschheit) von Aussagen vergleichbar ist.

Hiernach kann die Aufforderung hinsichtlich ihres Widerspiegelungsobjekts in erster Näherung folgendermaßen bestimmt werden: Eine Aufforderung ist die präskriptive gedankliche Widerspiegelung eines objektiven Zusammenhangs zwischen einer Ausgangsbedingung A, einem Zustand Z und einer Tätigkeit, die von A nach Z führt bzw. die präskriptive Widerspiegelung einer Tätigkeit, die von einer bestimmten Ausgangsbedingung A zu einem bestimmten Zustand Z führt. Sie ist adäquat, wenn sie dieses ihr Widerspiegelungsobjekt richtig widerspiegelt, andernfalls inadäquat.

In erster Näherung kann man ferner sagen, daß eine Aufforderung und ihre Basisaussage hinsichtlich ihres Widerspiegelungsobjekts übereinstimmen, daß sie Widerspiegelungen ein und desselben Objekts sind. — Diese Aussage wird später noch zu präzisieren sein, insofern als das Widerspiegelungsobjekt der Aufforderung mit dem ihrer Basisaussage nicht absolut identisch ist. — Der Unterschied zwischen einer Aufforderung und ihrer Basisaussage besteht vor allem in der Art und Weise der Widerspiegelung; die Aussage ist dessen deskriptive Widerspiegelung. — Ein gedankliches Abbild stimmt in der Regel mit einem Objekt weder absolut überein noch absolut nicht überein. Bezüglich der Aussage genügt hier der Hinweis auf den Begriff der relativen Wahrheit. Für Aufforderungen muß eine entsprechende Abstufung der Adäquatheit schon allein deshalb angenommen werden, weil eine Aufforderung mit einer relativ wahren Basisaussage nicht absolut adäquat sein kann.

Die Adäquatheit einer Aufforderung im hier definierten Sinne kann nur dann festgestellt werden, wenn die Aufforderung vollständig ist, das heißt, wenn sie die notwendigen Angaben über A, O und Z enthält. Fehlt eine der Angaben, kann sich die Untersuchung nur darauf richten, eine solche Angabe zu finden, so daß die Aufforderung zu einer adäquaten wird. Fehlt z. B. die Angabe über O, muß gesucht werden, ob es eine Tätigkeit gibt, die von A nach Z führt. Fehlt z. B. Z, muß untersucht werden, zu welchem Ergebnis O von A aus führt.

Gegen dieses Verständnis der Adäquatheit von Aufforderungen werden von Philosophen wie von Staats- und Rechtswissenschaftlern Einwände vorgebracht, die von

---

[20] Vgl. G. Klaus, Spezielle Erkenntnistheorie. Prinzipien der wissenschaftlichen Theorienbildung, Berlin 1965, S. 93ff.

strikter Ablehnung bis zur Relativierung reichen. — D. Wittich behauptet, daß zwischen der Adäquatheit von Aussagen und Aufforderungen (Handlungsweisungen) ein gravierender Unterschied besteht, insofern, als die Adäquatheit von Aufforderungen — im Gegensatz zu der von Aussagen — nicht ohne Bezug auf das Subjekt bestimmt werden kann. Eine Aufforderung sei in den seltensten Fällen für beliebige Subjekte adäquat, sie sei es vielmehr für historisch konkrete Subjekte.[21] Nun erfüllt aber die hier dargestellte Beziehung zwischen Aufforderungen und ihren Widerspiegelungsobjekten alle Anforderungen, die D. Wittich selbst an eine materialistisch aufgefaßte Widerspiegelungsbeziehung stellt, und zwar einschließlich der Übereinstimmungsbeziehung als deren Teil:[22] 1. Aufforderung und ihr Widerspiegelungsobjekt sind voneinander unterschieden. — Dies bedarf keiner besonderen Erklärung. 2. Die Aufforderung als Abbild existiert abhängig von ihrem Widerspiegelungsobjekt. 3. Das Widerspiegelungsobjekt existiert nicht abhängig von der Aufforderung. — Es muß betont werden, daß hier nur von der Widerspiegelungsbeziehung die Rede ist, die nicht die einzige Beziehung zwischen deren beiden Gliedern ist. Das Widerspiegelungsobjekt existiert als ein objektiv mögliches Objekt unabhängig von der Aufforderung, und diese existiert abhängig von ihm. Als wirkliches Objekt existiert das zunächst mögliche aber erst durch die entsprechende menschliche Tätigkeit und damit auch in Abhängigkeit von der Aufforderung, der diese Tätigkeit folgt. 4. Die Aufforderung stimmt mit ihrem Widerspiegelungsobjekt überein. — Hierzu würde nach D. Wittich bereits ihre strukturelle Übereinstimmung genügen. Adäquatheit im hier definierten Sinne bedeutet jedoch darüber hinaus inhaltliche Übereinstimmung im Sinne der direkten oder indirekten Umsetzung von Materiellem in Idelles. 5. Die Aufforderung ist — entsprechend dem unter 4. Gesagtem — Abbild der objektiven Realität oder ein irgendwie von ihr abhängiges Abbild. — Damit dürfte der Einwand D. Wittichs gegen den hier definierten Adäquatheitsbegriff als nicht stichhaltig erwiesen sein. Allerdings darf nicht übersehen werden, daß er seine Argumentation vor allem auf einen stillschweigenden Übergang von der Adäquatheit als Übereinstimmung zwischen Abbild und Abgebildetem zu einer nicht definierten Adäquatheit für ein Subjekt stützt. Man könnte sich mit der Feststellung begnügen, daß hier von verschiedenen Dingen die Rede ist, wenn nicht dasselbe Verfahren von U.-J. Heuer in einer vor allem gegen W. Grahn geführten Polemik angewendet würde.

W. Grahn bestimmt Adäquatheit oder Inadäquatheit von Rechtsnormen ausdrücklich als den Grad ihrer Übereinstimmung mit der Wirklichkeit.[23] Nach U.-J. Heuer „kann es in einer Gesellschaft mit antagonistischen Klassenwidersprüchen keine Ideologie geben, die den widersprüchlichen Klasseninteressen gemeinsam adäquat ist".[24] Mit diesem Argument wendet er sich gegen eine Adäquatheit „an sich", bezogen auf die Ideologie. Wenn man aber den Begriff der Adäquatheit „an sich", besser: der objektiven Adä-

---

[21] Vgl. D. Wittich/K. Gößler/K. Wagner, Erkenntnistheorie, a. a. O., S. 346.
[22] Vgl. ebenda, S. 123ff.
[23] Vgl. W. Grahn, Theoretische Probleme der rechtlichen Widerspiegelung und ihrer Bildung. Weltanschauliche, erkenntnistheoretisch-methodologische und rechtstheoretische Probleme, in: Das Recht als Widerspiegelung, Leipzig 1979, S. 10 (Schriftenreihe Methodologie der marxistisch-leninistischen Rechtswissenschaft, 7).
[24] Vgl. U.-J. Heuer, Widerspiegelung und Widerspruch, in: ebenda, S. 128.

quatheit aufgibt, so hat das Konsequenzen, die mit der marxistisch-leninistischen Erkenntnistheorie nicht verträglich sind: *Erstens*, da eine Ideologie nicht nur Aufforderungen, sondern auch Aussagen enthält, wird mit dem Begriff der objektiven Adäquatheit auch der der objektiven Wahrheit aufgegeben und der Wahrheitsbegriff auf Klassen relativiert. *Zweitens* bdeutet der Verzicht auf den Begriff der objektiven Adäquatheit den Verzicht auf die Möglichkeit, Ideologien oder deren Elemente objektiv zu bewerten. Man müßte von zwei gegensätzlichen Ideologien die eine wie die andere kritiklos gelten lassen oder beide verwerfen. Beides wäre — philosophisch gesehen — letztlich Agnostizismus — U.-J. Heuer unterscheidet hier offenbar nicht zwischen gegenständlicher Widerspiegelung, die sich auf das Objekt, das direkt abgebildet wird, bezieht, und sozialökonomischer Widerspiegelung, die sich in der Tat auf Interessen bezieht. Der Marxismus-Leninismus als Anleitung zum Handeln entspricht den Interessen der Arbeiterklasse und widerspricht denen der Bourgeoisie; aber als Widerspiegelung der gesellschaftlichen Wirklichkeit in der Epoche des Übergangs vom Kapitalismus zum Kommunismus ist er objektiv adäquat. Und genau um diese objektive Adäquatheit geht es bisher, und nur um sie. Das bedeutet, wie sich noch zeigen wird, keine Beschränkung auf die objektive Adäquatheit.

H. Klenner und W. Grahn haben sich wiederholt zu dem hier eingeführten Begriff der Adäquatheit geäußert. Sie interpretieren ihn dabei im Sinne der Äquifinalität oder Zielangemessenheit.[25] Beide verstehen Adäquatheit als Übereinstimmung der Norm mit der Wirklichkeit. W. Grahn schreibt: „Zielangemessenheit und Adäquatheit sind verschiedene Begriffe, die verschiedene Aspekte widerspiegeln. Bei Segeth werden sie irrtümlicherweise gleichgesetzt.“[26] Es kann sein, daß diesem Eindruck durch ungenaue Formulierungen Vorschub geleistet wurde. Adäquatheit und Zielangemessenheit bzw. Äquifinalität gleichzusetzen, war jedenfalls nicht beabsichtigt. Allerdings besteht ein enger Zusammenhang zwischen beiden Werten — eine Aufforderung ist zielangemessen genau dann, wenn sie adäquat ist; das besagt jedoch nicht, daß sie identisch sind. W. Grahn gibt im Grunde selbst schon den Schlüssel für das Verständnis des Unterschieds zwischen beiden, wenn er schreibt: „Hier wird die Erreichung des Zieles der Norm zum Kriterium der Adäquatheit.“[27] Adäquatheit einer Aufforderung ist ihre Übereinstimmung mit der Wirklichkeit, mit ihrem Widerspiegelungsobjekt. Hier besteht also dasselbe Verhältnis wie zwischen der Wahrheit einer Aussage und dem Kriterium der Wahrheit, letztlich der Praxis. Wahrheit und Wahrheitskriterium sind schon deswegen nicht identisch, weil eine Aussage objektiv einen Wahrheitswert hat, unabhängig davon, ob er bekannt ist oder nicht, ob er am Kriterium der Praxis geprüft ist oder nicht.[28] Dasselbe gilt für das Verhältnis zwischen der Adäquatheit einer Aufforderung und ihrem Kriterium. Dabei wirkt die Ausführung der Aufforderung als Kriterium nicht nur für die Adäquatheit der Aufforderung, sondern auch für die Wahrheit ihrer Basisaussage.

---

[25] Vgl. u. a.: H. Klenner, Grundsatzprobleme im Vorfeld einer Rechtsbildungstheorie, in: K. A. Mollnau (Hrsg.), Probleme einer Rechtsbildungstheorie, Berlin 1982, S. 28 (Staats- und rechtstheoretische Studien, 13); W. Grahn, Die Rechtsnorm. Eine Studie, Leipzig 1979, S. 36.

[26] W. Grahn, Die Rechtsnorm, a. a. O., S. 36.

[27] Ebenda.

[28] Vgl. D. Wittich/K. Gößler/K. Wagner, Erkenntnistheorie, a. a. O., S. 298/299.

Bis hierher wird die Aufforderung sozusagen an sich betrachtet, genau wie man eine Aussage „an sich" daraufhin untersuchen kann, ob sie mit ihrem Widerspiegelungsobjekt übereinstimmt, in welchen logischen Beziehungen sie zu anderen Aussagen steht usw. Bis hierher ist also davon abstrahiert worden, daß Aussage und Aufforderung ja nur als rationale Gebilde des menschlichen Bewußtseins existieren und nur als Bestandteile der zwischenmenschlichen Kommunikation wirksam sind. Für die Aussage wird die Zulässigkeit dieser Abstraktion von den marxistisch-leninistischen Philosophen allgemein akzeptiert. Warum sollte sie für die Aufforderung nicht zulässig sein? Ein Verzicht auf die Prüfung von Aufforderungen hinsichtlich ihrer Adäquatheit würde bedeuten, daß es dem Auffordernden, z. B. dem Gesetzgeber, gleichgültig ist, wohin das von ihm geforderte Verhalten führt. Systeme von Aufforderungen, wie z. B. ein Volkswirtschaftsplan, ein juristisches Gesetz usw., sind komplizierte gedankliche Gebilde, die wissenschaftlichen Theorien durchaus vergleichbar sind und wie diese der Untersuchung im Hinblick auf ihre inneren logischen Beziehungen, ihr Verhältnis zu ihrem Gegenstandsbereich, ihren Zusammenhang mit anderen Gedankensystemen usw. bedürfen, ohne daß dabei sofort ihr Bezug zum auffordernden Subjekt mit in Betracht gezogen werden müßte.

D. Wittich teilt diese Auffassung offenbar nicht; er schreibt: „Im Unterschied zu Eigenschaften von Behauptungen (z. B. deren Wahrheitswert) sind die Subjektbedeutsamkeit, Realisierbarkeit, Rationalität und verwandte Eigenschaften von Handlungsanweisungen nicht bestimmbar ohne Angabe des Subjekts, in bezug auf das Handlungsanweisungen diese Eigenschaften besitzen oder nicht besitzen."[29] Natürlich läßt sich die Subjektbedeutsamkeit einer Aufforderung nicht bestimmen ohne Angabe des betreffenden Subjekts, aber die einer Aussage (Behauptung) auch nicht. Ein und dieselbe Aussage ist für ein Subjekt bedeutsam, für ein anderes nicht, für ein Subjekt glaubhaft, für ein anderes nicht, für ein Subjekt verständlich, für ein anderes nicht. Diese und andere Eigenschaften von Aussagen oder vielmehr Beziehungen zwischen Aussagen und Subjekten haben jedoch nicht den mindesten Einfluß auf den objektiven, subjektunabhängigen Wahrheitswert von Aussagen und sind mit ihm auch gar nicht vergleichbar. Die Realisierbarkeit von Aufforderungen kann partiell in Abstraktion vom Subjekt beurteilt werden, soweit es nämlich um die objektiven Bedingungen ihrer Realisierung geht; die Aufforderung, ein Perpetuum mobile zu bauen, ist objektiv nicht realisierbar, unabhängig von jedem beliebigen Subjekt. Analoges gilt für die Rationalität von Aufforderungen, wenn damit so etwas wie die Zweckmäßigkeit der geforderten Tätigkeit gemeint ist. In beiden Fällen ist u. E. die objektive Seite der Sache, die Feststellung der objektiven Möglichkeiten usw., sogar das Grundlegende. Falls mit Rationalität von Aufforderungen ihre Zugehörigkeit zum menschlichen Verstand gemeint ist, besteht ohnehin kein Unterschied zu den Aussagen.

Falsch wäre es natürlich, beim bisher erreichten Stand stehenzubleiben, die Aufforderung ausschließlich „an sich" zu betrachten, sie ausschließlich im Hinblick auf ihre Adäquatheit zu untersuchen. Die Kompliziertheit der Probleme gebietet es jedoch, Schritt für Schritt vorzugehen und objektiv Verschiedenes, aber miteinander Zusammenhängendes, sorgfältig voneinander zu unterscheiden. Andernfalls beseht die Gefahr hoffnungsloser Verwirrung und fruchtloser Diskussion. Das betrifft hier 1. den Unter-

[29] Ebenda, S. 346.

schied zwischen gegenständlicher und sozialökonomischer Determination der Aufforderung und 2. den Unterschied zwischen einer Aufforderung „an sich" und einer geltenden, geäußerten, in Kraft gesetzten Aufforderung. Dabei wird die Problematik noch dadurch kompliziert, daß die genannten Unterschiede zwar weitgehend, aber nicht völlig übereinstimmen.

Wenn die Aussage aus ihrer künstlichen Isolierung befreit, also die genannte Abstraktion aufgehoben wird, tritt sie uns sofort als Urteil eines Subjekts, als Behauptung eines Subjekts, als geäußerte Aussage entgegen. Als solche ist sie übrigens nicht mehr Gegenstand der formalen Logik, obwohl z. B. die Feststellung, daß ein Subjekt sich in seinen Behauptungen widerspiegelt, Erkenntnisse der formalen Logik voraussetzt. Darin, welche Aussagen ein Subjekt behauptet und welche es bestreitet, kommen seine Interessen und Bedürfnisse (nicht nur seine Erkenntnisinteressen) zum Ausdruck. Ein Subjekt kann bekanntlich, von seinen Interessen und Bedürfnissen geleitet, unwissentlich oder sogar wissentlich wahre wie falsche Aussagen behaupten, wahre wie falsche Aussagen bestreiten.

Analog verhält es sich u. E. mit den Aufforderungen. Wenn ein Subjekt eine Aufforderung äußert, so äußert es damit seinen Willen, den Aufgeforderten zu einer bestimmten Tätigkeit zu bewegen, die zu dem (explizit oder implizit) in der Aufforderung bestimmten Ziel führt, weil es das Ziel als wünschenswert, erstrebenswert o. ä., also jedenfalls seinen Interessen und Bedürfnissen entsprechend, ansieht und deshalb auch die Tätigkeit, die der Realisierung dieses Ziels dient. — Eine Aufforderung, die geäußert, in Kraft gesetzt worden ist, bringt den Willen des Auffordernden zum Ausdruck. Es ist u. E. falsch zu sagen, daß sie den Willen des Auffordernden widerspiegelt. Dann nämlich wäre eine Aufforderung danach zu bewerten, ob sie den Willen des Auffordernden richtig wiedergibt oder nicht. Diese Fragestellung ist von Bedeutung, wenn es um die Erarbeitung und Formulierung von Aufforderungen geht, führt aber nicht zu einer materialistischen Antwort auf die entscheidende Frage, warum die Ausführung einer bestimmten Tätigkeit gefordert wird.

D. Wittich spricht einer Handlungsanweisung bzw. Aufforderung Gültigkeit für ein zielstellendes Subjekt S_n zu, wenn sie für S_n bedeutsam, realisierbar, rationell und mit seiner Moral vereinbar ist.[30] Diese Bestimmung eines Wertes für Aufforderungen, die einzige, die D. Wittich gibt, ruft eine Reihe von Einwänden hervor:

1. Es wird nur das zielstellende Subjekt, der Auffordernde berücksichtigt, nicht aber der Aufgeforderte. Es kommt zwar vor, daß jemand eine Aufforderung an sich selbst richtet, aber der Mensch ist ein gesellschaftliches Wesen, und deshalb ist der wesentliche Fall der, daß Auffordernder und Aufgeforderter sich unterscheiden — der Person oder zumindest der Funktion nach. Aufforderungen dienen ja doch in erster Linie der Regelung des Verhaltens in der sozialen Gemeinschaft, in der Gesellschaft; und Selbstaufforderungen ordnen sich als ein Spezialfall hier ein. Wenn man von diesem Standpunkt ausgeht, ergibt sich sofort das Problem, unter welchen Bedingungen die Gültigkeit einer Aufforderung für den Auffordernden zugleich auch für den Aufgeforderten besteht.

2. Es wird nicht gesagt, ob das zielstellende Subjekt mit dem Auffordernden identisch ist. Zu berücksichtigen ist hier, daß sich in der Regel aus einer bestimmten Ziel-

---

[30] Vgl. ebenda, S. 320.

stellung nicht mit Notwendigkeit eine bestimmte Aufforderung ergibt. Der Auffordernde muß sich allerdings mit der Zielstellung identifizieren.

3. Es ist nicht klar, was mit der Bedeutsamkeit einer Aufforderung für ein Subjekt gemeint ist. Es wäre u. E. korrekt, von der Bedeutsamkeit eines Ziels für das Subjekt zu sprechen; daraus ergibt sich natürlich eine gewisse — allerdings abgeleitete — Bedeutsamkeit auch der entsprechenden Aufforderung. Vor allem aber wäre eine Präzisierung des Wortes „bedeutsam“ erforderlich; sie könnte u. E. mit Hilfe der historisch-materialistischen Begriffe „Interesse“ und „Bedürfnis“ erfolgen.

4. Die Realisierbarkeit einer Aufforderung sollte in der Tat zu den Voraussetzungen ihrer Gültigkeit gehören; das ist aber keineswegs immer der Fall. Für die Anhänger des utopischen Sozialismus dürften die sich aus dieser Lehre ergebenden Aufforderungen gültig gewesen sein. Die von ihnen angenommenen Mittel und Wege führen aber nachgewiesenermaßen nicht zu dem von ihnen angestrebten, objektiv möglichen und historisch sogar notwendigen Ziel, der kommunistischen Gesellschaft.

5. Es ist nicht erklärt, was eine rationelle Aufforderung ist. Das Wort „rationell“ kann sich doch sinnvoll nur auf eine Tätigkeit beziehen im Sinne eines Vorgehens, durch das das Ziel mit minimalem Aufwand erreicht wird. Wenn dies gemeint ist, ist diese Forderung an eine Aufforderung problematisch. Minimierung des Aufwandes in einer Hinsicht schließt nicht selten die Minimierung des Aufwandes in anderer Hinsicht aus. Falls es überhaupt nur einen Weg zum Ziel gibt und dieses unbedingt erreicht werden muß, ist eine Diskussion darüber, ob das geforderte Handeln rationell ist, sinnlos.

6. Nicht jedes Subjekt wird eine Aufforderung nur dann als für sich gültig ansehen, wenn das Ziel und der Weg zu ihm (nicht die Aufforderung selbst) mit seiner Moral vereinbar sind. Es genügt, daran zu erinnern, daß die Bourgeoisie ihre eigene (offizielle) Moral bedenkenlos außer Kraft setzt, wenn es um ihr höchstes Ziel, um den Profit geht.

7. Es lassen sich durchaus verschiedene Aufforderungen konstruieren, die alle von D. Wittich an ihre Gültigkeit gestellten Forderungen erfüllen, die sich aber in dem Sinne gegenseitig ausschließen, daß die Realisierung der einen die der anderen unmöglich macht. Es fragt sich, welchen Sinn es haben soll, einander ausschließende Aufforderungen als gültig zu bezeichnen. Eine Handlungsorientierung ergibt sich daraus nicht, sondern eine Konfliktsituation.

8. Es gibt keine hinreichend begründete und allgemein akzeptierte Bestimmung der Gültigkeit von Aufforderungen oder deren Arten. Deshalb kann niemandem verwehrt werden, eine eigene Festsetzungsdefinition dieses Terminus zu geben. Man sollte dabei aber immer berücksichtigen, mit welchen inhaltlichen Vorstellungen ein Wort im allgemeinen Gebrauch bzw. in interessierten Wissenschaftsdisziplinen verknüpft ist. D. Wittich hat nun nicht beachtet, daß das Wort „Gültigkeit“ in den hier betrachteten Zusammenhängen im allgemeinen Sprachgebrauch häufig synonym verwandt wird mit „Geltung“, „in Kraft sein“ o. ä. Für die Rechtswissenschaft stellt W. Grahn ausdrücklich fest, daß dort „Gültigkeit“ verstanden wird „im Sinne von Geltung, von Inkraftsein oder von Verbindlichkeit besitzen“.[31] Gültigkeit in diesem Sinne setzt eine Entscheidung, einen Willensakt des Auffordernden voraus und eine angemessene Äußerung, Verkündung der Aufforderung. Dieser Aspekt aber fehlt bei D. Wittich gänzlich.

---

[31] W. Grahn, Die Rechtsnorm, a. a. O., S. 132.

Insofern weist U.-J. Heuer berechtigt darauf hin, daß die Geltung von Verhaltensregeln nicht allein aus theoretischen Erkenntnissen abgeleitet werden kann.[32] Genau genommen ist für die Gültigkeit oder Geltung einer Aufforderung einzig und allein ihre Äußerung als ein Willensakt des in bestimmter Weise dazu befugten Auffordernden maßgeblich. Das gilt unabhängig davon, ob ein Vater seinen Sohn auffordert einzukaufen, ein Bürger einen Baubetrieb mit der Errichtung eines Wochenendhauses beauftragt oder der Betriebsleiter eine Weisung erläßt. Für ihre Geltung sind dann alle anderen Eigenschaften einer Aufforderung mehr oder minder gleichgültig; es sei denn, die Geltung von Aufforderungen unterliegt selbst einschränkenden Bedingungen, wie sie z. B. für Weisungen im Arbeitsrecht der DDR formuliert sind.[33] Dies ist nicht zu verwechseln mit den Anforderungen, die aus der Sicht der marxistisch-leninistischen Wissenschaft eine Aufforderung erfüllen sollte, wenn sie in Kraft gesetzt werden soll. In der Entwicklung der Gesellschaft tritt immer wieder der Fall auf, daß Rechtsnormen gelten, die den gesellschaftlichen Verhältnissen nicht mehr entsprechen, von der Entwicklung überholt sind. Sie müssen dann durch solche ersetzt werden, die den gesellschaftlichen Verhältnissen entsprechen.

9. Die Gültigkeitsbestimmung von D. Wittich wirft die Frage auf, in welchem Verhältnis hier gegenständliche und sozialökonomische Determiniertheit der Aufforderung zueinander stehen.

Von Leipziger Erkenntnistheoretikern wurde herausgearbeitet, daß Erkenntnisse, also Aussagen, in zweifacher Weise determiniert werden und dementsprechend zur Wirklichkeit auch in einer zweifachen Widerspiegelungsbeziehung stehen. „Gegenständlich bestimmt wird“, schreibt K. Wagner, „vor allem der Inhalt der Erkenntnisse, da er den Gegenstand, auf den er sich bezieht, dessen ideelle Reproduktion er ist, abbildet“.[34] Die Elemente der gegenständlichen Bestimmtheit des Erkenntnisprozesses und seiner Resultate sind genau diejenigen, „die nicht durch die spezifische Bestimmtheit der gesellschaftlichen Verhältnisse, unter denen Menschen leben und erkennen, gegeben, sondern von diesen unabhängig sind, die von der spezifischen Bestimmtheit der Gegenstände selbst gefordert werden“.[35] Da die Erkenntnis jedoch über die gesellschaftliche Praxis vermittelt wird, wirken die durch die Praxis gegebenen und bedingten sozialökonomischen Determinanten ebenfalls bestimmend auf den Erkenntnisprozeß ein, das heißt, „daß die sozialen, insbesondere ökonomischen Bedingungen, unter denen Erkenntnissubjekte Erkenntnisse gewinnen, auf deren Erkenntnisprozesse bestimmend einwirken“.[36] „Die sozialökonomische Determiniertheit betrifft vor allem solche Seiten und Elemente des menschlichen Erkenntnisprozesses im gesellschaftlichen Lebensprozeß der Menschen, wie die Auswahl der in den gesellschaftlichen Erkenntnisprozessen zu lösenden aus der Gesamtzahl der bekannten Probleme, Richtungen und Tendenzen sowie das Entwicklungstempo gesellschaftlicher Erkenntnisprozesse, Inhalt der Erkenntnisbedürfnisse und -interessen, Entwicklungsniveau des Erkenntnis-

---

[32] Vgl. U.-J. Heuer, Die aktive Rolle des Überbaus am Beispiel der Rechtsnormen, in: DZfPh, 5/1980, S. 584.

[33] Vgl. Arbeitsgesetzbuch der Deutschen Demokratischen Republik (AGB) vom 16. Juni 1977, §§ 82, 83.

[34] D. Wittich/K. Gößler/K. Wagner, Erkenntnistheorie, a. a. O., S. 88.

[35] Ebenda.

[36] Ebenda, S. 89.

vermögens und der Erkenntnismittel, Distribution und Nutzung der Erkenntnisse, die Erkenntnisbeziehungen der Menschen, die Möglichkeiten, die gegebene Gesellschaften ihren Individuen bieten, sich zu bilden und aktiv an der Gestaltung der gesellschaftlichen Erkenntnisprozesse teilzunehmen u. a. Kurz, ihr unterliegen all jene Seiten und Elemente von Erkenntnisprozessen, deren Gestaltung *nicht unmittelbar* vom Charakter des Gegenstandes abhängig ist, den die Menschen sich kognitiv aneignen."[37] Wegen der praktischen Vermittlung des Erkenntnisprozesses wirken die sozialökonomischen Determinanten aber auch modifizierend auf die gegenständlichen Determinanten ein. „Es gibt folglich auch Aspekte des Inhalts von Erkenntnissen, die nicht unmittelbar durch den Gegenstand selbst determiniert werden. Das betrifft vor allem den historisch jeweils erreichten Grad an Adäquatheit, mit dem ein Gegenstand in einer Erkenntnis ideell reproduziert wird."[38]

Dieser zweifachen Determiniertheit unterliegen u. E. auch Aufforderungen. Kein Marxist-Leninist wird bestreiten, daß es von den jeweiligen sozialökonomischen Determinanten abhängt, welche Aufforderungen gebildet und in Kraft gesetzt werden. Andererseits sind Aufforderungen auch gegenständlich determiniert, wie zu zeigen versucht wurde.

Welche Auswirkungen hat nun aber die sozialökonomische Determination auf den Inhalt der Aufforderungen? Die Schwierigkeit, diese Frage zu beantworten, ergibt sich daraus, daß jede Aufforderung schon von ihrem Gegenstand, ihrem Widerspiegelungsobjekt her das Subjekt zumindest indirekt einbezieht. *Erstens* ist dies der Fall insofern, als die geforderte Tätigkeit immer Tätigkeit eines Subjekts ist, keine Tätigkeit an sich. Dies ist jedoch weniger problematisch, und in dieser Hinsicht unterscheidet sich die Aufforderung auch nicht von ihrer Basisaussage. *Zweitens* wird das Subjekt aber auch über die Zielangabe einbezogen. Das Widerspiegelungsobjekt einer Aufforderung und das ihrer Basisaussage waren zunächst einmal als identisch angesehen worden. Bei näherer Betrachtung zeigt sich jedoch, daß dies nicht korrekt ist. Die Basisaussage bezieht sich nämlich auf einen zukünftigen (möglichen) Zustand Z, während sich die entsprechende Aufforderung auf den betreffenden Sachverhalt, diesen Zustand als Ziel, bezieht. Da aber ein künftiger Sachverhalt nur durch eine Entscheidung, durch eine Zielsetzung zum Ziel wird, widerspiegelt die Aufforderung den objektiven Zusammenhang zwischen A, O und Z unter zumindest indirekter Einbeziehung des Subjekts, während ihre Basisaussage diesen Subjektbezug nicht enthält.

4.4. Zielsetzung und Begründung von Aufforderungen (Normen)

Es erscheint notwendig, den Begriff des Ziels etwas näher zu betrachten, und zwar erstens im Interesse einer genaueren Bestimmung dessen, was eine Aufforderung widerspiegelt, und zweitens, weil die Zielbestimmung für die Begründung einer Aufforderung eine wichtige Rolle spielt. Zuvor aber sind einige Bemerkungen zu den Termini „Ziel" und „Zweck" erforderlich.

[37] Ebenda, S. 91.
[38] Ebenda.

In der marxistisch-leninistischen philosophischen Literatur wird „Ziel" im wesentlichen in zwei verschiedenen Bedeutungen gebraucht. Einige Autoren bezeichnen mit dem Wort „Ziel" einen angestrebten zukünftigen Sachverhalt als Resultat menschlicher Tätigkeit,[39] die Mehrzahl der Autoren bezeichnet mit diesem Wort ein geistiges Abbild eines solchen Sachverhalts.[40] Vertretbar sind u. E. beide Positionen; in beide Redeweisen läßt sich der dialektisch-materialistische Standpunkt eindeutig darlegen. Dazu gehört aber, und das ist im Gegensatz zur Festlegung des Wortgebrauchs wesentlich, daß im Sinne einer unmißverständlichen Antwort auf die Grundfrage der Philosophie eindeutig zwischen dem angestrebten Sachverhalt und seinem geistigen Abbild auch in der Formulierung exakt unterschieden wird. Vertretern beider Positionen unterlaufen bedauerlicherweise Formulierungen, die zumindest Verwirrung stiften. Ein Ziel im Sinne der zweiten Redeweise ist nicht ein „gedanklich vorweggenommener zukünftiger Zustand",[41] sondern die gedankliche Vorwegnahme eines zukünftig zu realisierenden Zustandes. Analog ist im Sinne der ersten Redeweise eine Zielstellung nicht „ein gedanklich vorweggenommener Zustand einer materiellen oder ideellen Gegebenheit",[42] sondern die gedankliche Vorwegnahme dieses Zustandes.

Von uns wird hier „Ziel" nur zur Bezeichnung künftiger, durch menschliche Tätigkeit angestrebter Sachverhalte gebraucht. Dies entspricht u. E. mehr der natürlichen Sprache und erfordert weniger gekünstelt wirkende Formulierungen. — Die Termini „Ziel" und „Zweck" werden in der marxistisch-leninistischen philosophischen Literatur teils ausdrücklich synonym gesetzt,[43] teils stillschweigend synonym gebraucht. Letzteres ist in der russischsprachigen Literatur der Fall, in der beide Termini durch „cel'" wiedergegeben werden.[44] Von einigen Autoren werden „Ziel" und „Zweck" ausdrücklich unterschieden. G. Kröber bestimmt das Verhältnis beider folgendermaßen: „Zweck und Ziel sind . . . insofern identisch, als jeder Zweck zugleich ein Ziel ist, das verwirklicht werden soll, und jedes Ziel zum Zweck wird, sobald es in bewußter Absicht und unter Einsatz bestimmter Mittel angestrebt wird. Zweck und Ziel sind jedoch insofern voneinander verschieden, als der Zweck stets an das Mittel gebunden ist, durch das er verwirklicht werden soll, während das Ziel auch unabhängig von den zu seiner Realisierung notwendigen Mitteln bestimmt werden kann."[45] Bei der Betrachtung von Aufforderungen wird das Ziel stets im Zusammenhang mit der zu seiner Verwirklichung erforderlichen menschlichen Tätigkeit gesehen, also zugleich als Zweck. Deshalb werden die beiden Termini hier auch synonym gebraucht.

Geäußert, in Kraft gesetzt werden sollten nur solche Aufforderungen, die — zumindest relativ — adäquat sind. Jedoch ist die Adäquatheit einer Aufforderung noch

---

39 Vgl. z. B.: ebenda, S. 317.

40 Vgl. z. B.: G. Kröber, Ziel, in: G. Klaus/M. Buhr (Hrsg.), Philosophisches Wörterbuch, Bd. 2, Leipzig 1974, S. 1327.

41 Ebenda.

42 D. Wittich/K. Gößler/K. Wagner, Erkenntnistheorie, a. a. O., S. 317.

43 Vgl. ebenda, S. 345.

44 Vgl. V. I. Lenin, Filosofskie tetradi, Moskva 1973, S. 175: „cel'" für „Ziel", S. 173: für „Zweck".

45 G. Kröber, Zweck, in: G. Klaus/M. Buhr, Philosophisches Wörterbuch, Bd. 2, a. a. O., S. 1334; vgl. auch: W. Grahn, Theoretische Probleme der rechtlichen Widerspiegelung und ihrer Bildung, a. a. O., S. 19.

kein hinreichender Grund dafür, sie auch in Kraft zu setzen. Adäquatheit einer Aufforderung bedeutet ja den Erfolg der nach dieser Aufforderung ausgeführten Tätigkeit. Allein der Erfolg einer Tätigkeit kann jedoch diese und damit die ihr entsprechende Aufforderung nicht rechtfertigen. Andernfalls würde man dem Pragmatismus, einer Richtung des subjektiven Idealismus, verfallen, für den der Erfolg, der Nutzen, die Nützlichkeit entscheidend ist für die Bewertung von Gedanken. Hinzu kommt, daß die Adäquatheit einer Aufforderung nicht vom Wesen, vom Charakter des verfolgten Ziels abhängt. Das Ziel kann aber — im schlimmsten Falle — verbrecherisch sein. Insofern ist die in früheren Publikationen gebrauchte Formulierung, wenn, ausgehend von A, die Ausführung von O tatsächlich zu Z führe, habe die entsprechende Aufforderung einen positiven Wert für das menschliche Handeln,[46] mißverständlich und sollte vermieden werden.[47] Der Gebrauch, die Äußerung einer Aufforderung kann nur vom Ziel her gerechtfertigt, also unter Berücksichtigung der Dialektik von Ziel und Mittel begründet werden.[48]

Dieser Gedanke findet sich auch in der bürgerlichen Philosophie, vor allem in der bereits erwähnten sogenannten praktischen Philosophie, und sogar — wenngleich als Ausnahmefall — in der bürgerlichen Rechtstheorie. Er wird jedoch dort nicht konsequent durchgeführt; die Autoren bleiben aufgrund idealistischer weltanschaulicher Voraussetzungen auf halbem Wege, das heißt im Bereich des Ideellen stehen, ohne zu den materiellen gesellschaftlichen Determinanten, speziell der Zielsetzung vorzudringen. Ausgangspunkt der Überlegungen ist häufig der praktische Syllogismus oder Schluß, der seit dem Ende der 50er Jahre lebhaft diskutiert und als Schema zum Verstehen und Erklären menschlichen Handelns bzw. als Begründungsschema für Aufforderungen verstanden wird. Als Erklärungsschema für das Handeln wird der praktische Schluß z. B. durch G. H. von Wright folgendermaßen charakterisiert: „Die erste Prämisse dieser Figur ist eine Feststellung über die Absicht eines Handelnden, ein bestimmtes Ergebnis zu erzielen. Die zweite Prämisse ist eine Feststellung über das, was er seiner Meinung nach tun muß, um diesen Zweck zu erreichen. Die Konklusion ist eine Feststellung ungefähr des Inhalts, daß der Handelnde sich daran macht, das Notwendige zu tun.“[49] In Analogie dazu werden Begründungsschemata für Aufforderungen entwickelt.[50] Derartige Schemata können u. E. durchaus dazu beitragen, das Begründungsproblem für Aufforderungen lösen zu helfen. Obwohl diese Schemata den Namen „Schluß“ tragen, sind sie, wie K.-P. Noack nachweist, keine logischen Schlüsse im strengen Sinne.[51] Sie können aber eine einsichtige, wenn auch nicht absolut zwingende Begründung für

[46] Vgl. W. Segeth, Zum Widerspiegelungsobjekt von Aufforderungen, in: Materialien des III. Berliner Rechtstheoretischen Symposiums, Berlin 1980, S. 214; W. Segeth, Elemente des Rationalen — Zur Begründung von Handlungsanweisungen (Aufforderungen), in: Informationsbulletin. Aus dem philosophischen Leben der DDR, Berlin, 4/1982, T. 1, S. 18.

[47] Vgl. K. Gößler/K. Wagner/D. Wittich, Bemerkungen zu den vorliegenden Beiträgen, in: ebenda, T. 2, S. 107.

[48] Vgl. W. Segeth, Aufforderung als Denkform, a. a. O., S. 67.

[49] G. H. v. Wright, Handlung, Norm und Intention. Untersuchungen zur deontischen Logik, Berlin (West)—New York 1977, S. 61.

[50] Vgl. W. Segeth, Aufforderung als Denkform, a. a. O., S. 67ff.

[51] Vgl. K.-P. Noack, Zu einer möglichen Explikation des Begriffs der Moralbegründung, in: Rostocker philosophische Manuskripte, 13/1974, T. 2, S. 181ff.

Aufforderungen liefern, allerdings nur unter der Voraussetzung, daß die in ihnen auftretende Zielsetzung ihrerseits begründet ist. H.-N. Castañeda beispielsweise begnügt sich damit, daß das Ziel vom Auffordernden und vom Aufgeforderten anerkannt wird; Imperative werden nach seiner Auffassung von einer Zielhierarchie aus gerechtfertigt, deren Bestandteil ein allgemeines Ideal der Moralität ist.[52] Für den Marxisten-Leninisten ist klar, daß es ein allgemeines Ideal der Moralität nicht gibt, solange es gesellschaftliche Klassen gibt. Und auch besondere, klassenspezifische Ideale der Moralität sind nicht die oberste Begründungsinstanz für Aufforderungen, sondern müssen selbst ihre Begründung in den materiellen gesellschaftlichen Verhältnissen finden. O. Schwemmer meint, „wer Vorschläge dazu erarbeiten will, was in einer bestimmten Situation getan werden soll, muß zunächst herauszufinden suchen, was überhaupt gewollt wird".[53] Man könnte diese Bemerkung mit dem Hinweis abtun, daß das Wissen darüber, was Menschen wollen, keine hinreichende Begründung für eine Festlegung dessen ist, was sie oder andere sollen. Er unterscheidet aber nun weiter zwischen subjektiven und objektiven Zwecken und betrachtet das Verstehen von Handlungen „als die Suche nach den objektiven Zwecken dieser Handlungen".[54] Dem könnte man ohne weiteres zustimmen ebenso wie seiner Bestimmung des subjektiven Zwecks als desjenigen, von dem der Handelnde selbst meint, es sei der seinige.[55] Aber wenn er als objektiv einen Zweck bezeichnet, „wenn man mit seiner Annahme die Handlung einer Person als rational begründen kann",[56] wird offensichtlich, daß O. Schwemmer nicht nur bei ideellen Momenten des Handelns stehenbleibt, sondern auch mit seinem Begriff des Verstehens Subjektivismus vertritt. Er muß denn auch am Ende eingestehen, daß seine Art der Handlungsdeutung keine Vorhersage von Handlungen erlaubt, sondern nur Antizipationen von Argumentationen.[57] G. H. von Wright betrachtet Intentionen und kognitive Einstellungen als interne Determinanten des Handelns und verbale und andere Aufforderungen als externe Determinanten.[58] Im Gegensatz zu den beiden bisher zitierten Autoren geht er jedoch weiter und fragt danach, wodurch die Intention wiederum determiniert ist. Als die zwei Hauptarten von Determinanten der Intention sieht er die Wünsche und die Pflichten des Handelnden.[59] Mit den Wünschen ist offenbar das gemeint, was in marxistisch-leninistischer Terminologie als Bedürfnisse bezeichnet wird,[60] mit den Pflichten so etwas wie die Stellung des Handelnden in der Gesellschaft.[61] Überlegungen über die Fähigkeiten als einen dritten Determinationsfaktor der Intention führen ihn bis hin zu einer Kritik am Privateigentum an Produktionsmitteln als der

---

52 Vgl. H.-N. Castañeda, Imperative Reasonings, in: Philosophy and Phenomenological Research, Bd. 20, Dordrecht 1960/61, S. 37, 44, 47.

53 O. Schwemmer, Verstehen als Methode. Vorüberlegungen zu einer Theorie der Handlungsdeutung, in: J. Mittelstraß (Hrsg.), Methodenprobleme der Wissenschaften vom gesellschaftlichen Handeln, Frankfurt a. M. 1979, S. 13.

54 Ebenda, S. 26.

55 Vgl. ebenda.

56 Ebenda.

57 Vgl. ebenda, S. 38/39.

58 Vgl. G. H. v. Wright, Handlung, Norm und Intention, a. a. O., S. 133ff.

59 Vgl. ebenda, S. 144.

60 Vgl. ebenda, S. 145.

61 Vgl. ebenda, S. 145/146.

größten Quelle der Ungleichheit menschlicher Freiheit, die zugleich der größte Antrieb ist, die Gleichheit der Menschen zu verwirklichen, indem die Beschränkungen aufgehoben werden, die dem Erwerb und der uneingeschränkten Ausübung erworbener Fähigkeiten im Wege stehen.[62] G. H. von Wrights Einsichten mögen einem Marxisten-Leninisten allzu unbestimmt erscheinen; interessant ist u. E. jedoch, bis zu welchen Konsequenzen das Denken eines hervorragenden Logikers führen kann, selbst wenn er sich praktisch auf bloße Alltagserfahrung stützt und sich weitere Einsichten sogar noch verbaut, indem er die Existenz objektiver gesellschaftlicher Gesetze bestreitet.[63]

H. Wagner verweist auf einen Versuch innerhalb der bürgerlichen Rechtstheorie, das Recht von seinem Zweck her zu begründen. R. von Jhering sah den Zweck als Schöpfer des Rechts, vermied bzw. verfehlte jedoch, die herrschende bürgerliche Klasse als das Subjekt zu bestimmen, das die Zwecke setzt. So blieb seine Auffassung insgesamt innerhalb des gesellschaftstheoretischen Idealismus, war aber seinen bürgerlichen Kritikern noch Anlaß genug, ihn zu verdächtigen, er geriete bis auf Haaresbreite an ein marxistisches Staats- und Rechtsverständnis heran.[64]

Der Wille, ein Ziel zu erreichen, gehört zu den ideellen Triebkräften, deren Bedeutung von der marxistisch-leninistischen Philosophie keineswegs unterschätzt wird. Die Vertreter dieser Philosophie begnügen sich jedoch nicht mit einer Erklärung der Art „der Gesetzgeber will es so", die einem Idealisten völlig ausreichend ist. Engels kritisiert am Idealismus, „daß die Geschichte im ganzen wie in ihren einzelnen Teilstücken gefaßt wurde als die allmähliche Verwirklichung von Ideen",[65] und er rügt den mechanischen Materialismus, weil dieser die in der Geschichte „wirksamen ideellen Triebkräfte als letzte Ursachen hinnimmt, statt zu untersuchen, was denn hinter ihnen steht, was die Triebkräfte dieser Triebkräfte sind. Nicht darin liegt die Inkonsequenz, daß *ideelle* Triebkräfte anerkannt werden, sondern darin, daß von diesen nicht weiter zurückgegangen wird auf ihre bewegenden Ursachen".[66]

Lenin gibt eine grundlegende Orientierung dafür, wo die entscheidenden Determinanten menschlicher Ziele bzw. Zwecke zu suchen sind: „In Wirklichkeit werden die Zwecke des Menschen durch die objektive Welt erzeugt und setzen diese voraus — finden sie als Gegebenes, Vorhandenes vor. Aber dem Menschen *scheint es*, daß seine Zwecke von außerhalb der Welt stammen, von der Welt unabhängig sind (‚Freiheit')."[67] Diese Abhängigkeit der Ziele von der objektiven Realität besteht nach G. Kröber in dreifacher Hinsicht: 1. Das Ziel muß im Bereich des objektiv Möglichen liegen; 2. der Mensch muß über die nötigen Mittel verfügen, um das Ziel auch zu erreichen; 3. Ziele werden durch objektive Bedürfnisse und Interessen bestimmt.[68] Eine begründete Zielsetzung erfordert also gewisse Erkenntnisse, und zwar erstens über mögliche künftige Sachverhalte, die als Ziel in Frage kommen, und über mögliche Wege zu ihnen, ausgehend

---

62 Vgl. ebenda, S. 147/148.
63 Vgl. ebenda, S. 150/151.
64 Vgl. H. Wagner, Normenbegründungen. Einführung in die spätbürgerliche Geltungsdiskussion, Köln 1982, S. 50ff.
65 MEW, Bd. 21, S. 296.
66 Ebenda, S. 297/298.
67 LW, Bd. 38, S. 179.
68 Vgl. G. Kröber, Ziel, in: G. Klaus/M. Buhr (Hrsg.), Philosophisches Wörterbuch, Bd. 2, a. a. O., S. 1327.

von den gegebenen Bedingungen, also Prognosen in Gestalt der Basisaussagen von Aufforderungen. In der Regel gibt es verschiedene derartige Sachverhalte und verschiedene mögliche Wege sogar zu ein und demselben künftigen möglichen Sachverhalt. Dementsprechend können auch unterschiedliche, teils einander ausschließende adäquate Aufforderungen gebildet werden. Die Adäquatheit einer Aufforderung ist also auch aus dieser Sicht keine hinreichende Voraussetzung für eine Zielsetzung und für das In-Kraft-Setzen der entsprechenden Aufforderung. Das Vorhandensein verschiedener adäquater Aufforderungen ermöglicht aber die Auswahl der in bestimmter Hinsicht günstigsten. K. A. Mollnau schlägt vor, das objektiv vorhandene Möglichkeitsfeld im Rechtsbildungsprozeß systematisch zu nutzen und „die Variantenbildung zu einem integrierenden Bestandteil der Vorbereitung gesetzgeberischer Entscheidungen zu machen".[69]

An dieser Stelle sind einige Überlegungen am Platze über die Rolle, die objektive Gesetze im hier betrachteten Zusammenhang spielen. Lenin schreibt: „Die Gesetze der Außenwelt, der Natur ... sind die Grundlagen der *zweckmäßigen* Tätigkeit des Menschen."[70] Und er wollte diese Aussage gewiß nicht auf Naturgesetze beschränkt wissen. Zweifellos führt menschliche Tätigkeit, die auf der Erkenntnis objektiver Gesetze beruht, die das Wirken objektiver Gesetze ausnutzt, zum vorhergesehenen Ergebnis; ebenso zweifellos ist menschliche Tätigkeit, die im Gegensatz zu objektiven Gesetzen steht, zur Erfolglosigkeit verurteilt. Das heißt nun aber nicht, daß die Erkenntnis objektiver Gesetze direkt und unmittelbar bereits eine Zielsetzung ergibt. Dieser Anschein kann entstehen, wenn von Erfordernissen objektiver Gesetze gesprochen wird. Damit kann jedoch nur gemeint sein, daß ein bestimmtes Verhalten erforderlich ist, wenn man bestimmte *erwünschte* Auswirkungen des Gesetzes erreichen und bestimmte *negative* Folgen vermeiden will. Nicht umsonst spricht Engels von der mit der Erkenntnis von Gesetzen gegebenen „Möglichkeit, sie planmäßig zu bestimmten Zwecken wirken zu lassen".[71] Vorausgesetzt, der Mensch verfügt über die erforderlichen Fähigkeiten und Mittel, dann kann er, indem er bisher nicht vorhandene Wirkungsbedingungen des Gesetzes schafft, dafür sorgen, daß das Gesetz wirkt, oder, indem er mindestens eine der notwendigen Wirkungsbedingungen beseitigt, dafür sorgen, daß das Gesetz aufhört zu wirken. Darüber hinaus kann er, indem er die Begleitbedingungen des Gesetzes beeinflußt, das Wirken des Gesetzes und damit das Ergebnis seines Wirkens modifizieren.[72] Dies ist aus Naturwissenschaft und Technik gut bekannt, es gilt aber auch für das Wirken gesellschaftlicher Gesetze. Aus dieser Sicht werden beispielsweise durch die sozialistische Revolution Wirkungsbedingungen der spezifischen Gesetze der kapitalistischen Gesellschaftsformation beseitigt und Wirkungsbedingungen für die spezifischen Gesetze der kommunistischen Gesellschaftsformation geschaffen. Die Annahme, Zielsetzungen des Menschen würden zwangsläufig durch objektive Gesetze bzw. ihre Erkenntnis bedingt, entspricht dem mechanischen Determinismus und führt zum Fatalismus. Engels spricht aber über die Möglichkeit, Gesetze zu bestimmten Zwecken wirken zu lassen, gerade im Rahmen von Erörterungen über das Verhältnis von Freiheit und

---

69 K. A. Mollnau, Rechtliches Regelungsobjekt und gesetzgeberische Entscheidung, in: K. A. Mollnau (Hrsg.), Probleme einer Rechtsbildungstheorie, a. a. O., S. 45.
70 LW, Bd. 38, S. 177.
71 MEW, Bd. 20, S. 106.
72 Vgl. W. Segeth, Aufforderung als Denkform, a. a. O., S. 115ff.

Notwendigkeit. Es wäre jedoch ebenso undialektisch, anzunehmen, die Wahl des Ziels sei gänzlich unabhängig von den objektiven Gesetzen. Letztlich hängt die Zielstellung doch wieder von objektiven Gesetzen ab, aber erstens nicht unbedingt von denen, um deren Ausnutzung es geht, und zweitens nicht unmittelbar, sondern vermittelt über Zwischenglieder.

Die Möglichkeit der Wahl zwischen verschiedenen möglichen Sachverhalten und Wegen zu ihnen erfordert ihre Bewertung aufgrund von Wertvorstellungen des (potentiellen) Auffordernden, die zu einer Entscheidung für einen dieser Sachverhalte als Ziel, für einen der zu ihm führenden Wege und damit schließlich für die entsprechende Aufforderung führt. Die marxistisch-leninistischen Philosophen sind sich, auch wenn sie zu einer ganzen Reihe von Fragen der Wertproblematik unterschiedliche Auffassungen vertreten, darin einig, daß Wertvorstellungen durch Bedürfnisse und Interessen, letztlich objektive Bedürfnisse und Interessen und dabei — zumindest im Falle gesellschaftlich relevanter Zusammenhänge —, solange es Klassen und Klassenkampf gibt, durch Klasseninteressen bestimmt werden, daß den Wertvorstellungen materielle Beziehungen und Prozesse zugrunde liegen.[73]

Dementsprechend ist es sinnvoll und notwendig, zu fragen, ob eine bestimmte Aufforderung den Bedürfnissen und Interessen des Auffordernden entspricht, das heißt, ob das gestellte Ziel und der zu ihm führende Weg (bzw. welcher mögliche Weg zum Ziel) mit seinen Bedürfnissen und Interessen übereinstimmt. Zugleich muß die Frage gestellt werden, in welchem Verhältnis diese Aufforderung zu den Bedürfnissen und Interessen des Aufgeforderten steht. Eine begründete Zielsetzung erfordert damit über die Erkenntnisse in Gestalt von Prognosen hinaus auch Erkenntnisse über die Bedürfnisse und Interessen des Auffordernden wie des Aufgeforderten.

Der notwendige Vergleich zwischen den Bedürfnissen und Interessen des Auffordernden und des Aufgeforderten einerseits und dem Ziel bzw. richtiger seinem Abbild, da ja das Ziel als künftiger Sachverhalt selbst noch gar nicht zugänglich ist, führt sogleich zu der Frage, was denn das Abbild des Ziels eigentlich widerspiegelt. R. Kramer registriert bei verschiedenen marxistisch-leninistischen Philosophen als Widerspiegelungsobjekt der Zielangabe: 1. den Gegenstand des Bedürfnisses (bzw. der Tätigkeit), 2. das Bedürfnis selbst und 3. den Widerspruch zwischen dem Bedürfnis und dem Nichtgenügen der vorhandenen Bedingungen zur Befriedigung des Bedürfnisses; in jedem Falle wird eine Widerspiegelung des Bedürfnisses angenommen.[74] An dieser Stelle muß u. E. notwendigerweise zwischen einem beschreibenden und einem vorschreibenden Abbild des Ziels, einer Zielbeschreibung und einer Zielvorschrift, unterschieden werden, was bei den hier referierten Autoren nicht geschieht, da sie alle die Abbildung des künftigen angestrebten Sachverhalts „Ziel" nennen. Widerspiegelungsobjekt im Sinne einer gegenständlich determinierten Widerspiegelungsbeziehung einer Zielbeschreibung kann u. E. nur der angestrebte Sachverhalt selbst sein; das Bedürfnis, das auf ihn gerichtet ist, kann sich hier nur über die sozialökonomische Widerspiegelungs-

---

[73] Vgl. E. Hahn, Aktuelle philosophische Probleme der marxistisch-leninistischen Wertauffassung, in: Wertauffassungen im Sozialismus, Berlin 1980, S. 24.

[74] Vgl. R. Kramer, Die Zielsetzung als Ausdruck der Aktivität des gesellschaftlichen Bewußtseins. Die neue Qualität der gesellschaftlichen Zielsetzung im Sozialismus, in: W. Müller/D. Uhlig (Hrsg.), Gesellschaft und Bewußtsein, Berlin 1980, S. 165ff.

beziehung auswirken, und zwar in dem Sinne, daß gerade dieser unter den verschiedenen möglichen Sachverhalten als Ziel beschrieben wird. Anders ist es vermutlich in der Zielvorschrift. In ihr kommt zum Ausdruck, daß dieser künftige mögliche Sachverhalt als Ziel anzustreben ist, womit er als Gegenstand eines Bedürfnisses widergespiegelt und das Bedürfnis selbst zumindest indirekt abgebildet wird. Das Bedürfnis allein kann weder das Widerspiegelungsobjekt einer Zielbeschreibung noch einer Zielvorschrift sein; denn es geht nicht um das Bedürfnis selbst, sondern um seine Befriedigung, und deshalb muß der Sachverhalt, der der Befriedigung des Bedürfnisses dienen soll, notwendigerweise in einer Zielangabe abgebildet werden. Andernfalls käme nichts als eine Aussage über ein nicht befriedigtes Bedürfnis zustande. Für den Widerspruch zwischen einem Bedürfnis und seiner Nichtbefriedigung gilt analog das eben zum Bedürfnis Gesagte. Aus einer Zielvorschrift kann man bedingt auf die Existenz eines solchen Widerspruchs schließen, mit größerer Sicherheit darauf, daß der Zielsetzende von seiner Existenz überzeugt ist. Der Widerspruch zwischen einem Bedürfnis und seiner Nichtbefriedigung spielt jedoch eine wesentliche Rolle, und zwar als Triebkraft sowohl für die Zielsetzung als auch für die Zielrealisierung.

Bedürfnisse und Interessen sind immer Bedürfnisse und Interessen historisch konkreter gesellschaftlicher Subjekte. Das bedeutet u. a. die Möglichkeit der Übereinstimmung, aber auch des Gegensatzes zwischen ihnen. Die Bourgeoisie als die im Kapitalismus herrschende Klasse sorgt dafür, daß ihre Systeme von Aufforderungen, von Sozialnormen ihren Interessen dienlich sind, das heißt dafür, daß das Verhalten der Aufgeforderten den Zielen dient, die die Bourgeoisie verfolgt. Die Normensysteme der Bourgeoisie richten sich aber nicht nur an die Angehörigen der eigenen Klasse, sondern vornehmlich gerade an die Angehörigen anderer Klassen und Schichten. Da die Grundinteressen zumindest der Arbeiterklasse denen der Bourgeoisie gerade entgegengesetzt sind, können die den Interessen der Bourgeoisie dienenden Aufforderungen denen der Arbeiterklasse nicht entsprechen. Die Arbeiterklasse braucht also, um das Verhalten der Angehörigen dieser Klasse so zu leiten, daß die Klasseninteressen des Proletariats so weit wie möglich gewahrt bzw. durchgesetzt werden, eigene Systeme von Aufforderungen, Sozialnormen, die diesen entsprechen. Da die Arbeiterklasse im Kapitalismus trotz gegenteiliger Versicherungen der Bourgeoisie keinen Anteil an der Herrschaft hat, kann sie ihren Klasseninteressen keinen Ausdruck in der Form des Rechts verschaffen — ausgenommen dort, wo eine partielle, eventuell zeitweilige Interessenübereinstimmung besteht —, sondern ist gezwungen, sich andere Arten von Normensystemen zu schaffen, die zu denen der Bourgeoisie im Gegensatz stehen und deren Abschaffung, Außer-Kraft-Setzen einschließen. Das ist natürlich in erster Linie die wissenschaftliche Weltanschauung der Arbeiterklasse, vor allem in ihrer Funktion als eine durch Erkenntnisse begründete Anleitung zum Handeln. Ein einheitliches System von Sozialnormen für alle Mitglieder der Gesellschaft wird erst dann möglich, wenn es keine gegensätzlichen Klasseninteressen mehr gibt.

Heißt das nun, daß man vom Standpunkt der marxistisch-leninistischen Philosophie im Falle gegensätzlicher Aufforderungen oder Aufforderungssysteme, die gegensätzlichen Interessen entsprechen, bei der Feststellung dieser Gegensätze stehen bleiben, beide Aufforderungssysteme als gleichermaßen begründet, gleichwertig, gleichberechtigt ansehen muß? Die von S. Bönisch und K.-P. Noack vertretene Konzeption zur Richtigkeit von moralischen Normen und Werturteilen würde — jedenfalls in ihrer bisher publizierten Fassung — dies nahelegen. Sie relativieren die Richtigkeit von Moralnormen auf ihre

Richtigkeit für eine Klasse in Abhängigkeit von der objektiven Situation dieser Klasse, wobei sie unter der objektiven Situation einer Klasse „deren objektive Handlungsmöglichkeiten in ihrer objektiven (d. h. in einer unabhängig vom Bewußtsein der Individuen gegebenen) Bedeutsamkeit für die Befriedigung ihrer Bedürfnisse" verstehen.[75] So berechtigt die Frage ist, ob die Zielvorschriften, Aufforderungen, Normen eines Subjekts mit seinen Bedürfnissen und Interessen übereinstimmen, und so notwendig eine Antwort auf diese Frage ist, kann doch dies nicht ihr letzter Bewertungsmaßstab sein. — Die Interessen sind durch die materiellen gesellschaftlichen Bedingungen und Verhältnisse sowie durch die naturbedingten und die sozialen Bedürfnisse der Menschen bedingt. Diese gesellschaftlichen Bedingungen, Verhältnisse, Bedürfnisse aber sind nicht statisch, sondern entwickeln sich gesetzmäßig, sind Momente der gesellschaftlichen Höherentwicklung. Und eben die objektiven Entwicklungsgesetze der Gesellschaft sind u. E. der grundlegende Maßstab für Aufforderungen und Systeme von Aufforderungen. Die Interessen der gesellschaftlichen Entwicklung stehen über den Interessen der einzelnen Klasse und die Interessen der Klasse über den Interessen der einzelnen Schicht oder Gruppe.[76] Aufforderungen haben einen positiven Wert, wenn das von ihnen geleitete Verhalten mit den objektiven Gesetzen der gesellschaftlichen Entwicklung übereinstimmt, wenn es dem gesellschaftlichen Fortschritt dient; sie haben einen negativen Wert, wenn das von ihnen geleitete Handeln zu Stagnation oder Rückschritt führt. Dieser Maßstab wird von Philosophen als weltanschaulich wichtig akzeptiert,[77] und er entspricht u. E. auch der Bewertung von Rechtsnormsystemen durch marxistisch-leninistische Staats- und Rechtswissenschaftler, wenn sie etwa an eine Verfassung den Maßstab des historischen Fortschritts anlegen.[78] Dieser Maßstab birgt u. E. im Gegensatz zur Auffassung von K.-H. Mamber nicht die Gefahr des Objektivismus in sich.[79] Er ist relativ allgemein, kann nicht an jede beliebige Aufforderung angelegt werden und liefert nicht in jedem Falle eine eindeutige Bewertung. Er ermöglicht aber eine eindeutige, objektiv begründete Bewertung solcher Aufforderungssysteme, die das Verhalten geschichtsbestimmender Kräfte, vor allem gesellschaftlicher Klassen orientieren. Er ermöglicht zugleich eine historisch konkrete, dem jeweiligen Entwicklungsstand der Gesellschaft entsprechende wissenschaftliche Bewertung gesellschaftlich relevanter Aufforderungssysteme. Die objektive Entwicklung vor allem der materiellen gesellschaftlichen Bedingungen und Verhältnisse führt dazu, daß zwischen ihnen und bestehenden Aufforderungssystemen größere oder geringere, zunehmende oder abnehmende Übereinstimmung besteht; sie erfordert im Interesse einer maximalen Übereinstimmung

[75] S. Bönisch/K.-P. Noack, Zu einigen Unterschieden zwischen moralischen Normen, Werturteilen und Aussagen, a. a. O., S. 826ff.

[76] Vgl. G. Gleserman, Über das Wesen und die soziale Bedeutung des Wertbegriffs, in: Wertauffassungen im Sozialismus, Berlin 1980, S. 100.

[77] Vgl. K. Gößler/K. Wagner/D. Wittich, Bemerkungen zu den vorliegenden Beiträgen, a. a. O., S. 107.

[78] Vgl. K.-H. Schöneburg, Politisches System — Bewußtheit — Spontaneität, in: Politische Systeme im Klassenkampf (Konferenzmaterial), Berlin 1983, S. 79—90; ebenfalls: W. Weichelt, Die Marxsche Grundlegung wissenschaftlicher Verfassungstheorie, in: Karl Marx und die politische Theorie der Gegenwart, Berlin 1983, S. 135—156.

[79] Vgl. K.-H. Mamber, Gesellschaftliche Gesetzmäßigkeiten und moralische Normen, in: DZfPh, 1/1978, S. 74.

die Entwicklung auch der entsprechenden Aufforderungssysteme, in bestimmten Fällen auch die Ersetzung eines Aufforderungssystems durch ein neues. Es braucht wohl kaum noch hinzugefügt zu werden, daß die grundlegenden Ziele der Klassen, deren Handeln mit den objektiven Gesetzen der gesellschaftlichen Entwicklung im Einklang steht, über deren Bedürfnisse und Interessen letztlich durch diese Gesetze determiniert sind.

4.5. Zielstellung als Strukturelement von Rechtsnormen

Wie die Struktur des Rechts insgesamt, so muß auch die der Rechtsnorm letztlich in der realen Sozialstruktur verankert werden. Theoretische Modelle von Rechtsnormstrukturen müssen danach beurteilt werden, inwieweit sie es ermöglichen, das vom Recht geforderte Verhalten in die kausalen Zusammenhänge der Gesellschaft einzuordnen.

Wir sind deshalb auch mit Peschka insoweit einer Meinung, wenn er schreibt, der Aufbau der Rechtsnorm als einer normativen Widerspiegelung sei aus den inneren strukturellen Zusammenhängen der Wirklichkeit zu verstehen.[80]

Unbeschadet aller Spezifik und Besonderheiten, gehören auch Rechtsnormen zur Klasse der Sozialnormen, deren Funktion in der Verhaltensregulierung besteht. Rechtsnormen fordern gleich anderen Sozialnormen bestimmte Operationen unter bestimmten Bedingungen, um bestimmte Ziele zu erreichen; *insofern* unterscheidet sich das idealtypische Grundmodell von Rechtsnormen strukturtheoretisch nicht von jenem anderer Normen.

Das vollständige Denkmodell von einer Rechtsnorm besteht, wie das anderer Normen, aus drei Strukturelementen:

a) der Beschreibung der Bedingungen, unter denen bestimmte Handlungen gefordert werden;

b) der Angabe der Handlungen, die gefordert werden, wenn die unter a) genannten Bedingungen vorliegen;

c) der Angabe von Zielen, die mit den unter b) geforderten Handlungen bei Vorliegen der unter a) beschriebenen Bedingungen angestrebt werden.

Das strukturtheoretisch Spezifische ergibt sich für das Rechtssystem vor allem aus der Differenzierung der unter b) genannten geforderten Handlungen; sie können eine Aktion oder eine Reaktion sein, in Gestalt von Rechten, Pflichten, Stimuli oder Sanktionen auftreten; ein Gebot, Verbot oder eine Erlaubnis enthalten (vgl. Abschn. 5.2.).

Das vom Recht geforderte Aktions- und/oder Reaktionshandeln sowie die ihnen entsprechenden Rechte, Pflichten, Stimuli oder Sanktionen sind in besonderer Weise miteinander verknüpft, was zu strukturellen Unterschieden des Rechtssystems im Vergleich zu anderen Normensystemen führt.

Je nachdem, ob Rechtsnormen ein Aktions- oder ein Reaktionshandeln vorschreiben, lassen sich Primär- und Sekundärnormen oder — was nur andere Bezeichnungen sind —

---

[80] Vgl. V. Peschka, Die Theorie der Rechtsnormen, Budapest 1982, S. 56ff., bes. S. 64; Rezension dazu in: Neue Justiz, 10/1983, S. 428.

Aktions- und Reaktionsnormen unterscheiden.[81] Aktionsnormen berechtigen oder verpflichten ihre Adressaten beim Vorliegen der in ihnen beschriebenen Bedingungen, bestimmte Handlungen vorzunehmen, um das angestrebte Ziel zu erreichen. Auch Reaktionsnormen berechtigen oder verpflichten zu bestimmtem Handeln; die Bedingungen jedoch, unter denen dieses Handeln vorzunehmen ist, sind die Pflichtverletzungen von Aktionsnormen.

Reaktionsnormen sind sonach Aktionsnormen zugeordnet. Ein korrelatives Verhältnis besteht zwischen Aktions- und Reaktionsnormen aber nicht nur insofern, als die Reaktionsnorm durch die Verletzung einer zu bestimmten Aktionen verpflichtenden Norm bedingt ist, sondern das Ziel der Aktionsnorm ist letztlich auch das Ziel der Reaktionsnorm.

Je besser die in einem Rechtssystem notwendigen Aktions- und Reaktionsnormen aufeinander abgestimmt sind, um so höher ist der Rationalitäts- und Optimalitätsgrad des Rechts. Je höher aber die Rationalität und Optimalität, um so günstiger sind die Einflüsse, die von der Rechtsstruktur auf die Festigung von Gesetzlichkeit und Rechtssicherheit ausgehen.

Zwischen Reaktions- und Aktionsnormen besteht, worauf richtig hingewiesen wurde, kein isomorphes Verhältnis, da eine Reaktionsnorm mehreren Aktionsnormen zugeordnet sein kann, aber auch umgekehrt. Außerdem können Reaktionsnormen anderen Reaktionsnormen zugeordnet sein, die Reaktionen für Verletzungen von Reaktionsnormen niederer Stufe festlegen. Insofern können quer durch das Recht hindurchgehende Normenverkettungen entstehen.

Die Unterscheidung und Verbindung von Aktions- und Reaktionsnormen bringen die strukturellen Konsequenzen, die sich aus der allgemeinen Verbindlichkeit des Rechts, seiner staatlichen Durchsetzbarkeit — seine potentielle Erzwingbarkeit eingeschlossen — ergeben, klar auf den Begriff.

Damit liefert dieses Konzept weitere Argumente gegen jene, die Bedenken gegen das Aufgeben der strukturellen Einteilung von Rechtsnormen nach dem Schema Hypothese — Disposition — Sanktion haben, weil sie befürchten, die staatliche Sanktionierbarkeit von Rechtsnormen könnte unterschlagen oder verwischt werden. Daß dieses Schema hinten und vorn nicht mit der Wirklichkeit des Rechts übereinstimmt und auf falschen wissenschaftstheoretischen Prämissen beruht, davon war schon (im Abschn. 2) die Rede.[82]

Die Unterscheidung und Verbindung von Aktions- und Reaktionsnormen im Rechtssystem eröffnen aber nicht nur Möglichkeiten, um die strukturelle Spezifik von Rechts-

---

[81] Hier stützen wir uns auf Gedanken, die 1966 auf einem Jenaer Symposium geäußert, aber leider nicht weiter verfolgt wurden, siehe: H. Klenner, Zur logischen Struktur sozialistischer Rechtsnormen, in: Wissenschaftliche Zeitschrift der Universität Jena, 3/1966, S. 452; O. Weinberger, Warum und inwieweit ist die Logik und Semantik für die Auffasssung der Rechtsnorm bestimmend?, in: Rechtslogik, Wien 1970, S. 471 ff. — Ferner auch: P. Römer, Die Rechtsnormen als Ausgangsabstraktum für die wissenschaftliche Erkenntnis von Recht und Rechtsordnung, in: Probleme der Rechtsnormtheorie, Leipzig 1980, S. 131/132 (Schriftenreihe Methodologie ..., 8).

[82] Dennoch ist das Schema partiell in bestimmten Bereichen des Rechts brauchbar, auch enthält es den einen oder anderen rationellen Kern; darauf wird im nächsten Abschnitt noch zurückzukommen sein.

systemen aufzuweisen, sondern auch die strukturellen Gemeinsamkeiten des Rechtssystems mit anderen Normensystemen sichtbar zu machen. Trotz der genannten Unterschiede zwischen Aktions- und Reaktionsnormen lassen sich beide auf die gleiche weiter oben erwähnte Grundstruktur zurückführen, die für Normen (Aufforderungen) schlechthin zutrifft.

All dies sind entscheidende Voraussetzungen, um eine Strukturkonzeption zu entwerfen, die für alle Gliederungen des sozialistischen Rechts, anwendbar ist und neue strukturelle Entwicklungstendenzen zu erfassen vermag.

Die Zielstellung als Strukturelement von Rechtsnormen zu betrachten, ist der Punkt, wodurch sich das vorgeschlagene Modell von anderen Konzeptionen, vor allem von der Konzeption der Aufgabennorm unterscheidet. Zunächst: Das hier vorgeschlagene Modell setzt weder voraus, daß Rechtsnormen nach seiner Gestalt explizit formuliert sind, noch fordert es dazu auf, dies künftig zu tun; es verlangt allein die Rekonstruierbarkeit von Rechtsnormen in dieser Form aus den Rechtstexten im Prozeß ihrer Anwendung. Es orientiert damit indirekt auf eine entsprechende Strukturgestaltung des Rechts in der Rechtsetzung.

Der Wert eines solchen Strukturmodells von Rechtsnormen liegt in seiner heuristisch-methodischen Funktion bei der strukturellen Optimierung des Rechts; es kann dazu beitragen, bestimmte Disproportionen zwischen einzelnen Strukturbestandteilen sowie Erscheinungen der strukturellen Unvollständigkeit in der Mikrostruktur des sozialistischen Rechts abzubauen. Dieses Modell gibt Antwort auf die rechtspolitisch wie rechtspraktisch relevante Frage, aus welchen elementaren Strukturbestandteilen Rechtsnormen in der Regel bestehen müssen, damit sie als effektive Instrumente der Gesellschaftsgestaltung wirksam werden können und damit über ihre Wirksamkeit etwas ausgesagt werden kann.

Was nun die Aufgabennormkonzeption angeht, so halten wir dafür, zugespitzt folgendes zu sagen: Die Konzeption, wonach die Aufgabennorm strukturtypisch für das sozialistische Recht ist, erschwert eine strukturelle Optimierung des Rechts. Indem diese Konzeption zielstellende Elemente im sozialistischen Recht in den Rang von Rechtsnormen erhebt, propagiert sie objektiv eine strukturelle Unvollständigkeit und Disproportionalität des sozialistischen Rechts und unterläuft die Spezifik des rechtlichen Regelungsmechanismus.

Was die vermutete Strukturtypizität der Aufgabennormkonzeption für das sozialistische Recht anlangt, so ist dies keine richtige These. Es ist fast eine Kuriosität, daß keiner der Verfechter dieser Konzeption je darauf verfiel, das bürgerliche Recht, vor allem das des staatsmonopolistischen Kapitalismus, auf solche Gebilde hin empirisch zu untersuchen.

Aber es ist auch nicht schwer, im vormonopolistischen bürgerlichen Recht Regelungen zu finden, die bestimmte Aufgaben (Ziele) festlegen, ohne näher anzugeben, wie sie erreicht werden müssen; die also genau jene Struktur aufweisen, die die Vertreter der Aufgabennorm als das qualitativ Neue dieser Normenart auszugeben. Solche Beispiele lassen sich — wie gesagt — nicht nur in neuerer Zeit finden; verschiedene Gesetze, die etwa im vorigen Jahrhundert erlassen wurden, z. B. um das Verkehrsnetz auszubauen u. a., wären da zu nennen.[83]

---

[83] Vgl. u. a.: Württembergisches Gesetz betr. den Bau von Eisenbahnen vom 18. 04. 1843, Regierungsblatt, S. 277/278.

Eine andere Frage ist allerdings, wie dies in der bürgerlichen Rechtswissenschaft reflektiert wird. Gesetzgebungstechnisch wird diese Art von Regelungen zwar einerseits als ein besonderer Typ von Gesetzen und Rechtsnormen unterschieden,[84] andererseits wird aber die Zielfrage im Recht auf dem Hintergrund der aus dem Klasseninhalt der Ausbeuterrechtstypen hervorgehenden ideologischen Bestrebungen, das Recht als klassenneutrale technische Regel ohne inhaltliche Zielsubstanz hinzustellen, gründlich verwirrt. Die Leugnung von zielstellenden Elementen *im* Recht war und ist eine spezifisch strukturtheoretische Variante der Verschleierung des Klasseninhalts des Rechts. Sie tritt in krasser Form namentlich in jenen strukturtheoretischen Konzeptionen auf, die jede Zielstellung aus dem Recht hinausdefinieren und die Struktur der Rechtsnorm als abstrakte logifizierte Tatbestand/Rechtsfolge-Beziehung ansehen.[85]

Doch zurück zur Aufgabennormproblematik. Wie erinnerlich, war der Anlaß für die Entwicklung der Aufgabennormkonzeption bekanntlich die Frage nach dem Rechtscharakter des Planes im sozialistischen Staat; ihrer Substanz nach war sie indes der Versuch, eine neue Grundlage für die Strukturierung des sozialistischen Rechts zu schaffen. Was aber bei Golunski, der die Problematik 1961 aufwarf,[86] noch aus- und abgewogen zur Debatte gestellt worden war, wurde später — vor allem in der DDR-Rezeption seines Standpunktes — als eine eigentlich mehr oder weniger gesicherte Position betrachtet und dabei noch vergröbert. Statt die bis heute wichtigen Einwände mehrerer Diskussionspartner Golunskis zu bedenken,[87] ging man in den bei uns geführten Diskussionen in den 60er Jahren so weit, die abweichenden Auffassungen über die konditionale Rechtsnormstruktur als einen unzulässigen Ausdruck von Spontaneitätsdenken zu brandmarken. Vergröbert wurde Golunskis Konzeption vor allem durch das Weglassen der sozialtheoretischen Aspekte, mit denen er seine strukturtheoretischen Überlegungen begründete.

Golunski ging von einer Einschätzung der Reife der gesellschaftlichen Entwicklung aus, die es ihm möglich erscheinen ließ, in bestimmten Rechtsnormen weder Sanktionen noch Rechte und Pflichten festzulegen. Nach der gesellschaftstheoretischen Beurteilung, die er zugrunde legte, hatten die moralisch-politische Einheit und das sozialistische Bewußtsein einen solchen allgemeinen Stand erreicht, daß es immer weniger nötig erschien, in Rechtsnormen Verhalten zu gebieten, zu verbieten oder zu erlauben; unter diesen Umständen sei nur das zu fördernde Neue, das heißt lediglich ein zu erreichendes Ziel (= Aufgabe) vorzuschreiben, dem Rechtsnormadressaten aber anheim zu stellen, das angemessene Verhalten zur Erreichung dieses Ziels frei zu wählen. Golunski führte seine Überlegungen bis zu einer sehr eigenwilligen, aber nicht stichhaltigen Interpretation der bekannten Lenin-Passage, wonach Recht nichts ohne einen Apparat ist, der dessen Einhaltung zu erzwingen imstande ist; denn er meinte, aus dieser

---

[84] Vgl. H. Schneider, Gesetzgebung, Heidelberg 1982, S. 120ff. (mit weiteren Nachweisen).

[85] Nach dieser Auffassung ist eine Rechtsnorm ein hypothetisches Urteil, welches eine Verpflichtung oder Berechtigung begründet oder aufhebt. — Vgl. etwa: Werner Schulze, Tatbestand und Rechtsfolge. Ein Beitrag zur juristischen Erkenntnistheorie, Berlin—Leipzig 1909, S. 35ff.

[86] Vgl. S. A. Golunski, Zum Begriff der Rechtsnorm in der Theorie des sozialistischen Rechts, in: StuR, 8/1961, S. 1545ff.

[87] Golunskis Beitrag bildete die Grundlage einer Diskussion des wissenschaftlichen Rates des Moskauer Akademie-Instituts für Staat und Recht; Bericht darüber in: ebenda, S. 1562ff.

Lenin-These folge durchaus nicht, daß die Androhung staatlicher Zwangsanwendung ein notwendiges Element des Rechts in jeder Gesellschaft sei.[88] Es war aus Golunskis Sicht nur konsequent, seine Konzeption als strukturtheoretische Konsequenz des Beginns des konkreten Hinüberwachsens des Rechts in die Regeln des kommunistischen Gemeinschaftslebens anzusehen und die konditionale Rechtsnormstruktur mit dem Hinweis in Frage zu stellen, das sozialistische Recht sei ja schon kein Recht im eigentlichen Sinne mehr.

Im Lichte der Erfahrungen des sozialistischen Aufbaus, die nunmehr in der Konzeption vom entwickelten Sozialismus verallgemeinert worden sind, wissen wir heute um den Mangel an Realismus, der in gesellschaftstheoretischer und -politischer Hinsicht der Auffassung von der Aufgabennorm zugrunde lag. Wenn dennoch hier die Sprache darauf gebracht wurde, so deshalb, um einmal auf bestimmte auch rechtspolitisch problematische Seiten der Strukturkonzeption der Aufgabennorm aufmerksam zu machen. Diese verschwinden ja nicht dadurch, daß die Anhänger der Aufgabennorm heute über die sozialtheoretischen Grundlagen ihrer Konzeption im wesentlichen schweigen. Zum anderen sollten aber auch die sozialtheoretischen Wurzeln jenes strukturalen Dualismus sichtbar gemacht werden, der in der Unterscheidung, manchmal aber auch Gegenüberstellung, von Aufgaben- und Verhaltens- bzw. Regelnormen seinen Ausdruck findet und auch von einigen Rechtszweigvertretern propagiert wird.

Die im Recht explizit oder implizit aufgenommenen Ziele gehören grundsätzlich einem größeren sozialen Zielkontinuum an; in der sozialistischen Gesellschaft ist dies untrennbar mit der historischen Mission der Arbeiterklasse verbunden. Es gibt Ziele verschiedener sachlicher und zeitlicher Dimension auf unterschiedlichen Stufen. Ihre Bezeichnung ist zweitrangig und Sache der Konvention. Grundsätzlich gilt, jedes Ziel ist Teil eines größeren, umfassenderen Ziels; die Unterscheidung zwischen Gesamtziel und Teilziel ist so elementar wie relativ. Dabei ist es auch möglich, daß die Erreichung eines Teilziels als Mittel eines anderen Teilziels fungiert.

Die Zieladäquatheit des Rechts bezieht sich auf die sozialen Ziele, deretwegen der Gesetzgeber ein bestimmtes Recht setzt und die er durch die Aufnahme in das Recht als solche gekennzeichnet hat. Da allerdings die Übergänge zwischen den in das Recht aufgenommenen sozialen Zielen und den nicht im Recht aufgenommenen oder aufnehmbaren Zielen fließend sind, kann die *Zieladäquatheit* des Rechts dessen *Zielbezogenheit* zu den außerrechtlichen Zielen nicht außer acht lassen, vor allem im Hinblick auf beabsichtigte und nicht beabsichtigte Fern- und Nebenwirkungen. Dies ist ein wichtiger theoretischer wie methodischer Gesichtspunkt bei Effektivitätsanalysen des sozialistischen Rechts.

Die Zugehörigkeit der im Recht enthaltenen Ziele zum gesamten sozialen Zielkontinuum erfordert es, die Verträglichkeit der zielsetzenden Strukturbestandteile im Recht — aber auch mit außerrechtlichen Zielsetzungen — die nötigen Zielpräferenzen wie die tatsächlichen und potentiellen Zielkonkurrenzen in abgegrenzten Zeitintervallen der Geltung und Wirkung des Rechts, strukturtheoretisch wie strukturpraktisch gebührend zu beachten.

Die Aufnahme von Zielen im Recht ist mit ihrer Setzung im Prozeß der Rechtsbildung untrennbar verbunden; ganz genau genommen, setzt jene diese voraus. Beides

[88] Vgl. ebenda, S. 1553.

erfolgt jedenfalls in der sozialistischen Gesellschaft auf der Grundlage der aus den Entwicklungsgesetzen und ihren konkreten Wirkungsbedingungen abgeleiteten, in den Parteibeschlüssen formulierten Zielen.

Wenn auch eine Trennung von zielgesteuerten und normgesteuerten Entscheidungs- und Handlungsprozessen abgelehnt werden muß,[89] gilt doch für den rechtlichen Regelungsprozeß, daß allgemein formulierte, auf höheren Stufen stehende Ziele in der Regel weniger Entscheidungshilfe geben. Im einzelnen wäre dies aber durch eine Analyse des Mechanismus und der Struktur der von den im Recht enthaltenen Zielen ausgehenden, sogenannten indirekten Regelung zu belegen. Nebenbei bemerkt: Eine solche Analyse kann aber nicht auf dem Hintergrund jener Alternative durchgeführt werden, die besagt, wenn man die rechtliche Aufgabe nicht als ein spezifisches rechtliches Regelungsinstrument (!?) ansähe, könne die ganze Vielfalt rechtlicher Einwirkungsmöglichkeiten auf die gesellschaftlichen Verhältnisse nicht genügend differenziert dargestellt werden; die Rechtspflicht trete übermäßig ins Zentrum der Betrachtung.[90]

Die von den Anhängern der sogenannten Aufgabennorm propagierte Annahme, diese Norm gebe dem Rechtsnormadressaten mehr Raum zur eigenverantwortlichen Tätigkeit als die Rechte und Pflichten festlegende sogenannte Regelnorm, verkennt die Tatsache, daß auch die Realisierung von Rechten und Pflichten von demokratischer Aktivität getragenes eigenverantwortliches Handeln verlangt. Die Konkretisierungsnotwendigkeit aller Rechtsnormen ist nur ein Aspekt dieser Sachlage. Die These, wonach angeblich die erforderlichen Handlungsspielräume nur außerhalb oder neben der Rechte/Pflichten-Struktur des Rechts, jedenfalls nicht mit ihr geschaffen werden können, geht zweifellos am Demokratismus des sozialistischen Rechts vorbei.

---

[89] Eine solche Trennung bei: St. Strömholm, Normen und Ziele, in: R. Rödig, Studien zu einer Theorie der Gesetzgebung, Berlin (West)—Heidelberg—New York 1976, S. 19ff.

[90] Vgl. M. Grigo/L. Lotze, Die Aufgabe im sozialistischen Recht, a. a. O., S. 165.

5. Das Verhältnis von inhaltlichen und syntaktischen Bestandteilen (Strukturelementen) der Rechtsnorm

5.1. Zur Erforschung der Rechtsnormstruktur

Wie man die Frage nach der Struktur der Rechtsnorm löst, hängt eng mit dem Begriff der Rechtsnorm selbst zusammen. Allein dieser Begriff wird in der marxistischen Literatur verschiedenartig aufgefaßt, wobei die unterschiedlichen Ansichten außer dem gemeinsamen Nenner, nämlich der klassischen Auffassung des Rechts als des zum Gesetz erhobenen Klassenwillens, sehr wenig Gemeinsames haben.

Die Frage nach der Struktur der Rechtsnorm verleitet manche Autoren zu einer rein logischen Auffassung. Ohne uns hier mit der allgemeinen Definition der Rechtsnorm näher beschäftigen zu können,[1] möchten wir in diesem Zusammenhang doch betonen, daß die Rechtsnorm u. E. nicht einmal vom Gesichtspunkt ihrer Struktur nur logisch aufgefaßt werden darf, sondern auch hier in erster Linie unter dem Aspekt ihres juristischen und gesellschaftlichen Wesens, also letztlich ihres Klassenwesens, betrachtet werden muß.[2]

Andererseits trifft es natürlich zu, daß für die *Erforschung* der Struktur der Rechtsnorm ihre logische Form eine wichtigere Rolle spielt als z. B. für die wissenschaftliche Untersuchung ihrer gesellschaftlichen Effektivität. Doch auch dann, wenn man die Struktur der Rechtsnorm unter logischem Aspekt analysiert, muß man sich dessen bewußt sein, daß die Rechtsnorm kein beliebiger Sollsatz ist, sondern eine vom Staat erlassene ziel- und zweckbezogene Verhaltensregel, die den Menschen ein Sollen auferlegt, und daß es sich bei diesem Sollen nicht um ein beliebiges, sondern um ein bestimmtes, allgemeinverbindliches Sollen handelt.

Die Tatsache, daß die Rechtsnorm eine Regel des menschlichen Verhaltens der Gesellschaft bzw. anderen Individuen gegenüber ist, kann als unbestritten betrachtet werden. Das ist eigentlich das einzige, was — außer dem erwähnten „gemeinsamen Nenner" — allgemein anerkannt wird. Was die anderen Merkmale der Rechtsnorm betrifft, sind die Auffassungen in der marxistischen Literatur bei weitem nicht einhellig. Man begegnet Ansichten, die in der sozialistischen Gesellschaft z. B. die Rechtsetzung auch

---

[1] Mit definitorischen Merkmalen der sozialistischen Rechtsnorm beschäftigt sich der Verfasser dieses Kapitels ausführlicher in einer von ihm geleiteten Kollektivarbeit: „Teoretické problémy tvorby československého práva", Prag 1983.

[2] Ähnlich in: Marxistisch-leninistische Staats- und Rechtstheorie, Lehrbuch, 3., bearb. Aufl., Berlin 1980 (im folgenden: Theorie-Lehrbuch), S. 528ff.

durch andere als staatliche Organe „zulassen“ und die Rechtsnorm nicht unbedingt als ein verbindliches Sollen (bzw. Wollen) betrachten, sondern auch als ein nur empfehlendes Sollen (bzw. Wollen) ansehen und demzufolge sogenannte empfehlende Rechtsnormen dazu zählen.[3] Es sei hier klargestellt, daß wir im folgenden unter Rechtsnormen nur die vom Staat erlassenen bzw. von ihm autorisierten (sanktionierten) und allgemeinverbindlichen Verhaltensregeln verstehen und daher weder „außerstaatliche“ noch „empfehlende“ Rechtsnormen anerkennen.[4]

Die logische Gestalt einer Rechtsnorm ist theoretisch auch nicht einheitlich gelöst. Oft findet man in der marxistischen Literatur die Ansicht, daß die Sätze, die Rechtsnormen ausdrücken, Aussagen bzw. eine spezifische Art von Aussagen sind.[5] Diese Ansicht bedeutet eine Vereinfachung des Problems, wenn nicht gar eine Begriffsverwirrung, und ist kaum haltbar. Um logische Fragen der Rechtsnormen, einschließlich z. B. der „ewigen“ Frage nach der Wahrheit der Rechtsnormen, richtig lösen zu können, muß man unbedingt Sollsätze und Aussagen über Sollsätze genau unterscheiden. So kann z. B. der Satz: „Der Schuldner soll seiner Pflicht ordnungsgemäß und rechtzeitig Genüge tun“, entweder als ein Sollsatz oder als eine Aussage über den Sollsatz, also als Satz: „Es ist wahr, daß der Schuldner seiner Pflicht ordnungsgemäß und rechtzeitig Genüge tun soll“, aufgefaßt werden, wobei beide Sätze etwas ganz anderes bedeuten. In seiner ersten Bedeutung äußert der Satz abstrakt eine Pflicht, und er ist weder wahr noch unwahr: mittels seiner wird eine Pflicht auferlegt. In seiner zweiten Bedeutung ist derselbe Satz systembezogen, er bezieht sich auf ein bestimmtes Rechtssystem: es ist entweder wahr oder unwahr (und es kann nicht weder wahr noch unwahr sein), daß im Recht eines bestimmten Staates die angeführte Rechtsnorm gilt. Mittels eines derart aufgefaßten Satzes wird also keine Pflicht auferlegt, sondern es wird festgestellt, daß eine solche Norm in einem bestimmten Rechtssystem gilt.

Ebensowenig sind die Modaloperatoren „geboten“, „verboten“ u. a. m. wahr oder unwahr; ähnliches gilt natürlich auch in bezug auf andere logische Operatoren, wie z. B. die Ausdrücke „größer“, „älter“, „verpflichtet sein“, „Vater sein“, wenn sie als Operatoren der Prädikatenlogik gebraucht werden.

Bei logischen Überlegungen bezüglich Rechtsnormen muß man sich also immer darüber im klaren sein, ob man sie vom Standpunkt der Logik aus im gegebenen Falle als Sollsätze oder als Aussagen über Rechtsnormen betrachtet.

Die Sache ist um so komplizierter, da die Rechtsnormen sehr oft bedingt sind, so daß sie eine logische Verbindung von Aussagen und Sollsätzen darstellen: wenn c ist, soll p sein, oder symbolisch ausgedrückt: $c \rightarrow M(p)$ oder einfach $cM(p)$. Hier handelt es sich also um eine Implikation, deren vorderer Teil eine Aussage und der hintere ein Sollsatz ist. Das ist wahrscheinlich auch der Grund, der manche Autoren dazu verleitet, die ganze

---

[3] Die Idee der „empfehlenden“ Rechtsnormen hat sich seinerzeit insbesondere im sowjetischen Kolchosrecht verbreitet (vgl. z. B.: N. D. Kasantcev/L. V. Pavlov/A. A. Ruskov, in: Kolchosnoje pravo, Moskva 1955, S. 15, 103ff.; I. V. Pavlov, Kolchosnoje pravo, Moskva 1960, S. 48ff.). Sie wurde im LPG-Recht von verschiedenen anderen sozialistischen Ländern übernommen.

[4] Vgl. u. a.: Marksistsko-leninskaja obščaja teorija gosudarstva i prava, Bd. 1, Moskva 1970, S. 348; Theorie-Lehrbuch, S. 531.

[5] So z. B.: V. K. Babajev, Sovetskoe pravo kak logičeskaja sistema, Moskva 1958; P. Holländer, K problematike formálnologickej pravdivosti normativnych viet, Právník 1980, S. 823ff.

Verbindung als eine aussagenlogische Verbindung zu betrachten. Ein solcher logischer Purismus ist aber wenig überzeugend. Denn warum sollte eine aus Aussagen und Sollsätzen zusammengesetzte Implikation nicht richtig sein, wenn die Juristen seit mehr als zweitausend Jahren in der ganzen Welt alltäglich auf diese Art denken, ohne sich selbst oder ihren Nächsten irgendeinen Schaden zugefügt zu haben?

Obgleich die Frage nach der Struktur der Rechtsnorm in der marxistischen Literatur schon häufig erörtert worden ist[6] und die traditionelle Trichotomie in den strukturtheoretischen Auffassungen überwunden oder zumindest ernsthaft bezweifelt wurde — was hierzu grundsätzlich zu sagen ist, wurde bereits vorgebracht (siehe 2.3.) —, bleibt die Frage, wie die Struktur der Rechtsnorm zu bestimmen sei, weiterhin offen.

Die deutliche Abkehr von der traditionellen Erklärung der Rechtsnormstruktur als Hypothese, Disposition und Sanktion geht übrigens mit Bemühungen einher, die Prädikaten- bzw. die deontische Logik für strukturtheoretische Analysen des Rechts zu nutzen. So verfahren beispielsweise Klenner,[7] Grahn,[8] das DDR-Lehrbuch zur Staats- und Rechtstheorie,[9] Černobel,[10] Kalinowski[11] u. a. Diesem Bestreben, zu dem auch unser Versuch um Analyse und Erklärung der Rechtsnormenstruktur gehört, wollen wir hier besondere Aufmerksamkeit widmen.[12]

---

[6] So wird z. B. die Dreiteiligkeit der Rechtsnorm in: Marksistsko-leninskaja obščaja teorija gosudarstva i prava, Bd. 4: Socialističeskoje pravo, Moskva 1973 (im folgenden: Socialističeskoje pravo), S. 239/240, 273ff., kategorisch anerkannt. Man findet dort auch eine ausdrückliche Polemik gegen die die Trichotomie ablehnenden Ansichten. — Vgl. auch: S. S. Alekseev, Obščaja teorija socialističeskogo prava, Bd. 2, Sverdlovsk 1964, S. 19ff.; S. N. Bratus/I. S. Samoščenko (Hrsg.), Obščaja teorija gosudarstva i prava, Moskva 1966, S. 191ff.; A. I. Denisov (Hrsg.), Teorija gosudarstva i prava, Moskva 1967, S. 289ff.; P. S. Romaškin/M. S. Strogovič/V. A. Tumanov (Hrsg.), Teorija gosudarstva i prava, Moskva 1962, S. 433ff.; A. S. Pigolkin, Normy sovetskogo socialističeskogo prava i ich struktura, in: S. N. Bratus (Hrsg.), Voprosy obščej teorii sovetskogo prava, Moskva 1960, S. 169. — Vgl. aber auch: B. V. Šeindlin, Suščnost sovetskogo prava, Leningrad 1959, S. 7ff., 90ff.; S. A. Golunski, K voprosu o ponjatii pravovoj normy v teorii socialističeskogo prava, in: Sovetskoje gosudarstvo i pravo, 4/1961; P. S. Romaškin, O roli ubeždenija i primuždenija v sovetskom gosudarstve, in: Sovetskoe gosudarstvo i pravo, 2/1960.

[7] Vgl. H. Klenner, Zur logischen Struktur sozialistischer Rechtsnormen. Thesen, in: Wissenschaftliche Zeitschrift der Universität Jena, Gesellschafts- und Sprachwissenschaftliche Reihe, 3/1966, S. 451ff.

[8] Vgl. W. Grahn, Die Rechtsnorm. Eine Studie, Leipzig 1979, S. 5ff. (Schriftenreihe Methodologie der marxistisch-leninistischen Rechtswissenschaft, 6).

[9] Vgl. Theorie-Lehrbuch, S. 532.

[10] Vgl. G. T. Černobel', Formalizacija norm prava, in: Sovetskoe gosudarstvo i pravo, 4/1979, S. 29ff.

[11] Vgl. G. Kalinowski, Introduction à la logique juridique, Paris 1965, S. 70ff.

[12] Hier eine kurze und vereinfachte Übersicht über die bisherigen einschlägigen Auffassungen innerhalb der marxistisch-leninistischen Rechtstheorie:
a) Klenner geht davon aus, daß die logische Struktur der Rechtsnorm einheitlich ist und aus zwei Elementen besteht, aus dem Tatbestand und der Folgehandlung, die gemeinsam durch einen Operator verknüpft sind. Klenner zufolge gibt es drei Normativoperatoren, und zwar: „erlaubt", „geboten" und „verboten"; die allerdings gegenseitig aufeinander über-

Wir verstehen hier unter Struktur der Rechtsnorm die *innere* Struktur der vom Staat erlassenen bzw. autorisierten verbindlichen Verhaltensregel, das heißt die wesentlichen und konstanten Bestandteile dieser Regel und die gegenseitigen Beziehungen zwischen ihnen. Uns interessiert also das „Skelett" der Rechtsnorm.

Schließlich soll noch hinzugefügt werden, daß wir im Unterschied zu manchen anderen Autoren, wie schon angedeutet, die Struktur der Rechtsnorm *nicht nur* vom logischen Gesichtspunkt aus behandeln, sie also nicht nur als *logische* Struktur betrachten, sondern sie immer auch vom *juristischen* Standpunkt aus prüfen. Unseres Erachtens

---

tragen werden können, so daß das geschlossene Normensystem vollständig durch einen einzigen Operator und sein Negat ausgedrückt werden kann. Dies wird von Klenner am Operator „erlaubt" und seinem Negat „unerlaubt", die symbolisch als „e" und „—e" bezeichnet werden, nachgewiesen. Das von diesem Operator betroffene Verhalten wird als „H" und sein Negat, das heißt die Unterlassung dieses Verhaltens, als „—H" charakterisiert. Die weiteren zwei Operatoren und ihre Negate werden als g = geboten, —g = nicht geboten, v = verboten, —v = nicht verboten bezeichnet (s. H. Klenner, Zur logischen Struktur sozialistischer Rechtsnormen, a. a. O., S. 452). Der von Klenner geführte Beweis lautet wie folgt:

$$\begin{aligned} eH &= -g-H = -vH \\ -eH &= g-H = vH \\ e-H &= -gH = -v-H \\ -e-H &= gH = v-H \end{aligned}$$

b) Grahns Auffassung sowie die des Theorie-Lehrbuchs sind der Position Klenners ähnlich. Sie gehen ebenfalls davon aus, daß die einheitliche Rechtsnormstruktur durch die Verbindung ihrer zwei Teile, des Tatbestandes und der Folgehandlung (im Lehrbuch des Rechtsfolgeteils), mittels normativen Operators bzw. Funktors (der bei Grahn auch Modus des Sollens heißt) gegeben ist. Grahn, ähnlich wie Klenner, unterscheidet drei Normativoperatoren, nämlich Gebot, Verbot und Erlaubnis (s. W. Grahn, Die Rechtsnorm, a. a. O.; Theorie-Lehrbuch, S. 532).

c) Černobel', ähnlich wie Klenner und Grahn (nicht aber das Theorie-Lehrbuch), rückt völlig von der traditionellen trichotomischen Konzeption ab, die er ausdrücklich kritisiert. Obzwar auch er letztlich von gewissen normativen Modi ausgeht, benutzt er bei seiner Analyse eher die Prädikaten- oder Beziehungslogik als die deontische Logik, und die allgemeine Rechtsnormstruktur erblickt er in der Beziehung von Subjekt und Objekt. Diese Beziehung ist nach Černobel' durch den allgemeinen Modus der Normativität gegeben, der die Wechselwirkung von Subjekt und Objekt der Rechtsnorm ausdrückt, die mittels einer bestimmten „Aufforderungsverbindung" (pobuditelnaja svjaska) verwirklicht wird. Das Subjekt und das Objekt der Rechtsnorm werden von Černobel' mit den Symbolen S bzw. P bezeichnet. Die Aufforderungsverbindung bzw. die Aufforderungskopula in ihrer Funktion als logischer Operator kennzeichnet er mit dem recht ungewöhnlichen Symbol „+", so daß er die Struktur der Rechtsnorm als logische Beziehung S + P charakterisiert. Diese Beziehung ist für Černobel' das einzige, allumfassende Modell der Struktur jeder denkbaren Rechtsnorm (G. T. Černobel', Formalizacija norm prava, a. a. O., S. 32).

Was die Normativoperatoren oder — wie er sie nennt — die *Modi* der Normativität anbelangt, so unterscheidet Černobel', wie es in der Literatur üblich ist, deren drei, und zwar: „erlaubt", ferner „es wird verlangt", womit vermutlich „geboten" gemeint ist, und schließlich „verboten", die sich alle auf den allgemeinen Modus „+" zurückführen lassen. Da mit diesem Modus jede Rechtsnorm bestimmt wird, behauptet er, daß „die logische Struktur für alle Normen einheitlich ist" und „es nicht richtig" sei, „von einer logischen Struktur der Normen verschiedener Rechtszweige zu sprechen" (ebenda).

sind die juristische und die logische Seite der Struktur einer Rechtsnorm voneinander nicht zu trennen, beide müssen in ihrem Zusammenhang analysiert werden.

Unter diesem Gesichtspunkt sollte dann zwischen der *absoluten* und *relativen* Struktur der Rechtsnorm unterschieden werden. Unter absoluter Rechtsnormenstruktur verstehen wir ihre sozusagen Ein-Subjekt-Struktur, das heißt jene Struktur, die nur ein einziges, abstraktes Subjekt in Betracht zieht, ohne sich um die von der Rechtsnorm geregelten Beziehungen zu anderen Subjekten zu kümmern. Die relative Struktur der Rechtsnorm ist dagegen eine Mehr-Subjekte-Struktur, die beide bzw. alle Subjekte der Rechtsnorm berücksichtigt. Die Literatur unterscheidet meistens diese Arten der Rechtsnormenstruktur nicht, sie befaßt sich ausschließlich mit der Struktur, die wir als die absolute bezeichnen. Hier soll indes *auch* die relative Struktur der Rechtsnormen in Erwägung gezogen werden. Da sie aber viel komplizierter als die absolute ist und ihre ausführliche Untersuchung die hier gegebenen Möglichkeiten weit überschreiten würde, befassen wir uns im folgenden *vor allem* mit der absoluten Rechtsnormenstruktur, wo sich übrigens auch der Schwerpunkt der Problematik befindet; wir widmen also der relativen Struktur nur einige Randbemerkungen.

Was unseren eigenen Zugang zum Problem der Struktur der Rechtsnorm anlangt, soll hier allgemein gesagt werden, daß wir zwar die traditionelle trichotomische Auffassung für überholt und teilweise auch für falsch halten, aber sie, ähnlich wie das DDR-Lehrbuch für Staats- und Rechtstheorie, nicht völlig verwerfen.[13] Es ist nämlich ein alter wissenschaftlicher (oder vielmehr unwissenschaftlicher) Aberglaube, daß Objekte der Erkenntnis immer nur von einem einzigen Aspekt aus zu erklären seien. Gewöhnlich ist es ganz im Gegenteil angebracht (was vor allem für die Gesellschaftswissenschaften gilt), sich dem Objekt der Forschung von verschiedenen Seiten her zu nähern und es zu erläutern.[14] Von diesem Gesichtspunkt aus erscheint die Dreiteiligkeit (eher sogar, wie wir noch sehen werden, die Vierteiligkeit) der Rechtsnorm als ein Aspekt der Rechtsnormstruktur, der sie zwar selbst nicht restlos zu erklären vermag und wahrscheinlich auch nicht der wichtigste ist, der aber bestimmt nicht ganz außer acht gelassen werden darf.

Mit Rücksicht auf diese Überlegungen halten wir es für angebracht, die Rechtsnormstruktur unter zwei Aspekten zu prüfen und dementsprechend zweierlei Bestandteile, nämlich die inhaltlichen und die syntaktischen, zu unterscheiden.

Diese Schlußfolgerungen rufen allerdings ernste Bedenken hervor, da Černobel' die logische Struktur der Rechtsnorm getrennt von ihrer juristischen Struktur betrachtet und behandelt. Die Beschränkung der Struktur der Rechtsnorm auf ein einheitliches logisches Modell S + P widerspricht der Tatsache, daß sehr viele Rechtsnormen bedingt sind und mit einer aus Aussagen und Sollsätzen zusammengesetzten Implikation (siehe oben) modelliert werden müssen; außerdem verwechselt die von Černobel' dargelegte Struktur die Disposition und die Sanktion und verwischt diese beiden Arten der Rechtsfolgeteile von Rechtsnormen. Im übrigen widerspricht auch die Behauptung, daß die Struktur von Rechtsnormen verschiedener Rechtszweige per definitionem gleich sei, den Tatsachen.

[13] Vgl. Theorie-Lehrbuch, S. 529ff.

[14] Vgl. W. I. Lenins in der Polemik gegen Bucharin geäußerten Gedanken über dialektische Logik (ders., Werke, Bd. 32, S. 85).

5.2. Inhaltliche Bestandteile (Strukturelemente) der Rechtsnorm

a) Deontische Modalitäten

Unter inhaltlichen Bestandteilen einer Rechtsnorm verstehen wir diejenigen, die mit den deontischen Operatoren ausgedrückt werden, also ihre deontischen Modalitäten. In der juristischen deontischen Logik sind allerdings nicht alle Operatoren der allgemeinen deontischen Logik anwendbar. Es ist schon erklärt worden, warum der Operator „empfohlen" in der Struktur einer Rechtsnorm nicht vorkommen kann. Aus denselben Gründen kommen deontische Operatoren „erwünscht", „wünschenswert" u. ä. nicht in Frage. So können wir ohne weitere Argumentation feststellen, daß für die inhaltliche Analyse der Rechtsnormstruktur drei Operatoren übrigbleiben, die auch von anderen Autoren anerkannt werden (siehe oben), und zwar: „geboten", „verboten" und „erlaubt", die wir symbolisch mit den Buchstaben G, V, E bezeichnen. Dabei bleibt zunächst noch die Frage offen, ob auch in der juristischen Logik die in der allgemeinen deontischen Logik vorhandene Modalität „indifferent" vorkommt. Auf diese Frage kommen wir noch zurück.

Die deontischen Operatoren G, V, E können mit einer unbeschränkten Anzahl von Argumenten verbunden werden, was — wie wir noch sehen werden — für die logische Formalisierung (Modellierung) und unter Umständen auch für die Automatisierung bestimmter Rechtsetzungs- und Entscheidungsprozesse wichtig ist. Wenn wir z. B. mit den Symbolen p und c das Verhalten des Subjekts und die Bedingungen, unter denen es zustande kommen soll, und schließlich mit o und z den Ort und die Zeit bezeichnen, wo und wann das Verhalten p geschehen soll, dann bedeutet der Ausdruck: G(c, p, o, z), daß jemandem geboten wird, sich unter der Bedingung c am Orte o in der Zeit z auf die Weise p zu verhalten.

Alle rechtslogischen Modalitäten, also die erwähnten Modalitäten G(p), V(p), E(p) können im oben erwähnten Sinne absolut oder relativ gebraucht werden, so daß man mit ihrer Hilfe die absolute und die relative Rechtsnormstruktur modellieren kann. Der Ausdruck G(c, p, o, z) ist absolut, da er nur ein — und zwar völlig abstraktes — Subjekt der Rechtsnorm voraussetzt. Derselbe Ausdruck kann jedoch relativ gemacht werden. Zu diesem Zweck führen wir in dasselbe Subjektargument x und y und den Alloperator (x, y) G(x, c, p, o, z, y) ein, so daß der Ausdruck folgendermaßen gelesen wird: „Jedem x ist unter der Bedingung c geboten, sich gegenüber einem jeden y am Orte o in der Zeit z auf die Weise p zu verhalten." Die Relativität einer solchen Struktur geht jedoch weiter, da die relative Modalität M (x ... y) in der Regel mit einer korrelativen Modalität M(y ... x) in der Struktur der Rechtsnorm verbunden ist, so z. B.: (x, y) (G(x, c, p, o, z, y) → G(y, c, q, o, z, x)), was hier bestimmt nicht mehr entziffert werden muß. Es erübrigt sich auch hinzuzufügen, daß solche relativen Rechtsnormstrukturen in unzähligen Varianten vorkommen.

Man sieht auf den ersten Blick, daß solche relativen Rechtsnormstrukturen, wenn sie in die sogenannte subjektive deontische Logik überführt werden, geeignet sind, auch Rechtsverhältnisse unbeschränkt zu modellieren. Wenn wir z. B. mit B. und O subjektive deontische Modalitäten „berechtigt sein" und „verpflichtet sein" bezeichnen, wird die Implikation $B(x, c, p_r, o, z, y) \rightarrow O(y, c, q_r, o, z, x)$ folgendermaßen gelesen: „Wenn x berechtigt ist, vom y unter der Bedingung c am Orte o in der Zeit z ein r zu verlangen, dann ist y verpflichtet, unter derselben Bedingung am selben Ort und zu derselben Zeit dem x das r zu leisten." Auf diese Weise kann also jedes Rechtsverhältnis in eine beliebige Tiefe und Breite logisch formalisiert bzw. modelliert werden.

Die Modalitäten G, V, E sind wechselseitig austauschbar, das heißt, alle drei können immer auf jede von ihnen (bzw. auf ihre Negation) zurückgeführt werden. So gilt insbesondere:

$$G(p) = V(\sim p)$$

$$V(p) = G(\sim p)$$

Diese Gleichungen können natürlich auch als Äquivalenz ausgedrückt werden, also z. B.: $G(p) \leftrightarrow V(\sim p)$ usw.[15] Die Erlaubnis kann auf ein Gebot bzw. Verbot auch anders überführt werden. Zu diesem Zweck führen wir das Argument p_s ein, das ein das Verhalten p störendes Verhalten darstellt. Dann wird die folgende Gleichung bzw. Äquivalenz gelten: $E(p) = V(p_s)$ bzw. $E(p) = G(\sim p_s)$.

Daraus folgt, daß zur Modellierung der inhaltlichen Struktur einer Rechtsnorm eine einzige Modalität genügen könnte, was sie aber nicht vereinfachen, sondern vielmehr komplizieren und unübersichtlich machen würde. Dies wäre natürlich unpraktisch. Deshalb werden zur inhaltlichen Modellierung der Rechtsnormstruktur die drei erwähnten Modalitäten und ihre Negate gebraucht, mit denen wir uns im folgenden etwas näher befassen werden.

b) Das Wesen der deontischen Modalitäten

Das Wesen der deontischen Modalitäten ist rein logisch nicht erkennbar. So kann z. B. die Logik selbst vom Satz „p ist geboten" nichts anderes erkennen, als daß er dem Satz „$\sim$p ist verboten" gleichkommt. Sie sagt allerdings nichts darüber, worin das Wesen eines Gebots besteht, und auch nicht, ob der Satz „p ist geboten" in irgendeinem tatsächlichen Normensystem auch wahr ist. Da vom logischen Gesichtspunkt aus das p bloß eine logische Variable darstellt, besteht auf dem Gebiet der allgemeinen deontischen Logik ebensogut der Satz „es ist verboten zu stehlen" wie auch die Sätze „es ist geboten zu stehlen" bzw. „es ist erlaubt zu stehlen". Welcher von ihnen angesichts des tatsächlichen Stehlens in der Gesellschaft gilt, erkennt man also nicht rein logisch, sondern juristisch. Auch die Erklärung des Wesens der deontischen Modalitäten ist, wie bereits angedeutet, „metalogisch" und nur rechtstheoretisch erkennbar. Im Bereich der marxistisch aufgefaßten juristisch-deontischen Logik stellt z. B. die Modalität G(p) kein von gesellschaftlichen Tatsachen abstrahiertes, zwischen Himmel und Erde schwebendes Sollen, sondern — wie schon gesagt — einen zum Gesetz erhobenen Ausdruck des durch die Lebensbedingungen der herrschenden Klasse bedingten Klassenwillens dar, so daß die Modalität G(p) — und natürlich auch die anderen — nur im Zusammenhang mit ihren logischen und rechtstheoretischen Eigenschaften völlig erkennbar ist.

Das bedeutet allerdings keineswegs, daß die deontisch logische Problematik der Rechtsnorm nicht geprüft werden könnte oder sollte. Im Gegenteil, ihre Erforschung kann, wenn sie unter dem Gesichtswinkel ihres rechtstheoretischen Zusammenhangs erfolgt,

[15] Vgl. die oben (Anm. 12) angeführte Tabelle von H. Klenner (zit. nach: ders., Zur logischen Struktur sozialistischer Rechtsnormen, a. a. O., S. 452), aus der die wechselseitige Austauschbarkeit der einzelnen deontischen Modalitäten sehr deutlich hervorgeht.

neue Aspekte der Rechtsnorm, insbesondere auch ihrer Struktur aufdecken. Sie gehört insofern ohne Zweifel zu den modernen Entwicklungstendenzen der allgemeinen marxistisch-leninistischen Rechtstheorie.

c) Gebot und Verbot

Die Rechtsnorm überläßt ein Verhalten, das gesellschaftlich sehr wichtig ist, sei es deswegen, weil es erwünscht oder unerwünscht bzw. verwerflich ist, nicht dem freien Ermessen des handelnden Subjekts sondern sie gebietet oder verbietet es. So gelangen wir zu den deontischen Modalitäten „geboten" und „verboten", die, wie bereits erwähnt, gegenseitig austauschbar sind, und zwar so, daß die Gleichungen bzw. Äquivalenzen $G(p) = V(\sim p)$ und $V(p) = G(\sim p)$ gelten. Diese Gleichungen haben einen wichtigen praktischen Sinn sowohl für die Rechtsetzung als auch für die Rechtsanwendung. Stellen wir uns zu diesem Zweck eine Rechtsnorm $G(p)$ & $V(\sim p)$ vor, z. B. folgende: „Es ist verboten, schneller als 100 km/h zu fahren, und es ist geboten, die Geschwindigkeit von 100 km/h nicht zu überschreiten." Eine solche Norm ist zwar widerspruchslos, vom praktischen Gesichtspunkt aus wäre sie aber völlig unvernünftig. Es ist nämlich möglich, meistens auch erforderlich, die den Geboten entsprechenden Verbote sowie die den Verboten entsprechenden Gebote nicht ausdrücklich, sondern nur implizit zu formulieren. So z. B. könnte das im § 415 des Zivilgesetzbuches (ZGB) der ČSSR[16] enthaltene Gebot, sich so zu verhalten, daß niemandem ein Schaden zugefügt wird, mit dem gleichen Effekt als Verbot, einem anderen Schaden zuzufügen, formuliert werden.

Im angeführten Beispiel (man könnte unzählige weitere nennen) wurde also das Verbot vom Gesetzgeber absichtlich nicht ausdrücklich genannt und der Interpretation a contrario bzw. per eliminationem überlassen. Wenn also unter der Bedingung c ein p geboten und demzufolge ein $\sim p$ verboten ist, also im Falle $c(G(p)$ & $V(\sim p))$, dann genügt es, die praktische Struktur der Rechtsnorm entweder als $cG(p)$ oder als $cV(\sim p)$ zu formulieren und sie dadurch zu vereinfachen. Die Gebote und Verbote können jedoch mittels Interpretation auch auf eine andere Weise ermittelt werden, was wir an einigen Verboten verdeutlichen wollen. So kann ein Verbot, selbst wenn es im Wortlaut des Gesetzes nicht direkt mit den Worten „es ist verboten", „es darf nicht" u. ä. ausgedrückt wird, mittels Reduktion aus der Sanktion einwandfrei festgestellt werden. Nachdem feststeht, daß die juristische Sanktion stets nur wegen eines rechtswidrigen, das heißt vom Recht verbotenen Verhaltens droht, kann man verläßlich reduzieren, daß im Falle, daß das Gesetz mit einer Sanktion für das Verhalten p droht, das Verbot p auch dann gilt, wenn es im Gesetz nicht ausdrücklich angeführt ist. Dies kommt oft im Strafrecht vor, wo z. B. explizit nicht verboten wird zu stehlen, wo aber für Diebstahl eine Sanktion festgelegt ist. Dadurch ist implizit auch ein Verbot des Diebstahls gegeben.[17] Mittels Interpretation kann z. B. im Zivilrecht in concreto auch das Verbot eines bestimmten Verhaltens, das sonst allgemein nicht verboten, also erlaubt ist, festgelegt

[16] Alle in diesem Kapitel genannten positiv-rechtlichen Beispiele beziehen sich (sofern nicht ausdrücklich verwiesen) auf das tschechoslowakische Recht.

[17] Man kann also u. E. der verbreiteten Ansicht, daß strafrechtliche Normen in der Regel hypothesenlos sind, nicht zustimmen.

werden. So kann man z. B. vom Art. VII ZGB, wo der Rechtsmißbrauch verboten wird, schließen, daß ein Verhalten, das sonst berechtigt (erlaubt) wäre, unerlaubt (das heißt verboten) ist, falls es als Rechtsmißbrauch qualifiziert werden kann. Diese Möglichkeit, Gebote und Verbote mittels einer Rechtsnorm auftragen zu können, hängt mit dem technischen Prinzip der Gesetzgebung zusammen, wonach es nicht nur unzweckmäßig, sondern auch unerwünscht ist, im Wortausdruck der Rechtsnorm ausdrücklich das zu sagen, was man ihr zweifelsfrei auf implizite Weise, das heißt mittels verläßlicher Interpretation entnehmen kann. Ein gesetzliches Gebot oder Verbot hängt also nicht davon ab, ob im Wortlaut der Rechtsnorm Ausdrücke wie „es wird befohlen", „es muß" usw. oder „es ist verboten", „es darf nicht" usw. benutzt werden, sondern allein vom Willen des Gesetzgebers, der in jeder beliebigen verständlichen Form zum Ausdruck gebracht werden kann. Daraus folgt, daß die Gleichungen $G(p) = V(\sim p)$ und $V(p) = G(\sim p)$ die inhaltliche Struktur der Rechtsnorm vereinfachen und auch dem Gesetzgeber ermöglichen, die äußere Struktur der Rechtsnorm einfacher und übersichtlicher zu gestalten.

d) Die Erlaubnis

Der größte Unterschied zwischen der allgemein-logischen und der juristisch-logischen Auffassung der deontischen Modalitäten tritt bei der Analyse der Erlaubnis in Erscheinung. Diese Modalität wird z. B. bei Wright axiomatisch aufgefaßt.[18] Das ist zwar der bequemere Weg, zugleich aber auch eine Umgehung des eigentlichen Problems, die sich ein Jurist nicht leisten kann. Die Modalität „erlaubt" ist nämlich bei weitem nicht einheitlich, sie nimmt mehrere, recht verschiedene Ausdrucksformen an.[19]

Die *ausdrückliche* Erlaubnis, die wir mit einem A bezeichnen, kommt im Recht in verschiedenen Situationen und Verbindungen vor. Sie läßt daher auch verschiedene Interpretationen zu, die die Frage hervorrufen, ob die Erlaubnis A(p) tatsächlich eine einzige Modalität darstellt oder ob auch sie in mehrere Submodi zerfällt.

Die ausdrückliche Erlaubnis tritt oft als ein *hypothetisches Gebot*, als ein implizites Verbot auf. (Es sei daran erinnert, daß in der Rechtssprache ein „darf" oder „kann" des öfteren in Wirklichkeit ein „muß" bedeutet.) Als Beispiel einer solchen Erlaubnis wählen wir die Bestimmung des § 20 Abs. (2) der Straßenverkehrsordnung, wonach „der Fahrer nur rechts in Fahrtrichtung halten und parken darf". Diese Bestimmung ist in Wirklichkeit ein bedingtes Gebot, eine bedingte Norm, die bestimmt, daß der Fahrer auf der Straße nur dann halten und parken darf, wenn er dies rechts in Fahrtrichtung tut. Aus diesem Charakter der Norm, aus der kategorischen Formulierung der Bestimmung — vgl. Gesetzsammlung Nr. 100/1975 —, namentlich aus dem Wörtchen „nur", aber auch aus der sichtbaren ratio legis geht a contrario auch ein Halt- und Parkverbot anderswo auf der Straße als rechts in Fahrtrichtung hervor. Hier erlaubt also die Rechtsnorm uno actu p und verbietet $\sim p$, das heißt, daß die von den Möglichkeiten p und $\sim p$, also rechts in Fahrtrichtung oder anderswo und anders halten und parken zu dürfen, das vom Recht geschützte Verhalten auf p beschränkt.

[18] Vgl. G. H. v. Wright, An Essay in Modal Logic, Amsterdam 1951, S. 36/37.

[19] Vgl. V. Knapp, Einige Probleme der deontischen Modalität „erlaubt", in: Archiv für Rechts- und Sozialphilosophie (Wiesbaden), Bd. 3/67 (1981), S. 397ff.

Ausdrückliche Erlaubnisse dieser Art kommen im Recht oft vor und erscheinen in verschiedenen Zusammenhängen. Als ein weiters mögliches Beispiel kann die gesetzliche Abgrenzung des Wirkungsbereichs oder der Kompetenz eines bestimmten Organs erwähnt werden. Auch hier ist die ausdrückliche Erlaubnis eigentlich ein verdecktes Gebot, das heißt ein Gebot, die Tätigkeit lediglich innerhalb des festgelegten Wirkungskreises oder der Kompetenz zu entfalten; sie ist gleichzeitig ein Verbot, die Tätigkeit außerhalb dieser Grenzen auszuüben.

Die ausdrückliche Erlaubnis kommt oft als eine *Ausnahme von einem Verbot* vor. Als Beispiel dafür kann man die Bestimmung des § 13 des Familiengesetzes anführen, die einem Minderjährigen die Eheschließung im allgemeinen verbietet, aber sie gleichzeitig ausnahmsweise unter den vom Gesetz festgelegten Bedingungen zuläßt. Hier handelt es sich im Grunde um eine Kongruenz zweier Normen, von denen die eine ein allgemeines Verbot eines bestimmten Verhaltens ausspricht, die zweite es aber unter bestimmten Bedingungen ausdrücklich erlaubt, was mittels folgender Implikationen $((V(p) \& A(c, p)) \rightarrow \sim(V(c, p)$ oder $(V(p) \& A(c, p)) \rightarrow V(\sim c, p)$ ausgedrückt werden kann. Das bedeutet: „Wenn p verboten und unter der Bedingung c ausdrücklich erlaubt ist, dann ist es unter der Bedingung c nicht verboten", oder: „Wenn das Verhalten p verboten und unter der Bedingung c ausdrücklich erlaubt ist, dann ist es, falls die Bedingung c nicht vorhanden ist, verboten." Hier wird also der Umfang der Möglichkeiten des vom Recht geschützten Verhaltens an die Bedingung c geknüpft.

Eine derartige Folge „Verbot — Ausnahme vom Verbot" kann auch mehrstufig sein. Dies läßt sich z. B. an der Bestimmung des § 12 Abs. (1) und (3) ZGB beweisen, wonach der Gebrauch von Schriftstücken persönlichen Charakters (usw.) grundsätzlich ohne Genehmigung der betreffenden Person verboten ist, es sei denn, daß es ausnahmsweise unter den im Gesetz angeführten Bedingungen erlaubt ist. Aber auch dann ist es nicht erlaubt, wenn dies den Interessen des Bürgers widerspricht. (Im Recht gibt es übrigens auch mehr als dreistufige Folgen der Verbote und ihrer Ausnahmen.)

Eine andere Art der Erlaubnis stellt die *relative* Erlaubnis dar, die sich vom logischen Standpunkt aus im Bereich der — wie es Ivin nennt — Logik der gegenseitigen menschlichen Wirkung (čelovetšeskogo vsaimodejstvija) bewegt. Diese Art der Erlaubnis kann man am besten an den Obligationen darstellen. Hier handelt es sich im wesentlichen ebenfalls um eine Kongruenz der Normen, die wir einfachheitshalber mittels der unquantifizierten Implikation $c \rightarrow (A(x, p, y) \& G(y, q, x))$ modellieren können. Sie bedeutet, daß unter Bedingung c dem Subjekt x gegenüber dem Subjekt y ein Verhalten p erlaubt ist und daß gleichzeitig dem Subjekt y geboten wird, sich gegenüber dem Subjekt x in der Weise q zu verhalten. Diese Fälle sind allerdings keineswegs nur auf das Gebiet der Obligationen beschränkt. Auf ähnliche Weise kann z. B. die Bestimmung des Art. 29 der Verfassung der ČSSR modelliert werden, die es den Bürgern und den Organisationen erlaubt, sich mit Anträgen, Beschwerden u. a. m. an die Staatsorgane zu wenden, wobei den Staatsorganen geboten wird, diese Anträge termingerecht und verantwortungsbewußt zu erledigen.

Außer diesen drei Beispielen könnte man auch noch weitere anführen. Unter Benutzung einer mehrgliedrigen Symbolik könnten alle voneinander unterschieden werden; hier wollen wir sie jedoch nicht weiter differenzieren, sondern nur noch durch den symbolischen Ausdruck A(p) kennzeichnen.

Als *implizite* Erlaubnis wird eine solche verstanden, die zwar nicht ausdrücklich verkündet wird, die aber einer anderen deontischen Modalität impliziert ist oder von ihr zweifelsfrei abgeleitet werden kann. So impliziert ein Gebot immer auch eine Erlaubnis, es gilt also E(p) ⊃ G(p) bzw. G(p) → E(p). Es scheint nicht schwer zu sein, einen Beweis für eine solche Implikation zu finden. Zweifellos gilt nämlich, daß G(p) → V(~p) und desgleichen auch V(~p) → ~E(~p) ist, daß also im Falle, da ein ~p verboten ist, es notwendigerweise auch nicht erlaubt ist. Diese Schlußfolgerung ist evident, da eine Aussage, daß ein Verhalten vom Recht zwar verboten, aber rechtlich nicht unerlaubt ist, sich offensichtlich widersprechen würde. Dann aber wäre auch die Aussage, daß ein p geboten, aber nicht erlaubt ist, widersprüchlich. Vom rechtstheoretischen Standpunkt aus ist der Beweis noch einfacher: Damit jemand einem rechtlichen Gebot folgen kann, muß das ihm gebotene Verhalten auch erlaubt werden. Ein gebotenes und gleichzeitig auch unerlaubtes Verhalten ist eine contradictio in adiecto. Wir schließen also, daß der Satz G(p) → E(p) ohne Zweifel bewiesen werden kann, wenn man sich innerhalb eines und desselben Normensystems, gegebenenfalls also auf dem Gebiet des Rechts, bewegt.

Es bestehen auch andere Formen der impliziten Erlaubnis, aber diese lassen sich letztlich ebenfalls auf das erwähnte Schema zurückführen.

Die *stillschweigende* Erlaubnis, die wir mit einem I bezeichnen wollen, ist eine Erlaubnis *e silentio legis*. Wir kommen zu ihr in einem anderen Kontext zurück.

Die zuvor angeführten Fälle der Erlaubnis hatten trotz ihrer Verschiedenartigkeit eines gemein: sie waren auf irgendeine Weise mit Geboten oder Verboten desselben Verhaltens verknüpft, das heißt, der Modus „es ist erlaubt" bzw. „es ist ausdrücklich erlaubt" stand in einer bestimmten Verbindung mit „es ist geboten" und „es ist verboten".

Es kommt jedoch vor, daß das Recht bedingungslos erlaubt, jemand könne sich nach Belieben entweder in der Weise p oder ~p verhalten, daß ihm also erlaubt sei, sich in der Weise p zu verhalten, gleichzeitig aber auch, sich in der Weise p nicht zu verhalten bzw. sich in der Weise ~p verhalten zu können.

Vom legislativ-technischen Standpunkt aus erscheinen diese Fälle praktisch in drei Formen: *erstens* als A(p & ~p), also in Form einer ausdrücklichen Erlaubnis p und ~p; *zweitens* als A(p) & ~V(~p), das heißt als ausdrückliche Erlaubnis p und kein Verbot ~p, und zwar konkret als kein Verbot aufgrund des Schweigens des Gesetzes; sollte nämlich ~p nicht verboten sein infolge A(~p), dann würde es sich um den ersten Fall handeln, und wenn es infolge G(~p) nicht verboten wäre, würde der Satz E(p & ~p) überhaupt nicht gelten; *drittens* als Schweigen des Gesetzes.

Der *erste* Fall kommt im Recht selten vor, da eine derartige Art der Erlaubnis gewöhnlich keinen vernünftigen Sinn hat und auch vom legislativ-technischen Standpunkt aus kaum wünschenswert ist. Es hätte z. B. keinen vernünftigen Sinn, ausdrücklich erlauben zu wollen, daß der Bürger Blutspender werden und es auch nicht werden kann, wogegen es aber einen Sinn hat, festzulegen, der Bürger kann Blutspender nur unter gewissen Bedingungen werden. Auch hier liegt es an seinem Willen, ob er unter den gegebenen Bedingungen Blutspender sein will oder nicht. Dieser Fall unterscheidet sich im wesentlichen vom vorhergehenden dadurch, daß eine solche Bestimmung das Verbot, Blutspender zu werden, falls gewisse Bedingungen nicht erfüllt wurden, impliziert.

Trotzdem begegnen wir im Recht auch bedingungslosen ausdrücklichen Erlaubnissen des Typs A(p & ~p), die unter gewissen Umständen zweckmäßig und vernünftig sind. Als Beispiel kann die Bestimmung des Art. 32 Abs. (1) der Verfassung dienen, wo es heißt: „Jeder kann sich zu jedem beliebigen religiösen Glauben bekennen oder konfessionslos bleiben." Diese Bestimmung begrenzt zwar die Erlaubnis, *religiöse Handlungen* durchzuführen, *aber pro foro interno* erlaubt sie jedem, sich ohne jede Bedingung und Beschränkung zum beliebigen Glauben zu bekennen oder konfessionslos zu sein. Konfessionslos zu sein ist aber dasselbe, wie sich zu keinem Glauben bekennen, so daß es sich hier deutlich um ein Verhalten p und ~p handelt, wobei ein drittes ausgeschlossen ist. Die durch diese Bestimmung der Verfassung gegebene Erlaubnis hat also eindeutig den Charakter von A(p & ~p). Infolgedessen ist dies eigentlich ein legislatives Superfluum, denn, wie aus der folgenden Darlegung hervorgeht, wäre beides Verhalten auch dann erlaubt, falls das Gesetz schweigen würde.

Der Sinn der im erwähnten Artikel der Verfassung ausdrücklich fixierten Erlaubnis liegt dementsprechend eher in einer politischen Proklamation der Freiheit des Glaubens und der Konfessionslosigkeit in der ČSSR sowie in dem Bestreben, ihren Schutz in den Rang einer Verfassungsnorm zu erheben. Da das Gesetz nicht nur ein logisches Normensystem darstellt, sondern auch den politischen Willen ausdrückt, also selbst ein Politikum ist, ist eine derartige politische Begründung der ausdrücklichen Erlaubnis A(p & ~p) völlig berechtigt.

Als Beispiel der *zweiten* Art einer bedingungslosen Erlaubnis p und gleichzeitig ~p kann die Bestimmung des § 463 Abs. (3) ZGB angeführt werden, wo es heißt: „Der Erbe kann die Erbschaft ablehnen." Es ist allerdings evident, daß er sie auch nicht ablehnen kann. Das Gesetz erlaubt also dem Erben, die Erbschaft nach Belieben abzulehnen oder nicht abzulehnen, das heißt, sich auf die Weise p zu verhalten oder nicht zu verhalten, und zwar das erste ausdrücklich und das zweite stillschweigend. Ähnlich wie im vorhergehenden Fall, handelt es sich um ein legislatives Superfluum, da diese Erlaubnis auch vom Schweigen des Gesetzes abzuleiten wäre. Dabei könnten jedoch Zweifel und Unsicherheit auftauchen. Das tschechoslowakische Recht kennt nämlich kein Delationsprinzip, das heißt, die Erbschaft wird an den Erben nicht übertragen, sondern allein aufgrund des Gesetzes (§ 460 ZGB) erworben. Daraus könnten Zweifel entstehen, ob der Erbe, wenn es vom Gesetz nicht ausdrücklich festgelegt wäre, die Erbschaft, die er bereits im Augenblick des Todes des Erblassers erworben hatte, ablehnen kann. Der Beweggrund und das Ziel der Bestimmung des § 463 Abs. (1) ZGB liegen in dem Bestreben, die bei der Auslegung des Gesetzes möglicherweise auftauchenden Unsicherheiten auszuräumen.

Der *dritte* Fall hängt mit dem Problem der sogenannten normativen oder deontischen *Indifferenz* zusammen. Diese kann in zweierlei Hinsicht interpretiert werden. Einerseits versteht man darunter denjenigen Fall, wo p und gleichzeitig auch ~p erlaubt ist, wo es also vom Gesichtspunkt der Norm aus indifferent (gleichgültig) ist, ob sich jemand in der Weise p oder ~p verhält. Faßt man die normative Indifferenz derart auf, dann würde sie sich auch auf beide oben genannten Fälle beziehen. Eine zweite Auffassung meint, die normative Indifferenz liege im Mangel an Gebot, Verbot und Erlaubnis, so daß das Verhalten p und ~p nicht als ein erlaubtes, sondern als ein vom Standpunkt der Norm gleichgültiges Verhalten („bezrazlično", sagt Irvin)[20] betrachtet wird.

Auf den ersten Blick ist ersichtlich, daß die normative Gleichgültigkeit weder unbedingt ist noch in der Regel eine politische bzw. rechtspolitische Gleichgültigkeit

[20] A. A. Ivin, Logika norm, Moskva 1973, S. 28ff.

einem bestimmten Verhalten gegenüber bedeutet. Wie bereits angedeutet, kann der Gesetzgeber daran interessiert sein, daß sich die Bürger auf bestimmte Weise verhalten oder nicht verhalten, er kann jedoch — mit Rücksicht auf die gegebenen Umstände — auch in einem solchen Fall das gegebene Verhalten vom normativen Standpunkt als „indifferent" betrachten, das heißt, es weder erzwingen noch ihm mit juristischen Mitteln entgegenwirken.

Im folgenden werden wir uns mit der normativen Indifferenz der zweiten Konzeption, das heißt im Sinne des Mangels an einer anderen rechtlichen Regelung, befassen. Dieses Problem hängt mit dem bekannten rechtsphilosophischen Dilemma zusammen, ob im sozialistischen Recht die Regel gilt, es sei alles erlaubt, was nicht verboten ist, oder verboten sei, was nicht erlaubt ist. Bei der Lösung dieser Frage muß man sich dessen bewußt sein, daß unter Verbot hier natürlich nicht nur der Fall, wo im Gesetz die Worte „es ist verboten" oder „man darf nicht" u. ä. benutzt werden, sondern jeder Ausdruck des gesetzgeberischen Willens, etwas zu verbieten, zu verstehen ist, wobei der Wille nicht nur aus dem ausdrücklichen Wortlaut der Rechtsnorm, sondern auch mit Hilfe ihrer Interpretation festgestellt werden kann. Ähnliches gilt auch für das Gebot. Wenn wir die Sache so verstehen, dann kann man kaum zweifeln, daß im sozialistischen Recht das Prinzip der Genehmigung dessen, was nicht verboten ist bzw. was vom Recht nicht geregelt wird, tatsächlich gilt.[21]

Daraus folgt, daß es im Recht keine normative Indifferenz im logischen Sinn gibt, also kein solches Verhalten existiert, das vom Recht weder erlaubt noch verboten wäre; denn ein Mangel an Verbot bzw. an rechtlicher Regelung kommt einer stillschweigend erteilten Erlaubnis gleich. Wenn wir folglich die normative Indifferenz als Modus I(p) bezeichnen, dann gilt es im Recht nicht als „es ist indifferent" oder „es ist gleichgültig", sondern als „es ist stillschweigend erlaubt".[22]

Trotzdem besteht ein klarer Unterschied zwischen einer stillschweigend erteilten Erlaubnis und einem impliziten Gebot oder Verbot. Wenn nämlich z. B. vom § 20 Abs. (3) der Straßenverkehrsordnung der ČSSR das Halten und Parken ausdrücklich rechts geboten und so implizit das Halten und Parken anderswo als rechts verboten wird, bedeutet dies keinesfalls, daß der Gesetzgeber den zuletzt angeführten Fall nicht regeln wollte. Im Gegenteil: Hier ist ein klarer Wille ersichtlich, diesen Fall „ausdrücklich", wenn auch nicht expressis verbis, zu verbieten. Demgegenüber ist die Tatsache, daß vom tschechoslowakischen Recht, z. B. die Verlobung nicht geregelt wird, ein Ergebnis dessen, daß der Gesetzgeber eine Regelung nicht als unerläßlich betrachtet hatte. Die Verlobung ist also stillschweigend erlaubt, sie ist aber mit keinen rechtlichen Folgen verbunden, sie ist kein Rechtsinstitut.

In der Praxis jedoch ist diese Unterscheidung bei weitem nicht so eindeutig wie in den erwähnten Fällen. Es wird daher manchmal notwendig erscheinen, eine schwierige Interpretation zu unternehmen, um festzustellen, ob es sich um ein implizites Gebot oder Verbot oder um ein „Stillschweigen des Gesetzes", das heißt um eine normative „Indifferenz" handelt.

---

[21] Vgl. V. Knapp, Filosofické problémy socialistického práva, Prag 1967, S. 249ff.

[22] V. Knapp, Sul problema dell'indifferenza logiga, in: Informatica e diritto, Bd. 2, Florenz 1982, S. 5ff.

Es fragt sich ferner, ob auch in der juristischen deontischen Logik die sonst anerkannte Identität I(p) ↔ I(~p) gilt. Erinnern wir uns an den erwähnten zweiten Fall der Erlaubnis vom Typ E(p & ~p), den wir an der ausdrücklichen Erlaubnis, eine Erbschaft ablehnen zu können, veranschaulicht und mit der Konjunktion A(p) & ~V(~p) formuliert hatten. Die hier gestellte Frage heißt, ob A(p) in diesem Fall A(~p) impliziert, ob wir infolgedessen die Nichtablehnung der Erbschaft als ausdrücklich erlaubt betrachten sollen oder ob der benutzte Ausdruck ~V(~p) nicht als I(~p) interpretiert und die Nichtablehnung der Erbschaft als stillschweigend erlaubt angesehen werden sollte. In diesem Fall hätte E(p & ~p) die Form von A(p) & I(~p), was also die Äquivalenz I(p) ↔ I(~p) widerlegt.

Zum Schluß sei hierzu noch bemerkt, daß vom Gesichtspunkt des juristischen Denkens der Modus I(p) ziemlich unverläßlich ist und folglich auch die Argumentation e silentio legis als unverläßlich bezeichnet werden kann. Das Recht stellt ein ungewöhnlich kompliziertes und umfangreiches Normativsystem dar, in dem sich einzelne Normen wechselseitig in Tausenden verschiedenen Beziehungen befinden, so daß es auch bei einer noch so sorgfältigen Interpretation öfter schwierig sein dürfte, festzustellen, ob ein bestimmtes Verhalten vom Recht ausdrücklich geregelt wird oder nicht, ob es geboten oder verboten ist oder nicht. Deshalb kann auch der Schluß über den Mangel an einer rechtlichen Regelung bzw. den Mangel an Gebot oder Verbot eines bestimmten Verhaltens in concreto als zweifelhaft angesehen werden. Und infolgedessen kann die Anwendung der Regel, daß als erlaubt gilt, was nicht verboten ist, also auch die Anwendung des Modus „es ist stillschweigend erlaubt", ebenfalls als zweifelhaft betrachtet werden. Aus diesem Grunde bedient sich der Gesetzgeber bei der Regelung eines bestimmten Verhaltens ziemlich oft der Sätze A(p) & A(~p) bzw. A(p) & ~V(~p).

Zusammenfassend können wir sagen: Die eigentlichen Bausteine, die inhaltlichen Strukturelemente der Rechtsnorm sind die drei deontischen Modalitäten G, V, E, die bei einer ausführlichen Analyse verschiedene Formen annehmen und verschiedenartig ausgedrückt werden können, so z. B. das *Gebot* mit den Sätzen G(p), V(~p), A(p) & V(~p) usw. und das *Verbot* mit V(p), G(~p) usw.

Die *Erlaubnis* scheint besonders kompliziert zu sein. Sie zerfällt in mindestens drei Submodi, nämlich:

A(p) → E(p)
G(p) → E(p)
I(p) → E(p).

die — wenn wir das bereits erwähnte getarnte Gebot A(p) & V(~p) nicht mehr wiederholen wollen — beispielsweise folgendermaßen formuliert werden können:

A(p)
A(p) & A(~p)
A(p) & I(~p)
V(~c, p) → A(c, p)
G(p) → E(p)
I(p) usw.

5.3. Syntaktische Bestandteile (Strukturelemente) der Rechtsnorm

a) Elementare (einstufige) Rechtsnormenstruktur

Aus der regulativen Funktion des Rechts geht hervor, daß den grundlegenden Teil einer Rechtsnorm ihr Gegenstand bildet, der mit der Frage ausgedrückt werden kann, *was* von der Rechtsnorm *geboten* oder *verboten* bzw. *erlaubt* wird, welche die Rechtsfolgen der Rechtsnorm sein sollten, welche Pflicht von der Norm auferlegt wird, welcher Rechtszustand eintreten sollte usw., kurz, was von der Norm verbindlich *bestimmt* wird. Diese primäre, das heißt von der Rechtsnorm direkt, unmittelbar begehrte Rechtsfolge wird gewöhnlich als *Disposition* der Rechtsnorm bezeichnet, und so wollen wir sie auch hier nennen. Symbolisch wird sie mit dem Buchstaben M gekennzeichnet, was einen allgemeinen rechtlich deontischen Operator bedeutet, für den ein beliebiger anderer eingesetzt werden kann. Der Ausdruck M(p), der in dieser meist abstrakten Form auch sein Negat M(~p) umfaßt, bedeutet, daß der Rechtsnorm zufolge p (bzw. ~p) eintreten soll und daß er unter Umständen durch die Ausdrücke G(p), V(p) und E(p) bzw. ihre Negationen und Kombinationen ersetzt werden kann. (Mit der Einführung des allgemeinen deontischen Operators M nähert sich unsere Methode der erwähnten Methode Černobel's, womit jedoch die Ähnlichkeit unserer Methode mit seiner auch schon aufhört.)

Eine weitere Frage ist, *unter welchen Bedingungen und in Beziehung zu wem* M(p) gilt bzw. eintreten soll. Diesen Teil der Norm, der in der Literatur etwas vereinfacht als derjenige definiert wird, wer wozu unter welchen Bedingungen verpflichtet ist, nennt man gewöhnlich Hypothese der Rechtsnorm.[23] Wir kennzeichnen sie mit dem Symbol C, das wir als die Menge der Bedingungen, mit denen die Rechtsnorm das Aufkommen von primären rechtlichen Folgen M(p) verbindet, verstehen. Diese Bedingungen können in der Rechtsnorm entweder ausdrücklich ausgesprochen werden, oder sie können mit Hilfe einer Deduktion aus den übrigen Teilen der Rechtsnorm oder aus anderen Rechtsnormen festgestellt werden. Im letztgenannten Fall pflegt man zu sagen, die *Hypothese* der Rechtsnorm sei verschwiegen. Vom Gesichtspunkt der Rechtsnormstruktur ist ferner die schon erwähnte Frage wichtig, ob es Rechtsnormen gibt, bei denen *keine* Hypothese vorkommt, oder, mit anderen Worten, ob jede Rechtsnorm notwendig und per definitionem eine Hypothese haben muß. Um diese Frage lösen zu können, müssen wir vorerst klarstellen, was man unter Bedingungen versteht, mit denen die Rechtsnormfolgen M(p) verknüpft sind. Die Frage, unter welchen Bedingungen die Folgen eintreten, ist immer möglich und zulässig. Die Antwort ist jedoch verschieden. Sie kann auch so lauten, daß die Folge in bezug auf eine bestimmte Menge der Subjekte immer, also unter jeder oder beliebiger Bedingung eintritt. Das sind diejenigen Fälle, wo die rechtlichen Folgen ex lege, vom Gesetz aus selbst eintreten, ohne daß zu ihrem Entstehen irgendeine weitere Bedingung erfüllt werden müßte. In diesem Fall ist die Menge C eine universale, mit einer theoretisch unendlichen Zahl von Elementen. Wenn wir aber unter Bedingung der rechtlichen Folge M(p) eine rechtliche Tatsache verstehen, das heißt, wenn M(p) nicht direkt vom Gesetz aus, sondern erst, wenn die vom Gesetz vorausgesehene rechtliche Tatsache gegeben ist, eintritt, dann kann die Menge C als eine Menge rechtlicher Tatsachen, als eine Menge mit einer endgültigen, meistens nicht großen Anzahl von Elementen, betrachtet werden. In einem

---

[23] Vgl. z. B.: Socialističeskoe pravo, a. a. O., S. 239.

solchen Fall ist — paradox gesagt — die universale unendliche Menge C der Rechtsnormen, die die rechtlichen Folgen direkt vom Gesetz aus hervorrufen, gleichzeitig eine leere Menge, da keines ihrer unendlichen Anzahl von Elementen von der Rechtsnorm als rechtliche Tatsache qualifiziert wird. Da wir in diesem Beitrag die Lösung der Problematik der *logischen* Rechtsnormenstruktur auf die *juristische* Auffassung ihrer Struktur stützen, fassen wir die Hypothese der Rechtsnorm im letztgenannten Sinne; das heißt als Menge der rechtlichen Tatsachen auf, womit wir gleichzeitig zugestehen, daß in der Beziehung $C \rightarrow M(p)$ die Menge C leer sein kann, so daß wir insoweit von Rechtsnormen ohne Hypothesen bzw. von unbedingten Rechtsnormen sprechen können.

Wir gelangen so zu den ersten Schlußfolgerungen, wonach als elementarer und absolut unentbehrlicher Baustein jeder Rechtsnorm die Modalität M(p) zu betrachten ist, die entweder allein stehen kann oder bedingt ist. Im ersten Fall handelt es sich um eine einfache unbedingte Rechtsnorm M(p), im zweiten Fall um eine bedingte Rechtsnorm $c \rightarrow M(p)$ oder — anders ausgedrückt — cM(p) bzw. M(c, p).

b) Zusammengesetzte (zweistufige) Rechtsnormenstruktur (Problem der Sanktion und der sogenannten leges imperfectae)

Im Recht kommt es oft vor, daß die Hypothese einer Rechtsfolge M(p) in der Erfüllung oder, was viel häufiger vorkommt, in der Nichterfüllung der Disposition besteht. In solchen Fällen handelt es sich um eine sekundäre Hypothese bzw. um eine sekundäre Rechtsnorm, die das Vorhandensein einer primären voraussetzt, also:

$$\begin{array}{ll} c \rightarrow M(p) & \text{oder } c \rightarrow M(p) \\ c, p \rightarrow M(q) & c, \sim p \rightarrow M(q)\,. \end{array}$$

Wir wollen uns hier insbesondere auf eine nähere Analyse der zweiten Figur, in der als sekundäre Hypothese das $\sim p$ vorkommt, konzentrieren.

Diese Figur ruft nämlich die nicht einfache Frage der *Sanktion* und das sehr umstrittene Problem der sogenannten *leges imperfectae* hervor. Die Sanktion wird gewöhnlich begrifflich mit dem Staatszwang, der die Rechtsnorm *per definitionem* begleitet, verbunden und als eine für den Rechtsverletzer nachteilige Rechtsfolge, als eine Pflicht, einen Nachteil als Folge einer Rechtsverletzung erdulden zu müssen, betrachtet. Dieser üblichen Auffassung zufolge hat die rechtliche Sanktion folgende Definitionsmerkmale: sie stellt eine sekundäre Pflicht dar, deren Objekt die Duldung eines Nachteils und deren Bedingung die Rechtsverletzung ist;[24] wobei jedoch der Begriff des Nachteils verschiedenartig aufgefaßt wird.

Es bestehen allerdings Rechtsnormen, bei denen der innewohnende Staatszwang kein einziges der angeführten Merkmale der Rechtsnorm aufweist. Außerdem wird der Staatszwang durch die Auferlegung bzw. durch das Wirken des Nachteils, wenn wir den letzteren auch im breitesten Sinne auffassen, nicht erschöpft. Es gibt nämlich Rechtsnormen, die ihren Adressaten keine konkrete Pflicht auferlegen und deshalb auch nicht direkt verletzt werden können. Solche Rechtsnormen können dann selbstverständlich von keiner rechtlichen Sanktion begleitet werden. Als Beispiel sei die Bestimmung

---

[24] Vgl. ebenda; ähnlich: Theorie-Lehrbuch, S. 531.

des Art. 2 Abs. (2) des Verfassungsgesetzes über die tschechoslowakische Föderation bzw. des Art. 2 Abs. (2) und (3) der Verfassung selbst erwähnt, wonach die Werktätigen die Staatsmacht mittels ihrer Vertretungskörperschaften ausüben, worunter die Föderale Versammlung, der Tschechische und Slowakische Nationalrat und die Nationalausschüsse zu verstehen sind. Ferner können die Bestimmungen des § 119 Abs. (2) ZGB und ähnlich auch des § 14 des Außenhandelsgesetzbuches angeführt werden, wo verbindlich definiert wird, was Liegenschaften sind, oder die Bestimmungen des § 8 Abs. (2) ZGB über die Erlangung der Volljährigkeit, die Bestimmung des § 51 Abs. (1) des Familiengesetzes, wonach als Vater des Kindes der Ehegatte der Mutter gilt, sowie unzählige weitere gesetzliche Bestimmungen, die keine Nachteilandrohung begleitet. Trotzdem wäre es sicher nicht begründet, ihnen den Charakter einer Rechtsnorm abzusprechen; es wäre auch kaum vernünftig, diese Bestimmungen als einen unselbständigen Teil der Hypothese anderer Rechtsnormen darzustellen oder auf ähnlichen Abwegen ausweichen zu wollen. Das ist auch nicht notwendig, denn auch diese Normen sind mit dem Staatszwang verknüpft, nicht aber in Form eines Nachteils, der denjenigen bedroht, der das Recht verletzt hat. Der Staatszwang als Definitionsmerkmal einer Rechtsnorm sollte im breiteren Sinne, nämlich als Ausdruck der staatlichen Sorge um die Wahrung der Rechtsnormen aufgefaßt werden. Zu den Rechtsmitteln, die zu diesem Zweck vom Staat benutzt werden, gehören außer den in Form eines Nachteils verhängten Sanktionen (wozu wir im breitesten Sinne auch die Nichtigkeit einer Rechtshandlung zählen) z. B. die Verweigerung der rechtlichen Relevanz einer bestimmten Handlung, die Aufhebung einer mangelhaften Entscheidung, aber auch die Verpflichtung aller das Recht anwendenden Organe, einen bestimmten Begriff in dem vom Recht festgelegten Sinne auszulegen usw. Es gibt viele Beispiele dieser Art des Staatszwangs. Wir werden sie an den angeführten Bestimmungen erläutern. So hat z. B. die gesetzliche Abgrenzung des Begriffs einer Liegenschaft zur Folge, daß kein Staatsorgan ein mit dem Boden nicht verbundenes Wochenendhaus als Liegenschaft betrachten und im Fall der Eigentumsübertragung die Registrierung durch den staatlichen Notar verlangen kann, und zwar auch dann nicht, wenn die Vertragspartner selbst dieses Wochenendhaus im Vertrag als Liegenschaft bezeichnet hatten. Aus der Bestimmung über die Erlangung der Volljährigkeit geht hervor, daß niemand einer volljährigen Person die durch ihre Volljährigkeit erworbenen Rechte abstreiten darf, daß aber auch diese Person sich nicht der auf volljährige Bürger übertragenen Pflichten und Verantwortlichkeiten entledigen kann, auch wenn sie sich selbst als minderjährig betrachtet. Die Bestimmung über die Vaterschaft des Ehegatten der Mutter bedeutet, daß der Ehegatte, falls seine Vaterschaft auf gesetzliche Weise nicht angefochten wurde, immer als Vater auftreten und die Rechte und Pflichten des Vaters übernehmen muß, auch wenn er tatsächlich nicht der Vater ist. Die übrigen erwähnten Beispiele, so auch Art. 2 Abs. (2) des Verfassungsgesetzes über die tschechoslowakische Föderation, beweisen, daß es Fälle gibt, wo in der Praxis nicht einmal solche indirekten Verletzungen von Rechtsnormen, die wir an drei Beispielen veranschaulicht haben, in Betracht kommen, so daß sogar der Staatszwang, auch im breitesten, von uns aufgefaßten Sinne, irrelevant ist. Begrifflich ist dies jedoch nicht ausgeschlossen. Wenn z. B. ein solcher Fall vorkäme, daß ein Organ, welches nicht zu den Vertretungskörperschaften zählt, die einer Vertretungskörperschaft vorbehaltenen Befugnisse ausüben wollte, dann würde die Staatsmacht selbstverständlich eingreifen und einen solchen Vorgang verhindern.

Bei manchen Rechtsnormen besteht der Staatszwang weder hinsichtlich der Pflicht, einen Nachteil dulden zu müssen, noch darin, daß überhaupt irgendeine Pflicht entsteht, sondern vielmehr darin, daß die Pflicht erlischt und die Rechtsfolge nicht wegen der Verletzung der Normdisposition, sondern infolge ihrer Erfüllung eintritt. Als Beispiel einer solchen Rechtsnorm sei die Bestimmung des § 71 Abs. (1) ZGB genannt, wo es heißt: „Die Schuld erlischt durch ihre Begleichung.“ Diese Bestimmung impliziert: „Falls der Schuldner seine Schuld begleicht, erlischt diese.“ Insoweit ist die Sache kaum interessant. Das Interessante ergibt sich aus ihrer Beziehung zur allgemeinen Norm „pacta sunt servanda“, als deren Beispiel wir den Kaufvertrag wählen. Beide Normen können in ihrem gegenseitigen rechtlichen und logischen Zusammenhang folgendermaßen formuliert werden:

I. Satz: Falls jemand als Käufer einen Kaufvertrag abgeschlossen hat, ist er verpflichtet, dem Verkäufer den Kaufpreis der gekauften Sache zu bezahlen.

II. Satz: Wenn der Käufer dem Verkäufer den Kaufpreis der gekauften Sache bezahlt hat, erlischt seine Schuld.

Auf den ersten Blick ist die Verbindung beider Sätze einer „vollständigen“ Rechtsnorm ähnlich, das heißt einer Rechtsnorm, die eine Hypothese, eine Disposition und eine Sanktion wegen Verletzung der Disposition enthält. Trotzdem machen sich in der Konstruktion der Bestimmung des § 71 Abs. (1) ZGB in bezug auf das allgemeine, abstrakte Schema der Rechtsnorm einige wichtige Abweichungen bemerkbar:

Als erste und interessanteste sei diejenige erwähnt, wonach als Hypothese des zweiten Satzes nicht die Nichterfüllung der Disposition, sondern ihre Erfüllung auftritt. Die zweite Abweichung besteht darin, daß als Rechtsfolge der Hypothese des zweiten Satzes nicht die Sanktion, sondern eine andere Rechtsfolge auftaucht. Schließlich ist der dritte Unterschied darin zu sehen, daß die Rechtsfolge nicht im Aufkommen einer Pflicht, sondern in ihrem Erlöschen besteht, also im Entstehen eines bestimmten Rechtszustandes.

Wir verstehen also die sekundäre Rechtsfolge in einem breiteren Sinne als die Sanktion. Es gilt u. E. zu berücksichtigen, daß die Sanktion zwar immer in dieser oder jener Weise im Staatszwang besteht, daß aber der Staatszwang durchaus nicht immer mittels Sanktion, sondern auch mit anderen Mitteln ausgeübt wird. Deshalb kann man die gegenseitige Beziehung der sekundären Rechtsfolge durch die Inklusion $S(q) \subset M(q)$ kennzeichnen, in der das Symbol S die Sanktion und M mit dem Argument q (siehe oben) die sekundäre Rechtsfolge ausdrücken.

Daraus folgt, daß es nach unserer Auffassung keine Rechtsnorm gibt, die nicht mit einer Art Staatszwang verbunden wäre, daß jedoch auch Normen vorkommen, die nicht mit einer Sanktion stricto sensu, das heißt mit einer Sanktion als nachteiliger Folge einer Rechtsverletzung, verbunden sind.

Eine weitere Konsequenz dieser Erwägungen betrifft das scheinbar widersprüchliche Problem der *leges imperfectae*. Wenn wir nämlich die Sanktion so verstehen, wie wir sie zu erklären versuchten, dann hat der Begriff lex imperfecta nur dann einen Sinn, wenn er nicht in bezug auf jede Art Staatszwang, also auf jede sekundäre Rechtsfolge, sondern lediglich im Hinblick auf die Sanktion stricto sensu verstanden wird. Dann wird auch die contradictio in adiecto, wonach eine lex imperfecta eine zwingende Regel darstellt, die zu nichts zwingt, überwunden. Jede Rechtsnorm impliziert nämlich einen bestimmten Staatszwang (sonst würde es sich um keine Rechtsnorm, sondern um einen nichtnormativen Teil des Gesetzes handeln); es gibt aber Rechtsnormen, die keine Sanktion enthalten, und eben diese Rechtsnormen kann man ohne Gefahr eines Widerspruchs in den Schlußfolgerungen als leges imperfectae betrachten.

5.4. Abstraktes Modell der Rechtsnormstruktur

Wir gelangen nunmehr zu den ersten Schlußfolgerungen, die sich allerdings nur auf die *absolute* Rechtsnormenstruktur beschränken. Die relative Rechtsnormenstruktur könnte zwar mit denselben Mitteln und schließlich auch mit Benutzung derselben Methoden modelliert werden. Dies wäre aber derart kompliziert, so daß wir hier aus Platzgründen darauf verzichten.

Aus demselben Grunde beschränken wir uns nunmehr auf die Darlegung der *syntaktischen* Rechtsnormenstruktur, ohne die *inhaltliche* (semantische) Struktur der Rechtsnorm zu berücksichtigen. Man kann sich bestimmt vorstellen, daß die syntaktische Rechtsnormenstruktur mit der inhaltlichen (semantischen), und zwar durch die Ersetzung der M-Sätze durch die entsprechenden G-, V-, E-Sätze kombiniert werden könnte. Auch das würde aber die Schlußfolgerungen sehr komplizieren, weshalb wir diese Problematik hier nur andeuten.

In den vorhergehenden Erwägungen haben wir folgende syntaktische Bausteine der Rechtsnorm, nämlich M(p), M(q), S(q), c, cq bzw. c, $\sim$p, welche die Elemente ihrer „Sprache" bilden, isoliert, von denen die ersten drei vom logischen Gesichtspunkt Soll- bzw. Modalsätze, die anderen Aussagen sind. Halten wir zunächst fest:

— *erstens*, in den M-Sätzen wird das M je nach den Umständen durch eine der drei deontischen Modalitäten G, V, E ersetzt;
— *zweitens*, das S in unserer Auffassung der Sanktion besteht immer in einem Gebot, also in einem G;
— *drittens*, zwischen den M(q) und S(q)-Sätzen gilt die oben erwähnte Inklusion $S(q) \subset M(q)$;
— *viertens*, das p (ähnlich gilt es auch für $\sim$p) tritt in dieser Zusammenfassung der Bausteine der Rechtsnorm in zweifacher Form auf, und zwar einmal als Argument eines M und das andere Mal in Verbindung mit dem c als ein selbständiges Element der Rechtsnorm.

Die bisherigen Erörterungen haben ferner gezeigt, daß

— *erstens* die Struktur der Rechtsnorm „einstufig" oder „zweistufig" sein kann, sie entweder in einem Satz oder in zwei Sätzen — wobei der zweite vom ersten abhängt — ausgedrückt werden kann;
— *zweitens* der erste Satz bedingt oder unbedingt sein kann, wogegen der zweite immer bedingt ist;
— *drittens* der Satz M(p) unentbehrlich ist, die anderen aber fehlen können, so daß der Satz M(p) eine Minimalstruktur der Rechtsnorm darstellt.

Wir können also damit schließen, daß die abstrakte Struktur einer Rechtsnorm vierfache Gestalt annehmen kann, aufgrund der es ihrer Struktur nach folgende Arten von Rechtsnormen gibt:

— unbedingte imperfekte Rechtsnormen M(p);
— bedingte imperfekte Rechtsnormen $c \rightarrow M(p)$;
— unbedingte perfekte Rechtsnormen $M(p) \,\&\, (\sim p) \rightarrow S(q)$;
— bedingte perfekte Rechtsnormen $(c \rightarrow M(p) \,\&\, (c, \sim p)) \rightarrow S(q)$.

Die letzte Zeile stellt sozusagen eine volle Rechtsnorm dar, die folgendermaßen zu lesen ist: Der Addressat der Rechtsnorm soll sich unter der Bedingung c auf die Weise p verhalten und falls er es, wenn die Bedingung c vorhanden ist, nicht tut, soll er sich (noch dazu bzw. statt dessen) auf die Weise q verhalten, das heißt einen Nachteil erdulden.

Man sieht also, daß wir in unserer Auffassung von der absoluten Rechtsnormenstruktur die Begriffe Hypothese, Disposition und Sanktion *nicht völlig* verwerfen. Es gibt auch keinen Grund, warum in unseren Überlegungen diese Ausdrücke, die üblich und gut verständlich sind, nicht benutzt werden sollten. Andererseits erübrigt es sich wohl, zu erklären, daß wir die Verbindung von Hypothese, Disposition und Sanktion bei weitem nicht trichotomisch auffassen und unsere Vorstellungen über die Rechtsnormenstruktur sich von den traditionellen wesentlich unterscheiden.

5.5. Zusammengesetzte Rechtsnormen — Rechtsnormenkomplexe

Die oben erwähnten Formen der Rechtsnormen sind vereinfachte, abstrakte logische Schemen, es sind ideale Rechtsnormen. In der tatsächlichen Gesetzgebung sehen die Rechtsnormen fast nie so aus, auch diejenigen nicht, die in der vorherigen Darlegung zumeist in einer beträchtlich reduzierten Form vorgeführt wurden. Die Rechtsnormen sind meistens komplizierter und erscheinen auch in unregelmäßigen Formen, aber gewöhnlich kann man sie logisch auf eine der erwähnten Grundformen reduzieren. (Darin liegt eben der Erkenntniswert dieser grundlegenden abstrakten Strukturen.)

Die *Kompliziertheit der Rechtsnormen* weist vor allem eine quantitative Seite auf, die darin besteht, daß in jedem Glied der Rechtsnorm mehrere Elemente, und zwar entweder in einer gegenseitigen logischen Konjunktion (kumulativ) oder in einer Disjunktion (alternativ), oder schließlich teils in der Konjunktion, teils in der Disjunktion vorkommen können, so daß z. B. die Hypothese in bezug auf die Disposition nicht nur eine einfache Form $c \rightarrow M(p)$, sondern auch folgende Formen annehmen kann:

$$c_1 \,\&\, c_2 \,\&\, c_3 \ldots \&\, c_n \rightarrow M(p)$$
$$c_1 \vee c_2 \vee c_3 \ldots \vee c_n \rightarrow M(p)$$
$$(c_1 \vee c_2) \,\&\, c_3 \rightarrow M(p)\,.$$

(Das $\vee$ bezeichnet nicht den Buchstaben v, sondern das Symbol der Disjunktion.)

Ähnliches gilt natürlich auch von p, $\sim$p und q, wobei die Anzahl von $\sim$p im zweiten Satz nicht allen Elementen der Anzahl von p im ersten Satz, also im M(p), entsprechen muß usw.

Diese quantitative Verflechtung der Rechtsnorm kann sich mit der Kompliziertheit, die wir als qualitativ oder syntaktisch bezeichnen könnten, überdecken oder gegenseitig durchdringen. Es kommt nämlich sehr oft vor, daß die Beziehungen verschiedener konjunktiven oder disjunktiven Elemente einer abstrakten Rechtsnorm in Wirklichkeit Resultat dessen sind, daß die abstrakte Rechtsnorm aus einem von mehreren Rechtsnormen zusammengesetzten Normenkomplex besteht, daß also die Kombination von Hypothese, Disposition und Sanktion, die eine konkrete Rechtsnorm bildet, nur scheinbar eine einzige Rechtsnorm darstellt. In Wirklichkeit wird dieses abstrakte Schema der Rechtsnorm durch die Zusammenlegung mehrerer Rechtsnormen gebildet, von denen jede einzelne einen breiteren Wirkungskreis hat, das heißt, daß sie als eine einzige Norm

nur dadurch erscheint, daß die einzelnen Rechtsnormen ad hoc zueinander angereiht wurden. Wir werden dies an den in den §§ 415, 420 und 442 ZGB enthaltenen Rechtsnormen, die in einen Komplex bzw. eine komplizierte Form folgenden Typs zusammengelegt werden können, veranschaulichen:
I. Satz: Niemand darf einen Schaden verursachen: $M(\sim p)$.
II. Satz: Wenn der Bürger jemandem einen Schaden (p) infolge Verletzung einer Rechtspflicht (d) und durch Verschulden (s) verursacht hat, dann ist er verpflichtet, falls der Schaden nicht vorsätzlich verursacht wurde (s_1), dem Geschädigten den tatsächlichen Schaden zu ersetzen: $M(q_1)$. Er ist verpflichtet, dem Geschädigten den tatsächlichen Schaden und den entgangenen Gewinn $M(q_2)$ zu ersetzen, falls er den Schaden vorsätzlich veruracht hat (s_2) und die Aberkennung des entgangenen Gewinns den Regeln des sozialistischen Zusammenlebens widersprechen sollte (r).

Die komplizierte Struktur dieser Rechtsnorm geht aus ihrem Modell hervor, das folgende Grundform aufweist:

$$M(\sim p)$$
$$p \,\&\, d \,\&\, s \rightarrow M(p_2)$$

wobei die Elemente s und 2 zwei Werte, nämlich s_1 und s_2 bzw. 2_1 und 2_2 haben. Durch die Kombination von s_1 und s_2 entstehen drei Varianten der angeführten zusammengesetzten Rechtsnorm, nämlich die folgenden (wenn wir die erste Zeile weglassen, da sie konstant ist):

$$p \,\&\, d \,\&\, s_1 \rightarrow M(q_1)$$
$$p \,\&\, d \,\&\, s_2 \,\&\, \sim r \rightarrow M(q_1)$$
$$p \,\&\, d \,\&\, s_2 \,\&\, r \rightarrow M(q_2)$$

Als weiteres Beispiel wählen wir § 204 Abs. (1) des Wirtschaftsgesetzbuches, wo es heißt: „Der Lieferant, der sich in Verzug mit der Lieferung der Produkte befindet, ist verpflichtet, dem Abnehmer für den ersten Tag des Verzuges eine Vertragsstrafe von 5% des Preises der nicht gelieferten Produkte und, falls der Verzug länger als einen Monat dauert, noch eine weitere Vertragsstrafe in Höhe von 5% des Preises der Produkte, die nicht in einem Monat nach dem Lieferungstermin geliefert wurden, zu zahlen. Die Pflicht, die Vertragsstrafe für den ersten Tag des Verzugs zu zahlen, wird auf 0,5% des Preises der nicht gelieferten Produkte herabgesetzt, die der Lieferant spätestens binnen 15 Tagen nach Ablauf der vereinbarten Lieferfrist nachträglich geliefert hat."

Die Modellierung dieser recht komplizierten Bestimmung ist nicht einfach. Um es zu versuchen, bezeichnen wir:
— den vereinbarten Lieferungstermin mit dem Symbol t_0, den Verzug von 1 bis 15 Tagen als t_{1-15}, den Verzug von 16 Tagen bis zu einem Monat als t_{16-m} und den Verzug über einen Monat als t_{m+1};
— die vertragsgemäß gelieferte Ware soll mit dem Symbol w und ihr Wert mit einem h bezeichnet werden;
— der Zustand „geliefert" mit g;
— der Preis für die nicht gelieferte Ware mit einem q, wobei das q_{max} dem h gleich ist; und schließlich

— die Vertragsstrafe mit einem s, welches drei Werte hat, und zwar $s_1 = \frac{5q}{1000} = \frac{q}{200}$,

$$s_2 = \frac{5q}{100} = \frac{q}{20}, \quad s_3 = \frac{10q}{100} = \frac{q}{10}.$$

Nun gilt der *Obersatz* $x = M(t_0, g, w_h)$, der die Pflicht des Lieferanten ausdrückt, zum Termin t_0 die Ware w im Werte (für den Preis) h zu liefern. (Die Subjekte des Vertrags sind einfachheitshalber weggelassen worden.) Der *Untersatz* zerfällt in *drei Sätze*, nämlich:

$$(t_0, \sim g) \ \& \ (g, t_{1-15}) \rightarrow s_1$$
$$(t_0, \sim g) \ \& \ (g, t_{16-m}) \rightarrow s_2$$
$$(t_0, \sim g) \ \& \ (t_{m+1}, \sim g) \rightarrow s_3$$

Außer den zusammengesetzten Rechtsnormen bzw. Normenkomplexen, von denen bisher die Rede war, soll noch auf unregelmäßige Rechtsnormen, das heißt solche, die sich als Ganzes logisch durch keine der oben angeführten abstrakten Formeln der Rechtsnormenstruktur ausdrücken lassen, aufmerksam gemacht werden.

Diese Unregelmäßigkeiten sind sehr verschieden, und es wäre schwer, sie kategorisieren zu wollen. Wir werden sie deshalb an einem Beispiel darstellen, für das wir die Bestimmungen folgender Artikel des Verfassungsgesetzes über die tschechoslowakische Föderation wählen:

Art. 69, wonach die neue Regierung der ČSSR nach Vorlage ihres Programms die Föderalversammlung um das Vertrauensvotum nachzusuchen verpflichtet ist;

Art. 70, der jedem der beiden Häuser der Föderalversammlung das Recht einräumt, der Regierung das Mißtrauen auszusprechen (vgl. Art. 36 Abs. (1) f), wobei dieses Recht im Abs. (1) mit der Verantwortung der Regierung gegenüber der Föderalversammlung verbunden ist, aber im Abs. (2) der Regierung das Recht gewährt wird, jederzeit selbst das Vertrauensvotum verlangen zu können;

Art. 71 Abs. (2), wo die Pflicht des Präsidenten der Republik festgelegt wird, die Regierung der ČSSR abzuberufen, falls ihr von der Föderalversammlung das Mißtrauen ausgesprochen oder das Vertrauensvotum verweigert wurde.

Bei der Modellierung der Struktur dieses Normenkomplexes kommen wir mit dem allgemeinen deontischen Operator M nicht mehr aus, sondern müssen auf seine inhaltlichen Varianten, konkret auf die Operatoren G und E, zurückgreifen. Außerdem müssen wir in die nachstehenden Formeln die Rechtssubjekte, und zwar r (Regierung), f (Föderalversammlung) und p (Präsident der Republik) sowie die Bedingung c (Vorlage des Regierungsprogramms) einführen. Argumente der deontischen Modalitäten G bzw. E werden dann v_d (Vertrauensvotum aussprechen), v_e (Vertauensvotum verlangen), m_d (Mißtrauensvotum aussprechen bzw. Vertrauensvotum verweigern) und a (Regierung abberufen) sein. Mit Hilfe dieser Symbolik können dann die zitierten Verfassungsnormen folgendermaßen modelliert werden:

I. $((r, f) \ E(v_e) \ \& \ cG(v_e)) \ \& \ ((f, r) \ E(v_d \vee m_d))$

II. $(f, r) \ m_d \rightarrow ((p) \ G(a))$.

Zum Schluß sei noch erwähnt, daß bisweilen auch bestimmte Rechtsnormen oder deren Verbindungen als kompliziert oder unregelmäßig erscheinen, obgleich sie es eigentlich gar nicht sind. So ist es vorwiegend dann, wenn von einer Rechtsvorschrift die Rechtsnormen systematisch nebeneinander gereiht werden, wodurch der Eindruck erweckt wird, als gäbe es ein zusammenhängendes Ganzes — und sie werden auch als solche zumeist wahrgenommen —, obwohl es sich vom logischen und vom juristischen Gesichtspunkt um verschiedene Normen handelt.

Als Beispiel dafür sei Art. 52 des Verfassungsgesetzes über die tschechoslowakische Föderation erwähnt, wo bestimmt wird:

I. Satz: Wenn ein Abgeordneter der Föderalversammlung ... festgenommen wurde ..., ist das zuständige Organ verpflichtet, unverzüglich dem Präsidium der Föderalversammlung eine diesbezügliche Meldung zu erstatten;

II. Satz: Wenn vom Präsidium der Föderalversammlung keine Zustimmung zur Festnahme erteilt wurde, so ist der Abgeordnete sofort auf freien Fuß zu setzen.

Beide Sätze des Art. 52 des Verfassungsgesetzes gehören vom politischen Standpunkt aus ganz deutlich und selbstverständlich zusammen. Vom logischen und juristischen Gesichtspunkt aus handelt es sich jedoch um zwei selbständige, voneinander unabhängige Rechtsnormen, von denen jede auch ihren eigenen, aus anderen Rechtsvorschriften folgenden Sanktionssatz enthält: im Falle einer Verletzung der im ersten und zweiten Satz ausgesprochenen Pflicht treten die Rechtsfolgen einer gesetzwidrigen Festnahme, einschließlich der für diesen Fall vorgesehenen Sanktionen ein. Wenn wir die einzelnen Teile beider Rechtsnormen mit folgenden Symbolen bezeichnen:

f = Festnahme des Abgeordneten unter den im Art. 52 des zitierten Verfassungsgesetzes festgelegten Bedingungen;
G(m) = Pflicht, eine diesbezügliche Meldung an das Präsidium der Föderalversammlung zu erstatten;
z = Zustimmung des Präsidiums der Föderalversammlung zur Festnahme;
G(l) = Pflicht, den festgenommenen Abgeordneten unverzüglich freizulassen;
s = Rechtsfolge der Verletzung der Pflicht d_1 oder d_2 bzw. beider,

dann kann die erste Norm mit der Formel

$$f \rightarrow G(m)$$
$$(f \,\&\, \sim m) \rightarrow s$$

und die zweite Norm als

$$(f \,\&\, \sim z) \rightarrow G(l)$$
$$(f \,\&\, \sim z \,\&\, \sim l) \rightarrow s$$

ausgedrückt werden.

Der gesellschaftliche Zusammenhang beider Normen ist dadurch gegeben, daß in der Hypothese der zweiten Norm als ihr kumulativer Teil die Hypothese der ersten Norm erscheint. Daß es sich aber um zwei verschiedene Rechtsnormen (und nicht um eine mit mehrgliedrigen einzelnen Teilen) handelt, geht daraus hervor, daß beide verschiedene Dispositionen aufweisen, die in der gegebenen Beziehung weder kumulativ noch alternativ, sondern von einer anderen Hypothese abhängig sind. Deshalb führt die Verletzung jeder beliebigen von ihnen zur Folge s — wobei die Tatsache, daß die Folge in beiden Fällen dieselbe ist, für die betreffende Frage belanglos ist.

6. Strukturelle Optimierung als Komponente der Effektivität des sozialistischen Rechts

6.1. Rechtsetzung — Hauptfeld der Optimierung

Die strukturelle Optimierung des Rechts wird als Effektivitätskomponente erst dann voll wirksam, wenn sie auf die ganze Rechtsstruktur zielt. Da sie aber in der Praxis in einzelnen Arbeitsschritten realisiert werden muß, kann sie immer nur von bestimmten Aspekten und Ebenen her beginnen. Legen wir die anderwärts dargelegte ganzheitliche Konzeption vom sozialistischen rechtlichen Regelungsprozeß zugrunde,[1] so ist die Hauptstrecke, auf der die Rechtsstruktur optimiert werden kann und muß, die Rechtsetzung. Zu einer de lege ferenda-Arbeit, die für sich den Anspruch wissenschaftlicher Begründetheit reklamiert, gehört die Frage nach der strukturellen Optimalität des zu schaffenden Rechts.

Natürlich kann und wird auch das bereits geltende Recht im Prozeß seines Wirkens, insbesondere in der staatlichen Rechtsanwendung noch strukturell optimiert. Dies ist insbesondere dann der Fall, wenn die Rechtsbildung in verschiedenen Konkretisierungsstufen im Prozeß des Wirkens des Rechts ihre Fortsetzung findet. Aber grundsätzlich gilt: Das Wirken des Rechts ist um so effektiver, die Rechtsanwendung um so rationeller, je größer die strukturelle Optimalität des Rechts ist, die bereits der Gesetzgeber zu produzieren imstande war. Strukturoptimierungen, die am geltenden Recht vorgenommen werden, sind zudem oft aufwendig und in ihrem Wirkungsradius eingeschränkt; gehen solche Optimierungen doch meist von der Rechtslage eines Einzelfalles aus, müssen also erst verallgemeinert werden, um breiter wirken zu können. In der Rechtsetzung mangelhaft strukturiertes Recht provoziert eine Fülle von Auslegungsstoff und muß von vielen Richtlinien der Rechtsanwendungsleitung begleitet werden.

Da der Gesetzgeber — wie bereits unter verschiedenen Aspekten dargelegt — die Rechtsstruktur nicht vorgefertigt in der Wirklichkeit finden und einem Naturwissenschaftler gleich entdecken kann, sondern im Rahmen der sozialökonomischen Determiniertheit des Rechts zu gestalten hat,[2] erhebt sich die Frage, ob er dies bewußt, das heißt theorie- und methodengeleitet tut, oder ob er intuitiv vorgeht, die Strukturierung des Rechts als einen zweitrangigen Nebeneffekt der Festlegung des Rechtsinhalts

---

[1] Vgl. K. A. Mollnau (Hrsg.), Probleme einer Rechtsbildungstheorie, Berlin 1982, S. 15ff. (Staats- und rechtstheoretische Studien, 13).

[2] F. Engels (K. Marx/F. Engels, Werke, Bd. 20, S. 89) spricht einmal treffend davon, daß das Recht aus den gesellschaftlichen Verhältnissen herauskonstruiert werden müsse.

betrachtend, der sich ohnehin einstellen würde. Davon hängt mit ab, ob das Recht gut, weniger gut oder unzureichend strukturiert ist. Ein strukturloses Recht gibt es jedenfalls nicht; jede Rechtsstruktur *ist* eine Relation, jedes Recht *hat* eine Struktur. Der Begriff „ungeordnetes Recht" beispielsweise ist kein Alternativbegriff zu „strukturiertem Recht"; auch ungeordnete, ja chaotische Rechtsstrukturen gibt es.

Die Schaffung wohlstrukturierten Rechts ist eine enorme schöpferische Leistung vor allem des Gesetzgebers, die ihm keiner abnehmen kann. Die Entwicklung entsprechender Strukturvarianten ist Sache der Rechtsetzungsvorbereitung, in die auch die Wissenschaft einzubeziehen ist; welche Strukturvariante dann allerdings realisiert wird, ist Teil der politischen Entscheidung des Gesetzgebers.

Vor welche Probleme der Gesetzgeber beispielsweise hinsichtlich des Aufbaus und der Gliederung des Zivilgestzbuches (ZGB) der DDR gestellt war, ist von Lübchen geschildert worden; er gibt zugleich anhand der Überlegungen, die zum Verzicht auf einen Allgemeinen Teil dieses Gesetzes geführt haben, einen Eindruck von dem Spielraum gesetzgeberischen Entscheidens über strukturelle Fragen.[3] Dieser Spielraum liegt grundsätzlich in den Grenzen der relativen Selbständigkeit des Rechts; allerdings ist die Determiniertheit der Rechtsstruktur noch vermittelter als die des Rechtsinhalts. Wenn der Gesetzgeber über Strukturfragen entscheidet, bewegt er sich am oberen Ende der relativen Selbständigkeit des Rechts; darin liegt eine Chance und eine Gefahr zugleich. Die Chance bietet sich im relativ großen Spielraum zur strukturellen Optimierung des Rechts; dieser impliziert aber auch die Möglichkeiten zur strukturellen Fehlentscheidung. Darin liegt die Gefahr. Sie wird verschärft, wenn sich die Strukturfragen gegenüber dem Rechtsinhalt verselbständigen, wenn aus der relativen Selbständigkeit der Rechtsstruktur absolute Selbständigkeit und strukturelle Autonomie wird.

Von wohlstrukturiertem Recht kann nur die Rede sein, wenn es *zumindest* strukturelle Adäquatheit besitzt; ein ständig anzustrebendes Ziel ist, nicht nur strukturelle Adäquatheit schlechthin zu erreichen, sondern *optimale* strukturelle Adäquatheit. (Was unter struktureller Adäquatheit grundsätzlich zu verstehen ist und wie sie mit anderen Aspekten der Adäquatheit des Rechts zusammenhängt, vgl. S. 48f.

Die Ausarbeitung von Kriterien der strukturellen Adäquatheit setzt eine tiefere Analyse der Relation zwischen Struktur und Funktion im Recht voraus. Unter sozialistischen Bedingungen ist dabei an der Fragestellung anzuknüpfen, welche Konsequenzen sich in einem bestimmten Zeitintervall aus den von objektiven Gesetzen und ihren Wirkungsbedingungen abgeleiteten und in den Parteibeschlüssen fixierten gesamtgesellschaftlichen Zielen für die Strukturgestaltung des Rechts ergeben.

Die Möglichkeit, durch strukturelle Optimierungen die Effektivität des sozialistischen Rechts zu beeinflussen, ist in dem Umstand begründet, daß die Funktionen des Rechts durch verschiedenartige Strukturen des Rechtssystems realisiert werden können. Strukturelle Optimierung kann als Komponente der gesellschaftlichen Wirksamkeit des Rechts nur zum Zuge kommen, wenn unter *keinen* Umständen die Verknüpftheit zwischen Strukturiertheit, Funktionalität und Instrumentalität des sozialistischen Rechts gelockert wird. Hier wird die bereits eingangs erwähnte klassenmäßige Seite der Strukturfrage im Recht wiederum sichtbar.

---

[3] Vgl. G. A. Lübchen, Aufbau und Gliederung des ZBG-Entwurfs, in: Neue Justiz, 3/1974, S. 668ff.

Methodisch-praktisch sind zwei Fragen zu beantworten: *Erstens*, können die existenten Strukturen in einem sozialistischen Rechtssystem die Funktionen des Rechts mit ihren Wirkungsschwerpunkten in einem bestimmten Zeitabschnitt der gesellschaftlichen Entwicklung erfüllen? *Zweitens*, wie müssen die juridischen Strukturen aussehen, um eben diese Funktionen optimal realisieren zu können? Die Antwort auf die erste Frage hat mehr eine de lege lata-Bedeutung; die auf die zweite Frage gehört mit zu den de lege ferenda-Überlegungen.

Bevor man bei gegebenen Funktionen des Rechts und ihren Wirkungsschwerpunkten die günstigsten Mikro- und Makrostrukturierungen ausmachen kann, muß analysiert werden, welche möglichen Struktur*varianten* überhaupt zur Realisierung dieser Funktionen in Frage kommen. Derartige Struktur-/Funktionsanalysen werden u. E. in den Vorbereitungsphasen der Rechtsetzung in immer stärkerem Maße ihren Platz finden müssen. Zu empfehlen wäre, sie mit den Effektivitätsanalysen zu verbinden, die laut Rechtsetzungsordnung der DDR jedem wichtigen neuen Rechtsetzungsakt vorauszugehen haben. Auch sollten sie künftig in Rechtsvergleiche zwischen den Regelungen innerhalb des sozialistischen Rechtstyps eingeschlossen werden.

Bleibt an dieser Stelle zu betonen, daß eine strukturelle Optimierung des Rechts dann, und nur dann als Effektivitätskomponente praktisch wirksam wird, wenn es sich um inhaltlich adäquates Recht handelt, das strukturell optimiert wurde. Dies ist, es versteht sich von selbst, eine Konsequenz aus dem Primat des Rechtsinhalts gegenüber der Rechtsform. Die optimalsten Rechtsstrukturen nützen nichts, wenn sie nicht einem Recht gelten, dessen Inhalt auf die demokratisch-schöpferische Initiativentfaltung der Bürger, der Kollektive und der Gesellschaft zielt. Strukturelle Optimierung des Rechts ist deshalb auch für sich allein genommen kaum ein Effektivitätsfaktor, sondern immer nur als Teil qualifizierter Leitungstätigkeit in der Rechtsetzung und Rechtsanwendung sowie der Teilnahme und Einbeziehung möglichst breiter Kreise von Werktätigen in die Gestaltung der sozialistischen Rechtsordnung zu verstehen. Dies nicht zu beachten, hieße sich in einen Formalismus zu begeben, der an den jenes Gärtnergehilfen erinnert, von dem Bertolt Brecht in den Keuner-Geschichten erzählt: Der Gehilfe soll einem Lorbeerbaum die Form einer Kugel geben; er schneidet und schneidet, und am Ende muß er sich sagen lassen: Gut, das ist die Kugel, aber wo ist der Lorbeer?

Wenn die Rechtssetzung die Hauptstrecke innerhalb des ganzheitlich aufgefaßten rechtlichen Regelungsprozesses ist, auf der die strukturelle Optimierung erfolgen muß, dann heißt dies praktisch, die *Entwürfe* zu Gesetzen, Verordnungen und anderen Normativakten sind die Objekte, deren Struktur zu optimieren ist. Im Grunde genommen handelt es sich dabei um einen Vorgang, der Teil der Variantenbildung im Rechtsetzungsprozeß ist.

Die strukturelle Optimierung des Rechts ist letztlich eine Sache des Konkretwerdens, sie erfolgt über konkrete Zugänge und am konkreten Objekt. Sie ist gleichzeitig die Nagelprobe der Brauchbarkeit strukturtheoretischer Überlegungen. Hier erweist sich, ob grundlagentheoretische Überlegungen zur Struktur des Rechts und zur Methodik ihrer Untersuchungen esoterisch oder praxisorientiert angelegt sind; hier erweist sich, ob entworfene Strukturmodelle Tuchfühlung mit ungelösten, aber im Interesse der weiteren Vervollkommnung des sozialistischen Rechts zu lösenden Problemen haben oder ob sie um ihrer selbst willen entwickelt wurden.

Für eine dialektisch-materialistische Strukturtheorie des Rechts als Teil der marxistisch-leninistischen Rechtstheorie und Rechtswissenschaft, die sich des weltverändernden Eingreifens in die Realität verpflichtet weiß, sind dies nicht nur essentielle, sondern langfristig auch existentielle Fragen; auch in diesem Punkt bezieht unsere Theorie eine Kontraposition zu jenem Pessimismus, den Jürgen von Kempski artikulierte, als er gelegentlich seiner Überlegungen zu einer Strukturtheorie des Rechts notierte, eine solche Theorie ließe sich eigentlich wenig brauchen.[4]

6.2. Empirische Analysen am Normenkörper des geltenden Rechts

Um indes die Voraussetzungen und Bedingungen für das erforderliche Konkretwerden der strukturellen Optimierung zu schaffen, sind auch — und nicht zuletzt — empirische Strukturanalysen am Normenkörper des *geltenden* Rechts — oder, was auf das gleiche hinausläuft: strukturanalytische Feldforschungen am konkret abgegrenzten Normenmaterial — unumgänglich. In solchen Analysen — wie in den gleichermaßen erforderlichen soziologischen Untersuchungen der sozialen Strukturen, die im Recht widergespiegelt werden sollen — machen sich auch unter strukturoptimierenden Gesichtspunkten jene Zusammenhänge geltend, die generell im Exkurs über empirische Sozialerkenntnis, Rechtsbildung und Rechtswissenschaft (Abschn. 3.4.) erörtert wurden.

Diese Analysen am geltenden Recht sind u. a. aber auch deshalb nötig, weil die strukturelle Optimierung des zu setzenden Rechts nicht im luftleeren Raum geschieht. Sie muß vielmehr als Ansatz- und Ausgangspunkt die tatsächliche strukturelle Beschaffenheit des bereits geltenden Rechts nehmen mit dem Ziel, jene Strukturen im künftigen Recht zu verbessern, die sich nicht oder nicht genügend als Effektivitätskomponente beim Wirken und Anwenden des geltenden Rechts zu profilieren vermochten, weil sie letztlich mit den realen gesellschaftlichen Strukturen und deren Entwicklungsstand *nicht* oder *nicht mehr* im Einklang standen oder stehen.

Damit soll zugleich deutlich gesagt werden: Empirische Strukturanalysen am geltenden, existierenden, aber auch am gewesenen Recht sind nicht schlechthin notwendig, etwa um dessen Strukturen auf das künftige Recht auszudehnen und damit faktisch zu konservieren. Auch hier kann man nicht nur einbauen, sondern man muß auch *neu*bauen, zumindest aber anbauen. Dies anders zu sehen, hieße die strukturelle Optimierung ausschließlich vom Standpunkt der innersystemaren Beziehungen eines fiktiven geschlossenen Rechtssystems zu betreiben, anstatt von der Dynamik und Dialektik der Gesellschaftsentwicklung bei der Gestaltung des entwickelten Sozialismus auszugehen.

Empirische Strukturanalysen des geltenden sozialistischen Rechts durchzuführen, ist um so mehr notwendig und dringlich, wenn man die Langfristigkeit der Existenz und des Wirkens des sozialistischen Rechts in Rechnung stellt und berücksichtigt, daß jede Maßnahme zur strukturellen Optimierung an vorgefundene und vorhandene juridische Strukturen anknüpfen muß, und zwar teils im Sinne des Bewahrens, teils im Sinne des Veränderns. Derartige Analysen dienen freilich in erster Linie der Diagnose struktureller Befunde, zur Therapie reichen sie nicht aus. Die empirisch festgestellten Trends und Befunde der Struktur des geltenden sozialistischen Rechtssystems sind namentlich unter dem Gesichtspunkt der strukturellen Adäquatheit zu bewerten. Aufgrund der bewerteten und verallgemeinerten Strukturentwicklung des geltenden Rechts, vor allem aus den

---

[4] Vgl. J. v. Kempski, Grundlegung zu einer Strukturtheorie des Rechts, Wiesbaden 1961, S. 6.

Strukturen der realen Regelungsobjekte, sowie aus dem Inhalt der voraussehbaren künftigen Regelungserfordernisse sind de lege ferenda strukturelle Anforderungen und Strukturmodelle zu entwickeln, die bei der Ausarbeitung von Entwürfen zu Gesetzen, Verordnungen und anderen Normativakten zugrunde zu legen sind.

Es wurde bereits darauf hingewiesen, daß die erforderlichen empirischen Strukturanalysen u. E. zweckmäßigerweise mit den Effektivitätsanalysen verbunden werden sollten. Dies scheint um so mehr möglich, als beide Analysearten ein gemeinsames Ausgangsproblem haben: nämlich das der Eingrenzungsbedürftigkeit des Analyseobjekts. Sowenig es praktisch sinnvoll und methodisch-theoretisch machbar ist, die Effektivität *des* Rechts untersuchen zu wollen, sowenig realistisch ist es, die Struktur *des* Rechts zu analysieren. Empirische Strukturanalysen setzen überschaubare und relativ abgegrenzte Normengeflechte voraus. Unter diesem Gesichtspunkt ist sowohl die Unterscheidung in einen mikro- und makrostrukturellen Bereich des Rechts hilfreich wie auch die schon (im Abschn. 3.3) skizzierten makrostrukturellen Ebenen, auf die hier ausdrücklich verwiesen sei. Besonders nützlich ist es aber, die Struktur von Normativakten zu analysieren.

Neben der Eingrenzungsbedürftigkeit des Analyseobjekts ist bei strukturanalytischen Untersuchungen des Rechts noch ein weiterer Umstand zu bedenken: Es ist dies die Inkongruenz zwischen der Struktur des Rechts, wie sie uns in der äußeren Gestalt von Rechtstexten erscheint, und der tatsächlichen Struktur des Rechts. Dies hängt u. a. damit zusammen, daß Rechtsnormen mit unterschiedlichen sprachlichen Mitteln ausgedrückt sein können und vor allem aus pragmatischen Gründen auch oft ausgedrückt werden. Eine in diesem Zusammenhang meistens als Beispiel erwähnte Tatsache ist die Formulierung einer Rechtsnorm nicht in Gestalt eines *Norm*-, sondern eines *Aussage*satzes. In der Tat ist das hier angesprochene methodisch-theoretische Strukturproblem des Rechts in verschiedener Hinsicht mit Sachverhalten verwandt, die von der Linguistik erforscht werden. Es ist deshalb auch sinnvoll, in der Rechtstheorie die von der Linguistik entwickelten Begriffe „Tiefenstruktur“ und „Oberflächenstruktur“ zu übernehmen.[5]

Daß auch das Recht eine Tiefenstruktur besitzt, geht daraus hervor, daß der im Recht enthaltene Regelungsinhalt nicht ohne weiteres von seiner sprachlichen Oberflächenstruktur ablesbar, gleichwohl aber dieser zugrunde liegt und in sie eingegangen ist. Das Freilegen der Tiefenstruktur des Rechts, also jenes Gefüges von inneren, latent vorhandenen Beziehungen der Elemente des Rechtssystems, ist nötig, um sich sowohl über die strukturelle Beschaffenheit des Rechts wie über seinen Regelungsinhalt völlig klar zu werden.

Wenn gelegentlich gesagt wird, das Gesetz könne klüger als der Gesetzgeber sein, so findet dies wohl eine Erklärung im Vorhandensein einer Tiefenstruktur des Rechts. Und es ist deshalb auch gar nicht so selten, daß sich in der Rechtsanwendung mitunter Seiten und Akzente des Regelungsinhalts zeigen, deren Auftauchen selbst den Gesetzgeber zuweilen erstaunt.

Aber neben dieser rechtspolitischen Konsequenz, die aus der Unterscheidung zwischen sprachlicher Oberflächen- und Tiefenstruktur des Rechts gezogen werden muß, ist auch

---

[5] Vgl. etwa: W. Neumann, Über die Dialektik sprachlicher Strukturen, in: Deutsche Zeitschrift für Philosophie, 2/1969, S. 165ff., bes. S. 170.

folgende methodische Schlußfolgerung für Theorie und Praxis des Rechts gleichermaßen wichtig: Es ist zu beachten, daß sich die Tiefenstruktur mitunter von der Oberflächenstruktur des Rechts unterscheiden kann. Mehr noch: Wird überhaupt nicht zwischen beiden Strukturdimensionen unterschieden, dann geraten noch so gut gemeinte und mit noch so großem Aufwand betriebene empirische Strukturanalysen unweigerlich zu Dillettantismus.

Der gegenwärtige Forschungsstand verweist auf die manuelle Durchführung von Strukturanalysen und gehört — um eine Wendung von J. Kuczynski aufzugreifen — zur Kärrnerarbeit in unserer Disziplin. Inwieweit hier die Voraussetzungen künftig geschaffen werden können, um durch computergestützte Methoden Abhilfe zu schaffen, ist auch weiterhin eine offene Frage, die vor allem an die juristische Grundlagenforschung weiterzugeben ist.

International sind verschiedene Überlegungen und Versuche entwickelt worden, computergestützte Strukturanalysen von Gesetzen und Gesetzentwürfen durchzuführen. Interessante Ansätze wurden u. a. in Österreich entwickelt.[6]

Diese Versuche sind legislatorische Experimente, die an computerreifen Modellen simuliert werden. Das Problem liegt in der Konstruktion solcher Modelle: Die zu testenden Rechtsnormen sind in ihre logischen Elemente zu zerlegen, ihre Beziehungen untereinander sind auszumachen, und schließlich müssen Elemente und ihre Relationen in ein verwendbares Zeichensystem übersetzt werden. Wie die entsprechenden Forschungen in Österreich zeigen, liegen die Schwierigkeiten in der Unzulänglichkeit oder Unmöglichkeit, die Relationen der Elemente zu definieren.

Strukturanalysen über den Weg computergestützter legislatorischer System-Simulationen sind gegenwärtig und in absehbarer Zukunft nicht praktikabel. Aber daraus den forschungsstrategischen Schluß zu ziehen, folglich dürfe deshalb diese Problemlage auch nicht Gegenstand rechtswissenschaftlichen Forschens sein, setzt ein mehr als kurzschlüssiges Verständnis von der Theorie/Praxis-Beziehung voraus. Daß ein solches Verständnis der Tod der Grundlagenforschung wäre, der übermorgen die Rechtswissenschaft zur Ineffektivität der Praxis gegenüber verurteilen müßte — darüber braucht nicht diskutiert zu werden. Und schon gar nicht sollte darüber diskutiert werden müssen, ob denn nicht überhaupt — wie im Zeichen des Irrationalismus in steigendem Maße in der bürgerlichen Rechtswissenschaft wieder gesagt wird — beim Gesetzemachen auch in Zukunft solche Imponderabilien wie disziplinierte Phantasie, Erfahrung und Übung im Umgang mit Gesetzen, Blick für Praktikabilität, Sinn für Gerechtigkeit und Gespür für die Notwendigkeiten und Möglichkeiten der Politik die eigentliche Gewähr für Qualität und Verläßlichkeit der Rechtsproduktion böten.[7]

Das für die Analyse der Tiefenstruktur des Rechts notwendige methodische Instrumentarium zu entwickeln, ist eine der Aufgaben der Rechtsmethodologie. Dazu kann und muß u. a. sowohl auf die Logik wie auf die Linguistik zurückgegriffen werden. (Dazu wurde bereits einiges im Abschn. 2.5 ausgeführt.)[8]

---

[6] Vgl. F. Lachmayer, Gesetzgebung und Rechtslogik, in: I. Tammelo/H. Schreiner, Strukturierungen und Entscheidungen im Rechtsdenken, Wien—New York 1978, S. 165ff., bes. S. 168/169.

[7] So z. B.: H. Schneider, Gesetzgebung, Heidelberg 1982, S. 66.

[8] Vgl. dazu auch: H. Klenner, Strukturen als Gegenstand einer marxistischen Rechtstheorie, in: Materialien des V. Berliner Rechtstheoretischen Symposiums, Berlin 1984, S. 187—195.

Wie schon angemerkt, muß die strukturelle Optimierung an der tatsächlichen strukturellen Beschaffenheit des Rechts ansetzen. Begonnene empirische Strukturanalysen, die allerdings nur partiell durchgeführt werden konnten, weisen auf einige neuralgische Aspekte bzw. auf bisher ungenügend theoretisch reflektierte Tendenzen in der Strukturierung des geltenden Rechts der DDR hin.[9] So gibt es:

a) Proportionalistätsprobleme zwischen Zielsetzungen im Recht einerseits und Rechten, Pflichten, Stimuli sowie Sanktionen andererseits, die das Erreichen der gesetzten Ziele mitbewirken können. In manchen Normativakten, so in der Gütertransportverordnung, gibt es einen Zielüberhang bis zu 50%. Ein Zielsetzungsüberhang tritt nicht zuletzt in solchen Gebieten wie Wissenschaft und Technik auf, deren rechtliche Regelungsnotwendigkeit und -fähigkeit noch nicht hinreichend theoretisch analysiert sind und über die es auch noch nicht genügend juristische Regelungserfahrungen gibt; dies weist auch auf eine unzureichende Analyse der Kausalbeziehungen in den entsprechenden Wirklichkeitsbereichen hin;

b) ein deutliches generelles Bestreben zum Gleichgewicht von Rechten und Pflichten, wobei allerdings das Korrespondenzverhältnis zwischen Rechten und Pflichten bei verschiedenen Typen von Rechtsnormadressaten weiter vervollkommnet werden kann. Gleiches trifft für dieses Korrespondenzverhältnis in bestimmten Regelungsbereichen zu; so gibt es keine genügend ausgewogene Rechte-Pflichten-Struktur für Leiter auf dem Gebiet der Stimulierung des wissenschaftlich-technischen Fortschritts;

c) eine Herausbildung von horizontalen und/oder vertikalen Verknüpfungen von Rechtsnormen verschiedener Rechtszweige; diese Verknüpfungen treten in dem einen Fall mehr als Normenverkettungen (Prozeßflußregelung), in dem anderen Fall mehr als Normenvernetzungen (Flächenregelung) auf. Diese Normenverknüpfungen machen die Grenzen zwischen den Rechtszweigen fließender, heben aber weder die Rechtszweigeinteilung auf, noch machen sie diese überflüssig;

d) Regelungsredundanzen und Wiederholungen, aber auch Widersprüche zwischen Basis- bzw. Ausgangsregelungen und ihren Nachfolgeregelungen. Kriterien für letztere werden nicht immer ersichtlich, zumal dann nicht, wenn Nachfolgeregelungen gleichzeitig mit den Ausgangsregelungen erlassen werden;

e) Vervollkommnungsbedarf in den strukturellen Beziehungen zwischen materiell- und prozeßrechtlichen Regelungen. Die Einheit zwischen beiden ist nicht in jeder Hinsicht auf dem notwendigen Anforderungsniveau;

f) Anzeichen für Effektivitätsdefizite bei der Realisierung verschiedener strukturell relevanter legistischer Postulate der Rechtsetzungsordnung der DDR (besonders der §§ 14 und 15). Der Präambelgebrauch erfolgt ohne Regelhaftigkeit; Abweichungen vom geforderten Grobaufbau der Normativakte geschehen ohne erkennbare Gründe. Da es sich bei diesen legistischen Postulaten um Meta-Rechtsnormen handelt, muß auf die theoretische und methodische Spezifik einer Effektivitätsanalyse von Normen mit derartigem semantischem Status verwiesen werden.

---

[9] Im einzelnen sind die Ergebnisse dieser empirischen Analysen auf dem V. Berliner Rechtstheoretischen Symposium dargelegt worden (s. ebenda).

6.3. Rechtszweigeinteilung und strukturelle Optimierung

Wenn auch kein Anlaß besteht, die Zweigstrukturierung zum theoretisch-methodischen Angelpunkt der Rechtstheorie im allgemeinen sowie ihres strukturtheoretischen Teils im besonderen zu machen,[10] gehören zu einer optimal gestalteten Struktur des sozialistischen Rechts auch jene Beziehungen, die zwischen den Rechtszweigen bestehen. Dies ist schon deshalb so, weil die Beziehungen zwischen den Rechtszweigen innerhalb eines Rechtssystems auf viele seiner anderen Strukturbereiche Einfluß haben. Welche praktische Bedeutung zudem die Zweigeinteilung eines Rechtssystems hat, wird besonders an seinen Naht- und Übergangsstellen zum politischen System für jedermann deutlich: Sowohl die arbeitsteilige Organisation der Rechtsetzung wie der Rechtsanwendung und -durchsetzung bedarf des Rückgriffs auf die Rechtszweigeinteilung; Beispiel: § 4 GVG, der die Gerichtswegzulässigkeit in der DDR regelt.

Es gibt denn auch weithin unter den Rechtswissenschaftlern der sozialistischen Länder Einigkeit, daß die Beantwortung der Fragen, in welche Zweige das sozialistische Recht eingeteilt werden muß und wie die Beziehungen zwischen den Zweigen beschaffen sein müssen, zur Ausarbeitung der Rechtskonzeption des entwickelten Sozialismus gehört.[11] Davon zeugt nicht zuletzt eine zunehmende literarische Produktion und Diskussion zu diesem Thema.

Die hier interessierende Frage ist die nach den Beziehungen zwischen den Rechtszweigen und den Möglichkeiten, diese Beziehungen optimal zu gestalten. Bei näherem Hinsehen zeigt sich indes, daß optimale Beziehungen zwischen den Rechtszweigen weitgehend von einer mit dem Entwicklungsstand der Gesellschaft adäquaten Einteilung des Rechts in Rechtszweige abhängen. Anders gesagt: Von einer möglichst adäquaten Zweigeinteilung gehen starke optimierende Wirkungen auf die Beziehungen zwischen den Zweigen aus.

Nun ist es sicher eine permanent zu lösende rechtspolitische wie rechtswissenschaftliche Aufgabe, die Adäquatheit der Einteilung des Rechts in jedem einzelnen sozialistischen Land mit dem gesellschaftlichen Entwicklungsstand zu sichern. Gegenwärtig gibt es aber eine Situation, die durch ein immer stärkeres Auseinanderlaufen von Lehrbuchmodellen des Rechtszweigsystems und der tatsächlichen Rechtsentwicklung sowie durch Forderungen nach Veränderungen dieses Systems, insbesondere nach Schaffung neuer Rechtszweige charakterisiert wird.

Dies ist eine Folge sowohl der quantitativen und qualitativen Veränderungen der Fläche rechtlich-regelungsnotwendiger Verhältnisse *in* der sozialistischen Gesellschaft und im Bereich internationaler Beziehungen wie auch der tendenziell zunehmenden qualitativen Bedeutung des Rechts für eine gedeihliche, stabile und dynamische Entwicklung der sozialistischen Gesellschaft selbst.

Die Notwendigkeit, die gegenwärtige Rechtszweigeinteilung fortzuentwickeln, zeigt sich am deutlichsten dort, wo die erforderliche Verbindung zwischen ökonomischem, wissen-

---

[10] U.-J. Heuer (Recht und Wirtschaftsleitung im Sozialismus, Berlin 1982, S. 209) formuliert sogar, nach seiner Erfahrung sei die Problematik des Rechtssystems eine Frage, die über den engeren Kreis der Juristen hinaus kaum Interesse finde.

[11] Vgl. hierzu neuestens: V. Kudrjavzev, Pravovoe povedenie i pravovoe regulirovanie, in: Obščestvennye nauki (Moskva), 1/1983, S. 38ff.

schaftlich-technischem und sozialem Fortschritt zu rechtsrelevanten Konsequenzen führt. Dies wird anschaulich, wenn man die Anregungen und Forderungen zur Etablierung weiterer Rechtszweige oder rechtszweigähnlicher Gebilde betrachtet. Es sind dies gegenwärtig in der DDR hauptsächlich das Bildungs-, Agrar-, Veterinär-, Hochschul-, Gesundheits-, Umweltschutz- und Verkehrsrecht.[12] Um die gleiche Problematik geht es in der Diskussion um das Pro und Contra eines selbständigen Rechtszweiges oder Rechtsgebietes „Recht in Wissenschaft und Technik".[13]

Daß die Konsequenzen, die sich aus dem wissenschaftlich-technischen Fortschritt für das sozialistische Recht ergeben, und zwar besonders für seine System- und Strukturgestaltung, noch nicht bewältigt sind, führt gegenwärtig zu Doppelregelungen und Regelungswidersprüchen, die ihrerseits zu häufigen Änderungen, Neuregelungen und Ergänzungen führen. Dadurch wird, wie nachgewiesen wurde, die gesellschaftliche Wirksamkeit des Rechts in Wissenschaft und Technik zur Zeit ungünstig beeinflußt.[14]

Für die weitere Diskussion darüber, in welche Zweige das sozialistische Recht eingeteilt werden müsse, damit es über eine der entwickelten sozialistischen Gesellschaft angemessene Rechtszweigeinteilung verfüge, scheint es nützlich zu sein, folgende Aspekte mehr zu beachten:

a) Der Systemcharakter des Rechts und die Zweigeinteilung sind zwar objektiv bedingt, nicht aber objektiv gegeben: beides wird vielmehr im Prozeß der Rechtsbildung produziert. Dies geschieht im Rahmen eines ebenfalls objektiv bedingten Spielraums gesetzgeberischen Entscheidens. Das Vorhandensein verschiedener Rechtszweigeinteilung sozialistischer Rechtssysteme ist nicht aus dem Wesen des sozialistischen Rechts zu erklären, sondern aus den konkreten Bedingungen seiner Bildung und seines Wirkens. Daß der sozialistische Rechtstyp mit unterschiedlichen Zeigeinteilungen in Erscheinung tritt, belegt die These, wonach er seine Funktionen mit verschiedenen Strukturvarianten erfüllen kann.

b) So wie die Produktion von Recht ein politischer Vorgang ist, so entsteht, verändert und entwickelt sich das Rechtssystem und seine Zweigeinteilung aufgrund rechtspolitischer Entscheidungen dës Gesetzgebers. Beides entsteht weder neben noch außer-

---

[12] Vgl. hierzu u. a.: H. Spittel, Arbeits- und bildungsrechtliche Fragen im Bereich der Volksbildung, 3. Aufl., Berlin 1980, S. 98ff.; W. Büchner-Uhder, Probleme der weiteren Entwicklung des Hochschulrechts, in: Staat und Recht (im folgenden: StuR), 10/1981, S. 905ff.; Autorenkollektiv unter Leitung von E. Oehler, Landeskutlturrecht. Grundriß, Berlin 1982, S. 29ff., sowie Rezension dazu von R. Hähnert, in: StuR, 7/1983, S. 588/589; Sozialismus und Umweltschutz. Recht und Leitung in den Mitgliedsländern des RGW, Berlin 1982, S. 54ff.; H. Bergner, Personenbeförderungsrecht, Berlin 1980, S. 12; E. Thiele, Zur komplexen Neugestaltung des Verkehrsrechts der DDR, in: DDR-Verkehr, 5/1964, S. 181; R. Gürtler/J. Mandel/J. Rothe, Rechtsprinzipien im Gesundheitswesen, Berlin 1980, S. 5; R. Arlt, Agrarrecht, Berlin 1976, S. 5, 17; A. A. Burckhardt, Zur Problematik spezieller Rechts- und Gesetzgebungsgebiete am Beispiel des Veterinärrechts, in: StuR, 11/1980, S. 1011ff.

[13] Vgl. hierzu: W. Linden, Wissenschaftlich-technischer Fortschritt — sozialistisches Recht, Bd. 1, Halle 1981, S. 82ff.

[14] R. Osterland, Der Einfluß von Struktur- und Systemgestaltung des Rechts auf die Effektivierung des Rechts in Wissenschaft und Technik, in: Materialien des V. Berliner Rechtstheoretischen Symposiums, a. a. O., S. 274—281.

halb des Rechtsetzungsprozesses und seiner Ergebnisse. Die Rechtswissenschaft entwickelt Aussagen über das Rechtssystem und seine objektiven Grundlagen sowie Vorstellungen und Konzeptionen über dessen Weiterentwicklung und Veränderung. Die Wissenschaft kann auch Modelle von Rechtssystemen und deren Zweigeinteilung entwerfen, jedoch kann sie nicht beides schaffen. Sie hat aber sehr wohl eine heuristische Funktion bei der System- und Strukturgestaltung des Rechts zu erfüllen.

c) Eine exakte, vollkommene Abgrenzung zwischen den einzelnen Rechtszweigen war bisher nicht möglich und wird auch in Zukunft nicht zu erreichen sein. Dies ist u. a. schon deshalb so, weil eine Rechtsnorm ein bestimmtes gesellschaftliches Verhältnis in der Regel nur von einer bestimmten Seite her widerspiegelt und eine andere Rechtsnorm das gleiche gesellschaftliche Verhältnis von einer anderen Seite her erfaßt. Dies ist bei der Beurteilung der Leistungsfähigkeit vorhandener und zu entwickelnder Kriterien der Zweigeinteilung des Rechts zu beachten.

d) Strukturtheoretisch darf die Rechtszweigeinteilung nicht — wie bisher in der Lehre vom Rechtssystem — auf der Unterscheidung und Abgrenzung der Rechtszweige allein aufgebaut werden, sondern muß auch die Übergänge, Verknüpfungen und Überlappungen zwischen den Zweigen besonders ins Blickfeld nehmen. Mit Nachdruck wird darauf die Rechtswissenschaft von jener Rechtsetzungstendenz gestoßen, in einen Normativakt Normen mehrerer Zweige aufzunehmen. Diese Tendenz stellt aber die Rechtszweigeinteilung nicht in Frage, sondern ist mit der horizontalen und/oder vertikalen Normenverkettung oder Normenvernetzung — man kann auch andere Bezeichnungen wählen — strukturell in den Griff zu bekommen.

Diese Rechtsetzungstendenz führt aber auch zu der Überlegung, ob es nicht notwendig ist, eine zusätzliche Gliederungsebene im Rechtssystem zu akzeptieren, die auf dem Querschnitt zur jetzigen Rechtszweigeinteilung liegt.

e) Die Kriterien, nach denen Rechtszweige konstituiert werden können, bedürfen weiterer eingehender Erörterung. Bisher als gesichert angenommene Kriterien, wie Regelungsgegenstand und -methode, reichen allein nicht hin. Die zu regelnden gesellschaftlichen Verhältnisse sind und bleiben zwar das grundlegende Kriterium für die Rechtszweigeinteilung, doch da das Rechtssystem nicht absolut vom System gesellschaftlicher Verhältnisse abhängig ist, kann mit seiner Hilfe keine eindeutige Rechtszweigeinteilung vorgenommen werden.

Um dem Prozeß weiter auf die Spur zu kommen, wie und unter welchen Uständen neue Rechtszweige zu konstituieren sind und wann sie gegenstandslos werden, müssen die Konsequenzen weiter bedacht werden, die sich aus der relativen Selbständigkeit des sozialistischen Rechts für dessen System in einer konkreten Rechtsordnung ergeben. Unter diesem Aspekt sind auch die Kriterien zu ergänzen, nach denen die Zweigeinteilung erfolgt. So ist das Regelungsziel ein solches zusätzliches Kriterium, dessen Anerkennung es auch ermöglicht, das Kriterium Regelungsmethode substantieller anzuwenden.

Mit den vorstehenden Überlegungen sollte angedeutet werden, daß die Weiterentwicklungsnotwendigkeit des sozialistischen Rechtssystems und eine der Wirklichkeit möglichst adäquate Zweigeinteilung theoretisch und methodisch nur dann auf den Begriff gebracht werden können, wenn auch einige über den bisherigen Erkenntnisstand hinausgehende Ansätze in die Debatte eingebracht werden. In einem solchen Bestreben wird auch seit einigen Jahren von verschiedenen Autoren der DDR sowie anderer sozialistischer Länder die These von einer Unterscheidung zwischen Rechtssystem und Gesetzgebungssystem entwickelt. Dazu noch einige problematisierende Bemerkungen.

Zunächst: Bescherte uns die Konzeption von der Aufgabennorm einen strukturalen Dualismus in Gestalt der Aufgaben- bzw. Regel- oder Verhaltensnorm, so bringt die Unterscheidung zwischen Rechts- und Gesetzgebungssystem einen systemaren Dualismus. Jener wie dieser schlägt natürlich strukturtheoretisch zu Buche.

Bleiben wir im Kontext: Wer der Unterscheidung zwischen Rechts- und Gesetzgebungssystem zu folgen bereit ist, sieht sich beispielsweise vor die Aufgabe gestellt, Strukturanalysen und Strukturoptimierungen auf zwei Ebenen anzustellen. Dies wäre wieder an bestimmte Voraussetzungen gebunden und würfe neue zusätzliche Fragen auf, etwa die, nach welchen Kriterien die Gesetzgebungszweige einzuteilen seien usw.

Doch bevor solche Fragen gestellt und erörtert werden — so unser Vorschlag —, ist es ratsam, zunächst erst einmal die besagte Unterscheidung zwischen Rechts- und Gesetzgebungssystem auf ihre wesenstheoretische Basis zurückzudenken. Kurzum, die problematisierenden Einwände gegen diese Unterscheidung sind *wesens-*, *nicht* strukturtheoretischer Art.

In der Tat kann man wohl eine Parallelität zwischen dieser Unterscheidung und einigen Versuchen, die marxistische Rechtskonzeption in zwei Komponenten, nämlich in Recht und Gesetz, zu zerlegen, nicht übersehen. Doch wer A sagt, muß auch hier B sagen! Eine wie auch immer geartete und begründete zweiebige Rechtskonzeption landet, selbst gegen den Willen ihrer Vertreter, früher oder später bei der rechtspolitisch folgenreichen These von der sogenannten rechtsverletzenden Gesetzgebung.

Nun liegt es uns fern, die Notwendigkeit in Frage zu stellen, daß die sozialistische Rechtsetzung nach einem Maß vor sich zu gehen hat;[15] dieses Maß kann aber nicht das „Recht“ sein. Die Frage nach dem Maß des Rechts ist zwar ursprünglich vom Naturrechtsdenken gestellt worden, die Lösungen, die es jedoch anbot, verdienen allesamt unsere Kritik.

Die Unterscheidung zwischen Rechts- und Gesetzgebungssystem reproduziert nur den problematischen wesenstheoretischen Ansatz — der in der Konstruktion einer zweiebigen Rechtskonzeption zum Ausdruck kommt — strukturtheoretisch, was schließlich zu der Prämisse gerinnt, derzufolge das Rechtssystem objektiver, das Gesetzgebungssystem subjektiver Natur sei.[16] Was soviel heißen soll: Das Rechtssystem sei irgendwie gegeben, während das Gesetzgebungssystem nach dem Willen des Gesetzgebers errichtet werde.

Die Zweiteilung in Rechts- und Gesetzgebungssystem aber einmal als akzeptabel unterstellt, gehört das Rechtssystem zum Überbau, zum subjektiven Faktor der Gesellschaft; es ist und bleibt doch eine Widerspiegelung rechtlich zu regelnder bzw. rechtlich geregelter Gesellschaftsverhältnisse. Als eine solche Widerspiegelung ist natür-

---

[15] Näheres siehe: K. A. Mollnau, Das Maß des Rechts als rechtsetzungsmethodisches Problem, Beitrag zum Ilmar-Tammelo-Gedächtnissymposium, Salzburg 1983, in: M. W. Fischer/ E. Mock/H. Schreiner (Hrsg.), Hermeneutik und Strukturtheorie des Rechts, Beiheft Nr. 20 des ARSP, Wiesbaden—Stuttgart 1984, S. 136ff.

[16] Diese These wird in der DDR mit aller Konsequenz von Ingo Wagner vertreten und rechtspolitisch zu entfalten versucht (ders., Rechtswissenschaft und Gesetzgebung, Berlin 1982, S. 39ff.).

lich auch das Rechtssystem objektiv. Aber objektiv in diesem Sinne verstanden, ist eine Eigenschaft, die auch *allen anderen* Überbauerscheinungen zukommt. Es macht also keinen Sinn, hierin ein Merkmal der Unterscheidung gegenüber dem sogenannten Gesetzgebungssystem sehen zu wollen. Bleibt wohl nur als Interpretationsmöglichkeit: Die These vom objektiven Charakter des Rechtssystems im Unterschied zum subjektiven Charakter des Gesetzgebungssystems meint und vermutet die Vorgegebenheit des Rechtssystems gegenüber der Rechtsetzungstätigkeit. Dies ist freilich ein Ergebnis, dem man ohne Schwierigkeiten eine ontologisch-naturrechtlich-axiologische Schlagseite anlasten könnte. Aus ähnlichen Gründen hat kürzlich Mitzkewitsch den Verfechtern der zweigeteilten Konzeption eine übermäßige Heiligsprechung der Kategorie des Rechtssystems vorgehalten.[17] Nach seiner Meinung ist die Vorstellung von einem objektiven Rechtssystem und einem subjektiven Gesetzgebungssystem, die beide auf verschiedenen Ebenen liegend nicht als identische Erscheinungen angesehen werden könnten, nicht geeignet, die mit der Entwicklung des Rechtssystems der entwickelten sozialistischen Gesellschaft verbundenen Fragen befriedigend zu lösen. Und er fährt fort, deshalb würden jetzt viele sowjetische Wissenschaftler das Rechts- und das Gesetzgebungssystem als Erscheinungen betrachten, die sich in einer Ebene befinden.[18]

In der Tat: Das wesenstheoretische Dilemma, vor dem der systemare Dualismus steht, wird von vielen mit der Forderung abzufangen versucht, das eigentlich anzustrebende Ideal sei die Kongruenz zwischen Rechts- und Gesetzgebungssystem. — So weit, so gut! Wird aber mit der Forderung nach Unterscheidung zwischen Rechts- und Gesetzgebungssystem nicht in eine Richtung gewiesen, die Ausdruck eines, allerdings umfänglichen Ansatzes und Versuchs ist, ungelöste theoretische und praktische Probleme bei der Struktur- und Systemgestaltung des sozialistischen Rechts zu lösen? Die Positiva der Diskussion um Rechtssystem und Gesetzgebungssystem liegen dort, wo sie Fragen stellt, die unsere Aufmerksamkeit auf Dinge lenkt, die bisher ungenügend im Blickfeld standen. Dazu gehört vor allem die Frage, wie sich neue Rechtszweige herausbilden, wann alte Rechtszweige gegenstandslos werden.

Und noch eins: Wenn hier essentielle Bedenken gegen eine Unterscheidung von Rechts- und Gesetzgebungssystem vorgetragen wurden, so wird damit die Rechtszweigeinteilung zwar als eine grundlegende, nicht aber als einzige makrostrukturelle Systematisierungsmöglichkeit der Rechtsnormen angesehen. Je nach Erkenntnisinteresse, je nach rechtspolitischer Zielsetzung kann und muß die Rechtsnormengesamtheit auch anders systematisiert und eingeteilt werden. Mögliche Kriterien dafür wären etwa: Einteilung der Normen nach ihren unterschiedlichen Rechtsquellen, nach den Normadressaten, schließlich nach ihrem territorialen Geltungsbereich usw.

---

17 Vgl. A. W. Mitzkewitsch, Theoretische Probleme des Gesetzgebungssystems des sowjetischen Volksstaates, in: Materialien des V. Berliner Rechtstheoretischen Symposiums, a. a. O., S. 263—273.

18 Vgl. ebenda, S. 265/266.

7. Strukturtheoretische Analysen des Rechts und elektronische Datenverarbeitung

7.1. Überblick über Anwendungsformen der EDV auf juristischem Gebiet

Gegenstand unserer folgenden Betrachtungen ist nicht die rechtliche Regelung der EDV-Nutzung, sondern die Nutzung der EDV im Prozeß rechtlicher Regelung. Uns geht es also nicht um die Rechtsbeziehungen bei der Einsatzvorbereitung und Nutzung der EDV, die in der juristischen Literatur der sozialistischen Staaten eine zunehmende Rolle spielt,[1] uns geht es auch nicht um den Datenschutz, der in den einschlägigen bürgerlichen Publikationen der letzten Jahre Berichte über die Ansätze und Ergebnisse der EDV-Nutzung bei der Rechtsbildung und Rechtsverwirklichung fast völlig verdrängt.[2]

Um eine — in unserem Zusammenhang interessierende — Nutzung der EDV im Prozeß rechtlicher Regelung handelt es sich hingegen zweifellos bei den EDV-Systemen, die der Unterstützung von Rechtsbildung und Rechtsverwirklichung durch Informationen juristischer Natur dienen. Die Mehrzahl dieser „juristischen" Systeme knüpft an das allgemeine Konzept der Informationsrecherchesysteme (IRS) an.[3] Diese werden nach ihrer ursprünglichen und auch heute überwiegenden Verwendung auch als Dokumentationssysteme bezeichnet. Sie stellen eine seit längerem auch in der DDR auf vielen Gebieten genutzte Form der Informationssammlung und -bereitstellung dar.[4]

---

[1] Vgl. H. Borgwardt/R. Streich, EDV in der Wirtschaftsleitung — Rechtsfragen, Berlin 1982, S. 43ff.; A. V. Vegerov/V. A. Pertzik/I. S. Samoščenko, Pravovye osnovy avtomatizacii upravlenija narodnym chozjajstvom SSSR, Moskva 1979.

[2] So haben sich Steinmüller und Kilian, die zunächst zahlreiche Arbeiten zur Untersützung juristischer Entscheidungen publiziert hatten (vgl. insbes. W. Steinmüller, ADV und Recht, Berlin [West] 1976; W. Kilian, Juristische Entscheidung und elektronische Datenverarbeitung, Darmstadt 1974), später der Datenschutz-Problematik zugewandt (vgl. W. Steinmüller/L. Ermer/W. Schimmel, Datenschutz bei riskanten Systemen, Berlin [West]—Heidelberg—New York 1978; W. Kilian, Personalinformationssysteme in deutschen Großunternehmen — Ausbaustand und Rechtsprobleme, Berlin [West]—Heidelberg—New York 1981; W. Steinmüller, Personenkennzeichen, Versichertennummer und Personalausweis, in: Datenverarbeitung im Recht (im folgenden: DVR), München, Bd. 12/1983, S. 205ff.

[3] Wir folgen in der Bezeichnung dieser Systeme und ihrer Komponenten: H. Engelbert, Die Informationsrecherchesysteme in der Wissenschaft, Berlin 1978. — Im Russischen ist für Infomationsrecherche der Terminus „informacionnyj poisk" und im Englischen „information retrieval" üblich.

[4] Vgl. die zahlreichen Beispiele in den letzten fünf Jahrgängen der Zeitschrift „Informatik", Berlin. Als Implementationshilfsmittel kann bei der Arbeit mit EDVA des ESER (Einheitliches

IRS vermitteln auf juristischem Gebiet den Nutzern relevante Informationen über Originale (z. B. Gerichtsentscheidungen). Die Arbeitsweise eines solchen IRS soll eine (in Abb. 1) vereinfachte Darstellung illustrieren.[5]

IRS können mit unterschiedlichen Hilfsmitteln gestaltet werden. Bereits eine nach Schlagworten geordnete Sammlung von Karteikarten stellt ein bewährtes IRS dar. Entsprechend dem Umfang und der Anzahl bedeutsamer Originale sowie den technischen Möglichkeiten moderner elektronischer Datenverarbeitungsanlagen (EDVA) haben sich unter den Informationsrecherchesprachen jedoch vor allem Thesauri durchgesetzt. Vereinfacht kann ein Thesaurus als Verzeichnis von Deskriptoren (Vorzugswörtern) aufgefaßt werden, das sowohl Angaben über die Beziehungen zwischen den Deskriptoren wie auch Regeln für die Zuordnung der Deskriptoren zu den widerzuspiegelnden Originalen enthält. Im Informationsrecherchefonds wird dann ein Original durch die dafür zutreffenden Deskriptoren repräsentiert; das Original wird so durch Deskriptoren „indexiert". Zusätzlich können die Texte der Originale, Teile oder Komprimate (auch Referate) davon abgespeichert sein. Die Recherche in diesem Fonds ermöglicht dann den Nachweis der für vorgegebene Deskriptoren (z. B. *Vertrag*, *Warenlieferung*, *Lieferverzug*, *Verantwortlichkeit*) oder deren (logische) Verknüpfungen (z. B. *Reklamation* oder *Geltendmachung* und *Verjährung*) zutreffenden Originale.

In der DDR wird an der Akademie für Staats- und Rechtswissenschaft ein Dokumentationssystem genutzt, das den Nachweis von Rechtsvorschriften und juristischer Literatur gestattet.[6] Eine Arbeitsgruppe der Justiz konzipierte ein IRS für diesen

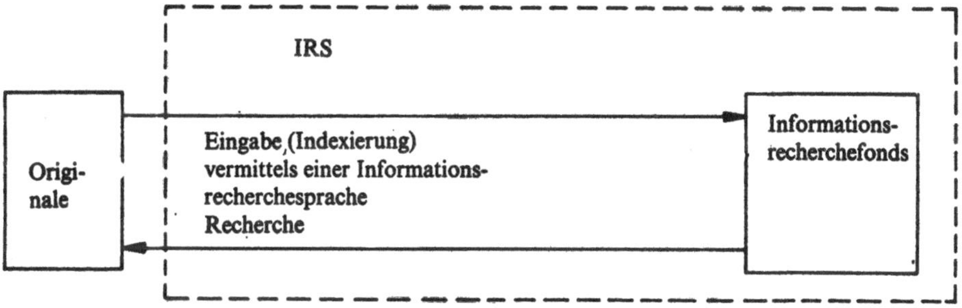

Abb. 1: Vereinfachte Darstellung der Arbeitsweise eines IRS

System elektronischer Rechentechnik der RGW-Mitgliedsländer), das vom Kombinat Robotron entwickelte SOPS (sachgebietsorientiertes Programmiersystem), AIDOS (automatisiertes Informations- und Dokumentationssystem) genutzt werden.

5 Zur umfassenden Definition eines IRS (unter dem Aspekt des Nachweises wissenschaftlicher Informationen) vgl.: H. Engelbert, Informationsrecherchesysteme in der Wissenschaft, a. a. O., S. 15ff.

6 Vgl. E. Weichelt, Dokumentation und Recherche im Recht, in: Berichte zum X. Internationalen Kongreß für Rechtsvergleichung, Budapest 1978, S. 271ff.; W. Seifart/E. Weichelt, Über die Arbeit des Beirats für die staats- und rechtswissenschaftliche Information, in: Informatik, 1/1981, S. 25/26.

Bereich, wobei insbesondere Gerichtsentscheidungen berücksichtigt werden. In beiden Fällen ist jedoch — soweit wir sehen — eine Erschließung der Normen und ihres Beziehungsgefüges nicht vorgesehen.

Rechtsdokumentationen werden auch in den USA[7] und nahezu allen Staaten Westeuropas[8] genutzt. Sie dienen vor allem dem Nachweis von Rechtsvorschriften und Gerichtsentscheidungen, einige von ihnen auch der Dokumentierung von juristischer Literatur. Verschiedentlich ist zwar auch von „Normennachweis" die Rede, doch aus den angeführten Beispielen[9] ist u. E. zu schließen, daß der Nachweis einzelner Rechtsnormen und ihrer Beziehungen nicht möglich ist.

Bezüglich dieser IRS wird immer wieder die Frage ihrer Effektivität und — damit teilweise verbunden — die nach ausreichender Berücksichtigung der juristischen Spezifika aufgeworfen.[10] Probleme der Effektivität von IRS (Abbildung aller relevanten Originale in Informationsrecherchefonds, Nachweis genau der zutreffenden Originale bei Recherche, tatsächliche Verfügbarkeit der Originale) treten unabhängig von der Art des Abbildungsgegenstandes sowohl bei manueller als auch bei maschineller Thesauruserstellung und Indexierung auf. Sie zwingen den Nutzer, das IRS als ein die individuelle und von Experten unterstützte Recherche zusätzlich und vertiefend erforderndes *Hilfsmittel* einzuordnen.[11] Ferner müssen aus juristischer Sicht folgende Bedenken geltend gemacht werden:

---

[7] Beispiele in den USA genutzter juristischer Dokumentationssysteme sind JURIS (US-Justizministerium), LEXIS (kommerziell genutztes System eines Konzerns), FLITE (US-Luftwaffe; weist Vorschriften und Entscheidungen aus dem militärischen Bereich nach) und verlagseigene Systeme, von denen „Auto-Cite" nicht nur Gerichtsentscheidungen dokumentiert, sondern auch nachweist, wo und mit welchem Inhalt diese bei anderen Entscheidungen zitiert wurden. — Vgl. zur Detaillierung der Anm. 7 und 8: A. Berger, Internationaler Vergleich der EDV-Rechtsdokumentation, in: DVR (im folgenden Verlagsort: Berlin [West]), Bd. 5/1976, S. 143—155; W. R. Svoboda, Benutzer von juristischen Informationssystemen, in: DVR, Bd. 8/1979, S. 357/358.

[8] Westeuropäische Rechtsdokumentationen — in der Reihenfolge ihres Nutzungsbeginns — sind: CREDOC (belgischer Notar- und Anwaltsverein), CEDIJ (französische Obergerichte und Regierungsstellen), CELEX (Kommission der Europäischen Gemeinschaft), das schwedische Informationssystem für das Rechtswesen, Italguire (italienischer Kassationshof), JURIDOC (Universität Montpellier), LEXinform als Teil der Steuerrechtsdatenbank DATEV (Vereinigung der selbständigen Steuerberater in der BRD) und Juris (BRD-Regierung) mit den Teilsystemen Sozialrechts-, Steuerrechts- und Privatrechtsdokumentation.

[9] Ein deutlicher Hinweis, daß die „Normendatenbank" des BRD-Systems JURIS der Speicherung des Textes von Paragraphen dient, findet sich bei J. Fabry, Information für Recht und Verwaltung — JURIS als Fachinformationssystem im JUD-Programm, in: H. Reinermann u. a. (Hrsg.), Organisation informationstechnik-gestützter öffentlicher Verwaltungen, Berlin (West)—Heidelberg—New York 1981, S. 231.

[10] Vgl. W. Popp/B. Schlink, Skizze eines intelligenten juristischen Informationssystems, in: DVR, Bd. 4/1975, S. 5.

[11] So in einer Studie zur Nutzung der EDV bei der Erschließung von Archivmaterial: „Die Archivare der Deutschen Demokratischen Republik sind überzeugt, daß die Sacherschließung nur die erste Phase der Recherche erleichtern kann, d. h., es soll ein effektiver Standortnachweis ermöglicht werden, vor allem bei Anwendung der Datenverarbeitung. Die genaue Durch-

1. Es besteht ein Widerspruch zwischen der Art der Originale, die in einem IRS sinnvoll widergespiegelt werden können, und den Informationen, die die Rechtssubjekte zur Wahrnehmung ihrer subjektiven Rechte und Pflichten befähigen. Rechtsnormen, Weisungen, Verträge als wichtige Beispiele solcher Informationen sind derart vielfältig und zahlreich, daß ihre generelle Indexierung praktisch nicht möglich ist.

2. IRS basieren auf der *isolierten* Existenz einer Vielzahl von Originalen. Ein Spezifikum des Systems rechtlicher Regelung liegt aber in seiner Dynamik und damit verbunden in der vielfältigen Abhängigkeit der einzelnen subjektiven Rechte und Pflichten. Den speziellen juristischen Anforderungen könnte deshalb eher genügt werden, wenn die Informationsrecherchesprachen in der Richtung weiterentwickelt würden, daß sie auch die *Beziehungen* zwischen den Originalen abbilden.[12] Wie wir noch im einzelnen darlegen werden, ist jedoch mit einer statischen Widerspiegelung der zwischen den Rechtsnormen und Rechtsformen bestehenden Beziehungen wenig gewonnen. Stets muß das subjektive Handeln als Ausgangspunkt weiteren Handelns beachtet werden. Die „Präsentation ... einer Liste der Anwendungsbedingungen", wie sie für ein Dokumentationsprogramm zur Unterstützung der juristischen Auslegung vorgeschlagen worden ist,[13] berücksichtigt u. E. diesen Zusammenhang nicht ausreichend.

3. Thesauri müssen zwar nicht notwendig hierarchisch strukturiert sein, sie schöpfen aber einen Teil ihrer „semantischen Kraft" aus hierarchischen Beziehungen zwischen den Deskriptoren.[14] Für die Rechtsanwendung verwendbare Begriffssysteme weisen aber kaum streng hierarchische Strukturen auf. (Nach Rechtsdisziplinen und -instituten geordnete Schlagwortkarteien sind insofern kein Gegenbeweis.)

Zusammenfassend ist festzuhalten: Informationsrecherchesysteme stellen u. E. *allein* keine der Rechtsanwendung adäquate Form der Automatisierung dar. Sie können durch den Nachweis von Rechtsvorschriften, Judikaten und juristischer Literatur die Rechtsanwendung unterstützen; diese bedarf jedoch in der Regel weiterer Tätigkeit der Rechtssubjekte und der sie unterstützenden Experten — also der Juristen — bis zur

---

sicht und Bewertung des ermittelten Archivgutes sowie die eventuell erforderliche Modifizierung der Rechercheanfrage ist dann Sache des Auftraggebers, von dem erwartet werden darf, daß er sachkundig ist. Sofern er nach Durchsicht der ersten Rechercheergebnisse seine Fragen modifizieren oder neue Fragen formulieren könnte, sollte er die Hilfe der Archivare in Anspruch nehmen. (Dies gilt analog auch für die Sacherschließung und für Recherche in Bibliotheken.)" (Studie über das System des rechnergestützten Zugriffs zu Archiv- und Bibliotheksgut — erarbeitet durch eine Gruppe von Archivaren, Bibliothekaren und Datenverarbeitungsexperten der Deutschen Staatsbibliothek [Berlin] und der Staatlichen Archivverwaltung [Potsdam]. Vorgelegt im Auftrag der UNESCO [Paris], Deutsche Staatsbibliothek, Berlin 1980, S. 29/30.)

12 So sind die „Facetten-Klassifikationen" Weiterentwicklungen von Informationsrecherchesprachen, vgl.: H. Engelbert, Die Informationsrecherchesysteme in der Wissenschaft, a. a. O., S. 57. — Es bleibt die Frage zu stellen, ob rechtsspezifische „Facetten" entwickelt werden können. Die der „Facettierung" zuordenbare Informationsrecherchesprache SYNTOL (vgl. ebenda, S. 67/68) erinnert in ihren Elementen jedenfalls an die weiter unten vorgestellte Sprache LEGOL-2.

13 Vgl. W. Kilian, Juristische Entscheidung und elektronische Datenverarbeitung, a. a. O., S. 267.

14 Vgl. H. Engelbert, Die Informationsrecherchesysteme in der Wissenschaft, a. a. O., S. 62.

Herausarbeitung konkreter subjektiver Rechte und Pflichten. Allerdings reduzieren sich die obigen Bedenken, wie noch zu erläutern sein wird, bei einer Bindung der IRS-Komponenten an Programmbausteine, die aus dem und für den Prozeß der Rechtsanwendung abgeleitet werden.

Juristische IRS unterstützen also die aktuelle Rechtsanwendung (lediglich) durch Informationen über *Ergebnisse früher realisierter* Rechtsbildungs- und -verwirklichungsprozesse. Im Gegensatz dazu wird durch einige im Prozeß der Planung, Abrechnung und Kontrolle der sozialistischen Volkswirtschaft verwirklichte EDV-Projekte die *Informationsverarbeitung des betreffenden Rechtsverwirklichungsprozesses* selbst teilweise automatisiert.[15] Das Handeln der Wirtschaftsrechtssubjekte bei der Herstellung der Einheit von Plan, Bilanz und Vertrag wird durch eine Vielzahl von Informationen (Kennziffern u. ä.) bestimmt, die zunehmend mittels EDV erfaßt und bereitgestellt werden. Der Abschluß der Wirtschaftsverträge selbst erfolgt unter Verwendung eines einheitlichen Formblattes (EDV-gerechter Wirtschaftsvertrag). Die Vertragsform wird standardisiert, der Vertragsabschluß rationalisiert. Das kann auch durch den Austausch von maschinenlesbaren Datenträgern, die aus den vereinheitlichten Primärdokumenten gewonnen werden, oder durch den Austausch von Zeichen (vermittels technischer Hilfsmittel) erfolgen.

Auf diese Weise wird gleichzeitig eine Voraussetzung für die nachfolgende Automatisierung der Realisierungskontrolle geschaffen. Beim Import metallurgischer Erzeugnisse z. B. werden die Vertragsdaten als Soll gespeichert und mit den Ist-Daten verglichen, die durch die Importleitstellen erfaßt und übertragen werden. Das gestattet die Echtzeit-Information über den Stand der Vertrags- und Planerfüllung, die automatische Ausfertigung der Abnehmerrechnung und eine automatische Vertragsstrafenberechnung.

Projekte dieser Art schaffen Voraussetzungen für eine Verarbeitung von Informationen mittels EDV im jeweiligen Prozeß der Rechtsverwirklichung. Sie stehen gewissermaßen an der Schwelle einer Teilautomatisierung der Rechtsanwendung. Diese Schwelle wird nun mit Projekten von der Art *Taxman*, *Legol-2*, *Datev* und mit den verschiedenen Anwendungsbeispielen der *Jurimetrics* sowie mittels der erwähnten automatischen *Vertragsstrafenberechnung* überschritten:

TAXMAN[16], ein Projekt, an dem seit mehreren Jahren in den USA gearbeitet wird,[17] soll die Verhinderung von Steuerhinterziehungen bei der Reorganisation von Aktiengesellschaften unterstützen. Komponenten des Projekts sind Definitionen und Prozeduren, die sowohl in der Programm- und Datenbasis enthaltene als auch vom Benutzer eingegebene Informationen verarbeiten und die für den jeweiligen Fall zutreffenden Definitionen ermitteln. Die Verknüpfung dieser Definitionen ist nicht fest, sondern erfolgt in Abhängigkeit vom Kontext des konkreten Falles. Bei der Fallbearbeitung werden sowohl logische Verbindungen der Definitionen hergestellt als auch solche, die der

---

15 Vgl. H. Borgwardt/R. Streich, EDV in der Wirtschaftsleitung — Rechtsfragen, a. a. O., S. 74ff.

16 Vgl. L. T. McCarty. Reflections on TAXMAN: An Experiment in Artifical Intelligence and Legal Reasoning, in: DVR, Bd. 5/1976, S. 305—373.

17 Vgl. W. Popp/B. Schlink, Artificial Intelligence (AI) in der Rechtsinformatorik . ., in: DVR, Bd. 4/1975, S. 310ff.

Projektanwender im gegebenen Fall bestimmt. Mit Ausnahme der Fälle, in denen eine vollständige Verknüpfung der „Definitionen“ mittels der mathematischen Logik hergestellt werden kann, erfolgt die Fallösung also im Zusammenwirken von Prozeduren und Nutzereingaben. Die Komponenten sind insgesamt nicht unveränderlich, sondern können in Abhängigkeit von früheren Ergebnissen und neuen Erkenntnissen verändert und erweitert werden.

LEGOL-2 (Legally Oriented Language-2. Version)[18] ist eine künstliche Sprache ohne Semantik. Konkrete Sprachelemente werden erst in der ersten Etappe ihrer Anwendung festgelegt. Die für die Anwendung der Sprache erforderliche Spezifikation ihrer Syntax wie die Bereitstellung von Prozeduren zur Arbeit mit der Datenbasis (z. B. der Repräsentation von Rechtsgrundlagen) ist eine vom Menschen zu erledigende Aufgabe. Elemente der Datenbank sind „things“, „conditions“ und „states“, wobei zu jedem dieser Elemente die Angabe des Zeitraums gehört, in dem es gültig ist. (Diese Zeitabhängigkeit kann bei Operationen mit den Daten genutzt werden.) Einerseits erinnern diese Elemente an die im Abschnitt 5 dargestellten deontischen Modalitäten. Zum anderen werden aber die Verbindungen zwischen den Elementen und mögliche Auslegungs- und Unschärfeprobleme („Übergänge zur weichen Semantik“) durch die Sprache bewußt vernachlässigt und damit in den Aufgabenbereich des Anwenders verlagert.

Das System DATEV[19] wird von den selbständigen Steuerberatern der BRD für die Finanzbuchführung und Kostenrechnung ihrer Mandanten genutzt, für deren Lohn-, Gehalts- und Steuerberechnungen, wobei einschlägige gesetzliche Bestimmungen berücksichtigt werden. Mit einem speziellen Programm können in der Art eines Planspiels Entscheidungshilfen sowohl für die Unternehmenspolitik einzelner Firmen als auch hinsichtlich etwaiger Steuergesetzänderungen gewonnen werden. Dabei kann, insbesondere soweit sich der betreffende Steuerberater eines Terminals bedient, das Dokumentationssystem LEX*inform* unterstützend genutzt werden.

Eine zunächst aus der Eigenart des „case-law“ plausible Anwendung der EDV besteht in der Voraussage einer juristischen Entscheidung auf der Basis von Informationen über frühere Rechtsfälle. Die zahlreichen Beispiele dieser in den USA als *Jurimetrics* bezeichneten Richtung weisen folgende Charakteristika auf:

a) ein zur Entscheidung anstehender Rechtsfall fordert von einem Rechtsanwender die Ausfüllung eines Entscheidungsspielraumes;

b) der Rechtsfall stimmt in der Art der wesentlichen Merkmale, die die Entscheidung beeinflussen, mit früher entschiedenen Fällen überein;

c) die Merkmale sind voneinander unabhängig und können ebenso wie die von ihnen abhängige Entscheidung quantifiziert werden.

Unter diesen Voraussetzungen können Verfahren der mathematischen Statistik zur Entscheidungsvorhersage auf der Basis früherer Rechtsfälle genutzt werden. Entsprechende Voraussagen ergeben tatsächlich bereits bei einer relativ geringen Zahl von „Basisfällen“ gute Näherungen an reale Entscheidungen.

---

[18] Vgl. L. H. Fohmann, Das LEGOL-2 Projekt — ein Durchbruch in Systems Analysis und Software Engineering als Lohn semantischer Unorthodoxie?, in: DVR, Bd. 9/1980, S. 95ff.

[19] Vgl. M. Paulus, Das System der DATEV, in: DVR, Bd. 8/1979, S. 233ff.

Wir verzichten hier auf die Darlegung jüngerer Beispiele, die die Anwendbarkeit des angedeuteten Vorgehens plausibel und scheinbar perfekt darstellen,[20] da V. Knapp bereits 1963 anhand der Erörterung eines Verfahrens zur *Unterhaltsbestimmung minderjähriger Kinder* nach dem Recht der ČSSR eine zutreffende Einschätzung vorgenommen hat.[21] Er stellte die Abhängigkeit des Unterhaltsbeitrages als quantitativer Größe von anderen, in der Mehrzahl ebenfalls quantitativen Einflußfaktoren dar. Als wichtigste Abhängigkeitsfaktoren nannte er die Höhe des Einkommens der unterhaltsverpflichteten Person, das Alter des Kindes und die Gesamtheit der Personen, die der Unterhaltspflichtige zu unterhalten hat; ferner das eigene Einkommen des Kindes, das Einkommen des zweiten Elternteils und der von letzterem zu unterhaltenden Personen. Mittels eines — nicht explizit angegebenen — Verfahrens könnten diese Einflußgrößen dann als unabhängige Variablen aufgefaßt und im Vektorraum über diesen Variablen und dem Unterhalt als abhängiger Variablen frühere Entscheidungen festgehalten werden. Aus den gespeicherten Fällen könnten eine Vorschrift zur Ermittlung des Unterhalts aufgrund der im konkreten Fall gegebenen Einflußfaktoren und wahrscheinlichkeitstheoretische Aussagen zur Sicherheit der Parameter für die auf diese Weise zu gewinnenden Entscheidungen abgeleitet werden.

Richtig sieht V. Knapp sowohl die Vorzüge als auch die Grenzen dieses Verfahrens, wenn er schreibt: „Der Vorzug des maschinellen Vorgehens bestünde darin, daß es in gleichgelagerten Fällen (oder genauer gesagt: in ähnlichen Fällen, denn völlig gleiche Fälle gibt es nicht) eine gleiche Lösung liefern würde. Diese Lösung könnte allerdings keine Entscheidung sein, sondern nur der Ausgangspunkt für die Entscheidung."[22] Das Gericht müßte eine so vorbereitete Lösung, insbesondere hinsichtlich des Einflusses nicht erfaßter Faktoren, begutachten — die Unendlichkeit der möglichen Schattierungen berücksichtigen — und schließlich die Entscheidung fällen. Diese wiederum könnte als zusätzliches Element in die Basis der Vorbereitung späterer Entscheidungen aufgenommen werden.

Um eine teilautomatisierte Rechtsanwendung handelt es sich auch im oben bereits avisierten Fall der *Vertragsstrafenberechnung*. Wenn z. B. im Prozeß der Importrealisierungskontrolle die Ermittlung der Vertragsstrafe an die Relation zwischen Soll und Ist algorithmisch gebunden wird, so kann die Sanktionsberechnung durch Abarbeitung eines entsprechenden Programms erfolgen. Differieren zu einem definierten Zeitpunkt Soll und Ist, dann wird der Preis des Lieferdefizits mit dem Prozentsatz multipliziert, der entsprechend der Dauer des Verzuges ermittelt wurde. Gleichzeitig wird automatisch festgestellt, bis zu welchem Datum zur Wahrung der geregelten Geltendmachungsfrist die Anzeige gegenüber dem Partner zu erfolgen hat. Außerhalb der Automatisierung ist allerdings festzustellen, ob im gegebenen Fall nicht eine völlige oder teilweise Befreiung des Schuldners von der Verantwortlichkeit erfolgen und die Vertragsstrafe deshalb entsprechend reduziert werden muß.

---

20 Vgl. Beispiele und Literatur bei: L. Reisinger, Rechtsinformatik, Berlin (West)—New York 1977, S. 246ff.

21 Vgl. V. Knapp, Über die Möglichkeit der Anwendung kybernetischer Methoden im Recht, in: Staat und Recht (im folgenden: StuR), 4/1963, S. 613ff.

22 Ebenda, S. 615.

Viele andere Beispiele automatischer Anwendung von Rechtsnormen treten im Prozeß der zunehmend mittels EDV gelösten *Abrechnungsaufgaben* in Wirtschaft und Verwaltung auf. Unter dem Blickwinkel der Rechtsverwirklichung ist für diese Fälle charakteristisch:

— die nur teilweise durch das Recht bestimmte und dabei meist nicht offensichtlich als solche erkennbare Ermittlung von Ergebnissen aus verfügbaren Daten (Wer sieht schon die *Zinsberechnung* der Sparkasse als Rechtsverwirklichung an?);

— die Existenz unmittelbar numerisch darstellbarer Ausgangswerte und Rechtsvorschriften zur Ergebnisgewinnung;

— die Entlastung des Rechtssubjekts von der detaillierten Kenntnis und Handhabung der Rechtsgrundlagen: diese werden in entsprechenden Programmen widergespiegelt, die bei Änderung der Rechtsgrundlagen auch zu ändern sind. So dürften Steuertabellen nach Einführung der automatisierten *Lohn- und Gehaltsberechnung* nur noch in Ausnahmefällen sowohl von den Mitarbeitern der Gehaltsstelle als auch von den Lohn- und Gehaltsempfängern genutzt werden.

Schließlich bleibt eine letzte Gruppe von Projekten zu erwähnen, für die die unmittelbare Transformation der juristischen Struktur in die Struktur der EDV-Programme kennzeichnend ist. Dazu gehören die Programmsysteme *Dialex* und *Judi* sowie die Programme *Judith* und *Disum*:

DIALEX[23] ist ein zunächst für den Einsatz in der Ausbildung konzipiertes System der teilautomatisierten Feststellung von Ansprüchen aus nichtgehöriger Erfüllung eines Außenhandelsliefervertrages. Das System konfrontiert den Anwender fortlaufend mit auf dem Bildschirm ausgegebenen Fragen, von deren Beantwortung die weitere Fortsetzung der Programmabarbeitung bestimmt wird. Eine Klassifizierung der Fragen ist folgendermaßen möglich, wobei von der im *Dialex* gewählten unterschiedlichen Darstellung abstrahiert wird:

1. Zunächst wird der Nutzer aufgefordert, die zu überprüfenden Ansprüche anzugeben. Anders gesagt, es erfolgt die Zielvorgabe für den weiteren Dialog (siehe Abb. 3). Daß dabei die Prüfung eines Anspruchs gewünscht werden kann, der nicht besteht, liegt in der Natur des gewählten Verfahrens, genau wie andere als die vom Nutzer zur Überprüfung vorgesehenen Ansprüche bestehen können. Dem erstgenannten Problem kann der Nutzer begegnen, indem er sicherheitshalber weitere Ansprüche abfragt; auf das letztgenannte Problem reagiert das Programm selbst, indem bei Vorliegen entsprechender Kombinationen von Merkmalen auf die Möglichkeit des Bestehens eines anderen Anspruchs hingewiesen wird.

Im Rahmen der auf diese Weise begonnenen Menüzusammenstellung kann der Nutzer entsprechend seinem Kenntnis- und Erfahrungsniveau sowie seinen speziellen Nutzerwünschen seine Programmforderung weiter variieren. Ist er sicher, daß der betreffende Anspruch dem Grunde nach besteht, beschränkt er das Programm auf die Feststellung der Anspruchshöhe (siehe Abb. 3).

Wenn der Nutzer weiß, daß im gegebenen Fall Mitwirkungspflichten nicht verletzt wurden oder Käuferverursachung keine Rolle gespielt hat oder eine Befreiung von der Verantwortlichkeit nicht in Frage kommt, so verzichtet er auf die jeweiligen Teil-

---

[23] Vgl. auch Beschreibung mit Beispiel bei: M. Kemper/R. Koitz, DIALEX — Unterstützung juristischer Entscheidungen durch EDV, in: StuR, 8/1981, S. 713ff.

BEGINN DER FALLBEARBEITUNG
ANSPRUECHE I BEI DER UEBERGABE v. t. DOKUMENTATIONEN (K 68, K 65)
WEGEN I BEI DER UEBERGABE VON ANALYSENZERTIFIKATEN (K 70)
VERZUGES I BEI DER LIEFERUNG DER MATERIELLEN WARE (K 69)
ANSPRUECHE WEGEN NICHTERFUELLUNG (K 71, K 65)
ANSPRUECHE WEGEN NICHTQUANTITAETSGEMAESSER LIEFERUNG (K 72)
ANSPRUECHE WEGEN NICHTQUALITAETSGERECHTER LIEFERUNG (K 73)
ANSPRUECHE WEGEN UNBERECHTIGTEN RUECKINKASSOS (K 74)
BITTE KREUZEN SIE AN, WELCHE DER ANGEFUEHRTEN ANSPRUECHE IM GEGEBENEN FALL BEARBEITET WERDEN SOLLEN:

Abb. 2: Anspruchsmenü des DIALEX

IN WELCHER WEISE MOECHTEN SIE BEI DER ERMITTLUNG DER VERZUGSFOLGEN UNTERSTUETZT WERDEN?
ICH WILL DIALEX LEDIGLICH ALS RECHENPROGRAMM ZUR ERMITTLUNG DER KONVENTIONALSTRAFENHOEHE VERWENDEN, WEIL MIR DIE LAENGE DER BERECHNUNGSZEIT UND DIE BEZUGSGRUNDLAGE KLAR SIND.
ICH MOECHTE ETWAIGE ANSPRUECHE UND IHRE HOEHE SYSTEMATISCH ERMITTELN.
BITTE KREUZEN SIE DIE ZUTREFFENDE ZEILE AN:

Abb. 3: Detaillierung des Anspruchs bei Verzug

programme (siehe Abb. 4). Je nach Wunsch kann er eine Überprüfung der Geltendmachungs- und Verjährungsfristen veranlassen oder auf sie verzichten usw.

2. Es werden die für das Bestehen des betreffenden subjektiven Rechts (bzw. der betreffenden Rechtspflicht) erforderlichen Voraussetzungen erfragt. Aufgrund des überwiegend zwingenden Charakters der dem Programm zugrunde liegenden Normen der Allgemeinen Lieferbedingungen/Rat für gegenseitige Wirtschaftshilfe (ALB/RGW) erfolgt damit im wesentlichen die Subsumtion des gegebenen Sachverhalts unter die Tatbestandsmerkmale entsprechender Normen. In der Regel wird die Eingabe der betreffenden Daten zu dem Zeitpunkt angefordert, in dem sie durch das Programm entsprechend der jeweiligen Anspruchsstruktur verarbeitet werden muß, zu einem Zeitpunkt also, zu dem der Nutzer die Beziehung zwischen angefordertem Datum und zur Überprüfung anstehendem subjektivem Recht erkennen kann. Ausnahmen bilden die — gewissermaßen vor die Klammern mehrerer Normen gezogenen —

```
IN WELCHER WEISE MOECHTEN SIE BEI DER SYSTEMATISCHEN
ERMITTLUNG EINES EVENTUELLEN VERZUGES
BEI DER LIEFERUNG DER MATERIELLEN WARE
UNTERSTUETZT WERDEN?
ICH WILL FOLGENDE FAKULTATIVE TEILE IN DIE VERZUGSPRUEFUNG
EINBEZIEHEN:
MITWIRKUNGSHANDLUNG BEI HERSTELLUNG DER WARE (K 5)
SONSTIGE FAELLE DER KAEUFERVERURSACHUNG (K 30)
ZEITWEILIGE ODER STAENDIGE BEFREIUNG VON DER VERANTWORT-
LICHKEIT
BITTE KREUZEN SIE DIE ZUTREFFENDE ZEILE AN:
```

Abb. 4: Anspruchsdetaillierung durch Angabe fakultativer Programmteile

Eingaben der Daten, die wiederholt benötigt werden (z. B. der vertragliche Liefertermin und das Land des Vertragspartners).

Soweit es sich bei den Daten um numerische Werte (Mengenangaben, Tagesdaten, Fristen) handelt, zielt ihre Eingabe auf die Durchführung der allgemein den Datenverarbeitungsanlagen zugestandenen arithmetischen Operationen. Insbesondere beim Vorliegen mehrerer Bedingungen können darüber hinaus logische Operationen (Vergleiche, Negation, Konjunktion, Disjunktion) maschinell realisiert werden. Problematisch ist hingegen die Auswertung vager Begriffe (z. B. „Mitwirkungshandlungen bei Herstellung der Ware" — § 13.1 (ALB/RGW); unabwendbare Ereignisse außerordentlichen Charakters — § 68.2). Enthalten Tatbestands- oder Folgehandlungsteil solche Begriffe, so wird die Entscheidung, ob das Merkmal im gegebenen Fall erfüllt ist, dem Nutzer im Dialog zugewiesen.

3. Gleichfalls nicht automatisch zu beantworten ist die Frage, ob ein bestehendes Recht im konkreten Fall wahrgenommen, ob eine bestehende Pflicht erfüllt wurde. Ihre Beantwortung geschieht deshalb gleichfalls durch den Nutzer im Dialog. Je nachdem, wie seine Antwort ausfällt, werden entsprechende Konsequenzen durch *Dialex* ausgewiesen und bei der Steuerung des weiteren Dialogs berücksichtigt.

Letztlich begibt sich der Anwender mit der Eingabe der ihm abgeforderten Daten auf die von den Programmautoren entsprechend der Verknüpfung zwischen einzelnen subjektiven Rechten gezogenen Bahnen. Wir wollen die Berechtigung eines solchen Vorgehens später erörtern, müssen jedoch hier erläutern, daß der Nutzer dabei nicht allein gelassen wird. Einmal wird die Anforderung von Daten, insofern sie nicht für sich selbst spricht, auf dem dazu ausgegebenen Bildschirm-Text mit einer Erläuterung ihrer Verwendung verbunden (Abb. 5). Unter dem Gesichtspunkt der Anwendung von Rechtsnormen wird dabei der Zusammenhang zwischen Tatbestand und Folgehandlung sowie den damit verbundenen Rechtsnormen verbal und ausschnittsweise dargestellt. Zum anderen kann sich der Nutzer relevante Begriffe und Zusammenhänge entsprechend den unterbreiteten Angeboten (vgl. Abb. 2, 4 und 5) oder auch wahlfrei (geleitet durch ein maschinell verfügbares Lexikon der Begriffe) kommentieren lassen.

Bei der Erarbeitung der Kommentare sind die Autoren deduktiv vorgegangen: Zunächst wurden Leitkommentare geschrieben, deren Inhalt durch weitere Kommentare untersetzt wurde usw. Dabei traten zahlreiche Querverbindungen, Zusammen-

HAT DER KAEUFER RUECKTRITT
WEGEN LANGANDAUERNDEN
VERZUGES ERKLAERT? (K 40, K 52)
BEI BERECHTIGTER AUSUEBUNG DES RUECKTRITTSRECHTS
SCHLAEGT DER VERZUG UM IN EINE NICHTERFUELLUNG.
HAT DER KAEUFER BERECHTIGTERWEISE RUECKTRITT WEGEN
LANGANDAUERNDEN VERZUGES ERKLAERT, WAEREN
DEMGEMAESS DIE RECHTSFOLGEN WEGEN NICHTERFUELLUNG ZU
UNTERSUCHEN.
BITTE BEANTWORTEN SIE DIE OBIGE ALTERNATIVFRAGE!

Abb. 5: Aufforderung zur Eingabe einer Alternativantwort mit Erläuterung

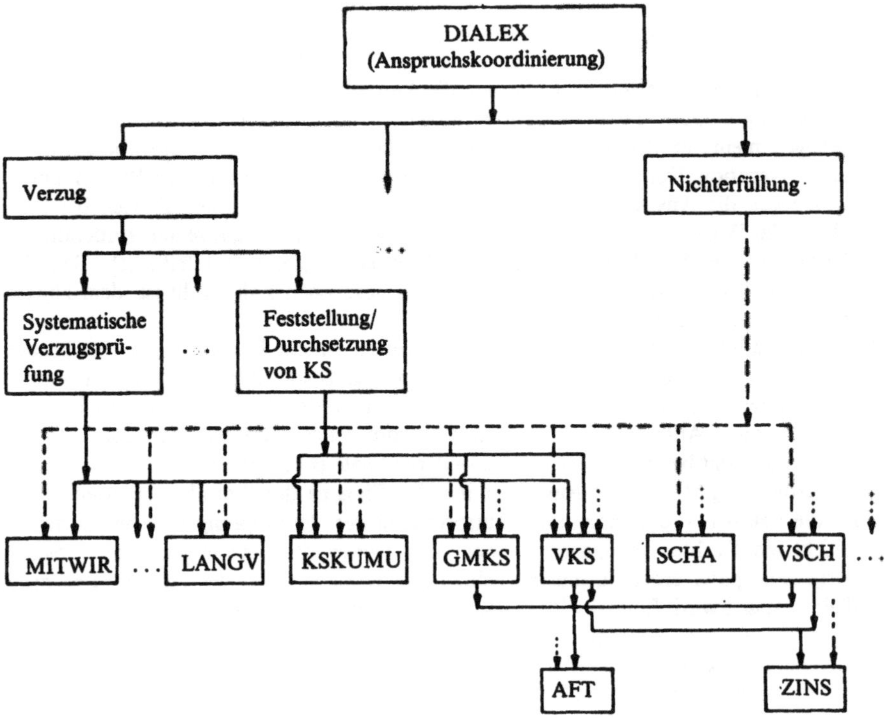

Erläuterung: 1) Prozedurnamen: MITWIR-Mitwirkung bei Herstellung, LANGV-langandauernder Verzug, KSKUMU-Kumulation und Berechnung von KS, GMKS-Geltendmachung KS, VKS-Verjährung KS, SCHA-Schadenersatzermittlung, VSCH-Verj. Schadenersatz, AFT-Beachtung arbeitsfreier Tage.
2) Die Pfeilrichtung deutet den Prozeduraufruf an.

Abb. 6: Ausschnitt aus dem Zusammenwirken der DIALEX-Prozeduren führungen und Rückverweise auf, so daß die Kommentare und ihre Verknüpfung als ungerichteter Graph aufgefaßt werden können.[24]

Sowohl aus Gründen der juristischen Durchdringung des Aufgabengebietes als auch zur programmtechnischen Beherrschung erwies es sich als erforderlich, das Programm zu segmentieren und auch wiederholt (das heißt von verschiedenen Teilen) aufrufbare Teile zu erarbeiten. Ohne auf die damit verbundenen Probleme weiter eingehen zu wollen, soll ein Ausschnitt aus der (schwach hierarchischen) Struktur doch wenigstens einen Einblick in das Gefüge der Prozeduren zur juristisch-ökonomischen Anspruchsklärung vermitteln (Abb. 6).

Betrachtet man die Form der Nutzung, so werden gewisse Parallelen des *Dialex* mit den seit 1970 in der BRD bzw. in Berlin(West) entwickelten Programmen *Judith*[25] und *Disum*[26] (Dialogische Subsumtion) deutlich. Vorgedachte Abläufe werden mit der Aufforderung gegenüber dem Anwender verbunden, Wertungen durchzuführen und Entscheidungen zu treffen. Bedeutende Unterschiede bestehen allerdings im Nutzer- und Programmservice (geringe Anzahl von Antwortmöglichkeiten, zusätzliche und wahlfreie Informationsbereitstellung ist nur angedeutet, es erfolgt keine Plausibilitätskontrolle der Eingaben, keine Anwendung der Überlagerungstechnik hinsichtlich der Programmbausteine usw.).

JUDITH ist zunächst ein Hauptprogramm, von dem aus eine 1. Unterprogrammebene, von da aus eine 2. Unterprogrammebene usw. angesprochen werden kann. Damit soll ein stufenweiser Übergang von allgemeinen zu speziellen Fragen erreicht werden: Bei positiver Beantwortung einer Frage wird in der gleichen Ebene weitergefragt, bei negativen Antworten wird zur übergeordneten Ebene zurückverzweigt, und bei „Problematisch"-Eingaben, das heißt bei vom Nutzer ausgewiesenen Unklarheiten, erfolgt der Übergang zur nächsttieferen Ebene. Obwohl hier also eine Verästelung in eine Vielzahl von Unterprogrammen vorgesehen ist, erfolgt eine Aufschlüsselung bis zur Eingabe oder sonstigen Abforderung rechtserheblicher Tatsachen nicht.

DISUM dagegen ist als allgemein anwendbares Subsumtionsprogramm konzipiert, in das unterschiedliche Fragen und Erläuterungen entsprechend variabel eingefügt werden können. Es erfolgt eine Trennung in Such-, Prüf- und Problemebene. Die Suchebene dient der Feststellung des Ziels der Programmnutzung. Die Prüfebene nutzt dann Unterprogramme zur Bildung und Auswertung logischer Variablen auf der Basis geforderter Daten über Sachverhaltselemente, während die Problemebene (durch die spätere Einfügung zusätzlicher Programmteile weiter zu vervollständigen) der Klärung der Probleme zu dienen hat, mit denen die Prüfebene nicht belastet werden soll.

---

[24] Die wahlfreie Kommentaranforderung durch den Nutzer ordnet sich in eine Vielzahl verfügbarer Servicefunktionen ein, von denen hier nur noch folgende erwähnt werden sollen: — die Protokollierung der Fallbearbeitung auf Bildschirm und/oder Drucker; — die Fortsetzung der Fallbearbeitung an einer beliebigen früheren Stelle (Simulation von Varianten der Rechtsanwendung, ohne jeweils den gesamten Prozeß „durchspielen" zu müssen).

[25] Vgl. W. Popp/B. Schlink, JUDITH-Konzept und Simulation eines dialogischen Subsumtionshilfeprogramms mittleren Abstraktionsgrades, in: D. Suhr (Hrsg.), Computer als juristischer Gesprächspartner, Berlin (West) 1970, S. 1—20.

[26] Vgl. D. Suhr, DISUM-Konzept eines dialogischen Subsumtionshilfeprogramms höheren Abstraktionsgrades, in: ebenda, S. 21—46; H. Schramm, DISUM — Ein Dialog-Subsumtionsprogramm in FORTRAN, in: ebenda, S. 47—124.

Judith und *Disum* werden von ihren Autoren als in allen Rechtsgebieten anwendbar empfohlen. Es wird jedoch nicht dargestellt, wie die einzelnen Fragen, das heißt bei *Judith* die Hierarchie der Teilprogramme und bei *Disum* die konkrete Gestaltung der einzelnen Ebenen, erarbeitet werden können. — Die Autoren beider Programme haben in späteren Arbeiten Vorschläge zu deren Vertiefung unterbreitet. So hat D. Suhr ein Konzept zur „Abbildung eines Bedingungszusammenhanges von juristischen Relevanzen" in Netzen vorgestellt.[27] W. Popp und B. Schlink sehen Entwicklungsmöglichkeiten in der Nutzung von Methoden der künstlichen Intelligenz.[28] Über die Realisierung beider Vorschläge ist — soweit wir sehen — nicht publiziert worden.

JUDI (Juristischer Dialog) ist ein in der jüngsten Vergangenheit von I. und K. Bönninger entwickeltes Programmsystem.[29] Durch seine Anwendung können sich die von den Programmautoren als Nutzer vorgesehenen Juristen bei der Vorbereitung von Entscheidungen auf dem Gebiete des Verkehrsrechts unterstützen lassen. Charakteristische Methode der Unterstützung ist wiederum der Dialog, bei dem der Anwender fortlaufend mit Auswahlbildern konfrontiert wird, deren Beantwortung zu sogenannten Verweisketten führt und an deren Ende die Lösung eines konkreten Rechtsfalls als Ergebnis des Zusammenspiels der vom Rechner unterbreiteten Fragen und der Entscheidungen des Nutzers steht. Analog zu der beim *Dialex* vorgestellten Menütechnik kann man sich so der von den Programmautoren vorgedachten Entscheidungsbäume bedienen, deren Knoten die auf einem Display ausgebbaren Bildschirmdarstellungen sind. Methodisch sollen die Entscheidungsbäume den sukzessiven Übergang von allgemeinen zu speziellen Fragen beinhalten, wobei auch die Lösung von Zwischenproblemen („Absprung zur Seite") vollzogen werden kann. Da die Gegenüberstellung der Rechtsgrundlagen und des konkreten Sachverhalts zunächst nur durch die Auswahl vorgegebener Antworten erfolgt, werden dem Nutzer weitere Möglichkeiten der Unterstützung angeboten. Mittels einer „Problematisch"-Antwort kann er spezielle Entscheidungsbäume aktivieren, und über die Eingabe „Dokumentation" kann er punktuell über die für das betreffende Detailproblem zutreffende Literatur (Gerichtsentscheidungen, wissenschaftliche Meinungen usw.) informiert werden. Wenn auch in anderer Form als beim *Dialex*, so erfolgt auch hier eine Reduzierung der Redundanz angebotener Dokumentation durch Ausnutzung des Zusammenhangs von Entscheidungsprozeß und Dokumentationsanforderung. Unterschiede zum *Dialex* bestehen in der Programm- und Datenorganisation (konsequente Nutzung der Listentechnik bei Programmierung in *Algol 68*), die bei genauer Untersuchung in der Verknüpfung der Knoten der Entscheidungsbäume allerdings wieder Gemeinsamkeiten aufweist, sowie in dem verwendeten Hilfsmittel-Kleinrechner R 4000, jedoch auch unter Nutzung von externen Speichern mit Direktzugriff.

---

[27] D. Suhr: Von DISUM zu ARSCOM. Vom Subsumtionshilfeprogramm DISUM zum Konzept einer programmierten ars combinatoria, in: D. Suhr, Begriffsnetze, Invarianten, Routinen der Kritik, Berlin (West) 1971.

[28] Vgl. W. Popp/B. Schlink: Skizze eines intelligenten juristischen Informationssystems, in: DVR, Bd. 4/1975, S. 1—29.

[29] Vgl. I. Bönninger/K. Bönninger, Die rechnergestützte Entscheidung in der Rechtsanwendung — dargestellt auf dem Gebiet des Rechts der öffentlichen Straßen (Zeitschriftenbeitrag, z. Z. im Druck).

Wir schließen die exemplarische Darstellung auf juristischem Gebiet angewandter EDV-Projekte mit der Vorstellung von Projekten ab, die im *Rechtsbildungsprozeß* angewandt werden. Erwähnung verdienen in diesem Zusammenhang zunächst die Projekte, mittels derer die Vollständigkeit, Widerspruchs- und Redundanzfreiheit von Gesetzen im Sinne „geschlossener" Normensysteme überprüft werden kann.[30] Ohne die Problematik dieser Verfahren und deren Voraussetzungen darlegen zu wollen, soll doch angemerkt werden, daß dabei nicht die Erfassung der objektiven Realität, sondern eine Anzahl vorgegebener Gesetze als geschlossenes System überprüft wird.

Anders ist die Lage bezüglich jener Projekte, mittels derer durch Simulation der Gesetzesanwendung Aussagen über die *Güte der Widerspiegelung in den Gesetzesvorschriften* gewonnen werden sollen, etwa um durch Vergleiche günstige Gesetzesvarianten ermitteln zu können. Wenn dabei Prozesse der Rechtsanwendung quasi durchgespielt werden, so wird die Schwierigkeit derartiger Verfahren im Vergleich mit den erörterten Rechtsverwirklichungsprojekten deutlich. Außer den Rechtsnormen müssen hier weitere Elemente des Systems rechtlicher Regelung modelliert werden. Vor der tatsächlichen Rechtsanwendung wird ein „Bild" des Verhaltens der Rechtssubjekte und der rechtserheblichen Tatsachen benötigt.

Es nimmt daher nicht wunder, wenn Beispiele zur Simulation der Gesetzesanwendung selten sind. Am ehesten eröffnen sich insofern wohl Möglichkeiten, wenn das Bestehen subjektiver Rechte eindeutig aus dem Vorhandensein unmittelbar quantifizierbarer Voraussetzungen abgeleitet werden kann. Als Beispiel kann neben dem bereits erwähnten *Datev*-Planspiel die in der BRD praktizierte Simulation der Anwendung von Varianten der rechtlichen Regelung der *Rentnerkrankenversicherung* und ähnlicher Gesetze dienen.[31] Die Schwierigkeiten liegen dabei nicht in der Erfassung der in den Gesetzesvarianten enthaltenen Zusammenhänge — hier gilt Ähnliches wie das oben zur Rationalisierung von Abrechnungsaufgaben Gesagte; problematisch ist vielmehr die Bereitstellung gesicherter Informationen über zukünftiges subjektives Verhalten und die zukünftige Entwicklung von Einflußgrößen (Entwicklung des Krankenstandes, der Krankheitskosten, der Versicherungsbeiträge und anderes).

Simuliert wurde jedoch auch die Anwendung von Gesetzentwürfen, deren Tatbestands- und Folgehandlungsteile nicht überwiegend quantifizierbare Elemente enthalten. In diesen Fällen werden unterschiedliche Personen oder Personengruppen mit der „spielerischen" Wahrnehmung des Verhaltens von Rechtssubjekten beauftragt, um entsprechende Probleme der späteren Rechtsanwendung erkennen zu können. Da hier noch weniger als beim vorigen Beispiel gesicherte Voraussetzungen bestehen, sollen die Teilnehmer vor allem unterschiedliche, in der Realität denkbare Strategien wahrnehmen, um so „heuristische Schätzungen" über die Anwendbarkeit eines Gesetzentwurfs zu erhalten.[32] Es versteht sich, daß die Einschätzung derartiger Planspiele we-

---

30 Vgl. die Erörterung und Beispiele bei: L. Reisinger, Rechtsinformatik, a. a. O., S. 227ff.

31 Vgl. U. Geissler, Computersimulationen zur Vorbereitung sozial-politischer Entscheidungen in der BRD, in: J. Rödig (Hrsg.), Studien zu einer Theorie der Gesetzgebung, Berlin (West)—Heidelberg—New York 1976, S. 514—528.

32 Vgl. etwa: D. Craemer, Computerunterstütztes Planspiel zur Erprobung von Gesetzesentwürfen am Beispiel des Datenschutzkonflikts, in: ebenda, S. 529—549. — Der Verfasser berichtet, daß z. B. an einem Planspiel mit dem Ziel der Erprobung des Entwurfs des Datenschutzgesetzes der BRD sowohl Spielteilnehmer zur Repräsentation von Nutzungs- und

niger von dem verwendeten Hilfsmittel Computer, als vielmehr von weitgehend unabhängig davon erfolgenden Entscheidungen, wie der Wahl der Spielteilnehmer, der Festlegung ihres Aufgabenbereichs und ihrer Strategie sowie der Ausführung ihrer Tätigkeit beeinflußt wird.

Schließlich existieren auch, gewissermaßen in Erweiterung des Untersuchungsobjekts, Beispiele für den EDV-Einsatz bei der Analyse von Bedingungen der Bildung und des Wirkens des Rechts. So sind in empirische Untersuchungen der sozialen Faktoren der gesetzgeberischen Tätigkeit der Unionsrepubliken der UdSSR durch Mitarbeiter des Moskauer Akademie-Instituts für Staat und Recht auch mathematische Methoden unter Nutzung der EDV einbezogen worden.[33]

7.2. Grundsätzliches zur Algorithmierbarkeit des Rechts

Die vorgestellten Beispiele haben die Anwendbarkeit maschineller Hilfsmittel bei der Lösung von Rechtsproblemen bewiesen. Die bisherige exemplarische Darstellung hat jedoch noch nicht die Frage nach der Transmission zwischen Recht und Datenververarbeitung beantwortet und ist deshalb auch die Antwort nach den grundsätzlichen Möglichkeiten und Grenzen einer Anwendung der EDV bei Rechtsbildung und Rechtsverwirklichung schuldig geblieben.

Bei der Beantwortung dieser Frage ist davon auszugehen, daß Operationen einer elektronischen Datenverarbeitungsanlage an das Vorhandensein einer für sie verständlichen Vorschrift gebunden sind — die EDVA arbeitet ein Programm ab. Programm in diesem Sinne ist jedoch gleichbedeutend mit Algorithmus. Zu Recht wird deshalb als Voraussetzung für die Nutzung der EDV die Algorithmierbarkeit der relevanten *Abläufe* angesehen.[34]

Nun ist Recht an und für sich nicht algorithmierbar. Als staatlicher Ausdruck des Willens der herrschenden Klasse bestimmt es verbindlich, was wie getan werden soll; das impliziert nicht, daß in jedem Falle tatsächlich etwas getan wird oder daß es bereits getan wurde. Algorithmierbar sind jedoch offensichtlich Teile der Informationsverarbeitung, die immer einen Aspekt des Rechtsverwirklichungsprozesses bildet.

Bei Automatisierung dieses Informationsverarbeitungsprozesses geht es zunächst um eine EDV-gestützte Information über Rechtsgrundlagen und juristische Literatur. Ihre Möglichkeit wird allseits bejaht. Auch jene Autoren, die einer Unterstützung juristischer Entscheidungen mittels Datenverarbeitung grundsätzlich ablehnend gegenüberstehen, attestieren der EDV ohne Einschränkung das Vermögen zur Bereitstellung juristischer Entscheidungsgrundlagen.[35] Tatsächlich ist jedoch — wie wir oben bereits dargelegt ha-

---

Verwaltungsbefugnissen als auch von Profitinteressen und von Persönlichkeitsrechten unter den angenommenen Voraussetzungen (rechtserhebliche Tatsachen, Subjektstruktur) eines kommunalen Wohnungsvermittlungssystems vertreten waren.

[33] Vgl. V. A. Levanskij, Modelirovanija struktury provosonanija graždan i problema povyšenija effektivnosti sakondatelstva sojusnoj respubliki, in: Rasvitie sakonodatelstva Turkmenskoj SSR na sovremennom etap, Avchabad 1982, S. 69—81.

[34] Vgl. B. A. Trachtenbrot, Algorithmen und Rechenautomaten, Berlin 1977, S. 64ff.

ben — eine EDV-unterstützte Informationsbereitstellung, die die Struktur des Rechts und des juristischen Entscheidungsprozesses nicht berücksichtigt, die nicht durch die Struktur des Rechts und des Prozesses der rechtlichen Regelung geordnet ist, wenig effektiv. Das ist im Grunde darauf zurückzuführen, daß Informationsbereitstellung ein spezifischer Teil der Rechtsbildung und -verwirklichung, ein wesentliches Element des Rechtsbewußtseins ist. Am effektivsten wäre folglich automatisierte Informationsbereitstellung, die in den Prozeß „automatisierter" Rechtsetzung und Rechtsanwendung integriert wäre.

Damit ist die Frage aufgeworfen, ob Rechtsetzung und Rechtsanwendung überhaupt algorithmierbar sind. Der Einfachheit halber untersuchen wir das Problem im Hinblick auf die Rechtsanwendung. H. Klenner hat unlängst festgestellt: „Insofern Rechtsanwendung schöpferisch ist, ist sie nicht automatisierbar, nicht algorithmisierbar; jedenfalls dann nicht, wenn mehr als ein Verfahrensalgorithmus angestrebt wird."[36] Sicher kann dieser Feststellung vorbehaltlos zugestimmt werden, aber ebenso sicher kann sie nicht als Lösung unseres Problems angesehen werden. Dieses kulminiert nämlich in der Frage, *inwieweit* und unter welchen Bedingungen Rechtsanwendung schöpferisch ist.

Über den Zusammenhang von schematischem (algorithmischem) Denken einerseits und schöpferischem Denken andererseits hat aus der Sicht der marxistisch-leninistischen Erkenntnistheorie bereits G. Klaus folgende für unser Problem bedeutsame Aussagen getroffen:[37]

1. Schöpferisches und schematisches Denken sind historisch relativ; das heißt, ein Denkvorgang verliert bei seiner Wiederholung den schöpferischen Charakter, „alles Schöpferische wird im Laufe der Entwicklung zu Schematischem".[38] Gelingt es nun, das für die Lösung eines Problems (aus Gründen der Effektivität besser: einer Problemklasse) erforderliche schöpferische Denken (oder wegen der Unendlichkeit der objektiven Realität besser: Teile davon) vor den Zeitpunkt des Auftretens des konkreten Problems zu legen, so ist das spätere Nachvollziehen dieses Vorganges algorithmierbar. Dies betrifft sowohl die Verarbeitung einer als auch mehrerer Informationen, insofern unterschiedlicher Teile des Systems rechtlicher Regelung.

2. Schöpferisches und schematisches Denken sind auch bezogen auf einen individuellen und gesellschaftlichen Erkenntnisstand relativ. So wie sich der Schachgroßmeister im Rahmen der schematischen Verfügbarkeit über eine große Anzahl von Strategien entfaltet,[39] so hat sich der erfahrene Jurist die Kenntnis von Invarianten erworben, innerhalb und mittels derer er Rechtsfälle schöpferisch löst. Er verfügt schematisch über die

---

[35] So R. Zippelius, in: Einführung in die juristische Methodenlehre, München 1971, S. 127/128. Er schreibt z. B., daß die Speicherung von Entscheidungsgrundlagen „ein rasches Auffinden ‚einschlägiger' Normen und Vorentscheidungen" gestatte.

[36] H. Klenner, Analyse der Wechselwirkungen zwischen Rechtsanwendung und Gesetzgebung (Rapport), in: Materialien des IV. Berliner Rechtstheoretischen Symposiums, hg. von Karl A. Mollnau, Berlin 1982, S. 78.

[37] Vgl. G. Klaus, Kybernetik und Erkenntnistheorie, Berlin 1972, S. 257ff.

[38] Ebenda, S. 278; vgl. ders., Kybernetik in philosophischer Sicht, Berlin 1964, S. 433ff.

[39] Vgl. ebenda, S. 277/278.

Beziehungen zwischen einzelnen subjektiven Rechten, über die Entwicklung ihres funktionellen Synallagmas; der Anfänger hingegen muß sie sich erst erarbeiten, um — gemessen am gesellschaftlichen Erkenntnisstand — schöpferisch tätig sein zu können.

3. Abgesehen von dieser historischen Relativität besteht jedoch auch Relativität des Schöpferischen in systematischer Sicht.[40] Bei der Untersuchung der Algorithmierbarkeit sind deshalb der Umfang und die Abgrenzung des zu lösenden Problems zu beachten. So kann im konkreten Fall die Subsumtion eines Sachverhalts unter den Tatbestandsteil *einer* Norm und die Ermittlung der Folgehandlung durchaus algorithmierbar sein (z. B. Soll-Ist-Vergleich im Rahmen der Importrealisierungskontrolle und daran anknüpfende Berechnung der Vertragsstrafe), während sich die Subsumtion anderer Normen (z. B. Befreiung von der Verantwortlichkeit) und damit die Feststellung des Beziehungsgefüges der Algorithmierung verweigern.

Betrachtet man unter diesem Aspekt das *System* der rechtlichen Regelung als einen dynamischen Prozeß, so sind folgende weitere Konsequenzen hinsichtlich der Algorithmierbarkeit abzuleiten:

— Das Handeln der Rechtssubjekte erfolgt als Verwirklichung subjektiver Rechte und Pflichten, die sich aus den Rechtsnormen, juristischen und anderen rechtserheblichen Tatsachen ergeben. Die Herausarbeitung des zu einem konkreten Zeitpunkt zu beachtenden Rechte-/Pflichtengefüges ist ein spezifischer Erkenntnisprozeß und Voraussetzung bewußter Rechtsanwendung.

— Der rechtliche Regelungsvorgang ist dynamisch. So entstehen auf der Ebene der Rechtsverwirklichung aus dem Handeln der Rechtssubjekte und der daraus folgenden juristischen Tätigkeit subjektive Rechte und Pflichten, die im Zusammenhang mit vorher bestehenden Rechten und Pflichten wirken. Andererseits tragen die Ableitung und die Wahrnehmung subjektiver Rechte und Pflichten auch zur weiteren Rechtsentwicklung bei. Die in diesem Zusammenhang relevanten Informationen sind maschinell nicht in der benötigten Aggregation verfügbar.

— Ob ein bestehendes subjektives Recht wahrgenommen, eine bestehende Pflicht erfüllt wird, hängt außer von den durch das Recht vermittelten auch von anderen (z. B. ökonomischen) Einflußfaktoren, aber auch wesentlich vom Rechtsbewußtsein ab. Diese Entscheidung ist deshalb *nicht* algorithmierbar. Erst recht lassen sich aus der Sicht *eines* Rechtssubjekts nicht die Entscheidungen *anderer* Rechtssubjekte über die Wahrnehmung subjektiver Rechte und die Erfüllung von Rechtspflichten algorithmieren.

H. Klenner ist — mit anderen Worten — zuzustimmen, wenn er die Möglichkeit vollständiger Automatisierung der Rechtsanwendung verneint. Teilprozesse derselben sind aber — wie vorstehende Überlegungen gleichfalls ergeben haben — durchaus der Automatisierung zugänglich. Ein Vehikel, mit dessen Hilfe der Widerspruch zwischen der Unmöglichkeit genereller Algorithmierung der Rechtsverwirklichung einerseits, ihrer partiellen Möglichkeit andererseits vorzüglich gelöst werden kann, ist der *Dialog*.

Die Kommunikation zwischen Mensch und Maschine gehört seit Beginn elektronischer Datenverarbeitung zu deren Wesen. Ihre Möglichkeiten haben sich mit der Verfügbarkeit von Terminals (insbesondere von Bildschirmgeräten) zur Ein- und Ausgabe von Informationen durch den Nutzer der Datenverarbeitung während, in und aus dem Prozeß automatisierter Informationsverarbeitung erweitert. Jene Vorzüge, die die

---

[40] Vgl. ebenda, S. 278/279.

interaktive Nutzung in allen Anwendungsbereichen bietet (Echtzeitverarbeitung, Erhöhung der Prozeßnähe, Schnelligkeit des Zugriffs zu den gespeicherten Informationen durch den Nutzer, textgestützte Form variabler Informationsanforderung und -bereitstellung u. ä.), vereinen sich bei der Rechtsanwendung mit der Möglichkeit *ständiger Verbindung schöpferischer* — vom Menschen zu realisierender — *Tätigkeit mit schematischer* — der Maschine übertragener — *Tätigkeit.* Im *Dialog* stellt sich die Frage der Algorithmierung anders als bei der konventionellen Form der EDV (Stapelverarbeitung). Die maschinell zu erledigende Informationsverarbeitung wird vollständig algorithmiert, die (in der Regel dazwischen erfolgenden) menschlichen Tätigkeiten einschließlich der schöpferischen Entscheidungen werden lediglich mit diesen schematischen Prozessen *algorithmisch verbunden.* Deshalb empfiehlt es sich, bei solchen Formen interaktiver Arbeit von *Teil*automatisierung zu sprechen.

7.3. Algorithmierbarkeit der Anwendung einzelner Rechtsnormen

Die Anwendung *einer einzelnen* Rechtsnorm ist abhängig von der Subsumierbarkeit entsprechender Aussagen über die objektive Realität (Sachverhalt) unter den Tatbestandsteil. Es ist unbestritten, daß sich für den Fall der *unmittelbaren* Quantifizierbarkeit dieser Aussagen und aller Elemente des Tatbestandes ein Algorithmus der Normenanwendung angeben läßt. Hier sind arithmetische Operationen und Vergleiche (z. B. mit und zwischen Mengenangaben, Tagesdaten oder Fristen) und gegebenenfalls zusätzlich logische Operationen durchzuführen.

Soll beispielsweise geprüft werden, ob beim Bestehen lang andauernder, von der Verantwortlichkeit befreiender Umstände gemäß § 70.2 und 3 der ALB/RGW[41] das Recht des Rücktritts von einem Außenhandelsliefervertrag besteht, so werden fünf quantifizierbare Aussagen zum Sachverhalt benötigt: der Beginn der befreienden Umstände (d_1), die Dauer der befreienden Umstände und ihrer Folgen (t), das Datum des Vertragsabschlusses (d_2), der Beginn der Lieferfrist (d_3) und das Datum des Tages, an dem die Möglichkeit des Rücktritts geprüft wird (d_4).

Das Rücktrittsrecht besteht dann, wenn

$$((d_3 - d_2) > e_1 \text{ und } t > e_2 \text{ und } d_4 \leqq (d_1 + e_2 + e_4)) \text{ oder}$$

$$((d_3 - d_2) \leqq e_1 \text{ und } t > c_3 \text{ und } d_4 \leqq (d_1 + e_3 + e_4))$$

gilt mit $e_1 = 12$ Monate, $e_2 = 8$ Monate, $e_3 = 5$ Monate und $e_4 = 30$ Tage als quantifizierbare Elemente des Tatbestandsteils. Der Algorithmus enthielte dann die „Durchrechnung" der Vorschriften und ihre logische Verbindung.

Ebenso unbestritten ist die Algorithmierbarkeit der Normenanwendung, wenn der Folgehandlungsteil zusätzlich eine *eindeutige* Vorschrift zur Berücksichtigung von Elementen des Tatbestandes enthält. Als Beispiel sei hier auf die Vorschrift des § 83 der ALB/RGW verwiesen, die die Höhe der Konventionalstrafe wegen Lieferverzuges eindeutig an die Verzugsdauer und den Preis der nicht fristgemäß gelieferten Ware

---

[41] Vgl. Allgemeine Bedingungen für die Warenlieferungen zwischen den Organisationen der Mitgliedsländer des RGW (ALB/RGW), 1968/1975, in der Fass. 1979, Berlin 1979.

bindet. Häufig tritt jedoch der Fall auf, daß eines oder mehrere der Elemente des Sachverhalts, des Tatbestandsteils oder des Folgehandlungsteils nicht unmittelbar quantifiziert werden können.

Auch dafür seien einige Beispiele aus den ALB/RGW angeführt:

— § 13. 1: „... wenn der Käufer die von ihm übergebenen Unterlagen später ändert und sofern dadurch für den Verkäufer *wesentliche, mit der Produktion verbundene Schwierigkeiten entstehen,* so ist der Verkäufer berechtigt ..." (Tatbestandsteil — in der Regel auch Sachverhalt — nicht unmittelbar quantifizierbar);

— § 31. 4: „Wenn der Verkäufer den Mangel nicht ... innerhalb einer *technisch begründeten Frist* beseitigt, so ist der Käufer berechtigt ..." (Sachverhalt zwar quantifizierbar, Tatbestandsteil nicht);

— § 24. 1: „Wenn ... die Termine ihrer Aushändigung nicht vereinbart sind, so muß der Verkäufer dem Käufer die technische Dokumentation innerhalb solcher *Fristen,* die eine *normale Verwendung* ... sichern und in *Übereinstimmung mit der Praxis* zur Verfügung stellen, die in dem entsprechenden Industriezweig des Verkäuferlandes üblich ist." (Folgehandlungsteil nicht unmittelbar quantifizierbar.)

Die Auslegung derartiger vager oder mehrdeutiger Begriffe wird in folgenden Schritten vollzogen:

1. Erkennen relevanter Vagheiten oder Mehrdeutigkeiten;
2. Gewinnung wahrscheinlichkeitsbehafteter Aussagen über diese vagen oder mehrdeutigen Elemente (meist in Abhängigkeit von mehreren Einflußgrößen);
3. Entscheidung — bei einer als ausreichend hoch eingeschätzten Wahrscheinlichkeit —, daß das betreffende Merkmal erfüllt ist.[42]

Ansätze zur Algorithmierung dieser Prozesse gibt es einige;[43] am weitesten entwickelt ist der Ansatz, vage Begriffe unter Nutzung der Theorie unscharfer Mengen (TFS)[44] auszuwerten.[45] Danach läßt sich die TFS zur Darstellung extensionaler und/oder intensionaler Unschärfe von Begriffen anwenden.

Ausgehend von der Definition einer extensional unscharfen Sprache L_E als Tripel

$$L_E = (A, T, N)$$

einer Menge A logischer Individuen (aller Extensionen betrachteter Begriffe), einer Menge T von Begriffen und einer Menge N von Relationen ($N \subset T * A$) mit

$$f_N: (x, y) \rightarrow f(x, y) \in [0,1] \; \forall \, x \in T, \quad y \in A$$

---

[42] Vgl. Ch. Hartenhauer, Erhöhung der Effektivität der sozialistischen ökonomischen Integration durch Rationalisierung der Rechtsanwendung, Diss. A, Hochschule für Ökonomie „Bruno Leuschner", Berlin 1972, insbes. Anlage 2; N. Kolle, Die Anwendung der EDV in der Lehre und Praxis des Internationalen Wirtschaftsrechts, Diss. A, Hochschule für Ökonomie „Bruno Leuschner", Berlin 1979, S. 174ff.

[43] Vgl. W. Kilian, Juristische Entscheidung und elektronische Datenverarbeitung, a. a. O., S. 183ff.

[44] Die Theorie unscharfer Mengen wurde 1964 von L. A. Zadeh entwickelt. — Vgl. ders., Fuzzy Sets and Systems, in: Proc. of the Symposium on System Theory, Polytech. Brooklyn, N.Y. 1965, S. 29ff. — Sie wird zunehmend in verschiedenen Wissenschaftsdisziplinen angewendet.

[45] Vgl. L. Reisinger, Über die Anwendungsmöglichkeiten der Theorie unscharfer Mengen (Fuzzy Sets Theorie) im Recht, in: DVR, Bd. 4/1975, S. 119ff.

bzw. einer intensional unscharfen Sprache L_I als Tripel

$$L_I = (B, T, N^*)$$

einer Menge B von Merkmalen (aller Intensionen betrachteter Begriffe), einer Menge T von Begriffen und einer Menge N* von Relationen ($N^* \subset T * B$) mit

$$f_{N^*}: (x, y) \rightarrow f(x, y) \in [0,1] \; \forall \, x \in T, \quad y \in B$$

sind Definitionen der extensionalen und der intensionalen Unschärfe einzelner Begriffe und daraus deren Unschärfequotienten als Verhältnis extensionaler und intensionaler Unschärfe zu gewinnen.

Die Problematik einer derartigen Beschreibung liegt in der Bestimmung der Mengen A und B sowie vor allem der charakteristischen Funktionen f_N bzw. f_{N^*}. Wenngleich die zu einem Begriff im Kontext der Rechtsanwendung relevanten Objekte oder Eigenschaften im konkreten Fall in der Regel feststellbar sind, so kann sich ihre *nur vom Menschen* zu ermittelnde Zuordnung bei unterschiedlichen Voraussetzungen und Zielen — und im Laufe der Zeit — ändern. Erst recht schwierig ist die Fixierung der charakteristischen Funktionen, die die Eindeutigkeit der Zugehörigkeit eines Objekts zur Extension bzw. eines Merkmals zur Intension eines Begriffs fixieren soll. Eben nur unter der Voraussetzung der Vorgabe dieser Funktionen für die Objekte und Merkmale lassen sich mittels der TFS weitere Erkenntnisse gewinnen. L. Reisinger vermerkt dann auch, daß „die Möglichkeit der interpersonell nachvollziehbaren Bestimmung (der charakteristischen Funktionen — d. Verf.) ... nicht in allen Fällen sinnvollerweise gegeben werden kann".[46] Er gibt dementsprechend auch nur einige Fälle (Klassen) an, in denen die charakteristischen Funktionen empirisch bestimmt werden können. Die wichtigste läuft auf die (in der Literatur zur Ermittlung subjektiver Wahrscheinlichkeiten zunehmend akzentuierte) Expertenbefragung hinaus.[47] Hinzuzufügen ist u. E., daß die charakteristische Funktion unter anderen Voraussetzungen oder Zielen oder zu einem anderen Zeitpunkt wiederum vom Menschen bestimmt werden muß; gerade das Zusammenspiel aller vom Rechtssubjekt zu beachtenden Eingangsinformationen muß erfaßt werden.

Aus all diesen Gründen halten wir deshalb die TFS im eigentlichen Prozeß der Rechtsanwendung nur bei hinreichender Konstanz aller Wirkungsbedingungen für anwendbar.[48] Im Grunde kann man wohl mit Hilfe dieser Theorie die Ergebnisse der Auslegung (also eine erfolgte Entscheidung) beschreiben, aber kaum eine Entscheidung fällen.

---

[46] Ebenda, S. 144.

[47] Zur Expertenbefragung siehe: G. Zellmer, Entscheidungstheoretische Aussagen zum Risiko und Möglichkeiten seiner Berücksichtigung bei der Vorbereitung volkswirtschaftlicher Bilanzentscheidungen, Diss. B, Hochschule für Ökonomie „Bruno Leuschner", Berlin 1980, S. 40, und die dort genannten Literaturhinweise.

[48] L. Reisinger setzt eben bei einem andernorts angeführten Anwendungsbeispiel ein „konsistentes Normensystem" und u. a. auch die Verfügbarkeit charakteristischer Funktionen voraus. — Vgl. L. Reisinger, Rechtsinformatik, a. a. O., S. 256ff.

7.4. Konsequenzen aus der Struktur der Rechtsnormen, des Normensystems und der subjektiven Rechte und Pflichten für die Programmierung

Für die Algorithmierung der Rechtsanwendung erweist sich die Feststellung der einzelnen potentiellen *subjektiven Rechte und Pflichten* als erforderlich. Das setzte die Dekomposition des anwendbaren Normensystems in seine *kleinsten sinnvollen Einheiten*, die Auflistung aller relevanten *rechtserheblichen Tatsachen* und eine kongruente Dekomposition der subjektiven Rechte und Pflichten voraus.

Eine solche von der Algorithmierung vorausgesetzte Aufgliederung des Rechts in seine kleinsten sinnvollen Bestandteile und deren unterschiedliche Vernetzung je nach Erfüllung oder Nichterfüllung des Tatbestandsteils kann nur bei Anerkennung zweigliedriger Rechtsnormen erfolgen. Nur bei Zweigliedrigkeit gehört nicht zu jeder Disposition notwendig eine Sanktion; sie gestattet die Auffassung der Sanktion als spezielle Disposition; sie läßt zu einer Hypothese mehrere Sanktionen und für mehrere Hypothesen eine Sanktion zu. Damit ist der Auffassung von der Existenz dreigliedriger Normen jedoch keineswegs abgeschworen. Diese begegnen uns — wie wir sogleich sehen werden — als Komplexe mehrerer zweigliedriger Normen im Beziehungsgefüge des Rechtssystems. Nach herrschender Auffassung (siehe hierzu auch Abschn. 5.1) besteht der den staatlichen Willen ausdrückende Rechtsnormsatz aus zwei Teilen: dem Tatbestands- und dem Folgehandlungsteil, die beide durch den Operator verbunden sind.[49]

Der Tatbestandsteil enthält die Bedingungen für das geforderte Verhalten. Der Operator gibt die Art der Verhaltensforderung unter der Voraussetzung des Eintritts der im Tatbestandsteil fixierten Bedingungen durch den realen Tatbestand (Sachverhalt) an. Ebenfalls unter dieser Prämisse beschreibt der Folgehandlungsteil die (Folge-)Handlung, die vom Normenadressaten unter Beachtung des vorgestellten Operators gefordert wird. Es besteht Klarheit darüber, daß unterschiedliche sprachliche Ausdrucksformen des Operators ihrer Bedeutung nach reduziert werden können auf „ist berechtigt", „ist verpflichtet" oder „ist nicht berechtigt".[50] D. Maskow sieht damit die Normenstruktur noch nicht als vollständig erfaßt an;[51] seines Erachtens weist jede Norm außer Tatbestandsteil, Folgehandlungsteil und Operator einen *Funktor* auf, der bestimmt,

---

[49] Vgl. Marxistisch-leninistische Staats- und Rechtstheorie, Lehrbuch, 3., bearb. Aufl., Berlin 1980, S. 532.

[50] Vgl. H. Klenner, Zur logischen Struktur sozialistischer Rechtsnormen. Thesen, in: Wissenschaftliche Zeitschrift der Universität Jena, Gesellschafts- und Sprachwissenschaftliche Reihe, 3/1966, These 10; W. Grahn/I. Wagner, Zur Struktur der Rechtsnorm, in: Probleme der Rechtsnormtheorie, Leipzig 1980, S. 50 (Schriftenreihe Methodologie der marxistisch-leninistischen Rechtswissenschaft, 8).

[51] Vgl. D. Maskow, Grundfragen, Geltungsbereich, Aufbau und Gestaltung des zukünftigen Außenhandelsgesetzes (AHG) der DDR, Habil., Hochschule für Ökonomie „Bruno Leuschner", Berlin 1970, S. 4, 7ff.

ob Tatbestands- und Folgehandlungsteil als Äquivalenz, Implikation oder Replikation aufeinander bezogen sind.[52]

Tatsächlich ist dies aus dem Wortlaut der Rechtsvorschriften nicht zu entnehmen. Tatbestand und Rechtsfolge sind dort zwar entweder in einem Konditionalsatz verbunden oder in einer Weise, die die Umformung in einen Konditionalsatz zuläßt, doch hinter dem umgangssprachlichen „wenn . . ., so . . ." kann sich ebensowohl eine Implikation verbergen („immer wenn. . .") oder eine Replikation („nur wenn . . .") oder eine Äquivalenz („immer und nur wenn. . ."). Der Wortlaut des Gesetzestextes läßt regelmäßig offen, ob die Erfüllung des Tatbestandes eine *hinlängliche* Bedingung der Folgehandlung, deren *notwendige* Bedingung oder *hinlängliche und notwendige* Bedingung sein soll.

Das bedeutet nicht, daß die Ermittlung eines Funktors unmöglich war. Da der einzelne Rechtsnormsatz ohnehin durch Zerlegung und Synthese von „Rechtsvorschriften" gewissermaßen hinter dem gedruckten Gesetzestext gebildet werden muß, kann in diesem Prozeß auch die jeweils beabsichtigte logische Beziehung zwischen Tatbestands- und Folgehandlungsteil ermittelt und exakt definiert werden. Das setzt jedoch voraus, daß jede einzelne „sinnvolle kleinste Einheit" in Kenntnis des jeweiligen Normensystems definiert wird und ihre Stellung in diesem Gefüge reflektiert. Insofern ist die Definition der zweigliedrigen Norm nur in Rückkopplung auf die komplexe dreigliedrige Norm möglich.

Man kann aus den Ziffern 1 und 2 des § 68 der ALB/RGW die Implikation ableiten, daß der Schuldner immer dann berechtigt ist, sich von der Verantwortlichkeit zu befreien, wenn die Nichterfüllung eine Folge von Umständen höherer Gewalt war. Daß in diesem Fall keine Äquivalenz vorliegt, ergibt sich aus § 68 Ziffer 3, wonach eine Befreiung von der Verantwortlichkeit auch dann möglich ist, wenn dies zwischenstaatlich oder vertraglich vereinbart wurde oder im Recht des Verkäuferlandes vorgesehen ist.

Vertragsstrafe in der durch § 83 ALB/RGW definierten Höhe kann für die Zeit der Mangelbeseitigung (§ 75. 4), wegen Lieferverzug (§ 83. 1), Dokumentationsverzug (§ 84) und Zertifikatsverzug (§ 84 A) gefordert werden. Gemäß § 105. 1 können entsprechende Forderungen jedoch nur geltend gemacht werden, wenn sie 10 Rubel übersteigen. In diesem Fall ergibt das Bestehen eines der erwähnten Verzüge und das Übersteigen der Mindestgrenze jeweils eine Replikation. Hinlängliche Bedingung der Vertragsstrafenforderung ist also jeder einzelne der erwähnten Verzüge *plus* Überschreiten der Mindesthöhe von 10 Rubel. Sollte die Norm in diesem Fall als Äquivalenz gefaßt werden, müßten alle vier Verzugsarten als Disjunktion und die Mindesthöhe als Konjunktion im Tatbestandsteil vereinigt werden.

Die §§ 70. 2 und 3, 77, 85. 1, 85. 2 und 86 der ALB/RGW definieren jeweils eine hinlängliche Bedingung für die Berechtigung zum Rücktritt vom Vertrag. Daraus könnte geschlossen werden, daß es genügt, in diesem Fall fünf Implikationen für den Rücktritt nebeneinander zu stellen, was die Entwicklung weiterer Rücktrittstatbestände im Wege der Analogie nicht ausschließen würde. Dem steht jedoch § 2 A der ALB/RGW entgegen, demzufolge ein Rücktritt, außer bei zwischenstaatlicher oder vertraglicher

---

[52] Auch als extensive, gegenseitige und intensive Implikation bezeichnet, siehe: U. Klug, Juristische Logik, Berlin (West)—Heidelberg—New York 1966, S. 26/27.

Vereinbarung, nur in den *direkt* durch ALB/RGW vorgesehenen Fällen zulässig ist. Das heißt, daß in diesem Falle eine Äquivalenz gefordert ist.

Vorstehende Überlegungen dürften mehrere bis dahin nur angedeutete Probleme verdeutlicht haben:

1. die Definition einer Norm (als der kleinsten sinnvollen Einheit) kann nur aus dem Kontext des jeweiligen Normengefüges erfolgen und muß ihre Relationen in diesem Gefüge reflektieren;

2. nur aus diesem Kontext ist zu bestimmen, welches im gegebenen Fall die „kleinste sinnvolle Einheit" ist;

3. für die Rechtsanwendung ist die Definition des Funktors der jeweiligen Norm bzw. der logischen Beziehung zwischen den Normen des jeweiligen Normensystems von großer Bedeutung;

4. unsere Auffassung der Normenstruktur schließt die Anerkennung spezifischer logischer Beziehungen im Recht ein. Im Prinzip wird jeweils eine Aussage mit einem Sollsatz verbunden (wenn der Tatbestand den Tatbestandsteil erfüllt, so soll sich der Normenadressat entsprechend der im Folgehandlungsteil dargestellten Aufforderung verhalten).[53] Demgemäß ist auf den Vergleich von Tatbestandsteil und Tatbestand die Aussagenlogik anzuwenden. Die Anwendung weiterer Elemente des Aussagenkalküls ist aufgrund des jeweiligen Funktors möglich. Auf die Rechtsnorm insgesamt kann er nicht angewandt werden — ihr kann insgesamt kein aussagenlogischer Wahrheitswert zugeordnet werden.

Bei Definition der logischen Beziehung in der einzelnen Norm und der gleichzeitig damit erfolgenden Entscheidung der Frage, was im gegebenen Fall die kleinste sinnvolle Einheit ist, sind über die oben erörterten Gesichtspunkte hinaus folgende Überlegungen wichtig:

— Bei einem konkreten Rechtsproblem ist für die Ableitung eines subjektiven Rechts durch ein Rechtssubjekt ausreichend, daß im Tatbestandsteil hinreichende Bedingungen für die Verhaltensaufforderung vorliegen.

— Die Zusammenfassung mehrerer hinreichender Bedingungen zu einem Tatbestandsteil (Bedingung$_1$ oder Bedingung$_2$ ...) würde teilweise unübersichtliche Vorschriften ergeben, die sowohl bei der Rechtsanwendung als auch bei deren gedanklicher Vorwegnahme durch EDV-Projektierung eine Zergliederung erfordert, was letztlich also wieder zur Statuierung einzelner hinreichender Bedingungen führte. Gerade unter dem Aspekt der Bestimmung der kleinsten sinnvollen Einheit ist eine derartige Zusammenfassung in der Regel nicht sinnvoll.

— Sind notwendige Bedingungen in einem Gesetzestext zusammengefaßt (Bedingung$_1$ *und* Bedingung$_2$ ... — so z. B. die Voraussetzungen für die Befreiung von der Verantwortlichkeit wegen höherer Gewalt, § 68. 2), ist ihre Kumulation im Prozeß der Rechtsanwendung erleichtert. Zur Vermeidung allzu komplizierter Normsätze und zur Festlegung des Lösungsalgorithmus sowie im Interesse rationeller Vernetzung kann sich jedoch auch die getrennte Darstellung der Bedingungen (und ihre getrennte Widerspiegelung im EDV-Programm) als sinnvoll erweisen. Auf den § 105. 1 der ALB/RGW

[53] Zu Recht stellt V. Knapp (siehe Abschn. 5) die Frage, warum diese spezifisch „juristische Logik" nicht akzeptiert, sondern immer wieder in irgendeine die Realität nicht widerspiegelnde „reine" Logik umgedeutet wird.

wurde bereits hingewiesen. Ähnliches gilt für den § 107 der ALB/RGW, wonach arbeitsfreie Tage im Lande des Anspruchsberechtigten am Ende von Fristen beachtet werden müssen; die notwendige Bedingung ist im Gesetzestext insofern besser dargestellt, als zumindest bei Regelung der Geltendmachung von Konventionalstrafen (§ 83 ALB/RGW) auf diesen Text — auf die zusätzlich zu beachtende notwendige Bedingung — hingewiesen wird. Gleichfalls in diesem Zusammenhang ist das Verbot zu berücksichtigen, mehrere Vertragsstrafen über 8% hinaus zu kumulieren (§§ 75. 4 und 84).

Soll das Recht in seiner Dynamik erfaßt und für die EDV-Nutzung erschlossen werden, gilt es, über die Rechtsnormen und das jeweilige Normengefüge hinaus zu den subjektiven Rechten und Pflichten vorzudringen und deren Wahrnehmung, Erfüllung oder Nichterfüllung in entsprechend verzweigten Programmen widerzuspiegeln. Welche Konsequenzen dies für die Programmierung hat, sei (vereinfacht) am Beispiel der Forderung und Durchsetzung eines Anspruchs auf Vertragsstrafe gemäß ALB/RGW demonstriert:

In § 83. 2 ist — wie gesagt — die prozentuale Höhe einer Vertragsstrafe geregelt, die als potentielle Sanktion wegen Verzuges bei der Lieferung der materiellen Ware, der technischen Dokumentation und des Analysenzertifikats sowie mit der Mängelbeseitigung vorgesehen ist.

Als potentiell muß die Sanktion bezeichnet werden, *einmal*, weil sie außer vom „Verzug gegenüber den im Vertrag festgelegten Fristen“ von weiteren Bedingungen abhängig ist (kein Lieferaufschub — § 13. 1; keine Käuferverursachung; keine Befreiung von der Verantwortlichkeit — § 68); *zum anderen*, weil die Realisierung des Anspruchs weitere Handlungen des Berechtigten voraussetzt. Er *kann* ihn (innerhalb einer vorgeschriebenen Frist — § 88. 1) geltend machen. Erst daraus ergibt sich für den Partner die Rechtspflicht der Zahlung. Soweit diese Pflicht nicht erfüllt wird, *kann* der Ansbruchsberechtigte (innerhalb der Verjährungsfrist — § 93. 2) die Forderung mit Hilfe des Schiedsgerichts durchsetzen. Wird dieser Schiedsspruch nicht freiwillig erfüllt, *kann* der Berechtigte seine Vollstreckung binnen zwei Jahren mit Hilfe des Gerichts am Sitz des Verpflichteten betreiben (Art. IV 5 der Moskauer Schiedsgerichtskonvention).

Unter Verwendung von Elementen der Aussagenlogik kann dies (vereinfacht) folgendermaßen ausgedrückt werden:

1. immer wenn $f_1(A, B) \equiv$ ‚wahr‘ gilt, dann ist A berechtigt, Konventionalstrafe zu fordern;

2. immer wenn A berechtigt Konventionalstrafe gefordert hat und wenn $f_2(A, B) \equiv$ ‚wahr‘ gilt, dann ist B verpflichtet, Konventionalstrafe zu zahlen;

3. immer wenn B zur Zahlung von Konventionalstrafe verpflichtet ist und wenn B nicht gezahlt hat und wenn $f_3(A, B) \equiv$ ‚wahr‘ gilt, dann ist A berechtigt, die Zahlungsforderung mit Hilfe des Schiedsgerichts durchzusetzen;

4. immer wenn B durch Schiedsspruch zur Zahlung verpflichtet ist und wenn B nicht gezahlt hat und wenn $f_4(A, B) \equiv$ ‚wahr‘gilt, dann ist A berechtigt, den Schiedsspruch mit Hilfe des Gerichts am Sitz des Schuldners zu vollstrecken. — Dabei sollen A und B die Partner eines Außenhandelsliefervertrages sein; f_1, f_2, f_3, f_4 sind aussagenlogische Funktionen, deren Auswertung für den konkreten Sachverhalt den Wahrheitswert ‚wahr‘ oder ‚falsch‘ ergibt.

In einem (gleichfalls stark vereinfachten) Programmablaufplan werden die betreffenden Normen und die bei ihrer Anwendung (einschließlich der Wahrung entsprechender subjektiver Rechte) entstehenden Zusammenhänge entsprechend (siehe Abb. 7) abgeleitet.

Welche subjektiven Rechte im konkreten Fall der Rechtsverwirklichung wahrgenommen werden, ist unvorhersehbar. Die daraus resultierende Unbestimmtheit läßt sich nur reduzieren durch Vorgabe (der Generalität von Rechtsnormen) entsprechender Zielstellungen[54] wie:

— Festlegung normengerechten Verhaltens;
— Überprüfung einer Tätigkeit auf ihre Normengerechtheit;
— Ermittlung von Konsequenzen nicht normgerechten Verhaltens.

(*Dialex* will z. B. den beiden letztgenannten Zielstellungen genügen.)

Programmieren bedeutet demnach, daß für die jeweilige Zielstellung aus einer Rechtsnorm mit dem Funktor der Äquivalenz eine *Vorschrift* zu entwickeln ist.

[genau wenn] tatbestand $\equiv$ tatbestandsteil [dann] operation 1
[genau wenn[tatbestand $\equiv$ $\sim$tatbestandsteil [dann] operation 2

Bei Vergleich von Sachverhalt und Norm zwingt die oben erörterte Unbestimmtheit in der Regel zur subjektiven Einflußnahme auf die Programmbearbeitung. Andererseits ordnet sich diese in die Ausführung logischer und arithmetischer Operationen bei der Gegenüberstellung von Tatbestand und Tatbestandsteil ein, in deren Ergebnis eine bestimmte Handlung zu realisieren ist, die meist mehrere Operationen umfaßt (Auswahl; Prüfung, bis wann mögliche Handlungen noch sinnvoll vorgenommen werden können; Entscheidung über Fortsetzung).

7.5. Widerspiegelung der Rechtsanwendung in Entscheidungstabellen und Graphen

Als mathematisches Modell der erwähnten „Vorschrift" ist u. E. am besten die *Entscheidungstabelle* geeignet.[55] Ihre Darstellung kann zwar auch in einer anderen Form erfolgen (etwa in einem PAP), die Nutzung der Entscheidungstabellen-Technik ermöglicht jedoch in Ausnutzung der Gleichartigkeit wiederholt zu programmierender Abläufe eine Rationalisierung der EDV-Projektierung. Wenn wir also später eine Menge von Entscheidungstabellen als Abbildungen von Normen betrachten, so kann man sich diese auch als Menge äquivalenter Darstellungen in PAP- oder Programm-Teilen vorstellen.

Wie die Anwendung einer Norm in einer Entscheidungstabelle modelliert wird, soll anhand des § 74, 2 ALB/RGW demonstriert werden (siehe Tab. 1). Nach der in diesem Text und in seinem Kontext fixierten Norm hat der Verkäufer immer und nur (genau)

---

[54] W. Segeth (Aufforderung als Denkform, Berlin 1974, S. 67ff.) weist auf die Begründung des Gebrauchs beliebiger Aufforderungen von den verfolgten Zielen her hin. Die von ihm reflektierten Ziele gehen allerdings über den Rahmen der Rechtsanwendung hinaus.

[55] Zu den Elementen und zur Abarbeitung einer Entscheidungstabelle siehe: B. Hagemann, PLET — Instrument zur rationellen DV-Projektierung, in: rechentechnik/datenverarbeitung, 9/1980, S. 30ff.

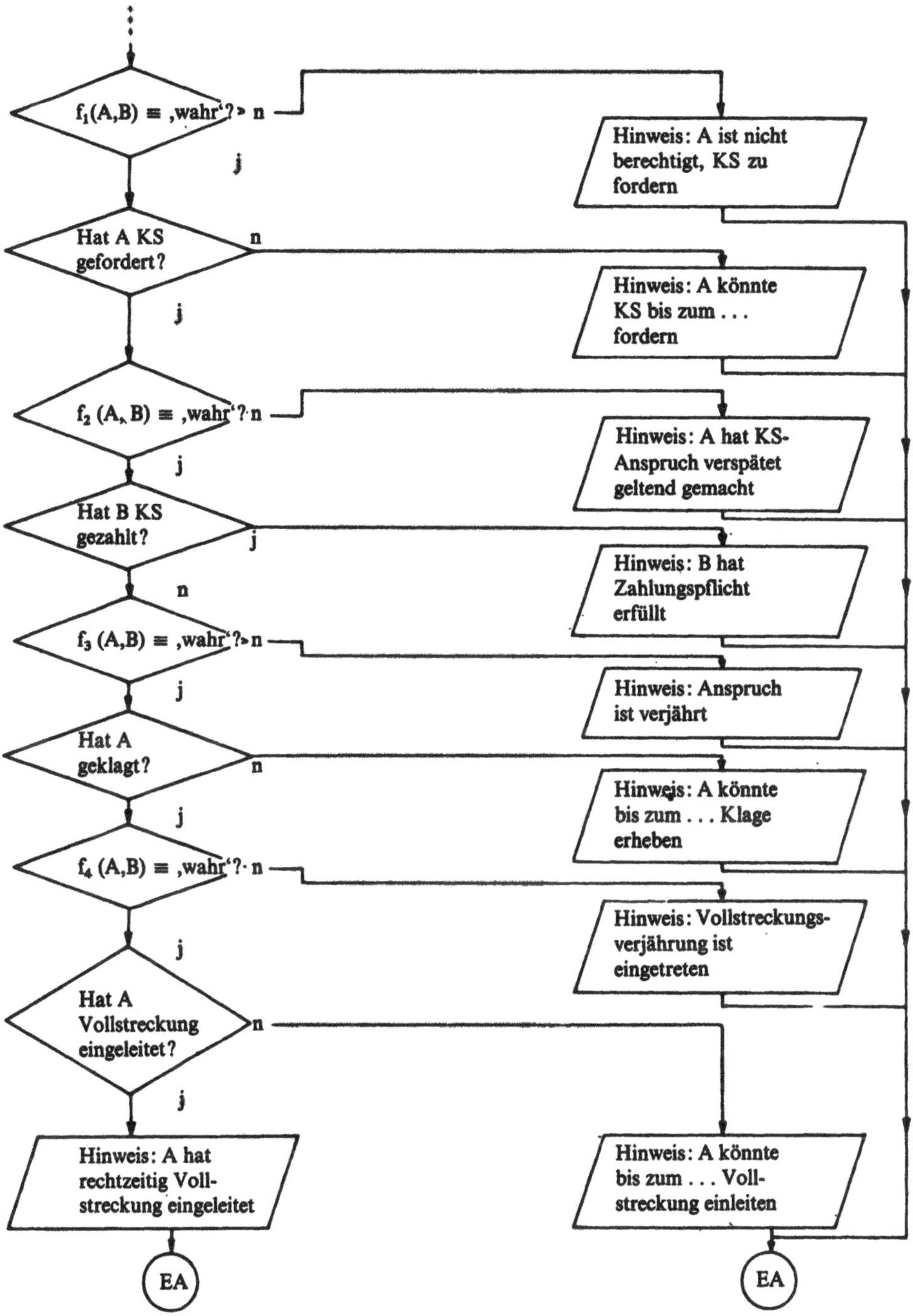

(Erläuterung: Konnektor EA verzweigt zum Ende der Anspruchsprüfung)

Abb. 7: Vereinfachter PAP — Geltendmachung/Verjährung von Ansprüchen auf Konventionalstrafe dann das Recht, sich auf die Unvollständigkeit einer Mängelanzeige zu berufen, wenn die Mängelanzeige des Käufers unvollständig war und der Verkäufer die Unvollständigkeit unverzüglich mitgeteilt hat.

Das „J“ bedeutet, daß die betreffende Bedingung des Tatbestandsteils erfüllt ist, und „X“, daß die beschriebene Tätigkeit auszuführen ist, Tätigkeit in diesem Sinne ist die Realisierung der Rechtsfolgehandlung bei Erfüllung aller Bedingungen des Tatbestandes bzw. die Ausgabe entsprechender Hinweise bei ihrer völligen oder teilweisen Nichterfüllung; Tätigkeit ist ferner in jedem Fall die Festlegung über die Fortsetzung der Programmabarbeitung.

Selbstverständlich bedarf es für die Anwendung *einer* und dazu noch solch einer einfachen Norm keiner Entscheidungstabelle. Bedeutung gewinnt sie erst in ihrer Verknüpfung mit Entscheidungstabellen, die andere Rechtsnormen sowie die Relationen zu diesen Normen widerspiegeln.

Tab. 1: Modell einer Entscheidungstabelle zu § 74.2 ALB/RGW

Tatbestandsteil:	Unvollständigkeit der Mängelanzeige und unverzügliche Mitteilung
Folgehandlung:	Verlängerung der Prüfungsfrist
Funktor:	Äquivalenz
Operator:	Berechtigung
Zielstellung:	Überprüfung von Mängelansprüchen aus einer Warenlieferung

Unvollständigkeit?	J	J	N
Unverzügliche Mitteilung?	J	N	
Verlängerung der Prüfungsfrist	X		
Hinweis: Verlängerung der Prüfungsfrist wäre nur bei unverzüglicher Mitteilung möglich gewesen.		X	
Festlegung über Fortsetzung	X	X	X

Die ungarischen Wissenschaftler P. und C. Bárdos haben die Erfassung des Normen*zusammenhangs* in *einer* Entscheidungstabelle diskutiert.[56] Zu Recht haben sie eine derartige komplexe Darstellung wegen des Umfangs der in praktischen Fällen entstehenden Entscheidungstabellen und wegen der nicht vollständigen Automatisierbarkeit ganzer Normenzusammenhänge als nicht realisierbar eingeschätzt. Die Alternative einer Dekomposition des Normenzusammenhangs in mehrere Entscheidungstabellen haben sie jedoch nicht ins Auge gefaßt. In unserem Objektbereich — bei der Abbildung des funktionellen Synallagmas des Außenhandelsliefervertrages — bot sie sich an. Bezogen auf das System rechtlicher Regelung bedeutet das, Programmteile zu erarbeiten, die die Komposition und Wahrnehmung einzelner subjektiver Rechte und Pflichten widerspiegeln. Die Rechtsermittlung erfolgt vor dem konkreten Anwendungsfall, die Rechts-

[56] Vgl. P. Bárdos/C. Bárdos, Einige theoretische und praktische Probleme der Struktur von für die Lösung von Rechtsfällen angewandten kybernetischen Methoden, in: Strukturierung und Entscheidungen im Rechtsdenken, Wien—New York 1978, S. 147ff.

entscheidung im Prozeß der Ermittlung des konkreten Sachverhalts (unterstützt durch das Programm). Dieses Vorgehen hat eine Reihe von Konsequenzen:

1. Im Interesse effektiver Unterstützung des Rechtsanwendungsprozesses sollen dem Anwender nicht alle Normen des jeweiligen Subsystems (des betreffenden Rechtszweiges, Gesetzes) durch das EDV-Programm, sondern nur eine geordnete Auswahl präsentiert werden. Diese läßt sich anhand der für die Algorithmierung erforderlichen Zielstellung vornehmen und wird wesentlich von deren Detaillierung beeinflußt. Beim Bestehen eines Rechtsverhältnisses leiten sich solche sinvolle Zielstellungen insbesondere aus der Komposition und Entwicklung der subjektiven Rechte und Pflichten (aus der Entwicklung ihres funktionellen Synallagmas) ab. Beim Programmsystem *Dialex* wurde z. B. die Prüfung von Ansprüchen aus unterschiedlichen Arten nichtgehöriger Erfüllung von Außenhandelslieferverträgen sowohl dem Grunde als auch der Höhe nach sowie hinsichtlich ihrer Durchsetzbarkeit als Ausgangspunkt gewählt.

2. Individuelle Rechtsanwendung vollzieht sich normalerweise in einem Prozeß von trial and error, in dem drei Komponenten wechselseitig aufeinander einwirken:

— die Konkretisierung eines *eventuell* juristisch relevanten Sachverhalts aus der Vielfalt der objektiven Realität (und zwar aus dem Blickwinkel potentiell anwendbarer Normen);
— die Bildung von Normsätzen aus den Rechtsvorschriften, deren Tatbestandsteile durch diesen Sachverhalt eventuell erfüllt sind;
— die versuchsweise Subsumtion des Sachverhalts unter diese Tatbestandsteile.

In diesem Prozeß wird zwar in der Regel ein umfangreicherer Sachverhalt ermittelt, als juristisch relevant ist, werden in der Regel mehr Normen gebildet, als tatsächlich anwendbar sind, doch hält sich die Inkongruenz in gewissen Grenzen.

Bei der Programmierung hingegen müssen im Prinzip alle nur möglichen praktisch bedeutsamen und juristisch relevanten Sachverhalte sowie alle durch sie erfüllbaren Normsätze erfaßt werden. Diese Forderung ist allerdings nur annähernd zu erfüllen, weshalb die Programmierung ein unendlicher Prozeß ist. Die Programmautoren bilden aus der unendlichen Vielfalt möglicher Fälle immer nur eine endliche Anzahl (n) von Klassen ab (vor allem die in der Praxis bereits aufgetretenen Fälle). Beim Auftreten einer weiteren (n + 1-ten) Klasse in der Realität wird gegebenenfalls eine Programmerweiterung erforderlich.

Während dër Prozeß individueller Rechtsanwendung damit endet, daß (nur) eine (erfüllte) hinreichende Bedingung der betreffenden Rechtsfolge festgestellt wird, basiert Programmierung auf der Fiktion, alle hinreichenden und notwendigen Bedingungen der abgebildeten Rechtsfolgen erfaßt zu haben.[57] Folglich sind bei der Programmierung für den Fall der Implikation alle Normen mit den für die Aufforderung zur Ausführung der Folgehandlung hinreichende Bedingungen darstellenden Tatbestandsteilen in einer oder mehreren Entscheidungstabellen aufzunehmen, soweit erstere für die gewählte Zielstellung bedeutsam sind. Ein Beispiel wäre für den Rücktritt wegen lang-

---

[57] So läßt sich auch die von G. Reiner vorgenommene Typisierung von Regelungszusammenhängen am Beispiel des § 812 BGB der BRD als Erfassung der Äquivalenz aus mehreren Normen mit den Funktoren der Implikation und der Replikation darstellen. — Vgl. G. Reiner, Ein Ansatz zur Explizierung gesetzlicher Strukturen, in: J. Rödig (Hrsg.), Studien zu einer Theorie der Gesetzgebung, a. a. O., S. 277.

andauernden Verzuges (Folgehandlung) nach den ALB/RGW nicht nur die Berücksichtigung des Tatbestandes „langandauernder Verzug“, sondern auch die des angekündigten langandauernden Verzuges.

Für den Fall der Replikation sind alle weiteren notwendigen Bedingungen festzustellen und die entsprechenden Normen abzubilden. Wir haben dies am Beispiel der §§ 88. 1, 105 und 107 der ALB/RGW sowie an ihrer Kumulationsregelung für Vertragsstrafen oben demonstriert.

Wenn für den betreffenden Rechtszweig der Grundsatz der Lückenlosigkeit de lege lata gilt,[58] so sind vordergründig (scheinbar) bestehende Lücken also bereits im Prozeß der Programmierung zu schließen. Je nach Funktor werden dabei die einzelnen Arten von Schlüssen mehr oder weniger favorisiert. So dürften Implikationen stärker Schlüsse a simili und fortiori begünstigen, während Schlüsse e contrario nur bei Äquivalenz oder Replikation möglich sind.[59]

3. Entscheidungstabellen können auf der Grundlage *zwingender* wie *dispositiver* Normen entwickelt werden. Im letztgenannten Fall tritt an die Stelle der aus Tatbestands- oder Folgehandlungsteil der Rechtsnorm abgeleiteten Vorschrift die durch den Vertrag bestimmte. Die entsprechenden Abläufe werden in den gesetzlich vorgesehenen Rahmen eingeordnet. Sind in einem Außenhandelsliefervertrag (AHLV) z. B. Vereinbarungen über die Qualität der zu liefernden Ware getroffen werden, so müssen diese einer Überprüfung von Qualitätsmängeln zugrunde gelegt werden. Dafür muß eine nur diesem Vertrag entsprechende Entscheidungstabelle erarbeitet werden. Für die Feststellung von Art und Durchsetzbarkeit eines eventuell entstandenen Anspruchs aber wären dann wieder die zutreffenden Rechtsnormen zu beachten, die Verbindung zu den dafür erarbeiteten Entscheidungstabellen müßte hergestellt werden. Dazu kann gerade die Modularität der Entscheidungstabellen ausgenutzt werden, die eben die Wahrnehmung einzelner Rechte oder Pflichten durch die Rechtssubjekte widerspiegeln, dabei aber auch die Verknüpfung mit den sie auslösenden und von ihnen ausgelösten Befugnissen gestatten.

Die Entscheidungstabellen bringen die dialektische Stellung des einzelnen Normsatzes (oder auch mehrerer Normsätze) im jeweiligen Subsystem zum Ausdruck — gleichzeitig aber auch seine (ihre) Relationen zu anderen Normen. Wie aus dem dargestellten Beispiel einer Entscheidungstabelle (Tab. 2) ersichtlich, wird im unteren rechten Teil (Aktionsteil) die Beziehung zu anderen Entscheidungstabellen dargestellt, die in der Programmabarbeitung folgen.

Programmierte Rechtsanwendung erfolgt also durch Abarbeitung von Entscheidungstabellen, wobei ein Ergebnis der Abarbeitung einer konkreten Tabelle jeweils in der Adressierung der nunmehr abzuarbeitenden Tabelle besteht. Die einzelnen Entscheidungstabellen sind in Abhängigkeit von den im konkreten Fall erfüllten Bedingungen vernetzt;[60] das heißt, daß sich die miteinander verbundenen Entscheidungstabellen als

---

[58] Vgl. V. Knapp, Antinomien der Vollständigkeit des Rechts, in: Materialien des IV. Berliner Rechtstheoretischen Symposiums, a. a. O., S. 176—186.

[59] Vgl. U. Klug, Juristische Logik, a. a. O., S. 124ff.

[60] Die Interpretation des Normenzusammenhangs als Netz ist nicht neu. Suhr hat z. B. ein Konzept zur Abbildung eines „Bedingungszusammenhangs von juristischen Relevanzen“ in *Netzen* vorgestellt, siehe: D. Suhr, Begriffsnetze, Invarianten, Routinen der Kritik, a. a. O., S. 28; W. Popp und B. Schlink (Skizze eines IJIS, a. a. O., S. 17) haben offensichtlich längere Zeit

Graphen auffassen lassen.[61] Die Knoten (Ereignisse) der Graphen sind die Entscheidungstabellen, während die Kanten (Tätigkeiten) durch die in ihrem Aktionsteil vorgeschriebenen Verbindungen dargestellt werden.

Die Vernetzung der einzelnen Entscheidungstabellen erfolgt entsprechend der Schrittfolge, die das Normensystem zur Komposition der einzelnen subjektiven Rechte und Pflichten vorsieht, und entsprechend den synallagmatischen Beziehungen, die für ihre dynamische Entwicklung ipso iure festgelegt sind (vgl. Entscheidungstabelle 2 sowie deren Vernetzung in Abb. 8).

Dabei werden unterschiedliche Verknüpfungen je nach den im konkreten Fall realisierten rechtserheblichen Tatsachen vorgesehen (Ausübung vorgesehener Wahlrechte,

Tab. 2: Entscheidungstabelle zur Prüfung des Rücktritts wegen langandauernden Verzuges, anknüpfend an § 85 ALB/RGW

Rücktrittsfrist im Vertrag festgelegt?	J	J	J	J	J	J	J	J	J	J	J	J	J	J	J	N	N	N	N	N	N
Ist Rücktritt erfolgt?	J	J	J	J	J	N	N	N	N	N	N	N	N	N	N	J	J	N	N	N	N
RD-MLT > Frist aus Vertrag?	J	N	N	N	N																
RD-MLT > 6 Monate						J	N	N	N	N	N	N	N	N	N						
Liefergegenstand — nicht serienmäßig gefertigte größere Ausrüstung?							J	J	J	J	J	N	N	N	N				J	J	N
RD-MLT > 4 Monate?							J	N	N	N	N										
TL-MLT > Frist aus Vertrag?																J	N				
TL-MLT > 6 Monate?																		J	N	N	N
TL-MLT > 4 Monate?																			J	N	N
Angekündigter langand. Verzug?		J	J	N	N			J	J	N	N	J	J	N	N						
DMAV ≦ RD?		J	N					J	N			J	N								
TD-MLT > Frist aus Vertrag?				J	N																
TD-MLT > 6 Monate?														J	N						
TD-MLT > 4 Monate?										J	N										
Hinweis: Rücktritt wäre möglich																X		X	X		
Hinweis: Rücktritt ist auch nicht mgl.																	X			X	X
Hinweis: Rücktritt erfolgte unberecht.			X	X	X				X	X	X		X	X	X						
Hinweis: R. könnte aber jetzt erfolgen			X	X					X	X			X	X							
Hinweis: Rücktritt erfolgte berechtigt	X	X				X	X	X				X									
Entscheidung KS/Schadenersatz (verschiedene ET)	X	X				X	X	X				X									
KS-Berechnung (andere ET)																X	X	X	X	X	X
Ende der Anspruchsprüfung			X	X	X				X	X	X		X	X	X						

Legende: TL — tatsächlicher Liefertermin
MLT — maßgebender Liefertermin
RD — Rücktrittsdatum
DMAV — Datum der Mitteilung über angekündigten langandauernden Verzug
TD — Tagesdatum

versucht, auf der Grundlage des BGB der BRD eine „Datenbak mit dogmatischem Netz" zu programmieren.

61 W. Grahn hat bereits 1969 die Verwendung von Graphen zur Darstellung von Rechtsnormen erörtert, vgl.: ders., Über methodische Probleme der Gesetzesanlagen mit und ohne Netzwerke, in: Vertragssystem, 11/1969, S. 632ff.

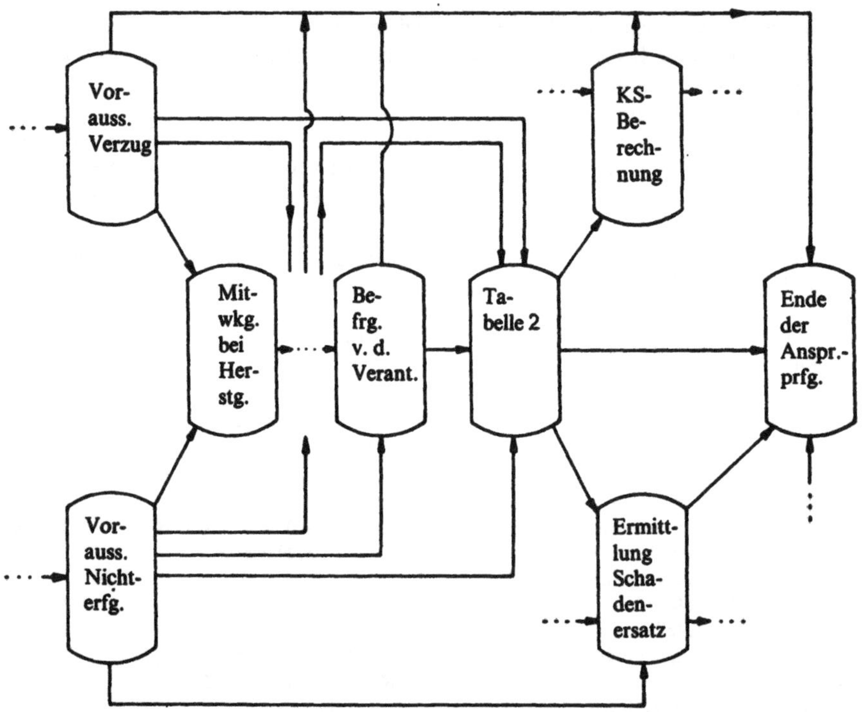

Abb. 8: Einordnung der Entscheidungstabelle (Tab. 2)

z. B. zwischen Konventionalstrafe und Schadenersatz gemäß § 85. 4 usw.). Bei dispositiven Normen ist die dem Normenadressaten eingeräumte Möglichkeit zu beachten, an die Stelle des in der Rechtsnorm beschriebenen Tatbestands- oder Folgehandlungsteils vertragliche Vereinbarungen treten zu lassen. Dies ist ein weiterer Beweis dafür, daß über die Rechtsnormen hinaus auch die auf ihrer Grundlage entstandenen Rechtsverhältnisse für Struktur des Programmsystems bedeutsam sind.

Bei der Programmerarbeitung, bei der Gestaltung der einzelnen Entscheidungstabellen und ihrer Verknüpfung, werden also die durch das Rechtssystem potentiell vorgesehenen subjektiven Rechte und Pflichten in ihrer potentiellen Dynamik abgebildet. Bei der Abarbeitung des Programms im konkreten Dialog wird die Entstehung und Entwicklung realer subjektiver Rechte und Pflichten nachvollzogen. Die für den Dialog erforderlichen juristischen Informationen werden — je nachdem, welche Kanten des Graphen im konkreten Fall realisiert sind — gezielt ausgegeben bzw. angeboten. Die Gesamtheit dieser Informationen kann der Nutzer darüber hinaus über entsprechende Deskriptoren in jedem Stadium der Programmabarbeitung wahlweise abrufen.

7.6. Spezifik und Einordnung automatisierter Informationsverarbeitung zur Rationalisierung der Rechtsanwendung

Unsere Ausführungen belegen, daß wir eine „Alternative zwischen der Orientierung der juristischen Entscheidungspraxis an Datenverarbeitungsbedingungen oder den weitgehenden Verzicht auf Datenverarbeitung“[62] ablehnen. Eine derartige Betrachtungsweise konzentriert sich auf die Übernahme bestehender Modelle und Verfahren der Datenverarbeitung für juristische Aufgaben und hat die EDV bei unkritischer Verwendung der Hilfsmittel auch auf anderen Gebieten in Mißkredit gebracht. Wenn wir also die Analyse der juristischen Strukturen als Ausgangspunkt und deren Widerspiegelung als wesentliche Eigenschaft entsprechender EDV-Bausteine ansehen, so beziehen wir darin auch auch die auf anderen Gebieten bei der EDV-Anwendung gesammelten Erfahrungen und Erkenntnisse ein.

Bedeutungsvoll ist zunächst die unter sozialistischen Bedingungen mögliche Erarbeitung und Autorisierung von Programmteilen und Daten, die wiederholt und von mehreren Anwendern genutzt werden können; durch zentrale Organe, wie das zuständige Ministerium, das Zentrale Staatliche Vertragsgericht usw. Dabei muß die Verbindung mit Elementen, die nur für Gruppen oder einzelne Nutzer zutreffen, unter Verantwortung der entsprechenden Leitung ermöglicht werden. Ebenso wichtig für die Anwendbarkeit der Hilfsmittel ist die ständige Gewährleistung ihrer Aktualität (Einbeziehung neuer oder geänderter Rechtsnormen, weiterer Rechtsformen und bedeutsamer Gerichtsentscheidungen usw.). Beide Tendenzen können durch das Konzept miteinander verbundener Entscheidungstabellen wesentlich unterstützt werden.

Betrachten wir die Entwicklung von hard- und soft-ware, so scheinen für unser Gebiet neben der bereits wiederholt angesprochenen Dialogverarbeitung vor allem *zwei Tendenzen* wichtig zu sein:[63]

Einmal haben die Überlegungen zur Rationalisierung des Prozesses der EDV-Projektierung im vergangenen Jahrzehnt zu zahlreichen theoretischen und praktischen Ergebnissen geführt, deren wichtigste mit den Begriffen „strukturierte Programmierung“[64] und „relationale Datenbanken“[65] umschrieben werden können.

Die Methoden der strukturierten Programmierung bewirkten einen Übergang von intuitiven und zufälligen Arbeitsweisen zu einem wissenschaftlich begründeten Herangehen an die Programmierung.[66] Sie konzentrierten sich letztlich auf die Erfassung der Struktur der in den Programmen dargestellten Algorithmen mit dem Ziel korrekter und überschaubarer Lösungen. Entsprechend wurden für die Strukturierung der in den

---

[62] W. Kilian, Juristische Entscheidungen und elektronische Datenverarbeitung, a. a. O., S. 15.

[63] Auf Tendenzen, die sich aus grundlegenden Prognosen zur langfristigen Entwicklung und Einbeziehung von software-Komponenten in die hardware ergeben, kann hier nicht eingegangen werden. Dazu zählen die, insbesondere in Japan forcierten, Konzepte der fünften Computergeneration. — Vgl. B. Gross/B. Scheller, Computer der fünften Generation. Japans Anstrengungen zur Entwicklung von Informationstechnologien der Zukunft, in: Zeitschrift für Phonetik, Sprachwissenschaft und Kommunikationsforschung, 6/1983, S. 755ff.

[64] Grundlegend für die Entwicklung und Anwendung der strukturierten Programmierung waren die Arbeiten von: E. W. Dijkstra, Notes on Structured Programming, in: Structured Programming, London—New York 1972.

[65] Grundlage war die Anwendung der Relationsalgebra nach Codd auf die Erfassung des Zusammenhangs zwischen verschiedenen Daten, vgl.: H. Wedekind, Datenbanksysteme I, Mannheim—Wien—Zürich 1974.

[66] Vgl. O. Herrlich, Methoden zur strukturierten Programmierung, in: rechentechnik/datenverarbeitung, Beiheft 2/1976, S. 2ff.

Programmen verwendeten Daten verschiedene Konzepte entwickelt, von denen die Erfassung abgegrenzter Datenstrukturen und der zwischen ihnen bestehenden Relationen für die Speicherung und Verarbeitung großer Datenmengen grundlegend ist. Ein Anliegen unseres Beitrages bestand darin, am Beispiel der Rechtsanwendung zu erläutern, daß nur eine Strukturierung von Programmen und Daten entsprechend der Struktur der abgebildeten Realität eine — für unseren Objektbereich teilautomatisierte — Bearbeitung komplexer Probleme ermöglicht.

Bezüglich der Datenbanktechnik weisen wir in dem hier interessierenden Zusammenhang auf den im Abschnitt 5 dieser Schrift dargestellten Ansatz korrelativer Modalitäten hin. Als Realisierungsmöglichkeiten, das heißt als Elemente einer relationalen Datenbank, lassen sich die miteinander verbundenen Entscheidungstabellen darstellen, deren Erarbeitung von uns erläutert wurde. Auch die von I. und K. Bönninger im System *Judi* benutzten Listenelemente stellen einfache Formen derartiger Entscheidungstabellen dar. Schließlich können auch die oben erwähnten Elemente der Sprache *Legol-2* in einer relationalen Datenbank implementiert werden. — Wesentlich dürfte über die Speicherung der Elemente hinaus, die aus den Rechtsnormen und den aus ihnen abgeleiteten Rechtsformen folgen, die Verbindung zu den rechtserheblichen Tatsachen sein, die in Datenbänken praktisch verfügbar sind. So wird in der Praxis des Außenhandels die Bereitstellung der Vertragsdaten bei der Beseitigung von Störungen der Vertragserfüllung zunehmend auf diesem Wege erfolgen.

Die *andere*, auch für die Informationsverarbeitung im System rechtlicher Regelung bedeutsame Tendenz betrifft die zunehmende Verfügbarkeit leistungsfähiger Mikrorechner, wodurch die Möglichkeit automatisierter Informationsverarbeitung am Arbeitsplatz in steigendem Maße Realität wird.[67] Sofern derartige Mikrorechner über externe Speicher mit Direktzugriff (z. B. Disketten) verfügen, dürfte mit ihnen die Nutzung der dem *Dialex* entsprechenden Systeme möglich sein. Auch die Verbindung zu Großrechnern, und damit der Zugriff zu zentral erfaßten Daten über den jeweiligen Tatbestand oder anderen Informationssystemen, wird auf verschiedenen Gebieten bereits erprobt.[68]

Die Bereitstellung und Wartung der Hilfsmittel, die technischen und programmseitigen Möglichkeiten sowie die Verbindungen zu anderen Gebieten sind zu beachtende Bedingungen für den Einsatz der automatisierten Informationsverarbeitung bei der Lösung juristischer Probleme. Genereller Ausgangspunkt muß jedoch die Analyse der jeweiligen *juristischen* Strukturen sein.

---

[67] Vgl. etwa: K. Jürgens, Versuch der Unterstützung der richterlichen Dezernatsarbeit durch den Einsatz eines Tischcomputers, in: DVR, Bd. 12/1983, S. 85ff.

[68] Vgl. A. Butrimenko, Technisch-ökonomische Gründe für die Entstehung und Entwicklung von Rechnernetzen, in: Beiträge zur Informationsvorbereitung, Leipzig 1977, S. 30ff.; H. Köhler/ W. Schoppan, Entwicklung und Anwendung von Rechnernetzen in Kombinaten, in: rechentechnik/datenverarbeitung, Beiheft 2/1981, S. 45ff.

8. Zur Bedeutung der grundlegenden Prinzipien für die Struktur des allgemeinen Völkerrechts

8.1. Strukturelle Entwicklungen im gegenwärtigen Völkerrecht

Wenn von der Struktur des Völkerrechts die Rede ist, so wird gewöhnlich darauf hingewiesen, daß Völkerrecht Koordinationsrecht zwischen gleichberechtigten Subjekten ist. Im Unterschied zum innerstaatlichen Recht ist es nicht Ausdruck des Willens einer herrschenden Klasse, sondern immer das Ergebnis einer Koordinierung des Willens mehrerer, häufig sogar antagonistischer Klassenorganisationen. Die Subjekte des Völkerrechts unterliegen keiner Gesetzgebung und keiner exekutiven Gewalt. Sie haben keinen gemeinsamen Richter. Völkerrechtliche Normen kommen nur durch Vereinbarung zustande und werden in aller Regel von denen, die sie für sich geschaffen haben, auch durchgesetzt. Solche Beschreibungen erfassen zwar eine Spezifik des Völkerrechts, die es vom innerstaatlichen Recht unterscheidet, sie führen aber zu keinen Aussagen über die Funktion des Völkerrechts, seine Universalität und Einheit, die in der Universalität des gegenwärtigen Staatensystems begründet ist. Angesichts der ständig enger und vielfältiger werdenden internationalen Beziehungen und des wachsenden Einflusses des Sozialismus auf die internationale Entwicklung verdienen gerade diejenigen Elemente der Struktur des gegenwärtigen Völkerrechts besondere Aufmerksamkeit, die seine Funktion, Universalität und Einheit zum Ausdruck bringen, es als internationale Friedensordnung kennzeichnen. Unter diesem Aspekt soll nachfolgend auf die Bedeutung der grundlegenden Völkerrechtsprinzipien, die Herausbildung zwingender Normen und die Kodfikation allgemeiner Regeln in multilateralen Verträgen eingegangen werden.

Der Sozialismus hat bereits mit dem Dekret über den Frieden eine universelle, vom bürgerlichen Völkerrecht deutlich abgehobene einheitliche Völkerrechtskonzeption vorgelegt. Sie baut auf der Volkssouveränität auf und verbindet den Prozeß der Verwirklichung des Selbstbestimmungsrechts aller Völker mit der Sicherung des Friedens und der Achtung der souveränen Gleichheit aller Staaten. Ihre schrittweise Durchsetzung in den internationalen Beziehungen ist ein langwieriger historischer Prozeß, der bestimmt wird von der Veränderung des internationalen Kräfteverhältnisses. Ein entscheidender Einschnitt in dieser Entwicklung war der Sieg über den Faschismus und die wachsende Autorität und Macht des Sozialismus am Ende des zweiten Weltkrieges, der die Schaffung der Organisation der Vereinten Nationen ermöglichte. In ihrer Charta konnten zum ersten Mal die Rechtsprinzipien vereinbart werden, die die friedliche Koexistenz von Staaten zum Gegenstand haben, deren Funktion darin besteht, die friedlichen Beziehungen zwischen Staaten unterschiedlicher Gesellschaftsordnung zu organisieren und die universelle Geltung beanspruchen.

Nach dem zweiten Weltkrieg hat sich die internationale Lage sehr rasch und grundlegend verändert. Der Sozialismus wurde zu einem Weltsystem, das entscheidenden Einfluß auf die Entwicklung der internationalen Beziehungen ausübt, das Kolonialsystem wurde zerschlagen, und die Anzahl der Staaten, die als Mitglieder der Vereinten Nationen heute in einer universellen Organisation zusammenarbeiten, hat sich verdreifacht. Die wissenschaftlich-technische Revolution hat zu völlig neuen Kommunikationsmöglichkeiten und ökonomischen Verflechtungen geführt, die noch vor 50 Jahren unvorstellbar waren. Zugleich aber sind globale Probleme sichtbar geworden, die nur im Wege einer weltweiten friedlichen internationalen Zusammenarbeit der Staaten gelöst werden können. Es sei hier nur auf so zentrale Fragen wie die Gefahr eines Atomkrieges und die Notwendigkeit einer weltweiten Abrüstung, die Welternährung, die Rohstoff- und Energieversorgung, die Probleme der Überwindung der vom Kolonialismus hinterlassenen Rückständigkeit in zahlreichen Ländern Afrikas, Asiens und Lateinamerikas sowie auf die Probleme des Umweltschutzes verwiesen, die ständig dringlicher werden.[1] In der Prager Deklaration der Teilnehmerstaaten des Warschauer Vertrages (Januar 1983) heißt es dazu: „Ende des 20. Jahrhunderts stehen vor der Menschheit akute globale Probleme sozialökonomischer, demographischer und ökologischer Natur. Beim heutigen Stand der Produktivkräfte, der Wissenschaft und Technik in der Welt sind die erforderlichen materiellen und geistigen Ressourcen vorhanden, um diese grandiosen Probleme praktisch zu lösen. Eine diesen Zwecken dienende internationale Zusammenarbeit wird jedoch durch die Kräfte der Reaktion verhindert.“[2]

Damit wächst die Bedeutung der grundlegenden Völkerrechtsprinzipien, die Entwicklung und Durchsetzung universeller Normen, die nicht nur die spezifischen Interessen einiger Staaten koordinieren, sondern auch die für die Lösung der globalen Fragen notwendige Kooperation — trotz des Fortbestehens starker imperialistischer Kräfte — ermöglichen. Solche Regeln bringen die übereinstimmenden Interessen der Völker an der Gewährleistung der friedlichen internationalen Zusammenarbeit auf der Grundlage der souveränen Gleichheit der Staaten zum Ausdruck. Nicht zufällig wird deshalb in der Prager Deklaration der Teilnehmerstaaten des Warschauer Vertrages so nachdrücklich auf die Notwendigkeit der Durchsetzung der grundlegenden Völkerrechtsprinzipien und ihre Weiterentwicklung hingewiesen. Wörtlich heißt es dort: „Es gibt weder globale noch regionale Probleme, die nicht mit friedlichen Mitteln gerecht gelöst werden könnten. Wesentlich ist dabei, daß tatsächlich alle das legitime Recht des Volkes eines jeden Landes anerkennen sollten, selbständig, ohne Einmischung von außen, seine inneren Angelegenheiten zu regeln und gleichberechtigt am internationalen

---

[1] Vgl. dazu: H. Hörz, Globale Probleme der Menschheitsentwicklung, in: Deutsche Zeitschrift für Philosophie (im folgenden: DZfPh), 11/1982, S. 1301. — Als die humane Lösung der globalen Probleme unserer Zeit definiert er: „Sicherung des Freiheitsgewinns der Persönlichkeit durch gesellschaftlichen Fortschritt im Frieden“ (S. 1302) und kommt zu dem Ergebnis: „Es geht darum, die Politik der friedlichen Koexistenz so zu entwickeln, daß internationale Probleme grundsätzlich auf friedlichem Wege gelöst werden können ...“ (S. 1315). — Vgl. auch: M. Maximowa, Globale Probleme der Gegenwart, in: Sowjetwissenschaft. Gesellschaftswissenschaftliche Beiträge, 4/1981, S. 584.

[2] Politische Deklaration der Teilnehmerstaaten des Warschauer Vertrages (Prag, Januar 1983), Berlin 1983, S. 6/7.

Leben teilzunehmen; daß alle die Unabhängigkeit, die territoriale Integrität und die Unverletzlichkeit der Grenzen der Staaten respektieren und das Prinzip des Verzichts auf Gewaltanwendung oder Gewaltandrohung einhalten sollten; daß keine Macht versucht, Hegemoniepolitik zu betreiben und ‚Interessengebiete‘ oder ‚Einflußsphären‘ zu schaffen.

Die Teilnehmer der Tagung sind davon überzeugt, daß es für die Beseitigung der Ursachen vieler Konflikte unerläßlich ist, alle Überreste des Kolonialismus und Rassismus endgültig zu beseitigen und auf eine Politik des Neokolonialismus, der Unterdrückung und Ausbeutung anderer Völker zu verzichten." Sie bekräftigten „ihr Eintreten für eine gerechte und demokratische Umgestaltung der internationalen Wirtschaftsbeziehungen, die Errichtung einer ‚neuen internationalen Wirtschaftsordnung‘ und die Gewährleistung der vollen Souveränität der Länder Asiens, Afrikas, Lateinamerikas und Ozeaniens über ihre Naturreichtümer".[3]

Der Inhalt der grundlegenden Völkerrechtsprinzipien, auf die hier Bezug genommen wird, ist heute weitgehend durch die Prinzipiendeklaration der Vereinten Nationen bestimmt. Die Annahme dieser „Deklaration über die Prinzipien des Völkerrechts betreffend die freundschaftlichen Beziehungen und die Zusammenarbeit zwischen den Staaten in Übereinstimmung mit der Charta der Vereinten Nationen" war ein wichtiger Schritt auf dem Wege der Entwicklung des Systems des gegenwärtigen Völkerrechts.[4] Schon in den 60er Jahren hatten die sozialistischen Staaten, von vielen nicht paktgebundenen Ländern unterstützt, begonnen, um die Weiterentwicklung der grundlegenden völkerrechtlichen Prinzipien, die als Prinzipien der friedlichen Koexistenz bezeichnet wurden, zu kämpfen.[5] Dabei ging es darum, die imperialistische Willkür einzudämmen, die gesellschaftlichen Veränderungen zu nutzen und in den internationalen Beziehungen

---

[3] Ebenda, S. 17, 19.

[4] Vgl. dazu: G. I. Tunkin, Teorija meždunarodnogo prava, Moskva 1970, S. 56/57; ders., Meždunarodnoje pravo, Moskva 1974, S. 151/152; ders., Meždunarodnoje pravo, Moskva 1982, S. 101/102. — Die Bedeutung der Prinzipien für das System des Völkerrechts wird auch von I. I. Lukašuk (Mechanism meždunarodno-pravovogo regulirovanija, Kiev 1980, S. 56/57) hervorgehoben; vgl. auch: N. V. Mironov, Meždunarodnoje pravo: normy i ich juridičeskaja sila, Moskva 1980, S. 70/71; G. B. Skakunov, Osobennosti kodifikacii osnovnych principov meždunarodnogo prava in: Sovetskoe gosudarstvo i pravo (Moskva), 6/1982, S. 121/122; N. N. Uljanova, Obšie mnogostoronye dogovory v sovremennych meždunarodnych otnoženijach (nekotorye voprosy teorii), Kiev 1981, S. 97/98; M. Sahovic, Principles of International Law concerning Friendly Relations and Cooperation, Belgrad 1973; G. Arangio-Ruiz, The UN-Declaration on Friendly Relations and the System of Sources of International Law, Alphen a. d. Rijn 1979; R. Rosenstock, The Declaration of Principles of International Law Concerning Friendly Relations. A Survey, in: American Journal of International Law, Washington (im folgenden: AJIL), Oktober 1971, S. 713/714.

[5] Vgl. Zu den völkerrechtlichen Prinzipien der friedlichen Koexistenz, Potsdam-Babelsberg 1964; G. I. Tunkin/A. P. Mowtschan, Codification of the Principles of Peaceful Coexistence, in: Review of Contemporary Law (Moscow), 1/1964, S. 85/86; V. Outrata, Zur Frage der Formulierung der Rechtsgrundsätze der friedlichen Koexistenz, Casopis pro mezinarodni pravo (Prag), 3/1962, S. 210/211; B. L. Bobrov, Sovremennoe meždunarodnoje pravo, Moskva 1962; M. Potocny/S. Myslil, Legal Principles of peaceful co-existence, Prag 1968; B. Graefrath, Zur Stellung der Prinzipien im gegenwärtigen Völkerrecht, Berlin 1968; M. Potocny, Die Deklaration über die Prinzipien der friedlichen Koexistenz, Prag 1972.

„die Herrschaft des Rechts zwischen den Völkern" zu fördern. So hieß es ausdrücklich in der Resolution 1815 (XVII) von 1962, die, gestützt auf die UN-Charta, zum erstenmal die sieben grundlegenden Prinzipien des allgemeinen Völkerrechts aufzählte, deren Kodifikation in einer Deklaration erfolgen sollte.[6] Tatsächlich wurde 1970 mit Zustimmung von 127 Staaten diese Arbeit erfolgreich abgeschlossen und die oben genannte Prinzipiendeklaration als Resolution 2625 von der XXV. UN-Vollversammlung verabschiedet.[7] Die wesentlichen Ergebnisse, die damit erreicht wurden, lassen sich kurz in etwa folgendermaßen zusammenfassen:

1. Es war eine ausdrückliche Aufzählung derjenigen Prinzipien zustande gekommen, die von allen Staaten als die *grundlegenden* völkerrechtlichen Prinzipien für die freundschaftlichen Beziehungen und die internationale Zusammenarbeit aller Staaten angesehen werden. Damit war ein Minimum abgesteckt. Es waren gewissermaßen „Verfassungsnormen" definiert, die „in ihrer Gesamtheit das Rückgrat der Völkerrechtsordnung der Gegenwart darstellen".[8] Sie sind zur entscheidenden Ausgangsbasis für alle späteren Erklärungen über Prinzipien der internationalen Zusammenarbeit geworden und stellen die Grundlage aller speziellen völkerrechtlichen Vereinbarungen dar.[9] In ihnen sind durch Übereinkommen der Staaten die übereinstimmenden Interessen der Völker an der Gewährleistung des Weltfriedens und der friedlichen internationalen Zusammenarbeit unter den Bedingungen des derzeitigen Stadiums der Universalität der internationalen Beziehungen in allgemeiner abstrakter Weise erfaßt. Sie gelten daher auch, wenn das Völkerrecht auf neue Bereiche — wie z. B. den Kosmos — ausgedehnt wird oder neue Völkerrechtssubjekte in Form internationaler Organisationen geschaffen werden.

Die völkerrechtlichen „Normen bilden ungeachtet ihrer Vielfalt und mannigfachen Formen ein System des Völkerrechts, weil sie durch die Grundprinzipien des Völkerrechts miteinander verbunden sind. Das System des Völkerrechts besitzt objektiven Charakter. In ihm widerspiegeln sich die Gesetzmäßigkeiten und die Vielfalt jener internationalen Beziehungen, die vom Völkerrecht geregelt werden".[10]

---

[6] Dt. Text in: Zu den völkerrechtlichen Prinzipien der friedlichen Koexistenz, a. a. O., S. 203/204. — Vgl. dazu: A. P. Mowtschan, Kodifizierung und Weiterentwicklung des Völkerrechts, Berlin 1974, S. 131/132. — Auch M. Virally betont die Bedeutung der Resolution 1815 als Einigung über die grundlegenden Prinzipien des positiven Rechts (Le role des „principes" dans le développement du droit international. En Hommage á Paul Guggenheim, Genf 1968, S. 531, 548).

[7] Dt. Text in: Völkerrecht. Dokumente, Teil 3, Berlin 1980, S. 709/710.

[8] Völkerrecht. Lehrbuch, Teil 1, Berlin 1981, S. 106 (mit weiterer Literatur).

[9] So z. B.: Prinzipien der Zusammenarbeit zwischen der UdSSR und Frankreich vom 30. 10. 1971, in: Völkerrecht. Dokumente, Teil 3, a. a. O., S. 754; Grundlagen der Beziehungen zwischen der UdSSR und den USA vom 29. 5. 1972, in: ebenda, S. 812; Schlußakte der Konferenz über Sicherheit und Zusammenarbeit in Europa vom 1. 8. 1975, in: ebenda, S. 948; dazu M. Mohr, Die Grundprinzipien des allgemeinen demokratischen Völkerrechts und die Konferenz von Helsinki, in: Deutsche Außenpolitik (im folgenden: DAP), 2/1977, S. 24/25.

[10] A. N. Talalajew, Das Recht der internationalen Verträge, Berlin 1977, S. 15; K. Becher, Die Grundprinzipien des demokratischen Völkerrechts und ihre Bedeutung für das Völkerrechtssystem, in: DAP, 1/1982, S. 90/91.

2. Diese Prinzipien wurden nicht als politische Programmpunkte oder bloße moralische Richtwerte formuliert. Sie sind Normen, und zwar besonders wichtige, *allgemein verbindliche* Normen mit zwingendem Charakter. Es wurde ausdrücklich der normative, rechtlich allgemein verbindliche Charakter der Prinzipien, ihr universeller Geltungsanspruch gegenüber allen Völkerrechtssubjekten unterstrichen. Sie wurden zum *Maßstab* der Rechtmäßigkeit aller speziellen völkerrechtlichen Normen sowie der internationalen Aktivitäten der Staaten im allgemeinen gemacht.[11]

3. Die Grundprinzipien und deren innerer Zusammenhang spiegeln bestimmte *Gesetzmäßigkeiten* der gesellschaftlichen Entwicklung wider. Darin liegt die materielle Begründung für die zentrale Stellung, die sie im System des gegenwärtigen Völkerrechts einnehmen. „Die Existenz eines Systems solcher Normen ist Grundlage und Bedingung für die Existenz einer völkerrechtliche Friedensordnung."[12] Für ihre Entstehung war die Existenz sozialistischer Staaten eine notwendige Bedingung. Sie charakterisieren den Entwicklungsstand und die Tendenz des allgemeinen Völkerrechts, sie bestimmen seine neue *Qualität*, die sich grundlegend von der des bürgerlichen oder „europäischen" Völkerrechts unterscheidet. Für das Völkerrecht der Periode des Kapitalismus war es durchaus charakteristisch, Krieg und Frieden als gleichermaßen normale Zustände im Leben der Völker zu behandeln. Die historischen Gesetzmäßigkeiten des Kapitalismus spiegelten sich im Recht zum Krieg und der auf den Konkurrenzkampf zugeschnittenen absoluten Souveränitätskonzeption wider. Der Frieden dagegen ist — wie Marx bereits schrieb — das internationale Prinzip des Sozialismus, das sich darauf gründet, daß bei jeder Nation dasselbe Prinzip, die Arbeit, herrschen wird.[13] Das Verbot der Androhung und Anwendung von Gewalt, das Interventionsverbot, die universelle Durchsetzung der souveränen Gleichheit, das Selbstbestimmungsrecht der Völker und das Gebot der friedlichen internationelen Zusammenarbeit existierten zwar lange als humanistische Ideen, konnten aber erst mit dem Erstarken des Sozialismus in das Völkerrecht eingeführt werden. Es bedurfte einer grundlegenden Veränderung des internationalen Kräfteverhältnisses, daß sie zu den bestimmenden Elementen für die neue Qualität des Völkerrechts, eines Völkerrechts *der friedlichen Koexistenz* werden konnten, die die Funktion des Völkerrechts als Friedensordnung dominieren, obgleich die imperialistischen Kräfte noch über große Machtmittel verfügen. In welchem Umfang heute die grundlegenden Prinzipien die neue Qualität des Völkerrechts bestimmen, ist unschwer zu erkennen. Schließlich ist ein Souveränitätsprinzip, das durch das ius ad bellum bestimmt wurde, nicht mit dem Souveränitätsprinzip zu vergleichen, das durch die Friedenspflicht charakterisiert wird. Von der souveränen Gleichheit der Staaten konnte man nicht sprechen, solange nur „zivilisierte Nationen" gemeint waren und das Völkerrecht die Vernichtung eines Staates durch einen anderen sanktionierte. Vom Selbstbestimmungsrecht der Völker als *Rechts*grundsatz, aus dem sich Rechte und Pflichten der Staaten ergeben, konnte keine Rede sein, solange das Kolonialsystem als rechtens angesehen

---

[11] Vgl. B. L. Bobrov, Osnovnye problemy teorii meždunarodnogo prava, Moskva 1968, S. 192/193; I. I. Lukašuk, Mechanism . . ., a. a. O., S. 28/29; A. L. Gaverdovskij, Implementacija meždunarodnopravovych norm, Kiev 1980, S. 30/31.

[12] G. Schirmer, Universalität völkerrechtlicher Verträge und internationale Organisationen, Berlin 1966, S. 93.

[13] Vgl. K. Marx/F. Engels, Werke, Bd. 17, S. 7.

wurde. Das Prinzip der friedlichen internationalen Zusammenarbeit ist ohne Gewaltverbot und souveräne Gleichheit bedeutungslos.

4. Es wurde ausdrücklich die zentrale und richtungweisende Bedeutung der Prinzipien für das *System* des Völkerrechts betont. Nicht anders ist es zu verstehen, wenn es am Ende der Deklaration heißt, daß es sich hier nicht um irgendwelche Rechtsprinzipien, sondern um die Grundprinzipien des Völkerrechts handelt, und daß deshalb alle Staaten ersucht werden, „sich in ihrem internationalen Auftreten von diesen Prinzipien leiten zu lassen und ihre gegenseitigen Beziehungen auf der Grundlage der strikten Einhaltung der genannten Prinzipien zu entwickeln". Es wurde damit sehr deutlich, daß die grundlegenden Prinzipien nicht nur als ius cogens-Normen des allgemeinen Vertragsrechts gedacht waren, sondern viel breiter als „die strukturbestimmenden Elemente des gegenwärtigen Systems des allgemeinen Völkerrechts".[14]

5. Sie durchdringen das *gesamte* Völkerrecht, bestimmen die Gestaltung des Vertragsrechts, der völkerrechtlichen Verantwortlichkeit, des Kosmosrechts wie des Seerechts. Darüber besteht Einmütigkeit, auch wenn die systematische Erfassung von „Rechtszweigen" im Völkerrecht umstritten ist. Natürlich kann man die verschiedenen völkerrechtlichen Normen, die sich auf einen bestimmten Komplex zwischenstaatlicher Beziehungen erstrecken (dazu rechnen wir auch die Beziehungen zwischen Internationalen Organisationen und zu Internationalen Organisationen), zusammenfassend bezeichnen; man kann bestimmte Grundsätze, auch Institute herausarbeiten, die für solche Bereiche typisch sind, und alle Lehrbücher tun das. Die spezielle Erfassung bestimmter Gegenstände ändert jedoch nichts daran, daß die Regelungsmethode, im Völkerrecht die Vereinbarung, und die Verbindlichkeit der grundlegenden Prinzipien für alle Bereiche gleichermaßen gelten. Das Völkerrechtslehrbuch der DDR spricht nicht über eine Systematisierung in „Rechtszweige". Es enthält zwar Kapitel wie: das internationale Seerecht, das internationale Luftrecht, das internationale Umweltschutzrecht, vermeidet es im allgemeinen aber, in diesem Zusammenhang von Völkerrechtszweigen zu sprechen. Lediglich beim Weltraumrecht wird — allerdings ohne Begründung — von einem neuen Völkerrechtszweig gesprochen.[15] Dagegen unterscheidet Talalajew im gegenwärtigen Völkerrecht sieben selbständige Zweige: das internationale Seerecht, das internationale Luftrecht, das Weltraumrecht, das Diplomatenrecht, das Konsularrecht, das Recht der Internationalen Organisationen und das Recht der Verträge.[16] In dem unter der

---

[14] B. Graefrath, Deklaration über die grundlegenden Völkerrechtsprinzipien, in: DAP, 3/1971, S. 507.

[15] Vgl. Völkerrecht. Lehrbuch, Teil 1, a. a. O., S. 293.

[16] Vgl. A. N. Talalajew, Das Recht der internationalen Verträge, a. a. O., S. 15; vgl. auch: D. I. Feldmann, O sisteme meždunarodnogo prava, in: Sovetskii ežegodnik meždunarodnogo prava, Moskva 1977, S. 13; D. B. Levin, Aktual'nye problemy meždunarodnogo prava, Moskva 1974; S. A. Gureev, Meždunarodnoe morskoje pravo, in: Sovetskii ežegodnik meždunarodnogo prava, Moskva 1980, S. 169/170; O. V. Bogdanov, O formirovanii prava račoruženija, in: Sovetskii ežegodnik meždunarodnogo prava, Moskva 1979, S. 127/128; E. A. Šibajeva, Pravo meždunarodnych organizacii kak otrasl' meždunarodnogo prava, in: Sovetskoe gosudarstvo i pravo (Moskva), 1/1978, S. 105; A. P. Movčan, Meždunarodnoje vosduznoje pravo I, Moskva 1980, S. 27/28. — Vgl. dagegen: F. I. Koševnikov/S. V. Molodcov, Meždunarodnoje pravo, Moskva 1981, S. 38/39; A. I. Poltorak/L. I. Savinski, Vooružennye konflikty i meždunarodnoje pravo, Moskva 1976, S. 79/80.

Leitung von Tunkin 1982 herausgegebenen sowjetischen Völkerrechtslehrbuch wird ausdrücklich festgestellt, daß es eine allgemein anerkannte Einteilung in Rechtszweige im Völkerrecht nicht gibt. Das Lehrbuch folge der in der sowjetischen Völkerrechtswissenschaft weithin anerkannten Einteilung. Dazu gehören einerseits traditionelle Völkerrechtszweige wie: das internationale Vertragsrecht, völkerrechtliche Verantwortlichkeit, Diplomaten- und Konsularrecht, internationales Seerecht, internationales Luftrecht, rechtliche Mittel der internationalen Streitbeilegung, internationale Regeln während bewaffneter Konflikte. Andererseits sind in das Lehrbuch neue Zweige aufgenommen worden wie: das Recht der internationalen Organisationen, völkerrechtliche Regeln der Abrüstung, internationales Wirtschaftsrecht, völkerrechtlicher Schutz der Umwelt.[17] Wir werden dieser Frage hier nicht weiter nachgehen, weil irgendwelche praktischen Konsequenzen für das Völkerrecht aus dieser Einteilung auch von denen nicht behauptet werden, die das Völkerrecht in Rechtszweige gliedern.

Mit der Einigung über Inhalt und Bedeutung der grundlegenden Prinzipien des gegenwärtigen Vökerrechts in der oben genannten Deklaration haben die Staaten die wesentlichen Elemente und ihre Wechselbeziehungen im System des gegenwärtigen Völkerrechts erfaßt, ohne damit eine Weiterentwicklung oder weitergehende Systematisierungen auszuschließen. Bestimmt wird durch die grundlegenden Prinzipien die Rechtsstellung der Völkerrechtssubjekte, der Prozeß der Schaffung völkerrechtlicher Regeln, die Grundsätze für die Beilegung von Konflikten und die Zielsetzung des allgemeinen Völkerrechts.

Was hier als System grundlegender völkerrechtlicher Regeln erfaßt wird, leitet seine Allgemeinverbindlichkeit aus der Charta der Vereinten Nationen ab und erfaßt das Gewalt- und Interventionsverbot, das Selbstbestimmungsrecht der Völker, die souveräne Gleichheit der Staaten, das Gebot der friedlichen Streitbeilegung, der friedlichen internationalen Zusammenarbeit und der Vertragstreue. Ausdrücklich wird in der Deklaration auf den inneren Zusammenhang, auf die Wechselbeziehungen hingewiesen, die zwischen den einzelnen Prinzipien bestehen, und bei ihrer Auslegung und Anwendung zu beachten sind. Damit wird deutlich, daß es sich bei den grundlegenden Prinzipien um Elemente eines Systems, einer Rechtsordnung handelt, die man nicht beliebig voneinander lösen kann. Man kann sich nicht auf ein Prinzip berufen, um die Verletzung eines anderen zu rechtfertigen. Spätere Erklärungen, wie die Deklaration der ökonomischen Rechte und Pflichten der Staaten[18] und die Schlußakte von Helsinki, haben sich ausdrücklich auf diese Grundprinzipien gestützt und versucht, bestimmte Aspekte zu konkretisieren und weiterzuentwickeln.

---

[17] Vgl. G. I. Tunkin (Hrsg.), Meždunarodnoje pravo, Moskva 1982, S. 62/63. — Jedoch ist die Terminologie nicht einheitlich. So wird auf S. 207 die Verantwortlichkeit als Institut bezeichnet, während beim Diplomaren- und Luftrecht einfach von „Teilen" des Völkerrechts gesprochen wird (S. 257, 444).

[18] Dt. Text der Resolution 3281 (XXIX) in: Die Vereinten Nationen und ihre Spezialorganisationen. Dokumente, Bd. 5, Berlin 1978, S. 286. — In der Prager Deklaration „erinnern die Teilnehmer der Tagung an die Bedeutung der strikten Einhaltung der Verträge und Abkommen, die die politisch-territorialen Realitäten im heutigen Europa bestimmen. Sie unterstreichen besonders das Gewicht der gemeinsam erarbeiteten und sorgfältig abgestimmten Prinzipien und Bestimmungen der Schlußakte von Helsinki, die strikt eingehalten und mit Leben erfüllt werden müssen".

Die Universalität und einheitliche Orientierung des Systems des gegenwärtigen Völkerrechts wird auch in der Prager Deklaration der Teilnehmerstaaten des Warschauer Vertrages deutlich unterstrichen, wenn es darin heißt, „daß die Erhaltung des Weltfriedens heute untrennbar mit der Anerkennung der Gleichberechtigung aller Völker und Staaten verbunden ist. Ein dauerhafter Frieden kann nur ein gerechter Frieden sein, in dem jeder Staat die legitimen Rechte und Interessen aller anderen anerkennt und achtet".

8.2. Zwingende Normen

Die Rechtsverbindlichkeit und der besondere Platz der grundlegenden Prinzipien in der Hierarchie der völkerrechtlichen Normen fanden ihren Niederschlag im Art. 103 der Charta der Vereinten Nationen. Darauf wird in der Prinzipiendeklaration direkt Bezug genommen, wenn es im Zusammenhang mit dem Prinzip pacta sunt servanda heißt: „Sollten Verpflichtungen aus internationalen Abkommen zu Verpflichtungen der Mitglieder der Vereinten Nationen im Widerspruch stehen, so haben die Verpflichtungen aus der Charta den Vorrang."[19]

Arzinger hatte bereits Mitte der 50er Jahre darauf aufmerksam gemacht, daß damit „jede Berufung auf das Prinzip ‚pacta sunt servanta' gegen die Charta der Vereinten Nationen ausgeschlossen ist".[20] Es ist dies eine sehr wichtige und weitreichende Schlußfolgerung. Sie unterstreicht, daß im gegenwärtigen Völkerrecht mit dem Prinzip der absoluten Souveränität auch das Prinzip der absoluten Vertragsfreiheit überwunden wurde. Sourveräne Gleichheit, wie pacta sunt servanda, sind im gegenwärtigen Völkerrecht unlösbar verbunden mit dem Gewaltverbot und der Pflicht zur friedlichen internationalen Zusammenarbeit, den inhaltlichen Komponenten im System des allgemeinen Völkerrechts.

Demzufolge hat Arzinger aus Art. 103 auch abgeleitet, daß Verträge oder Teile von Verträgen, die im Widerspruch „zu für alle Staaten verbindlichen Völkerrechtsnormen" stehen, nichtig sind.[21] Dieser Grundsatz ist später im Zusammenhang mit der Ausarbeitung der Vertragsrechtskonvention in abstrakter Form formuliert worden, was darauf hindeutet, daß es auch außerhalb der UN-Charta zwingende Normen gibt. Art. 53 der Vertragsrechtskonvention lautet: „Ein Vertrag ist nichtig, wenn er zum

[19] Völkerrecht, Dokumente, Teil 3, a. a. O., S. 714. — Auch die Schlußakte von Helsinki bestätigt in ihrem Prinzipienteil ausdrücklich diesen Grundsatz (vgl. ebenda, S. 953).

[20] R. Arzinger, Vertragstreue und völkerrechtswidrige Verträge, in: Festschrift für E. Jacobi, Berlin 1957, S. 256; vgl. I. I. Lukašuk, Mechanism ..., a. a. O., S. 52/53; — N. V. Mironov (Meždunarodnoje pravo, a. a. O., S. 90) erfaßt ein breiteres Spektrum für Art. 103, je nachdem, ob er sich auf ius cogens- oder andere Verpflichtungen aus der Charta bezieht. Anderer Auffassung ist offenbar L. N. Šestakov (K voprosu opredelenija norm ius cogens v meždunarodnam prave, in: Sovetskii ežegodnik meždunarodnogo prava, Moskva 1980, S. 66/67), der Art. 103 enger auslegt und den ius cogens-Charakter der Prinzipien direkt aus Art. 1 und 2 der Charta ableitet (S. 73). Ausführlich dazu: L. N. Šestakov, Imperativnye normy v sisteme sovremennogo meždunarodnogo prava, Moskva 1982, S. 55/56, 93/94.

[21] R. Arzinger, Vertragstreue und völkerrechtliche Verträge, a. a. O., S. 251.

Zeitpunkt seines Abschlusses einer zwingenden Norm des allgemeinen Völkerrechts widerspricht. Im Sinne der vorliegenden Konvention ist eine zwingende Norm des allgemeinen Völkerrechts eine Norm, die von der internationalen Staatengemeinschaft als Ganzes als eine Norm akzeptiert und anerkannt wird, von der keine Abweichung erlaubt ist und die nur durch eine nachfolgende Norm des allgemeinen Völkerrechts, die denselben Charakter trägt, abgeändert werden kann."[22]

Als typisches Beispiel für eine ius cogens-Norm hat die Völkerrechtskommission auf das Gewaltverbot verwiesen.[23] Der besondere Charakter der zwingenden Norm wird dadurch unterstrichen, daß ausdrücklich betont wird, daß es eine Norm des allgemeinen Völkerrechts sein muß[24] und daß sie von der internationalen Staatengemeinschaft als Ganzes als eine Norm akzeptiert werden muß, von der keine Abweichung erlaubt ist.[25] Auch die zwingende Norm kommt daher durch Vereinbarung zustande. Sie kann eine Norm des Gewohnheitsrechts oder eines allgemeinen multilateralen Vertrages sein. „Der zwingende Charakter dieser Normen bringt zum Ausdruck, daß bestimmte Ergebnisse der Völkerkämpfe, wie das Aggressionsverbot, das Selbstbestimmungrecht und das Prinzip der souveränen Gleichheit der Staaten, nicht mehr rückgängig gemacht werden können. Diese Normen unterscheiden sich von anderen Normen nicht hinsichtlich des Vereinbarungscharakters, sondern durch den Inhalt des Vereinbarten. Dieser Inhalt schließt ein, daß eine Derogation der ius cogens-Normen nicht zulässig ist, daß diese Normen nur historisch progressiv weiterentwickelt werden und erst dann durch neue Normen ersetzt werden können, wenn diese denselben Charakter als zwingende Normen haben."[26]

---

[22] Dt. Text in: Völkerrecht. Dokumente, Teil 2, Berlin 1980, S. 638. — Neben Art. 53 bezieht sich auch Art. 64 auf zwingende Normen. Er sieht vor: „Wenn eine neue zwingende Norm des allgemeinen Völkerrechts entsteht, wird jeder bestehende Vertrag, der im Widerspruch zu dieser Norm steht, nichtig und erlischt." — Vgl. dazu auch: Art. 71 Abs. 2; L. A. Alekcidce, Legal nature of ius cogens in contemporary international law, in: Recucil des Cours de l'Académie de droit international (im folgenden: RdC), Bd. 172, III, Leyden 1981, S. 223/224; ders., Nekotorye voprosy teorii meždunarodnogo prava. Imperativnye normy, Tbilissi 1982.

[23] Vgl. den Kommentar der International Law Commission (im folgenden: ILC) zu Art. 50 (A/6309, S. 166), in: Yearbook of the International Law Commission New York (im folgenden: YBILC), 2/1966, S. 247.

[24] I. I., Lukašuk (Mechanism . . ., a. a. O., S. 53) kennt daneben auch relativ zwingende Normen in Zweigen des Völkerrechts; vgl. auch: A. L. Gaverdovskij, Implementacija meždunarodnopravovych norm, a. a. O., S. 32/33; K. Becher, Die Grundprinzipien . . ., a. a. O., S. 92/93; P. Terz, Zum ius cogens im demokratischen Völkerrecht, in: Staat und Recht (im folgenden: StuR), 7/1978, S. 618/619

[25] Vgl. dazu: L. A. Alekcidce, Ius cogens v sovremennom meždunarodnom prave, in: Sovetskii ežegodnik meždunarodno prava, Moskva 1969, S. 311; vgl. auch: L. N. Šestakov, K voprosu opredelenija norm ius cogens v meždunarodnam prave, a. a. O., S. 66/67. — Ob allerdings seine Formel: „Alle minus eins" (S. 73) zutreffend ist, scheint mir fragwürdig.

[26] G. Schirmer, Universalität völkerrechtlicher Verträge und internationale Organisationen, a. a. O., S. 93; vgl. auch: L. A. Alekcidce, Ius cogens v sovremennom meždunarodnom prave, a. a. O., S. 234/235.

Nicht jede allgemeine Regel des Völkerrechts ist eine zwingende Norm. Auch genügt es nicht, daß einige Staaten in einem Vertrag vereinbaren, daß von bestimmten Normen keine Abweichung erlaubt ist, um sie zu zwingenden Normen zu machen.[27] Beim Widerspruch einer vertraglichen oder gewohnheitsrechtlichen Bestimmung zu einer zwingenden Norm handelt es sich eben um mehr als den bloßen Konflikt einander widersprechender gleichwertiger Normen, der im Art. 30 der *Wiener Vertragsrechtskonvention* (WVK) behandelt wird. Ein solcher Konflikt kann im Falle des Widerspruchs zu einer zwingenden Norm gar nicht entstehen, weil die widersprechende Vereinbarung von Anfang an nichtig ist, gar nicht von den Regeln des Vertragsrechts erfaßt wird.

Auch die Tatsache, daß zu bestimmten Artikeln einer Konvention keine Vorbehalte zugelassen sind, macht die darin enthaltenen Bestimmungen nicht schon zu zwingenden Normen. Das Verbot der Vorbehalte kann ganz unterschiedliche Gründe haben und zielt häufig lediglich darauf ab, die einheitliche Regelung, das Gleichgewicht der vielschichtigen Bestimmungen eines Vertrages zu erhalten. „Es ist nicht die Form einer allgemeinen Regel des Völkerrechts, sondern die besondere Natur ihres Gegenstandes, die ihr nach Meinung der Kommission den ius cogens-Charakter gibt."[28] Nicht die Rechtsquelle oder die Art des Zustandekommens der Norm, sondern ihre zentrale Bedeutung für die internationalen Beziehungen bewegt die Staaten, sie als zwingende Norm anzuerkennen, ihr einen größeren Verbindlichkeitsgrad beizumessen als anderen völkerrechtlichen Normen. Die Verbindlichkeit der *gewöhnlichen* völkerrechtlichen Norm kommt in ihrem Anspruch auf Einhaltung durch die Parteien, die sie vereinbart haben, zum Ausdruck. Er besteht so lange, wie die Parteien nicht etwas anderes vereinbart haben oder die Norm als Antwort auf eine Rechtsverletzung von der betroffenen Partei suspendiert oder aufgehoben wird. Der Anspruch auf Einhaltung der *zwingenden*

---

[27] Vgl. dazu: Kommentar der ILC zu Art. 26, in: YBILC, 2/1966, S. 214/215. — Zu Art. 50 heißt es dort: „Es wäre auch nicht richtig zu sagen, daß eine Vertragsbestimmung allein deshalb ius cogens-Charakter besitze, weil die Partner vereinbart haben, daß keine Abweichung von dieser Bestimmung erlaubt ist, so daß ein anderer Vertrag, der mit dieser Bestimmung im Konflikt steht, nichtig wäre. Eine solche Regelung kann in jeden Vertrag und hinsichtlich jedes Gegenstandes aufgenommen werden, der den Parteien zweckmäßig erscheint. Schließt eine Partei später einen Vertrag, der von einer solchen Bestimmung abweicht, so kann das ihre völkerrechtliche Verantwortlichkeit für eine Verletzung des früheren Vertrages begründen. Aber die Verletzung dieser Bestimmung an sich macht den Vertrag nicht nichtig" (vgl. auch Art. 26, in: ebenda, S. 247). — N. V. Mironov (Meždunarodnoje pravo, a. a. O., S. 90). spricht hier von einer vertraglich festgelegten Priorität und unterscheidet sie ausdrücklich von ius cogens-Normen.

[28] So der Kommentar der ILC zu Art. 50, in: YBILC, 2/1966, S. 248; vgl. dazu auch: L. N. Šestakov, K voprosu opredelenija norm ius cogens v meždunarodnom prave, a. a. O., S. 74. — Bereits 1966 verwies G. I. Tunkin darauf, daß die soziologische Grundlage der ius cogens-Regeln darin liege, daß sie Interessen schützen, die nicht auf einen einzelnen Staat oder eine Gruppe von Staaten beschränkt seien, sondern solche, die die Gemeinschaft als Ganzes und folglich jeden Staat betreffen (ders., The Concept of ius cogens in International Law, Genf 1967, S. 95). — Vgl. ferner: ders., Teorija meždunarodnogo prava, a. a. O., S. 168—169; L. A. Alekcidce, Ius cogens v sovremennom meždunarodnom prave, a. a. O., S. 217—218; W. Wengler, Völkerrecht, Bd. 1, Berlin (West)—Göttingen—Heidelberg 1964, S. 412.

Norm dagegen ist wegen ihrer zentralen Bedeutung von allen Staaten derart vereinbart, daß er von einzelnen nicht, auch nicht im Falle der Verletzung aufgehoben werden kann. Die größere Verbindlichkeit führt eben im Falle des Konflikts zur Nichtigkeit der widersprechenden Norm und nicht dazu, daß — wie im Falle eines Konflikts — zwischen gleichrangigen Normen der jüngeren oder spezielleren der Vorzug eingeräumt oder die Veränderung oder Aufhebung der Norm möglich wird.

Es ist nicht der Konflikt gleichrangiger Normen, sondern der Widerspruch zu einer Norm mit größerem Verbindlichkeitsgrad, einer Norm, die der Disposition einzelner Staaten entzogen ist, weil sie grundlegende Interessen der Staatengemeinschaft als Ganzes zum Ausdruck bringt oder schützt, der die Nichtigkeit bewirkt. Es handelt sich also bei der Regel des Art. 53 der WVK im Grunde nicht einfach um eine Regel des Vertragsrechts, sondern um eine der Regeln, die das Vertragsrecht in das System des Völkerrechts einbetten.[29] Sie gewährleisten, daß die Vertragsfreiheit der Staaten und das Prinzip pacta sunt servanda nicht im Widerspruch zu den anderen grundlegenden Prinzipien des Völkerrechts genutzt werden können.

Der besondere Charakter dieser Nichtigkeitswirkung zeigt sich auch bei der Regelung, die im Art. 71 Abs. 1 der WVK für die Nichtigkeitsfolgen vorgesehen ist. Danach entbehrt ein Vertrag, der gegen ius cogens verstößt, nicht nur jeder Rechtskraft, sondern die Partner haben — soweit möglich — die Folgen von Handlungen zu beseitigen, die aufgrund eines solchen Vertrages begangen wurden. Sie haben ihre gegenseitigen Beziehungen in Übereinstimmung mit der verletzten zwingenden Norm des allgemeinen Völkerrechts zu bringen. Auch das sind Regeln, die im Grunde über den Rahmen des Vertragsrechts hinausgehen. Sie entsprechen der allgemeinen Forderung, daß die Staaten „ihre gegenseitigen Beziehungen auf der Grundlage der strikten Einhaltung“ der grundlegenden Prinzipien entwickeln sollen. In ihrem Kommentar zu Art. 71 hat die Völkerrechtskommission daher auch zu Recht hervorgehoben, daß es sich in diesem Sonderfall der Nichtigkeit nicht sosehr um die Regelung eines bilateralen Verhältnisses, um die „Regulierung der Verhältnisse der Partner zueinander, als vielmehr um die Verpflichtung beider handelt, ihre Position in Übereinstimmung mit der Regel des zwingenden Rechts zu bringen“.[30]

Diese Nichtigkeitsfolgen unterscheiden sich wesentlich von denen des Art. 69. Dort werden Nichtigkeitsfolgen aus einem im Grunde bilateralen Rechtsverhältnis geregelt. Es bleibt grundsätzlich den Parteien überlassen, die Ungültigkeit geltend zu machen. Dieses Recht kann gemäß Art. 45 sogar verwirkt werden, und Art. 69 gewährt der gutgläubigen Partei ausdrücklich einen Rechtsschutz gegen Nichtigkeitsfolgen. Die Nichtigkeit kann durch Übereinkommen der Parteien jederzeit geheilt werden. Die Nichtigkeit wegen Verletzung zwingender Normen ist dagegen keine Regelung bilateraler Beziehungen, sondern der Beziehung zur Rechtsordnung selbst. Sie kann daher auch nicht durch Übereinkommen der Parteien geheilt oder durch Nichtgeltendmachung verwirkt werden. Auch gibt es im Art. 71 keinen Gutglaubensschutz. Beide Partner des nichtigen Vertrages haben „ihre Position in Übereinstimmung mit der Regel des zwingenden Rechts zu

---

[29] Ein anderes Beispiel dieser Art ist Art. 26 der Wiener Vertragsrechtskonvention (WVK), in dem das zugrunde liegende Prinzip pacta sunt servanda wiederholt wird.

[30] Kommentar zu Art. 67, in: YBILC, 2/1966, S. 266. — Wir gehen in diesem Zusammenhang nicht auf den Sonderfall der Art. 64 und 71 Abs. 2 ein.

bringen", sich an die vereinbarte Ordnung zu halten. Ein Überschreiten der durch die Völkerrechtsordnung gesetzten Grenzen der Vertragsfreiheit wird weder geschützt noch geduldet. In der Diskussion dieser Bestimmung auf der Wiener Vertragsrechtskonferenz hat der britische Vertreter nicht zu Unrecht geltend gemacht, daß damit Elemente der völkerrechtlichen Verantwortlichkeit berührt werden, denen die Konvention gemäß Art. 73 eigentlich nicht vorgreifen wollte.[31] Jedoch ließ sich das nicht vermeiden, da der Abschluß eines Vertrages im Widerspruch zu einer zwingenden Norm nur eine besondere Art der Verletzung einer zwingenden Norm ist. Häufiger verletzen die Staaten durch andere Handlungen als durch den Abschluß von Verträgen zwingende Normen des Völkerrechts. In der Regel werden heute nicht Verträge über die Anwendung bewaffneter Gewalt gegen einen Staat abgeschlossen — um das Gewaltverbot als Beispiel zu nehmen —, sondern es wird einfach völkerrechtswidrig bewaffnete Gewalt angewandt.

Notwendig stellt sich daher die Frage, wenn — um bei diesem Beispiel zu bleiben — das grundlegende Prinzip Gewaltverbot im Vertragsrecht als zwingende Norm die Nichtigkeit eines zuwiderlaufenden Vertrages zur Folge hat, welche Konsequenzen werden dann außerhalb des Vertragsrechts an eine Verletzung dieses Grundprinzips geknüpft? Wird nicht nur im Vertragsrecht, sondern allgemein im gegenwärtigen Völkerrecht zwischen einer Verletzung gewöhnlicher Normen und der Verletzung zwingender Normen wie des Gewaltverbots unterschieden?

Diese Frage kann heute ohne weiteres bejaht werden. Während das bürgerliche Völkerrecht Rechtsverletzung gleich Rechtsverletzung behandelte, unabhängig davon, was für Normen verletzt wurden und wie schwer die Rechtsverletzung war, entwickelt sich mit der Herausbildung des Gewaltverbots und der anderen grundlegenden Prinzipien auch eine Differenzierung im Rahmen der völkerrechtlichen Verantwortlichkeit. Da die grundlegenden Prinzipien die Funktion und Struktur des gegenwärtigen Völkerrechts bestimmen, wird ihre besondere Stellung notwendig auch dann deutlich, wenn sie verletzt werden.[32]

Das äußert sich zunächst ganz einfach darin, daß die betroffenen Parteien im Falle der Verletzung einer gewöhnlichen völkerrechtlichen Norm diese jederzeit durch die Vereinbarung einer anderen Norm ersetzen können. Unter Umständen hat auch der Verletzte allein die Möglichkeit, die Norm im Wege des Rücktritts vom Vertrag aufzuheben. Beides gilt jedoch nicht, wenn es sich um eine zwingende Norm handelt. Die Verletzung eines Vertrages hebt in der Regel nicht den Vertrag auf, kann aber zur Aufhebung des Vertrages, nie jedoch zur Aufhebung des Prinzips pacta sunt servanda führen. Im Falle der Verletzung zwingender Normen dagegen tritt Nichtigkeit ein, das gilt auch, wenn die Verletzung in Form eines Vertrages besteht. In diesem Falle bleibt es den Beteiligten nicht überlassen, auf welche Weise sie die Folgen der Rechts-

---

31 Vgl. United Nations Conference on the Law of Treaties. Official Record, Bd. 1, New York 1969, S. 449 und Bd. 2 S. 127 (A/Conf. 39/II und A/Conf. 39/II/Add. I). — Vgl. dazu auch: S. Rosenne, Bilaterism and Community Interest in the Codified Law of Treaties, in: Transnational Law in a Changing Society, New York—London 1972, S. 202, 218/219.

32 Vgl. B. Graefrath/E. Oeser/P. A. Steiniger, Internationale Verbrechen — Internationale Delikte, in: DAP, 3/1977, S. 90, 92; B. Graefrath, Unterschiedliche Kategorien völkerrechtswidriger Handlungen, in: Rechtswissenschaft und Arbeiterbewegung. Festschrift für Eduard Rabofsky, Köln 1976, S. 252, 265.

verletzung beseitigen. Sie sind vielmehr gehalten, „ihre gegenseitigen Beziehungen in Übereinstimmung mit der zwingenden Norm des Völkerrechts zu bringen" und, „soweit möglich, die Folgen von Handlungen zu beseitigen, die aufgrund von Bestimmungen begangen wurden, die zwingenden Normen des Völkerrechts widersprechen" (Art. 71 Abs. 1 WVK). Es tritt nicht eine Rechtsfolge aus Vertragsverletzung ein, die wie der Vertrag selbst zur Disposition der Parteien steht, sondern eine Rechtsfolge, die über das bilaterale Verhältnis hinaus unmittelbar auf die Einhaltung der Rechtsordnung gerichtet ist.

Das Verantwortlichkeitsverhältnis, das im Ergebnis der Verletzung einer gewöhnlichen Rechtsnorm entsteht, ist auf die unmittelbar betroffenen Partner des verletzten Rechtsverhältnisses beschränkt. Die Verletzung zwingender Normen dagegen kann alle Staaten berühren und sie gegebenenfalls berechtigen, nicht nur die Respektierung der verletzten Norm zu verlangen — allein oder im Zusammenwirken mit der UN — bestimmte Gegenmaßnahmen zu treffen und verpflichten, Zustände, die unter Verletzung zwingender Normen geschaffen wurden, nicht anzuerkennen, um die für die Völkerrechtsordnung im ganzen wesentlichen Elemente durchzusetzen.

8.3. Rückwirkungen von Strukturbeziehungen auf die völkerrechtliche Verantwortlichkeit

Seit langem hatten sowjetische Völkerrechtler darauf hingewiesen, daß man zwischen „Rechtsverletzungen, die eine Gefahr für den Frieden bilden", und anderen unterscheiden müsse.[33] Nun hat auch die Völkerrechtskommission in ihren Arbeiten über völkerrechtliche Verantwortlichkeit, den Berichten Agos folgend,[34] herausgearbeitet, daß es so wesentliche Unterschiede zwischen einzelnen Völkerrechtsverletzungen gibt, daß man zwischen besonders schweren Verletzungen, die sie internationale Verbrechen nennt, und anderen, die sie als internationale Delikte bezeichnet, unterscheiden muß.[35]

Dabei sei ausdrücklich davor gewarnt, mit diesen Bezeichnungen landesrechtliche Vorstellungen zu verbinden. Weder bedeutet internationales Verbrechen in diesem Zusammenhang eine Kriminalisierung des Völkerrechts, die Einführung einer strafrechtlichen Verantwortlichkeit für Staaten,[36] noch bedeutet Delikt eine unerlaubte

---

[33] Vgl. insbes.: D. B. Lewin, Die Verantwortlichkeit der Staaten im gegenwärtigen Völkerrecht, Potsdam-Babelsberg 1969, S. 28/29; G. I. Tunkin, Das Völkerrecht der Gegenwart, Berlin 1963, S. 236. — Weitere Nachweise bei: B. Graefrath/E. Oeser/P. A. Steiniger, Völkerrechtliche Verantwortlichkeit der Staaten, Berlin 1977, S. 20/21.

[34] Vgl. den 5. Bericht von R. Ago, in: YBILC, 2/1976, (I), S. 24/25 und die Diskussion dazu, in: YBILC, 2/1976, (I), S. 55/56, 239/240.

[35] Vgl. YBILC, 2/1976, (II), S. 95/96.

[36] Gegen die Übertragung strafrechtlicher Vorstellungen ins Völkerrecht vgl.: D. B. Lewin, Die Verantwortlichkeit der Staaten im gegenwärtigen Völkerrecht, a. a. O., S. 43/44; G. I. Tunkin, Das Völkerrecht der Gegenwart, a. a. O., S. 219/220. — Gegen die Versuche einiger Autoren, den Begriff strafrechtlich zu deuten, vgl.: B. Graefrath/M. Mohr/E. Oeser, Rechtsfolgen bei völkerrechtlicher Verantwortlichkeit, in: StuR, 12/1982, S. 1073/1074; Ch. Dominice, Die internationalen Verbrechen und deren rechtliches Regime, in: Festschrift für St. Verosta, Berlin(West) 1980, S. 227/228, 243.

Handlung im Sinne des Zivilrechts, z. B. des § 823 des Bürgerlichen Gesetzbuches (BGB), im Unterschied zu Vertragsverletzungen.[37]

Eine Unterscheidung zwischen Vertragsverletzung und unerlaubter Handlung, wie sie im Landesrecht vieler Länder anzutreffen ist, gibt es im Völkerrecht, das auf Vereinbarung beruht und den Unterschied zwischen Vertrag und Gesetz nicht kennt, nicht. Im Unterschied zum Landesrecht, dessen Struktur sehr stark durch die Herkunft der Rechtsnorm bestimmt wird, wo es sehr wohl einen Unterschied macht, ob es sich um eine Norm des Verfassungsrechts, ein Gesetz, einen Vertrag oder eine gewohnheitsrechtliche Regel handelt, kommt im Völkerrecht der Herkunft der Rechtsnorm, der Rechtsquelle *keine strukturelle* Bedeutung zu. Sie bestimmt nicht die Hierarchie der völkerrechtlichen Rechtsnormen. Hinter ihr steht keine unterschiedliche demokratische Legitimation. Das hängt damit zusammen, daß es keine über den Staaten stehende gesetzgebende oder exekutive Gewalt gibt und daher alle völkerrechtlichen Normen, vertragliche wie gewohnheitsrechtliche, im Wege der Vereinbarung zwischen gleichberechtigten Völkerrechtssubjekten zustandekommen. Ausdrücklich wurde deshalb im Art. 17 des Entwurfs über Völkerrechtliche Verantwortlichkeit von der Völkerrechtskommission festgestellt:

„1. Eine Handlung eines Staates, die eine Verletzung einer völkerrechtlichen Verpflichtung darstellt, ist eine völkerrechtswidrige Handlung unabhängig von der Quelle dieser Verpflichtung, ob sie gewohnheitsrechtlicher, vertragsrechtlicher oder anderer Art ist.

2. Die Quelle der durch einen Staat verletzten völkerrechtlichen Verpflichtung berührt nicht die völkerrechtliche Verantwortlichkeit, die aus der völkerrechtswidrigen Handlung dieses Staates resultiert."[38]

Damit wird der Grundsatz bekräftigt, daß jede Verletzung einer völkerrechtlichen Verpflichtung, gleich aus welcher Rechtsquelle diese Verpflichtung stammt, ob sie sich aus dem Vertrags- oder dem Gewohnheitsrecht ergibt, ob sie aus einem speziellen Vertrag zwischen zwei Staaten oder aus einem allgemeinen multilateralen Vertrag stammt, völkerrechtliche Verantwortlichkeit begründet. Mit Nachdruck hat dies auch die Völkerrechtskommission betont. Sie hat besonders hervorgehoben, „daß sie mit dem Ausdruck ‚berührt nicht die völkerrechtliche Verantwortlichkeit' (im Absatz 2 des Artikels 17) gerade beabsichtigt, auf die Konsequenzen hinzuweisen, die sich für den Verursacher der völkerrechtswidrigen Handlung aus der Verletzung der völkerrechtlichen Verpflichtung ergeben, und zwar sowohl hinsichtlich der Form der Verantwortlichkeit (Reparation, Satisfaktion, Sanktion etc.) als auch hinsichtlich der Bestimmung

---

[37] Eine Vorstellung, der offenbar B. Simma erliegt, wenn er als Delikt nur schwere schuldhafte Verletzungen gelten lassen will. — Vgl. B. Simma, Reflections on Article 60 of the Vienna Convention on the Law of Treaties and its Background in General International Law, in: Österreichische Zeitschrift für öffentliches Recht, 1/1970, S. 5/6, 11, 38. — Ähnlich auch: G. Dahm, Völkerrecht, Bd. 3, Stuttgart 1961, S. 272; früher: G. Schwarzenberger, Einführung ins Völkerrecht, Tübingen 1951, S. 96; J. M. Kolosov, Otvetstvennost' v meždunarodnom prave, Moskva 1975, S. 57.

[38] Art. 17 des Entwurfs der ILC zur völkerrechtlichen Verantwortlichkeit; vgl. auch: YBILC, 2/1976 (II), S. 79/80, sowie den Bericht von R. Ago, in: YBILC, 2/1976 (I), S. 4/5; B. Graefrath/E. Oeser/P. A. Steiniger, Völkerrechtliche Verantwortlichkeit der Staaten, a. a. O., S. 56.

des Völkerrechtssubjektes, das berechtigt ist, Ansprüche geltend zu machen (den direkt betroffenen Staat, andere Staaten, alle Staaten, die die internationale Gemeinschaft ausmachen, etc.)".[39] Ušakov hat daher zu Recht Riphagen[40] vorgeworfen, daß er eine der Grundthesen des bisherigen Verständnisses über völkerrechtliche Verantwortlichkeit verläßt, wenn er bei den Rechtsfolgen unterscheiden will, ob es sich bei der verletzten Verpflichtung um eine solche aus Gewohnheitsrecht, Vertrag oder einer anderen Quelle handelt.[41]

Riphagen rührt an die Grundfrage der Gleichrangigkeit von Vertrags- und Gewohnheitsrecht, wenn er erklärt, zwar seien die Quellen der verletzten Verpflichtung für die Entstehung der völkerrechtlichen Verantwortlichkeit nicht relevant, jedoch gelte das in geringerem Umfange für Inhalt, Formen und Grade der völkerrechtlichen Verantwortlichkeit, also alle mit den Rechtsfolgen einer völkerrechtswidrigen Handlung zusammenhängenden Fragen. „Auf jeden Fall könne Art. 17 nicht die Rechtsfolgen der Verletzung einer völkerrechtlichen Verpflichtung präjudizieren."[42]

Mit Art. 17 wollte die Kommission nie bestimmte Rechtsfolgen oder den Kreis der Betroffenen präjudizieren. Der Sinn des Art. 17 Abs. 2 besteht jedoch darin, auszuschließen, daß die Herkunft der Verpflichtung das Regime der Verantwortlichkeit, das heißt Unterschiede in Inhalt, Form und Graden der Verantwortlichkeit bestimmt. Solche Unterschiede sind nicht in der Herkunft, der Quelle der Norm, sondern dem spezifischen Inhalt bestimmter Normen begründet. Darauf baut auch die Unterscheidung zwischen Verbrechen und Delikten im Art. 19 auf. Gerade dieses für das gegenwärtige Völkerrecht wichtige Element der Differenzierung zwischen Normen, die die Interessen der Völkerrechtsgemeinschaft als Ganzes reflektieren, und anderen völkerrechtlichen Normen, das mit Hilfe der klaren Konzeption der Art. 17 und 19 in Übereinstimmung mit der Realität der internationalen Beziehungen hergestellt worden ist, wird untergraben, wenn das Verantwortlichkeitsregime auf die Herkunft der Verpflichtung und nicht auf ihren Inhalt bezogen wird.

Die völkerrechtliche Verantwortlichkeit tritt mit der Verletzung einer jeden völkerrechtlichen Verpflichtung ein. Sie mag das mit unterschiedlichen Konsequenzen tun, aber jedenfalls ist sie nicht auf bestimmte Bereiche des Völkerrechts, etwa das Fremdenrecht, beschränkt. Es entspricht dem normativen Charakter des Völkerrechts, daß die

---

39 YBILC, 2/1976, (II), S. 86/87. — Vgl. auch R. Ago, der anstelle von völkerrechtlicher Verantwortlichkeit vorgezogen hätte, vom Verantwortlichkeitsregime zu sprechen, das von der Herkunft der Verpflichtung unberührt bleibt (YBILC, 1/1976, S. 34).

40 Vgl. UNO-Doc. A/CN. 4/SR. 1732, S. 12/13.

41 W. Riphagen z. B. in seinem dritten Bericht, in: UNO-Doc. A/CN. 4/353/Add. I, para. 96, ebenfalls Sir Ian Sinclair: „Im Zusammenhang mit Teil 2 geht es um die völlig separate Frage des Inhalts, der Formen und Grade der Verantwortlichkeit; die Quelle der verletzten Verpflichtung kann höchst relevant für die Bestimmung des einen oder all dieser Aspekte sein." (UNO-Doc. A/CN. 4/SR. 1733, S. 3.) — Das ist genau das Gegenteil von dem, was die Kommission in ihrem Kommentar zum Abs. 2 des Art. 17 unmißverständlich erklärt hat. Sinclairs Beispiele sprechen übrigens alle gegen seine These, da sie sich auf den Inhalt und nicht auf die Quelle der Verpflichtung beziehen. Wenn es unterschiedliche Verantwortlichkeitsregime in Abhängigkeit von der Rechtsquelle gäbe, so würde damit ein völlig neues Strukturelement in das Völkerrecht eingeführt.

42 UNO-Doc. A/Cn. 4/SR. 1737, S. 13.

Verletzung einer völkerrechtlichen Verpflichtung völkerrechtliche Verantwortlichkeit begründet. Diese Konzeption liegt dem gesamten Entwurf zugrunde. Sie klingt im Art. 3 des Entwurfs sowie im Art. 17 an und wird auch im Art. 19 Abs. 1 noch einmal ausdrücklich vorangestellt, bevor zwischen Verbrechen und Delikten unterschieden wird: „1. Eine staatliche Handlung, die eine völkerrechtliche Verpflichtung verletzt, ist unabhängig vom Gegenstand der verletzten Verpflichtung völkerrechtswidrig."[43]

Es gibt jedoch Unterschiede je nach der Bedeutung, die die verletzte Norm für die grundlegenden Interessen der Völkerrechtsgemeinschaft als Ganzes hat, sowie hinsichtlich der Schwere solcher Verletzungen. Dazu heißt es im Art. 19 Abs. 2: „Eine völkerrechtswidrige Handlung eines Staates, die eine völkerrechtliche Verpflichtung verletzt, die für den Schutz der grundlegenden Interessen der internationalen Gemeinschaft so wesentlich ist, daß ihre Verletzung von dieser Gemeinschaft als Ganzes als ein Verbrechen anerkannt wird, ist ein internationales Verbrechen." Um was für Normen es sich hier handelt, wird durch eine beispielhafte Aufzählung im Abs. 3 erläutert: „Vorbehaltlich des Absatzes 2 und auf der Grundlage der geltenden Regeln des Völkerrechts kann ein internationales Verbrechen sich unter anderem ergeben aus:

a) einer schweren Verletzung einer für die Erhaltung des internationalen Friedens und der internationalen Sicherheit wesentlichen völkerrechtlichen Verpflichtung, wie z. B. des Aggressionsverbots;

b) einer schweren Verletzung einer zum Schutz des Rechts der Völker auf Selbstbestimmung wesentlichen völkerrechtlichen Verpflichtung, wie z. B. des Verbots der Errichtung oder gewaltsamen Aufrechterhaltung der Kolonialherrschaft;

c) einer schweren, in großem Ausmaß vorgenommenen Verletzung einer für den Schutz des menschlichen Lebens wesentlichen völkerrechtlichen Verpflichtung, wie z. B. des Verbots der Sklaverei. des Genocids, der Apartheid;

d) einer schweren Verletzung einer zum Schutz der menschlichen Umwelt wesentlichen völkerrechtlichen Verpflichtung, wie z. B. der massiven Verschmutzung der Atmosphäre oder der Meere."

Im Abs. 4 heißt es schließlich: „Jede völkerrechtswidrige Handlung, die gemäß Abs. 2 kein internationales Verbrechen ist, ist ein internationales Delikt."

Es geht uns hier nicht darum, zu untersuchen, ob diese Umschreibung des internationalen Verbrechens ausreichend oder zu unbestimmt, zu eng oder zu weit ist, wie man sie unter Umständen verbessern könnte.[44] In unserem Zusammenhang genügt es, festzustellen, daß heute im Rahmen der völkerrechtlichen Verantwortlichkeit nicht mehr Rechtsverletzung gleich Rechtsverletzung gesetzt wird, daß zwar jede Pflichtverletzung als Rechtsverletzung verstanden, aber zwischen zumindest zwei Kategorien von Rechts-

---

[43] YBILC, 2/1976 (II), S. 95/96; YBILC, 1/1976, S. 95/96, 239/240.

[44] Dazu läßt sich in der Tat Kritisches sagen, vgl.: B. Graefrath/E. Oeser/P. A. Steiniger, Internationale Verbrechen — Internationale Delikte, a. a. O., S. 96; vgl. auch die Diskussion im 6. Komitee der Vollversammlung, in: UNO-Doc. A/C. 6/31/SR. 17 para. 10 (USA), SR. 18 para. 38 (GB), SR. 18 para. 54 (Ukraine), SR. 21 para. 33 (Bulgarien).

verletzungen, internationalen Verbrechen und internationalen Delikten unterschieden wird.[45]

Ausgangspunkt für die Unterscheidung ist die besondere Stellung, die denjenigen Normen zuerkannt wird, die von der internationalen Gemeinschaft als Ganzes für den Schutz ihrer grundlegenden Interessen als wesentlich anerkannt worden sind. Die Parallelität zur Hervorhebung der besonderen rechtlichen Stellung der grundlegenden Prinzipien und der Rolle der ius cogens-Normen im Vertragsrecht ist augenfällig. Ago und die Völkerrechtskommission selbst haben auf diesen Zusammenhang hingewiesen. Sie haben jedoch zu Recht betont, daß man nicht einfach jede Verletzung einer ius cogens-Norm als internationales Verbrechen bezeichnen oder sagen könne, daß nur die Verletzung von ius cogens-Normen ein internationales Verbrechen sein kann. Jedoch werde es sich bei internationalen Verbrechen in der Regel um die Verletzung von ius cogens-Normen handeln.[46] Obgleich die Grenzen zwischen den Deliktkategorien in vielen Fällen noch unscharf sein mögen und auch noch keine Klarheit darüber besteht, welche spezifischen Rechtsfolgen an ein internationales Verbrechen geknüpft werden, lassen sich doch bestimmte Besonderheiten deutlich erkennen.

Die für unsere Fragestellung *wichtigste Besonderheit* liegt offenbar darin,daß wir es in diesen Fällen von Völkerrechtsverletzungen nicht mit einer Beziehung zu tun haben, die sich auf ein zweiseitiges Rechtsverhältnis reduzieren läßt. Während das Verantwortlichkeitsverhältnis wie das völkerrechtliche Rechtsverhältnis im allgemeinen eine gegenseitige Beziehung zwischen den jeweiligen Vertragspartnern, in der Regel eine zweiseitige Beziehung ist, ist das Verantwortlichkeitsverhältnis, das durch ein internationales Verbrechen begründet wird, darüber hinaus eine Rechtsbeziehung zwischen dem Rechtsverletzer und allen Staaten der internationalen Gemeinschaft.[47] Das hat seine Ursache darin, daß die schwere Verletzung ein Grundprinzip, eine Norm betrifft, die nicht nur zweiseitige Beziehungen regelt, sondern zugleich dem Schutz der grundlegenden Interessen der internationalen Gemeinschaft als Ganzes dient.

Das überzeugendste Beispiel, auf das bereits Tunkin hingewiesen hat, ist das *Gewaltverbot*. Die besondere Qualität dieser grundlegenden Verpflichtungen ist auch vom Internationalen Gerichtshof (IGH) in seiner *Barcelona-Traction-Entscheidung* 1970 anerkannt worden. Darin heißt es: „Ein wesentlicher Unterschied muß insbesondere zwischen Verpflichtungen der Staaten gegenüber der internationalen Gemeinschaft als Ganzes und solchen Verpflichtungen gemacht werden, die gegenüber einem anderen Staat im Rahmen des diplomatischen Schutzrechtes bestehen. Die ersten betreffen schon ihrer Natur nach alle Staaten. Infolge der Bedeutung der betreffenden Rechte können alle Staaten so betrachtet werden, als hätten sie ein rechtliches Interesse daran, daß diese Rechte geschützt werden, die Verpflichtungen, um die es sich handelt, sind Verpflichtungen erga omnes."[48] Und der IGH fuhr fort: „Diese Verpflichtungen ergeben

---

45 B. Graefrath/E. Oeser/P. A. Steiniger (Völkerrechtliche Verantwortlichkeit der Staaten, a. a. O., S. 26, 119/120) unterscheiden drei Kategorien, eben wegen der besonderen Stellung der zwingenden Normen und weil nicht jede Verletzung einer zwingenden Norm als internationales Verbrechen angesehen werden kann.

46 Vgl. YBILC, 2/1976 (II), S. 118/119.

47 Vgl. dazu: G. I. Tunkin: Das Völkerrecht der Gegenwart, a. a. O., S. 235/236.

48 ICJ-Reports 1970, para. 33; dazu ausführlich: B. Bollecker-Stern, Le préjudice dans la théorie de la responsabilité, Paris 1973, S. 83/84.

sich z. B. im gegenwärtigen Völkerrecht aus dem Verbot der Aggression und des Völkermordes, aber auch aus Prinzipien und Regeln, die die grundlegenden Rechte der menschlichen Person betreffen, einschließlich des Schutzes gegen Praktiken der Sklaverei und der Rassendiskriminierung." Der letzte Teil dieses Satzes ist sehr vage formuliert. Er könnte leicht in der Richtung mißdeutet werden, daß damit auf alle Menschenrechtsbestimmungen in völkerrechtlichen Verträgen verwiesen werde, als würden alle Verträge über Menschenrechte zu ius cogens erklärt.[49] Der IGH fügte deshalb in der gleichen Entscheidung im Paragraph 91 ausdrücklich hinzu, daß die „im universellen Bereich den Menschenrechten gewidmeten Verträge kein allgemeines Recht der Staaten anerkennen, Opfer von Verletzungen dieser Rechte unabhängig von ihrer Nationalität zu schützen".[50]

Daß im gegenwärtigen Völkerrecht eine Verletzung der Friedenspflicht nicht nur als ein Angriff auf die Souveränität des unmittelbar betroffenen Staates, sondern zugleich auch als ein Angriff auf die Völkerrechtsordnung selbst, als eine Verletzung einer Verpflichtung erga omnes angesehen wird, hat dazu geführt, für diesen Fall neben dem Selbstverteidigungsrecht des Angegriffenen (Art. 51) auch dem Sicherheitsrat besondere Vollmachten zu erteilen, um Zwangsmaßnahmen zur Wiederherstellung bzw. Erhaltung des Friedens zu treffen (Art. 39, 40). Alle Mitglieder der Vereinten Nationen, das heißt heute praktisch alle Staaten, erkennen die Verpflichtung an, sich untereinander (Art. 49) und die Organisation bei der Durchführung solcher Maßnahmen zu unterstützen und einem Staat, gegen den solche Maßnahmen ergriffen worden sind, keine Hilfe zu leisten (Art. 2 Abs. 5). Dabei ist die *Funktion des UN-Sicherheitsrates* auf die Gewähr-

---

[49] Eine solche Interpretation wurde denn auch sogleich von M. McDougal (Human Rights and Public Order, Yale University Press, New Haven 1980, S. 345) und von B. Simma/M. Steiner (Menschenrechte für Deutsche in Osteuropa, Bonn 1980, S. 74/75) entwickelt. Schon der Titel ist für die interventionistische Zielsetzung dieser Zweckkonstruktion charakteristisch. So B. Simma bereits in: Autorität und internationale Ordnung, Berlin (West) 1979, S. 142. Die Fehlinterpretationen des IGH-Urteils stützen sich häufig auf eine, gelinde gesagt, ungenaue Zitierweise. Typisch dafür ist Simma. So heißt es bei ihm (S. 141): „In diesem Sinne können die Verpflichtungen aus Menschenrechtsverträgen als Pflichten erga omnes bezeichnet werden, wie dies der Internationale Gerichtshof 1970 in seinem Urteil im Barcelona-Traction-Fall getan hat ...", oder (S. 151): „Wenn nun aber die Respektierung der Menschenrechte ‚the concern of all states' ist, wie der Internationale Gerichtshof im Barcelona-Traction-Urteil bekräftigt..." — Ebenso in: B. Simma/M. Steiner, Menschenrechte für Deutsche in Osteuropa, a. a. O., S. 73. — Tatsächlich hat der IGH ausdrücklich vermieden, von Verpflichtungen aus Menschenrechtsverträgen im allgemeinen zu sprechen. Ausdrücklich heißt es im § 34 der Entscheidung: „Such obligations derive, for example, in contemporary international law, from the outlawing of acts of aggression and of genocid, as also from the principles and rules concerning the basic rights of a human person, including protection from slavery and racial discrimination. Some of the corresponding rights of protection have entered into the body of general international law (Reservations to the Convention on the Prevention and Punishment of the Crime of Genocide, Advisory Opinion, ICJ Reports 1951, S. 23), others are conferred by instruments of a universal or quasi-universal character." (ICJ-Reports 1970, para. 34.) — Gegen die generalisierenden Aussagen bei Menschenrechtsverletzungen vgl. auch: E. Suy, Droit des traités et droits de l'homme, in: Festschrift für H. Mosler. Völkerrecht als Rechtsordnung. Internationale Gerichtsbarkeit, Menschenrechte, Berlin (West)—Heidelberg—New York 1983, S. 935/936.

[50] ICJ-Reports 1970, S. 47.

leistung des Friedens konzentriert. Er wird nicht als obligatorisches Streitbeilegungsinstrument tätig, sondern als Organ der kollektiven Sicherheit. Seine Aufgabe ist es, friedliche internationale Beziehungen zu gewährleisten bzw. wieder herzustellen, einen Zustand, in dem allein die Methoden der friedlichen Streitbeilegung wirksam werden können. Ob der Friede gewahrt werden muß oder nicht, kann nicht Gegenstand eines internationalen Streites sein. Die Gewährleistung des Friedens ist die Grundlage der friedlichen internationalen Zusammenarbeit und damit auch der friedlichen Streitbeilegung. Zwangsmaßnahmen des Sicherheitsrates sind nicht als Strafmaßnahmen, sondern als eine Form der kollektiven Selbstverteidigung zur Gewährleistung des Friedens, der grundlegenden Funktion des gegenwärtigen Völkerrechts zu verstehen. Das wird deutlich durch die Konstruktion des Art. 51 der UN-Charta unterstrichen, in dem das Recht der individuellen oder kollektiven Selbstverteidigung gegen einen bewaffneten Angriff bestätigt wird, „bis der Sicherheitsrat die zur Aufrechterhaltung des Weltfriedens und der internationalen Sicherheit erforderlichen Maßnahmen ergriffen hat".

Die besondere Rolle, die die zwingenden Normen des allgemeinen Völkerrechts im Rahmen der völkerrechtlichen Verantwortlichkeit spielen, wird nicht nur bei der Unterscheidung zwischen internationalen Verbrechen und internationalen Delikten deutlich, sondern auch an anderer Stelle. So etwa, wenn im Art. 29 Abs. 2 des Verantwortlichkeitsprojekts der Völkerrechtskommission ausdrücklich gesagt wird, daß die Zustimmung des betroffenen Staates die Völkerrechtswidrigkeit einer Handlung dann nicht ausschließen kann, wenn es sich bei der verletzten Verpflichtung um eine solche handelt, die sich aus einer zwingenden Norm des allgemeinen Völkerrechts ergibt.[51] Es ist dies eine Konsequenz, die sich im Grunde unmittelbar aus Art. 53 der WVK ergibt. Wenn durch Vertrag nicht von einer zwingenden Norm abgewichen werden kann, so kann durch Vertrag auch nicht die Rechtswidrigkeit einer Handlung ausgeschlossen werden, die eine zwingende Norm verletzt. Eine schwere Vertragsverletzung berechtigt die andere Partei zwar zur Aussetzung oder zum Rücktritt und damit zur zeitweiligen oder völligen Aufhebung der verletzten Norm. Das gilt jedoch nicht, wenn es sich um eine zwingende Norm handelt, die auch unabhängig von dem verletzten Vertrag besteht (Art. 43 WVK). Dem entspricht auch die Regel, die eine Berufung auf Notstand jedenfalls dann nicht zuläßt, wenn damit eine Handlung gerechtfertigt werden soll, die gegen eine Verpflichtung verstößt, die sich aus einer zwingenden Norm des Völkerrechts ergibt.[52]

All diese Beispiele aus dem Bereich der völkerrechtlichen Verantwortlichkeit bestätigen, daß der Begriff der zwingenden Norm, des ius cogens, nicht allein im Sinne des Vertragsrechts verstanden werden kann. Er wird nicht nur dispositiven Normen gegenübergestellt. Der ius cogens-Begriff hat eine über das Vertragsrecht hinausgehende Bedeutung. Er erstreckt sich auf die Rechtmäßigkeit *aller* staatlichen Handlungen, also nicht nur auf die, die zu Verträgen führen.[53] Folgerichtig bezieht sich die Prinzipiendeklaration

---

[51] Vgl. YBILC, 2/1979 (II), S. 109—110.

[52] Vgl. Art. 33 Abs. 2 des Verantwortlichkeitsentwurfs, in: YBILC, 2/1980 (II), S. 34/35.

[53] In diesem Sinne bereits ausdrücklich N. A. Uschakow, in: The Concept of ius cogens in international law, Genf 1967, S. 109; L. A. Alekcidce, Ius cogens v Sovremennom meždunarodnom prave, a. a. O., S. 139; K. Marek, Contribution a l'etude du ius cogens en droit international, in: En Hommage a Paul Guggenheim, Genf 1968, S. 441; H. Mosler, The International Society as a Legal Community, in: RdC, Bd. 140, IV, Leyden 1974, S. 35.

auch nicht nur auf völkerrechtliche Verträge. Sie ersucht die Staaten generell, „sich in ihrem internationalen Auftreten von diesen Prinzipien leiten zu lassen".

Als mögliche Rechtsfolge eines internationalen Verbrechens, die sehr deutlich zum Ausdruck bringt, daß es sich bei Verbrechen immer um die Verletzung einer erga omnes-Verpflichtung handelt, hat Riphagen — ohne die Rechtsfolgen darauf beschränken zu wollen — vorgeschlagen: „1. Eine völkerrechtswidrige Handlung eines Staates, die ein internationales Verbrechen darstellt, hat für jeden anderen Staat eine Verpflichtung zur Folge:

a) die durch einen solchen Akt geschaffene Situation nicht als rechtmäßig anzuerkennen; und
b) dem rechtsverletzenden Staat keine Hilfe oder Unterstützung bei der Aufrechterhaltung der durch einen solchen Akt geschaffenen Situation zu gewähren; und
c) zusammen mit anderen Staaten sich gegenseitig bei der Erfüllung der Verpflichtungen zu a) und b) zu unterstützen."[54]

Die Prinzipiendeklaration selbst enthält eine Aussage in dieser Richtung, wenn sie beim Gewaltverbot ausdrücklich feststellt: „Eine durch Gewaltandrohung — oder Anwendung — vollzogene territoriale Aneignung darf nicht als rechtmäßig anerkannt werden."[55]

Nach diesem Grundsatz waren bereits die von Hitlerdeutschland seit 1938 vollzogenen Annexionen von den Alliierten als von Anfang an nichtig behandelt worden. Die Aggressionsdefinition präzisiert diesen Grundsatz. Sie dehnt ihn auf alle durch die Aggression erlangten Vorteile aus, beschränkt sich nicht auf territoriale Erwerbungen.[56] (Auf die Verpflichtung aller Staaten zur gegenseitigen Unterstützung beim kollektiven Vorgehen gegen einen Aggressor wurde unter Hinweis auf Art. 2 Abs. 5 und Art. 49 der UN-Charta bereits verwiesen — d. Verf.)

Mosler unterscheidet zwischen ius cogens, „das sich auf Einschränkung der Vertragsfreiheit bezieht", das „das Gegenstück zum ius dispositivum ist; Begriffe, die nur auf Verträge angewandt werden", und einem ordre public der internationalen Gemeinschaft, der eine breitere Bedeutung als ius cogens habe: „Der ordre public der internationalen Gemeinschaft besteht aus Prinzipien und Regeln, die von so lebenswichtiger Bedeutung für die internationale Gemeinschaft als Ganzes sind, daß eine einseitige Handlung oder ein Vertrag, die diesen Prinzipien widersprechen, keine Rechtswirksamkeit haben können."[57]

Suy stimmt dem zu und versucht, den Unterschied an einer differenzierten Wertung einzelner Bestimmungen der Menschenrechtskonvention deutlich zu machen. Nach seiner Auffassung gehören nicht alle, sondern nur diejenigen Menschenrechte, von

---

[54] W. Riphagen, in: UNO-Doc. A/CN. 4/354/Add. 2, para. 141. — In den Abs. 2 und 3 formuliert er einen ausdrücklichen Vorbehalt zugunsten der in der UN-Charta dafür vorgesehenen Verfahren. Vgl. auch seine Einführung dazu (para. 121—134). Wir wollen hier nicht erörtern, ob man so generell von einer Verpflichtung sprechen kann oder ob man es im bestimmten Umfang auf eine Berechtigung einschränken muß. Das wird weitgehend davon abhängen, wie breit der Verbrechensbegriff gefaßt wird.

[55] Dt. Text in: Völkerrecht. Dokumente, Teil 3, a. a. O., S. 711.

[56] Dt. Text: ebenda, S. 920 (Art. 5 Abs. 3).

[57] Vgl. H. Mosler, The International Society as a Legal Community, a. a. O., S. 34/35.

denen auf Grund von Art. 4 Abs. 2 der Konvention über Bürger- und politische Rechte auch im Falle des Notstands keine Abweichung erlaubt ist, zu den zwingenden Normen des ordre public der internationalen Gemeinschaft.[58] Nun ist das Beispiel schon deshalb nicht überzeugend, weil der Katalog derjenigen Rechte, von denen aufgrund vertraglicher Vereinbarungen im Falle des Notstands keine Abweichung erlaubt ist, in jeder der drei Menschenrechtskonventionen unterschiedlich ist[59] und weil das Abweichungsverbot offenbar nicht Vorbehalte zu diesen Bestimmungen ausschließt.[60]

Wichtiger aber ist die prinzipielle Frage, ob die Unterscheidung zwischen „ordre public der internationalen Gemeinschaft" und ius cogens des Vertragsrechts überhaupt gerechtfertigt ist. Sie wird aus dem Landesrecht ins Völkerrecht transponiert und läßt sich kaum mit dem Vereinbarungscharakter des Völkerrechts und dem Prinzip der sourveränen Gleichheit in Einklang bringen.[61] Das Völkerrecht kennt keine Unterscheidung zwischen öffentlichem Recht und Privatrecht, da es sich auf gleichberechtigte Subjekte stützt.

Der Begriff des „ordre public der internationalen Gemeinschaft" suggeriert eine über den Staaten stehende Rechtsordnung, Weltstaats- bzw. Weltrechtsvorstellungen, die den grundlegenden Prinzipien des geltenden Völkerrechts und der Tatsache widersprechen, daß das internationale Staatensystem aus Staaten mit unterschiedlichen gesellschaftlichen Systemen besteht. So werden bei Mosler die Normen des ordre public der Völkerrechtsgemeinschaft nicht als Recht verstanden, das „durch Konsens der Partner entsteht". Sie werden als Elemente einer „Weltordnung" verstanden, „die man je nach der philosophischen Abteilung oder dem religiösen Bekenntnis als der Rechtsordnung unvermeidlicherweise naturrechtlich eingeprägt ansieht, oder... die beachtet werden müssen, damit Koexistenz und Kooperation der in der internationalen Gemeinschaft bestehenden Staaten nicht gestört werden".[62] Für ihn ist der „ordre public der Völkerrechtsgemeinschaft" nicht das Kernstück des von den Staaten vereinbarten Völkerrechts, sondern eine dem Völkerrecht vorgegebene Größe, weshalb er von „der Bindung des Völkerrechts an einen materiellen ordre public der Völkerrechtsgemeinschaft" spricht.[63]

Die Herausbildung zwingender Normen im allgemeinen Völkerrecht ist nicht als ein Prozeß der Unterwerfung der Staaten unter einen Weltstaat oder ein Weltrecht, unter einen „kollektiven Willen" oder vom Willen der Staaten losgelöste objektive Normen

---

[58] Vgl. E. Suy, Droit des traités et droits de l'homme, a. a. O., S. 935/936.

[59] Vgl. die Gegenüberstellung der Bestimmungen der UN-Menschenrechtskonvention zur westeuropäischen und amerikan··chen in dem Beitrag: N. Questiaux, Study of the implications for Human Rights of recent developments concerning situations known as states of siege or emergency, in: UNO-Doc. E/CN. 4/Sub. 2/1982/15, S. 18/19.

[60] Vgl. in: UNO-Doc. St/HR/4/Rev. 4, New York 1982, den Vorbehalt Norwegens zu Art. 6 (1979 zurückgezogen), S. 56 (65); Italiens zu Art. 15, S. 53; Trinidads und Tobagos zu Art. 15, S. 58; Großbritanniens zu Art. 11 bezüglich Jersey, S. 59.

[61] So schon 1966 G. I. Tunkin, in: The Concept of ius cogens in International Law, a. a. O., S. 86. — Vgl. auch: L. A. Alekcidce, Legal nature of ius cogens in contemporary international Law, a. a. O., S. 254/255; ders., Ius cogens v sovremennom meždunarodnom prave, a. a. O., S. 217/218.

[62] H. Mosler, The International Society as a Legal Community, a. a. O., S. 35.

[63] Ebenda, S. 47; vgl. dazu: Völkerrecht. Lehrbuch, Teil 1, a. a. O., S. 105.

zu verstehen, sondern als eine Widerspiegelung der objektiven Realität, wie sie in den übereinstimmenden und gegensätzlichen Interessen der Staaten zum Ausdruck kommt. Sie ist ein Produkt der Auseinandersetzung und der Zusammenarbeit der Staaten bei der Schaffung einer Völkerrechtsordnung, die die friedliche internationale Zusammenarbeit souveräner Staaten auf der Grundlage der Gleichberechtigung und des Selbstbestimmungsrechts der Völker ermöglicht. Nur so, im Wege der Zusammenarbeit der Staaten wird auch die Durchsetzung dieser Normen gewährleistet werden können. Die Herausbildung grundlegender Prinzipien des Völkerrechts und die zunehmende Bedeutung dieser Prinzipien für die Struktur des Völkerrechts ändern nichts am *Vereinbarungscharakter* des Völkerrechts. Sie ändern nichts daran, daß die *Subjekte* des Rechtsbildungs- und des Rechtsverwirklichungsprozesses im Völkerrecht *grundsätzlich identisch* sind.

Der „ordre public“ der internationalen Gemeinschaft ist nichts anderes als die von den Staaten als grundlegende Prinzipien vereinbarten bzw. anerkannten zwingenden Normen des Völkerrechts, die durch Vertrag einzelner Staaten ebensowenig wie durch andere staatliche Handlungen aufgehoben werden können.

Offenbar ist es wichtig, eine gewisse Vorsicht walten zu lassen und — solange es keine eindeutige Vereinbarung darüber gibt, welchen Normen ius cogens-Charakter zuerkannt wird — jedenfalls zu vermeiden, daß jede Regel des allgemeinen Völkerrechts, die eine allgemein anerkannte Norm ist, zu einer ius cogens-Norm erklärt wird.[64] Übertreibungen im Umgang mit dem Begriff ius cogens können der Entwicklung des Völkerrechts, die auf das engste mit der Durchsetzung völkerrechtlicher Normen verbunden ist, nur schaden.[65]

Die Herausbildung von Verpflichtungen im allgemeinen Völkerrecht, die erga omnes gelten und zwingenden Charakter haben, ist ein außergewöhnlicher Vorgang im Völkerrecht. Er reflektiert eine außerordentliche Verdichtung der internationalen Beziehungen und verdient höchste Beachtung. Er zeigt strukturelle Veränderungen an und macht deutlich, daß unter den gegenwärtigen Bedingungen das allgemeine Völkerrecht nicht mehr einfach als eine Summe von bilateralen Beziehungen verstanden werden kann, daß wir es mit einem *System* völkerrechtlicher Regeln, einer durch die grundlegenden Prinzipien charakterisierten *Völkerrechtsordnung* zu tun haben.

Im Wege der Vereinbarung und auf der Grundlage der Gegenseitigkeit sind bestimmte, in den grundlegenden Prinzipien formulierte, übereinstimmende Interessen der Völker als zwingende Normen des Völkerrechts herausgearbeitet worden. Sie unterscheiden sich von anderen allgemeinen Regeln des Völkerrechts nicht *nur* durch ihre zwingende Wirkung. Sie realisieren auch ihre *Koordinationsfunktion* auf *andere* Weise. Ihre *Struktur* ist *nicht mehr bilateral*, sie stellen sich als Verpflichtungen eines jeden Völkerrechtssubjekts gegenüber der „internationalen Gemeinschaft als Ganzes“, als Verpflichtungen *erga omnes* dar. Ihre Verletzung kann von jedem Staat geltend gemacht werden. Je nach dem Grad der Friedensgefährdung, der mit der Verletzung solcher Normen verbunden ist, sieht die Charta der Vereinten Nationen eine deutlich abgestufte Zuständigkeit und

---

[64] So auch deutlich in: N. V. Mironov, Meždunarodnoje pravo, a. a. O., S. 89.

[65] Vgl. die ausführliche und differenzierte Behandlung dieser Problematik bei: L. A. Alekcidce, Ius cogens v sovremennom meždunarodnom prave, a. a. O., S. 304/305. — Vgl. auch: P. Weil, Vers une normativé relative en droit international, in: Revue générale de Droit International Public, Paris 1982, S. 5/6. — Er warnt vor Voluntarismus, vor dem Versuch, „heute ein Recht für die Gesellschaft von morgen zu machen“ (S. 46), ist in der Analyse aber nicht frei von Übertreibungen.

Vollmacht der Vollversammlung oder des Sicherheitsrates vor, geeignete Maßnahmen für die Wahrung bzw. Wiederherstellung des Friedens zu empfehlen (Art. 14). Bei Streitfällen oder Situationen, deren Fortdauer geeignet ist, die Aufrechterhaltung des Weltfriedens zu gefährden, kann der Sicherheitrat ihm geeignet erscheinende Verfahren oder Methoden der Beilegung empfehlen (Art. 33, 36). In Fällen des Friedensbruchs oder der Aggression, aber auch in Fällen einer Bedrohung des Friedens kann der Sicherheitsrat sowohl vorläufige Maßnahmen (Art. 39, 40) ans auch Zwangsmaßnahmen zur Wiederherstellung bzw. Wahrung des Friedens anordnen (Art. 39, 41, 42). Verpflichtungen der Mitgliedstaaten zur Durchführung solcher Maßnahmen gehen — wie sich eindeutig aus Art. 103 der Charta ergibt — entgegenstehenden Verpflichtungen, die sich unter Umständen aus zwei- oder mehrseitigen Verträgen mit dem Staat ergeben, gegen den die Maßnahmen des Sicherheitsrates gerichtet sind, vor.

Die Tatsache, daß das Völkerrecht eine Rechtsordnung zwischen gleichberechtigten Staaten und insoweit Koordinationsrecht ist, schließt die Herausbildung einer deutlichen *Hierarchie völkerrechtlicher Normen* nicht aus.[66]

Die Herausbildung einer Normenhierarchie wird auch von Alekcidce bejaht. Er sieht sie als eine Pyramide, an deren Spitze die grundlegenden Prinzipien stehen, gefolgt von Zweigprinzipien, allgemeinen Regeln, speziellen Regeln und Gebräuchen. Da es sowohl bei den grundlegenden wie auch bei den Zweigprinzipien ius cogens-Normen gebe, will er den ius cogens-Charakter einer Norm gänzlich von der Normenhierarchie trennen, ihn auf den besonderen Verbindlichkeitsgrad der ius cogens-Norm reduzieren. Uns scheint dagegen, daß gerade der besondere Verbindlichkeitsgrad der ius cogens-Norm — der darin liegt, daß einzelnen Staaten keine Abweichung von ihr erlaubt ist — die besondere Stellung dieser Normen im System des gegenwärtigen Völkerrechts und damit *auch* in der *Normenhierarchie* kennzeichnet. Das bezieht sich auf den Grad der Verbindlichkeit, die Rangfolge der Normen und auf den Kreis der Normadressaten. Die zunehmende Zahl und Unterschiedlichkeit der Völkerrechtssubjekte sowie die ständige sachliche Ausdehnung des Geltungsbereichs völkerrechtlicher Regeln fördern und forcieren im Gegenteil sogar die Entwicklung einer bestimmten Normenhierarchie im Völkerrecht. Sie wird durch die Dominanz der zwingenden Normen geprägt, ist aber keineswegs darauf beschränkt.

Ohne die dominierende Rolle der zwingenden Normen ist die Organisation einer friedlichen internationalen Zusammenarbeit gleichberechtigter souveräner Staaten in universellem Maßstab gar nicht denkbar. Das aber ist die Hauptfunktion des allgemeinen Völkerrechts der Gegenwart. Deshalb ist die Pflicht zur friedlichen internationalen Zusammenarbeit auch als bestimmendes Element in die Definition der souveränen Gleichheit aufgenommen worden. Nicht das Prinzip der Souveränität, sondern das bürgerliche Souveränitätsmodell widerspricht dem geltenden Völkerrecht. Es läuft auf eine Übertragung der laissez faire-Vorstellungen der kapitalistischen Warengesellschaft ins Völkerrecht hinaus und läßt sich weder mit dem Gewaltverbot noch mit dem Selbstbestimmungsrecht der Völker vereinbaren. Trotz der Deformierung durch den

[66] So nachdrücklich: I. I. Lukašuk, Mechanism ..., a. a. O., S. 54/55; N. V. Mironov, Meždunarodnoe pravo, a. a. O., S. 70/71; K. Becher, Die Grundprinzipien des demokratischen Völkerrechts ..., a. a. O., S. 94; L. A. Alekcidce, Ius cogens v sovremennom meždunarodnom prave, a. a. O., S. 306.

Imperialismus treten heute immer deutlicher übereinstimmende Interessen der Völker in den internationalen Beziehungen hervor. Sie werden nicht nur in den grundlegenden Prinzipien deutlich, sondern finden vielfach ihren Niederschlag in allgemeinen multilateralen Verträgen und im Anwachsen allgemeiner Gebotsnormen, mit deren Hilfe die internationale Zusammenarbeit organisiert wird. Dabei bilden sich sehr unterschiedliche Formen und abgestufte, vereinbarte Rangfolgen völkerrechtlicher Normen heraus, an deren Spitze die grundlegenden Prinzipien als die wichtigsten zwingenden Normen stehen. Jedoch ist der Kreis der allgemeinen Normen viel breiter, nicht auf zwingende Normen beschränkt; und wenn gesagt wird, daß sie allgemeine Interessen der Völker bei der friedlichen internationalen Zusammenarbeit widerspiegeln, so heißt das keineswegs, daß sie mit erga omnes wirkenden Verpflichtungen identifiziert werden können.

8.4. Die Bedeutung der Allgemeinen Multilateralen Verträge für die Struktur des Völkerrechts

Die Herausbildung von erga omnes wirkenden Verpflichtungen im gegenwärtigen Völkerrecht darf nicht mit der in den letzten Jahren verstärkt erfolgenden Kodifikation allgemeiner Regeln des Völkerrechts in allgemeinen multilateralen Verträgen verwechselt werden. Diese Verträge, die wie andere Verträge nur für ihre Partner verbindlich sind, sind jedoch darauf gerichtet, allgemein anerkannte Normen zu fixieren oder zu entwickeln. Aber allgemein anerkannte Normen, ob sie aus dem Gewohnheits- oder dem Vertragsrecht stammen, sind nicht mit erga omnes-Verpflichtungen identisch. Das zeigt sich auch bei den allgemeinen multilateralen Verträgen, sobald man sie im einzelnen betrachtet.

Die WVK hat zwar nicht — wie es von den sozialistischen Staaten vorgeschlagen worden war — die Bedeutung des allgemeinen multilateralen Vertrages speziell hervorgehoben. In einer begleitenden Deklaration ist jedoch das sich daraus ergebende Teilnahmerecht aller Staaten betont und in diesem Zusammenhang der allgemeine multilaterale Vertrag als ein Vertrag definiert worden, der „die Kodifizierung und Weiterentwicklung des Völkerrechts behandelt oder dessen Gegenstand und Zweck im Interesse der gesamten internationalen Gemeinschaft liegt".[67]

Die Besonderheit dieser Gruppe von multilateralen Verträgen herausarbeitend, hat Schirmer hervorgehoben: „Die allgemeinen multilateralen Verträge berühren die rechtmäßigen Interessen aller Staaten in gleichem Maße." Sie haben das „direkte Ziel, Quelle allgemeinen demokratischen Völkerrechts zu werden ... Das Spezifikum der allgemeinen multilateralen Verträge besteht gerade darin, daß sie direkt, ohne Umweg die in ihnen enthaltenen Normen zu Normen des allgemeinen Völkerrechts erheben wollen. Diese Normen sind unmittelbar dazu geschaffen worden, um allgemeine Anerkennung zu finden."[68]

---

[67] Völkerrecht. Dokumente, Teil 2, a. a. O., S. 658. — Vgl. dazu: N. N. Uljanova, Obšie mnogostoronnye dogovory ..., a. a. O., S. 187—188; YBILC, 2/1962, S. 161.

[68] G. Schirmer, Universalität völkerrechtlicher Verträge und internationale Organisationen, a. a. O., S. 157, 160/161; A. N. Talalajew, Das Recht der Internationalen Verträge, Berlin 1977, S. 20; N. N. Uljanova, Obšie mnogostoronnye dogovory ..., a. a. O., S. 173/174.

Im Zusammenhang mit der Ausarbeitung der Konvention über die Staatennachfolge in Verträgen ist die Besonderheit der allgemeinen multilateralen Verträge wiederum Gegenstand ausführlicher Beratungen gewesen. Besonders von den sozialistischen Staaten, aber auch z. B. von den Niederlanden hat es Bemühungen gegeben, ausdrücklich als Regel zu formulieren, daß im Falle der Nachfolge jedenfalls diese Verträge wegen ihrer universellen Bedeutung provisorisch in Kraft bleiben.[69] Wenn es auch nicht zur Annahme einer solchen Regel kam, so wurde doch in der Präambel der Konvention bekräftigt, „daß die ständige Einhaltung allgemeiner multilateraler Verträge, die die Kodifikation und Weiterentwicklung des Völkerrechts zum Gegenstand haben, und solcher, deren Gegenstand und Ziel für die internationale Gemeinschaft als Ganzes von Interesse sind, besondere Bedeutung für die Festigung des Friedens und die internationale Zusammenarbeit hat".[70] Die Hervorhebung der allgemeinen Bedeutung dieser Kategorie von multilateralen Verträgen für die Entwicklung des Völkerrechts und für die Festigung des Völkerrechts als einer Friedensordnung, ihre Besonderheit gegenüber anderen völkerrechtlichen Verträgen, ist damit von den Staaten selbst in einem universellen Vertrag ausdrücklich anerkannt worden. Sie hat aufgehört, nur Gegenstand theoretischer Erwägungen zu sein.

Die Betonung der normativen Bedeutung des allgemeinen multilateralen Vertrages, seiner besonderen Stellung im universellen Völkerrecht, aus der sich das Teilnahmerecht für jeden Staat und seine Nachfolgefestigkeit ergibt, darf nicht als eine Wiederbelebung der Lehre vom „rechtsetzenden" Vertrag verstanden werden, wie sie von Bergbohm und Triepel gegen Ende des vorigen Jahrhunderts entwickelt wurde.[71] Die Unterscheidung zwischen „rechtsgeschäftlichem" und „rechtsetzendem" Vertrag und die Konstruktion eines Gemeinwillens für die Letzteren finden im Völkerrecht keine Grundlage, in dem jeder Vertrag Völkerrecht zwischen den Vertragschließenden schafft und für andere, Nichtvertragspartner, keinerlei Normen erlassen werden können. „Zwischen beiden Arten besteht weder hinsichtlich der sie setzenden Subjekte noch hinsichtlich ihres Zustandekommens im Wege der zwischenstaatlichen Vereinbarung ... irgendein prinzipieller Unterschied."[72] Zu Recht betont Schirmer, daß nicht die Abstraktheit der in einem völkerrechtlichen Vertrag enthaltenen Norm das Kriterium für den allgemeinen multilateralen Vertrag sein kann, sondern „daß diese Normen die allgemeinen Interessen

---

69 Vgl. W. Poegel/R. Meißner/Ch. Poeggel, Staatennachfolge in Verträgen, Berlin 1980, S. 97/98.

70 Ebenda, S. 137.

71 Vgl. G. Schirmer, Universalität völkerrechtlicher Verträge und internationale Organisationen, a. a. O., S. 163/164.

72 Schirmer (ebenda, S. 166) sieht auch keinen prinzipiellen Unterschied hinsichtlich ihrer Funktion, Gewährleistung und Durchsetzung. Das ist richtig, soweit es um die Zurückweisung der Unterscheidung zwischen rechtsetzenden und rechtsgeschäftlichen Verträgen geht. Es darf jedoch nicht hindern, die Unterschiede zwischen bilateralen und allgemeinen multilateralen Verträgen herauszuarbeiten. Die Triepelsche Unterscheidung zwischen rechtsetzenden und rechtsgeschäftlichen Verträgen wird heute kaum noch ernsthaft vertreten. — Vgl. N. N. Uljanova, Obšie mnogostoronnye dogovory ..., a. a. O., S. 180; dazu auch: B. Simma, Das Reziprozitätselement im Zustandekommen völkerrechtlicher Verträge, Berlin (West) 1972, S. 84. — Jedoch ergeben sich gewisse Unterschiede aus dem Inhalt und der Zielsetzung einiger allgemeiner multilateraler Verträge. Das findet seinen Niederschlag u. a. im Art. 60 Abs. 2b der WVK.

aller Staaten berühren".[73] Das können auch sehr konkrete Normen sein, wie z. B. die Seerechtskonvention, das Verbot der Herstellung, Entwicklung und Anwendung von biologischen Waffen oder der Teststoppvertrag. Nicht zufällig wird deshalb beim allgemeinen multilateralen Vertrag nicht allein auf die Kodifizierung und Entwicklung des Völkerrechts abgestellt, sondern auch darauf, daß „Gegenstand und Ziel der Regelung für die internationale Gemeinschaft als Ganzes von Interesse ist". Die Koordination beider Elemente macht in der Regel die Besonderheit aus, die die spezifische Stellung dieser Verträge im gegenwärtigen Völkerrecht kennzeichnet. Daraus ergibt sich das Teilnahmerecht für alle Staaten, ihre starke Stellung im Rahmen der Staatennachfolge und ihre organisierende Funktion für die friedliche internationale Zusammenarbeit der Staaten, die sie in Konkretisierung der grundlegenden Prinzipien ausüben.

Die Tatsache, daß hier wie auch bei den zwingenden Normen und den internationalen Verbrechen „das Interesse der internationalen Gemeinschaft als Ganzes" ein wichtiges Kriterium ist, das diese Verträge aus der Masse völkerrechtlicher Vereinbarungen heraushebt, darf nicht dazu verleiten, die Unterschiede zwischen allgemeinen Regeln und zwingenden Normen einerseits sowie die Unterschiede innerhalb der allgemeinen multilateralen Verträge andererseits zu verwischen. Es gibt heute bereits eine Vielzahl von multilateralen Verträgen, die das Ziel verfolgen, allgemeine Regeln aufzustellen oder zu modifizieren, die für die friedliche internationale Zusammenarbeit der Staaten wichtig sind, die sich trotzdem wesentlich voneinander unterscheiden und keineswegs mit ius cogens-Normen auf eine Stufe gestellt werden können. Einige dieser Unterschiede sind bereits in der Vertragsrechtskonvention berücksichtigt worden und werden auch im Zusammenhang mit der Ausarbeitung von Regeln der völkerrechtlichen Verantwortlichkeit zu beachten sein.

Man kann u. E. gegenwärtig im wesentlichen wohl zwischen *vier Gruppen* allgemeiner multilateraler Verträge unterscheiden,[74] wobei als Kriterium grundsätzlich die Art ihrer

---

[73] G. Schirmer, Universalität völkerrechtlicher Verträge und internationale Organisationen, a. a. O., S. 167; N. N. Uljanova, Obšie mnogostoronnye dogovory . . ., a. a. O., S. 52/53.

[74] Vgl. dazu: B. Simma, Das Reziprozitätselement im Zustandekommen völkerrechtlicher Verträge, a. a. O., S. 153—154; G. Fitzmaurice, in: YBILC, 2/1957, S. 54, 2/1958, S. 44; H. Waldock, in: YBILC, 2/1963, S. 58/59; S. Rosenne, Codification et terminaison des traités collectifs, in: Annuaire del'Institut de droit international, 52/1967, S. 105; W. Wengler, Völkerrecht, Bd. 1, a. a. O., S. 419. — Es kann hier nicht auf die Besonderheiten von sogenannten Statusverträgen eingegangen werden, mit denen unter Umständen selbst einzelne Staaten oder eine Gruppe von Staaten versuchen, für bestimmte Gebiete oder Bereiche eine allgemein anerkannte Regelung herbeizuführen (Antarktisvertrag, Mondvertrag, Neutralitätsregelungen, Flußregime usw.). Ob und in welchem Umfang es mit Statusverträgen gelingt, ein Regime zu schaffen, das universell respektiert wird, hängt offensichtlich davon ab, in welchem Maße sie mit diesem Regime gemeinsamen Interessen der Völker an der Entwicklung der friedlichen internationalen Zusammenarbeit auf der Grundlage der souveränen Gleichheit der Staaten gerecht werden, zur Sicherung des Friedens beizutragen. Obgleich Statusverträge keine zwingenden Normen schaffen, kann die praktische Bedeutung des von ihnen begründeten Regimes die Respektierung der Regeln durch die Staaten mit großer Effektivität erwirken. Allerdings besagt der Umstand, daß ein Regime mit universellem Geltungsanspruch geschaffen wurde, noch nichts über die Art der Verpflichtungen, ob es sich im wesentlichen um bilaterale oder um erga omnes wirkende

Anwendung oder Erfüllung dient, die natürlich vom Inhalt der jeweiligen Regelung bestimmt wird, und zwar *multilaterale Verträge*:
1. deren Regeln in zweiseitigen Beziehungen der Staaten realisiert werden;
2. die die Gründung von internationalen Organisationen zum Gegenstand haben;
3. solche „integralen" Charakters, deren Regeln eine so multivalente Beziehung ausdrücken, daß sie nur gegenüber allen Partnern eingehalten bzw. verletzt werden können;
4. in denen sich die Staaten gegenseitig verpflichten, in ihren jeweiligen Souveränitätsbereichen bestimmte Regeln zu gewährleisten.

8.5. Allgemeine Multilaterale Verträge mit bilateralen Erfüllungsstrukturen

Die meisten multilateralen Verträge, in denen die Staaten abstrakte Normen vereinbaren, sind im Grunde eine Verallgemeinerung von bilateralen Beziehungen. Trotz ihrer Zusammenfassung in einem multilateralen Vertrag werden sie im zwischenstaatlichen Verkehr in der Regel bilateral verwirklicht.[75] Ihre Regeln sind im allgemeinen dispositiver Natur, das heißt, sie können durch spezielle Regeln zwischen zwei Partnern ersetzt oder verändert werden. Die allgemeine Norm eines solchen multilateralen Vertrages realisiert sich nur in einem konkreten bilateralen Rechtsverhältnis.[76] Die Verletzung von Regeln solcher multilateralen Verträge begründet daher in der Regel auch nur ein zweiseitiges Verantwortlichkeitsverhältnis.[77]

Als Beispiel für solche multilateralen Verträge sind häufig die Diplomatenrechtskonvention und die Konsularrechtskonvention genannt worden. Dazu gehören aber z. B. auch die Vertragsrechtskonvention und andere — soweit sie nicht zwingende Normen enthalten. Für all diese Verträge, die durchaus auf die Kodifikation und Weiterentwicklung des Völkerrechts gerichtet sind und deren Gegenstand und Ziel zweifellos für die internationale Gemeinschaft als Ganzes von Interesse sind — deshalb werden ja für alle Teilnehmer übereinstimmende rechtliche Regeln geschaffen —, ist typisch, daß sie in der Regel im Wege bilateraler Beziehungen angewandt werden.[78] Bilateral ist in der Masse der Fälle — genau wie bei allgemeinen Regeln des Gewohnheitsrechts — ihre Wirkung auch dann, wenn ihre Bestimmungen nicht in speziellen

---

Verpflichtungen handelt, und wer im Falle der Verletzung ein „rechtliches Interesse" an der Geltendmachung von Ansprüchen hat oder Gegenmaßnahmen ergreifen kann. — Vgl. zu diesen Fragen: E. Klein, Statusverträge im Völkerrecht, Berlin (West)—New York 1980.

75 Vgl. W. Wengler, Völkerrecht, Bd. 1, a. a. O., S. 591.

76 Vgl. dazu besonders: I. I. Lukašuk, Mechanism . . ., a. a. O., S. 115/116; S. V. Černičenko, Realizacija meždunarodnopravovych norm, ee predposylki i rezul'taty, in: Sovetskii ežegodnik meždunarodnogo prava, Moskva 1980, S. 53—54.

77 So allgemein: A. Verdroß, Lehrbuch Völkerrecht, 3. Aufl., Wien 1955, S. 298. — Undifferenziert auch: E. Duckwitz, Rechtsfolgen bei Verletzung völkerrechtlicher Verträge, Berlin 1975, S. 64 (vgl. aber S. 78).

78 Hier wird davon abgesehen, daß in Übereinstimmung mit solchen Verträgen natürlich auch multilaterale Verträge zwischen einer Gruppe von Staaten abgeschlossen werden können, für die aber dann Entsprechendes gilt.

Verträgen konkretisiert werden, sondern direkt Geltung in den Beziehungen zwischen zwei Staaten erlangen. Das gilt z. B., wenn die diplomatischen oder konsularischen Beziehungen nicht durch spezielle Verträge zwischen zwei Staaten, sondern durch die Anwendung der Konventionen geregelt werden. Infolgedessen begründet auch die Verletzung von Verpflichtungen aus solchen Verträgen (soweit es sich nicht um zwingende Normen handelt) im allgemeinen ein zweiseitiges Verantwortlichkeitsverhältnis. Darauf stellen auch die Regeln über die Beilegung von Streitigkeiten aus diesen Verträgen ab. Nimmt man die Protokolle zur Diplomaten- und Konsularrechtskonvention oder die Regeln in den Art. 65 und 66 der Vertragsrechtskonvention als Beispiele, so wird deutlich, daß diese Regelungen immer von einem zweiseitigen Streit ausgehen, eigentlich nie — selbst bei der Verletzung von zwingenden Normen nicht — ein Verfahren vorsehen, das irgendeiner Partei des multilateralen Vertrages von sich aus die Möglichkeit gibt, eine Rechtsverletzung zwischen anderen Partnern des multilateralen Vertrages zum Gegenstand des Verfahrens zu machen.[79]

Die Verletzung von Bestimmungen solcher multilateralen Verträge kann daher trotz ihrer Bedeutung für die internationale Gemeinschaft als Ganzes in der Regel nur von dem unmittelbar betroffenen Staat und nicht von jedem Vertragspartner geltend gemacht werden. Solche Verletzungen richten sich nicht gegen erga omnes-Verpflichtungen, sondern gegen standardisierte zweiseitige Verpflichtungen. Dementsprechend sind damit im Zusammenhang stehende Streitigkeiten solche zwischen den beiden unmittelbar betroffenen Parteien, die von ihnen nach den Grundsätzen der friedlichen Streitbeilegung zu lösen sind. Diese Fragen haben z. B. unlängst im Streit zwischen den USA und dem Iran über die Besetzung der USA-Botschaft in Teheran eine wichtige Rolle gespielt.

Zwar waren sich alle Mitglieder des Sicherheitsrates darüber einig, daß die Einhaltung der Regeln der Diplomaten- und Konsularrechtskonvention, die zugleich allgemeine Regeln des Völkergewohnheitsrechts sind, von grundlegender Bedeutung für die friedliche internationale Zusammenarbeit der Staaten ist und daß eine schwere Verletzung dieser Regeln, wie in Teheran, eine so ernsthafte internationale Angelegenheit ist, daß sie die Zuständigkeit des Sicherheitsrates begründet. Aber in der Resolution 457 vom 4. 12. 1979 wurde sie eindeutig als ein Streitfall zwischen den USA und dem Iran

---

[79] Vgl. dazu: S. Rosenne, The Settlement of Treaty Disputes under the Vienna Convention of 1969, in: Zeitschrift für ausländisches öffentliches Recht und Völkerrecht, Bd. 31, 1971, S. 1/2. — Er macht darauf aufmerksam, daß die unterschiedliche Wirkung von Streitbeilegungsklauseln in bi- und multilateralen Verträgen in Wien überhaupt nicht erörtert worden ist (S. 16) und daß die Kombination einer zu weitreichenden obligatorischen Streitbeilegungsklausel mit dem Institut der Nebenintervention (Art. 63 IGH-Statuts) zu nicht absehbaren Entwicklungen führen kann, deren Auswirkungen für den Frieden und die Weiterentwicklung des Völkerrechts durchaus fragwürdig seien (S. 31). Das ist zweifellos richtig, obgleich das Institut der Nebenintervention an sich den bilateralen Charakter des gerichtlichen Streitbeilegungsverfahrens nicht aufhebt. — Der grundsätzlich bilateralen Struktur des Verantwortlichkeitsverhältnisses widerspricht auch die breite Beihilfeklausel im Art. 27 des ILC-Entwurfs über völkerrechtliche Verantwortlichkeit. Sie müßte auf Verbrechen beschränkt werden und könnte dann auch ihrer fragwürdigen subjektiven Kriterien entkleidet werden. — Vgl. dazu: B. Graefrath/E. Oeser, Teilnahmeformen bei der völkerrechtlichen Verantwortlichkeit, in: StuR, 5/1980, S. 445/446; E. Klein, Beihilfe zum Völkerrechtsdelikt, in: Festschrift für Schlochhauer, Berlin (West)—New York 1981, S. 433/434.

behandelt. Sie wurde nicht als eine Verletzung des Gewaltverbots oder eine Friedensbedrohung im Sinne des Kapitels VII der UN-Charta eingeschätzt. Der Sicherheitsrat ging davon aus, daß es sich um einen Streitfall handelt, „dessen Fortdauer geeignet ist, die Aufrechterhaltung des Weltfriedens und der internationalen Sicherheit zu gefährden" (Art. 33). Dementsprechend forderte er in seiner Resolution den Iran auf, das Botschaftspersonal sofort freizulassen. Er ermahnte beide Streitparteien, die USA und den Iran, ihre Streitfragen mit friedlichen Mitteln zu lösen und alles zu tun, um eine weitere Verschärfung der Situation zu verhindern. Der Sicherheitsrat hielt sich eindeutig im Rahmen seiner Kompetenzen nach Kapitel VI der Charta. Aus der Verletzung der Diplomaten- und Konsularrechtskonvention wurde nicht eine Verletzung von erga omnes-Verpflichtungen konstruiert. Die Angelegenheit wurde zwar als ein besonders ernster, aber zweiseitiger Streitfall behandelt. Infolgedessen gab es für dritte Staaten auch keinerlei Berechtigung, Repressalien gegenüber dem Iran anzuwenden oder sich an Repressalien der USA gegen den Iran zu beteiligen.[80]

Als die USA versuchten, den Konflikt mit dem Iran als ein internationales Verbrechen, als eine schwere Verletzung von Verpflichtungen erga omnes, als eine Gefahr für den Weltfrieden auszugeben, um ihre Gewaltanwendung zu rechtfertigen und eine Kompetenz des Sicherheitsrates nach Kapitel VII der Charta, das heißt die Vollmacht zur Verhängung von Sanktionen nach Art. 39, 40 zu begründen, gab es im Sicherheitsrat keine Einmütigkeit mehr. Die Sowjetunion und eine Reihe anderer Mitglieder des Sicherheitsrates waren nicht bereit, dem Abs. 6 der Resolution 461 vom 31. 12. 1979 zuzustimmen. Die Resolution wurde deshalb nur mit 4 Stimmenthaltungen angenommen (UdSSR, ČSSR, Bangladesh und Kuweit). Der sowjetische Vertreter Trojanovskij machte die Rechtsposition der Sowjetunion unmißverständlich klar, als er vor der Abstimmung erklärte: „Die Sowjetdelegation möchte erneut bekräftigen, daß die Sowjetunion anerkennt, daß ein Problem besteht, daß das Personal der amerikanischen Botschaft in Teheran als Geiseln festgehalten wird. Gleichzeitig glauben wir, daß es notwendig ist zu betonen, daß Behauptungen, die dahingehen, daß als Ergebnis der iranischen Aktionen eine Bedrohung des internationalen Friedens eingetreten ist, falsch sind ... Der Streit zwischen den USA und dem Iran ist ein zweiseitiger Streit, der nicht in den Rahmen des Kapitels VII der UN-Charta fällt. Es ist ungerechtfertigt, diesen Streit mit der Frage von Sanktionen (aufgrund des Kapitels VII — d. Verf.) zu verbinden. Die Anwendung von Sanktionen — einer Art physischer Gewalt gegen den Iran — könnte nur dazu dienen, die Situation zu verschlimmern und eine

---

[80] Vgl. in diesem Sinne auch das Urteil des IGH, in: ICJ-Reports 1980, para. 47: „Es ist klar, daß seit diesem Datum (29. 11. 1979) ein Streit bestand, der sich aus der Auslegung und Anwendung der Wiener Konvention ergab und demzufolge ein Streit ist, der in den Anwendungsbereich des Art. 1 des Protokolls fällt." — Vgl. auch: ebenda, para. 67 und 69; M. Akehurst, Reprisals by Third States, British Yearbpok of International Law (BYB), London 1970, S. 1/2. — Im Gegensatz dazu schreibt P. C. Jessup, daß die Geiselnahme des amerikanischen Botschaftspersonals in Teheran nicht mehr als Angelegenheit des betroffenen Staates betrachtet wurde, sondern als Angriff auf die internationale Gemeinschaft als Ganzes; alle Mitglieder fühlten sich durch die Verletzung dieser Regeln bedroht. (Changements dans l'ordre juridique international, in: Annuaire Français de Droit International 27/1981, S. 10.)

Friedensbedrohung zu schaffen."[81] Eben diese Einschätzung führte dazu, daß der amerikanische Resolutionsentwurf vom 10. Januar 1980, der die Anwendung von Sanktionen gemäß Art. 39 und 41 der Charta forderte, nicht angenommen wurde.[82]

Das Beispiel, das zweifellos einen Extremfall darstellt, zeigt deutlich, daß multilaterale Verträge von der Art der Diplomaten- und Konsularrechtskonvention, obschon sie allgemein anerkannte Regeln des Völkerrechts kodifizieren und Regeln für alle Staaten formulieren, praktisch bilateral angewandt werden. Ihre Verletzung wird deshalb auch — wie bereits an anderer Stelle betont — grundsätzlich als ein bilaterales Verantwortlichkeitsverhältnis behandelt. Dementsprechend hat die WVK im Art. 60 Abs. 2b geregelt, daß im Fall einer wesentlichen Vertragsverletzung eines multilateralen Vertrages durch einen Partner nur „ein durch die Vertragsverletzung besonders betroffener Partner diese Verletzung als Grund für die Aussetzung der Wirksamkeit des Vertrages ... zwischen sich und dem vertragsbrüchigen Staat geltend machen kann".[83] Dazu hieß es im Kommentar der International Law Commission (ILC): „Die Beschränkung des Rechts einer einzelnen Partei auf ein Recht zur Aussetzung des Vertrages schien der Kommission besonders im Falle des allgemeinen multilateralen Vertrages rechtsetzenden Charakters notwendig. In der Tat war die Frage aufgeworfen worden, ob selbst die Aussetzung im Falle von rechtsetzenden Verträgen zulässig sei. Die Kommission war jedoch der Meinung, daß es ungerecht wäre, dem rechtsverletzenden Staat zu gestatten, die Einhaltung des verletzten Vertrages gegenüber der verletzten Partei zu erzwingen, während er selbst seine Verpflichtungen aus dem Vertrag diesem Staat gegenüber verletzt ... Die Kommission kam zu dem Schluß, daß allgemeine rechtsetzende Verträge in diesem Zusammenhang nicht anders als andere multilaterale Verträge behandelt werden sollten. Dem entspreche die Regel des Artikel 60 Abs. 2b."[84]

---

[81] Security Council, Provisional Verbalum Records (im folgenden: S/PV.) 2184, S. 13; in gleichem Sinne Kuweit, S. 17, und ČSSR, S/PV. 2183, S. 7.

[82] Dagegen stimmten die UdSSR und die DDR, der Stimme enthielten sich Mexiko und Bangladesh. China nahm an der Abstimmung nicht teil (S/PV. 2191/Add. 1, S. 54/55). — Vgl. auch die Erklärungen Bangladeshs, ebenda, S. 53, Sambias, S. 43—45, und der DDR, S. 26/27: „Wir glauben, daß die Lösung des Konflikts zwischen den USA und dem Iran mit friedlichen Mitteln von größter Bedeutung und auch noch möglich ist ... Die Festnahme des amerikanischen Botschaftspersonals in Teheran ist zweifellos eine erschütternde Tatsache. Sie kann jedoch nicht als eine unmittelbare Bedrohung des Weltfriedens und der internationalen Sicherheit angesehen werden ..." — Vgl. ferner die Erklärung Mexikos, ebenda, S. 21: „Die Festnahme und das Festhalten von Geiseln stellt als solches keine Bedrohung des Friedens dar ..., wir glauben daher, daß die gegenwärtige Situation nicht die Anwendung von Zwangsmaßnahmen, d. h. von Sanktionen nach Kapitel VII der Charta rechtfertigt." — Vgl. schließlich die Erklärung der UdSSR, ebenda, S. 16: „Was sich zwischen den USA und dem Iran abspielt, ist ein zweiseitiger Streit, der nicht in die Zuständigkeit des Kapitels VII der UN-Charta fällt. Es ist ungerechtfertigt, mit diesem Streit die Frage irgendwelcher Sanktionen zu verbinden."

[83] Die ausdrückliche Beschränkung auf den besonders betroffenen Partner spielte bei der Ausarbeitung dieser Bestimmung eine entscheidende Rolle. — Vgl. YBILC, 1/1966, S. 59/60. — Wir lassen in diesem Zusammenhang die Möglichkeit des Ausschlusses im Art. 60 Abs. 2a außer Betracht.

[84] YBILC, 2/1966, S. 255. — Der Terminus ‚rechtsetzende Verträge" wird im Kommentar lediglich benutzt, um Verträge zu charakterisieren, die allgemeine, abstrakte Regeln enthalten. — Vgl. dazu: B. Simma, Reflections on Article 60 ..., a. a. O., S. 5/6, 68—70.

Multilaterale Verträge, die die Gründung einer internationalen Organisation zum Gegenstand haben, fügen sich ebenfalls in den von den grundlegenden Prinzipien vorgegebenen Rahmen. Sie stellen eine besondere Kategorie dar, weil sie zur Schaffung eines neuen Völkerrechtssubjekts führen, dem gewisse, in dem Vertrag vereinbarte Befugnisse bei der Organisierung der internationalen Zusammenarbeit zwischen den Mitgliedstaaten übertragen werden. Hier wird die Verpflichtung gegenüber den anderen Mitgliedstaaten als Verpflichtung gegenüber der Organisation gebündelt. In der Regel werden bestimmte Organe mit der Kontrolle der Einhaltung dieser Verpflichtungen, der Feststellung von Verletzungen und gegebenenfalls mit der Anwendung speziell geregelter Sanktionen betraut, die im allgemeinen die Anwendung anderer Gegenmaßnahmen durch die einzelnen Staaten ausschließen. Beispiele lassen sich aus allen Lebensbereichen mühelos finden. Sie reichen von der UN-Charta bis zum internationalen Kakao-Abkommen.

Die *strukturelle Besonderheit* dieser Verträge besteht eigentlich darin, daß die Staaten in Ausübung ihrer Souveränität für die Bewältigung einer gemeinsamen Aufgabe ein neues Völkerrechtssubjekt schaffen, das im Rahmen der grundlegenden Prinzipien und seines Statuts tätig wird. Dabei werden im allgemeinen die bilateralen Beziehungen der Mitglieder untereinander in bezug auf die internationale Organisation von den Rechten und Pflichten gegenüber der Organisation überlagert. In der Gestaltung der Rechtsbeziehungen Organisation — Mitglieder wird unter Berücksichtigung des jeweiligen Gegenstandes die Gleichberechtigung zwischen den Mitgliedstaaten im Statut realisiert und eine spezifische Form für ihre internationale Zusammenarbeit geschaffen. Im Verhältnis zu den Rechtsakten der internationalen Organisationen ist der Gründungsvertrag eine übergeordnete, höherrangige Norm.

Zur dritten Kategorie, auf die hier hingewiesen werden soll, gehören Verträge, deren Verpflichtungen im Grunde immer nur gegenüber allen Partnern erfüllt oder verletzt werden können.[85] Wir haben es mit erga omnes-Verpflichtungen zwischen den Partnern eines Vertrages zu tun. Die Tatsache allein, daß es sich um erga omnes-Verpflichtungen handelt, um Verpflichtungen, die allen Vertragspartnern gegenüber bestehen und auch nur allen gegenüber erfüllt oder verletzt werden können, macht Normen, aus denen solche Verpflichtungen hervorgehen, nicht schon zu zwingenden Normen. Abrüstungsverträge, die Konvention über das Verbot der Entwicklung, Herstellung und Lagerung von bakteriologischen (biologischen) und Toxin-Waffen und über ihre Vernichtung[86] oder der Vertrag über das Verbot der Kernwaffenversuche in der Atmosphäre, im kosmischen Raum und unter Wasser[87] oder der Vertrag über die Nichtweitergabe von Kernwaffen[88] sind kennzeichnende Beispiele für solche Verträge. Auf sie nimmt Art. 60 Abs. 2c der WVK Bezug, wenn er spezielle Rücktrittsfolgen für den Fall regelt, daß eine wesentliche Verletzung eines multilateralen Vertrages durch einen Partner alle anderen Vertragspartner berechtigt, diese als Grund für die Aussetzung der Wirksamkeit des Vertrages im ganzen oder teilweise geltend zu machen, und zwar dann, „wenn der Vertrag

---

[85] Bereits von Fitzmaurice in seiner Einteilung hervorgehoben und bis in den Art. 60 Abs. 2c der WVK erhalten. — Vgl. YBILC, 2/1963, S. 58—59.

[86] Dt. Text in: Völkerrecht. Dokumente, Teil 3, a. a. O., S. 787.

[87] Dt. Text in: Völkerrecht. Dokumente, Teil 2, a. a. O., S. 526.

[88] Dt. Text in: ebenda, S. 608.

derart ist, daß eine wesentliche Verletzung seiner Bestimmungen durch einen Partner die Position jedes Partners bezüglich der weiteren Erfüllung seiner Vertragspflichten grundlegend ändert".[89]

8.6. Besonderheiten der Menschenrechtsverträge

Schließlich gibt es eine Gruppe von multilateralen Verträgen — besonders Verträge über Menschenrechte —, in denen die Staaten die Verpflichtung übernommen haben, in ihrem Hoheitsbereich in Übereinstimmung mit ihrem jeweiligen Verfassungssystem einzelnen Personen oder Personengruppen bestimmte Rechte zu gewähren. Die Konvention der UN über Bürger- und politische Rechte, über wirtschaftliche, soziale und kulturelle Rechte, die ILO-Konventionen, die Konvention über die politischen Rechte der Frau sowie die Konvention gegen die Diskriminierung der Frau sind charakteristische Beispiele für solche multilateralen Verträge.[90] Mohr[91] und Simma[92] haben auf die Besonderheiten in der *Erfüllungsstruktur* solcher Verträge hingewiesen. Bei diesen Konventionen — schreibt Mohr — ist die Interessenlage der Vertragsstaaten „davon gekennzeichnet, daß der Grad der Wechselseitigkeit der eingegangenen Verpflichtungen relativ gering ist", wesentlich schwächer als bei bilateralen oder multilateralen Verträgen, die bilateral realisiert werden. Das gegenseitige Interesse beziehe sich darauf, „daß die in den Konventionen enthaltenen menschenrechtlichen Verpflichtungen in ihrer Gesamtheit von allen Konventionsstaaten realisiert und damit ein Beitrag zur Friedenssicherung geleistet wird".[93]

---

89 B. Simma, Das Reziprozitätselement im Zustandekommen völkerrechtlicher Verträge, a. a. O., S. 155/156; ders., Reflections on Article 60 . . ., a. a. O., S. 68/69. — Daneben enthalten solche Verträge häufig spezielle Rücktrittsklauseln, vgl. Art. XIII Abs. 1 der Konvention über das Verbot biologischer Waffen oder Art. IV des Teststoppabkommens. Dazu die Erklärung der Rechtsabteilung des USA-Außenministeriums vom 12. 8. 1963, in: AJIL, 1964, S. 179/180.

90 Die Konvention über die Beseitigung aller Formen der Rassendiskriminierung (Dt. Text in: Völkerrecht. Dokumente, Teil 2, a. a. O., S. 542) wird hier nicht genannt, weil sie einen spezifischen Tatbestand erfaßt, der sehr schnell aus dem Souveränitätsbereich einzelner Staaten herauswächst und zu einer internationalen Angelegenheit wird. Das Verbot der Rassendiskriminierung findet sich bereits in der UN-Charta. Die Konvention über die Beseitigung aller Formen der Rassendiskriminierung ist denn auch eine der wenigen Menschenrechtskonventionen, die ohne Einschränkung oder besondere Unterwerfungserklärung ausdrücklich ein Beschwerdeverfahren eines Staates gegen einen anderen Vertragsstaat über die Verletzung von Bestimmungen der Konvention vorsieht (Art. 11). Die Konvention über die Verfolgung und Bestrafung des Apartheidverbrechens ebenso wie die Genocidkonvention werden in diesem Zusammenhang nicht genannt, weil sie überhaupt internationale Verbrechen und nicht die Organisierung der internationalen Zusammenarbeit bei der Förderung der Menschenrechte zum Gegenstand haben.

91 M. Mohr, Fragen der Durchsetzung von Völkerrechtsnormen, dargestellt anhand der Antirassismuskonvention von 1965 und der UN-Menschenrechtskonventionen von 1966, Diss. B, Berlin 1981.

92 B. Simma, Das Reziprozitätselement im Zustandekommen völkerrechtlicher Verträge, a. a. O.

93 M. Mohr, Fragen der Durchsetzung von Völkerrechtsnormen, a. a. O., S. 52.

Dieser spezifischen Interessenlage folgt eine darauf zugeschnittene, in den Konventionen speziell vereinbarte, institutionalisierte Form der völkerrechtlichen Durchsetzungsmittel, die die Anwendung anderer — nicht speziell vereinbarter — ausschließt. Dem entspricht auch Art. 60 Abs. 5 der WVK. Er läßt bei Bestimmungen bezüglich des Schutzes von Menschen in Verträgen humanitären Charakters ausdrücklich keine Rechte zur Aussetzung oder Beendigung im Falle von Vertragsverletzungen zu. Jedoch ist den Vertragsstaaten eine Aussetzung der meisten in diesen Verträgen genannten Rechte im Falle eines Notstandes ausdrücklich vorbehalten.

Über diese Verträge ist viel geschrieben worden. Sie sind häufig als Beweis dafür ausgegeben worden, daß sie den einzelnen Menschen zum Subjekt des Völkerrechts und die Gewährleistung der Menschenrechte generell zu einer internationalen Angelegenheit machen würden.[94] Wäre dies der Fall, „so ließe sich", wie Klenner treffend feststellt, „kaum noch ein Sachproblem denken, für welches das völkerrechtliche Interventionsverbot überhaupt noch zuträfe. Dann wären in der Tat die Vereinten Nationen nicht eine zwischenstaatliche Organisation, sondern ein Weltstaat, und die Menschenrechte kein möglicher Gegenstand zwischenstaatlicher Vereinbarungen, sondern ein Weltrecht".[95] Gerade in diesem Sinne will u. a. Tomuschat in den UN-Menschenrechtskonventionen „den Kern einer künftigen Weltverfassung erblicken".[96] Es ist offensichtlich, daß es sich hierbei um politische Zweckargumentation handelt, die interventionistischen Zielen dient. Zu dieser Einschätzung gelangt auch Rumpf, wenn er zu ähnlichen Argumentationen von Lauterpacht und Guradze feststellt: „Diese literarischen Versuche, die völkerrechtliche Garantie der Menschenrechte zu begründen und über geltende Normen hinaus zu erweitern, entsprechen nicht einmal dem heutigen positiven Völkerrecht, geschweige denn dem von 1950 und 1955. Sie setzen sich unbekümmert über Wesen und systematische Stellung des Völkerrechts als eines zwischenstaatlichen Rechts hinweg und wollen ein erwünschtes Weltstaatsrecht liberal-individualistischer Verfassung vorwegnehmen... Eine Lehre, welche die ‚Souveränität des Individuums' auch in den internationalen Beziehungen postuliert, bringt für den Sinn der Nichtinterventionsregel, die ja eine Ableitung aus dem für überholt erklärten ‚Souveränitätsdogma' ist, kein Verständnis mehr auf."[97]

Neuerdings wird zum Beweis für solche Theorien häufig auf die Entscheidung des IGH im Barcelona-Traction-Fall hingewiesen. Jedoch zu Unrecht. Der IGH spricht in dieser Entscheidung — wie schon in einem anderen Zusammenhang erwähnt — davon,

---

[94] Vgl. T. Buergenthal, Human Rights, International Law and the Helsinki Accord, New York 1977; B. Simma/M. Steiner, Menschenrechte für Deutsche in Osteuropa, a. a. O.; H. Walter, Die Europäische Menschenrechtsordnung, Individualrechte, Staatenverpflichtungen und ordre public nach der Europäischen Menschenrechtskonvention, Köln—Berlin (West) 1970; R. Bindschedler, Der Schutz der Menschenrechte und das Verbot der Einmischung, in: Festschrift für Schlochauer, Berlin—New York 1981, S. 179/180.

[95] H. Klenner, Marxismus und Menschenrechte, Berlin 1982, S. 197.

[96] Ch. Tomuschat, Die BRD und die Menschenrechtspakte ..., in: Vereinte Nationen (Bonn), 1/1978, S. 2.

[97] H. Rumpf, Der internationale Schutz der Menschenrechte und das Interventionsverbot, Baden-Baden 1981, S. 19/20; vgl. auch: I. Brownlie, in: Humanitarian Intervention and the UN, Charlottesville 1973, S. 144; M. Mohr, Fragen der Durchsetzung von Völkerrechtsnormen, a. a. O., S. 54/55.

daß neben der Aggression, der Verletzung des Gewaltverbots, auch die schwere Verletzung von Prinzipien zum Schutz des Lebens der menschlichen Person wie Genocid, Sklaverei und Rassismus als Verletzungen erga omnes erscheinen können. Er versteht darunter jedoch nicht gewöhnliche Verletzungen der Bestimmungen von Menschenrechtskonventionen, für deren Geltendmachung im Wege des diplomatischen Schutzrechts er nach wie vor das Band der Staatsbürgerschaft fordert, soweit die Verträge selbst nicht andere, spezielle Formen der Rechtsdurchsetzung vorsehen.[98]

An der Rechtslage vorbei gehen auch Versuche von Simma, die Menschenrechtskonventionen der UNO dahin zu interpretieren, daß sie erga omnes-Verpflichtungen begründen und deshalb jeden Partner berechtigen, von jedem anderen nicht nur die Erfüllung zu verlangen, sondern gegebenenfalls auch mit anderen als den im Vertrag ausdrücklich vereinbarten Durchsetzungsmitteln, also insbesondere mit Retorsionen und Repressalien zu erzwingen.[99]

Tatsächlich wird damit der in der spezifischen Interessenlage der Vertragspartner begründete sachliche Zusammenhang zwischen materiell-rechtlichen Verpflichtungen und Durchsetzungsverfahren zerrissen. Dieser Zusammenhang wurde jedoch bei der Ausarbeitung der Konventionen für so wesentlich gehalten, daß er einen Hauptgegenstand der Verhandlungen ausmachte. Die Einigung über das Durchsetzungsverfahren war geradezu eine Bedingung für den erfolgreichen Abschluß der Verhandlungen. Durch die spezifische Verbindung von Verpflichtungen und Durchsetzungsverfahren sollte die Verbindlichkeit betont und zugleich dem Mißbrauch der Konventionen zu Interventionszwecken vorgebeugt werden. Die Gefahr eines solchen Mißbrauchs lag auf der Hand, da der Gegenstand der Konventionen alle wesentlichen Fragen der inneren Rechtsordnung der Staaten berührt.

Die Thesen von Simma sind daher zu Recht von Mohr unter Hinweis auf die spezifische Einheit von Konventionsverpflichtungen und Durchsetzungsverfahren, die der besonderen Interessen- und Verpflichtungsstruktur der Menschenrechtskonventionen entspricht, zurückgewiesen worden.[100] Auch Rumpf hat sie begründet widerlegt, wenn er schreibt, daß schon wegen des Art. 1 der Konventionen, der das Selbstbestimmungsrecht bekräftigt, nicht anzunehmen ist, „daß die Menschenrechtspakte den Vertragspartnern das Recht einräumen wollten, außerhalb der in den Pakten selbst vorgesehenen Verfahren, mögen sie noch so unzulänglich sein, zur Verwirklichung jedes einzelnen Artikels zu intervenieren. Die von den Fürsprechern des internationalen Schutzes der Menschenrechte beklagte Mangelhaftigkeit des Rechtsschutzinstrumentariums, besonders der beiden VN-Pakte von 1966 (UN-Menschenrechtskonventionen — d. Verf.), beweist im Gegenteil, daß die Vertragsstaaten ... nicht bereit waren, die Durchsetzung der

---

98 Vgl. ICJ-Reports 1970, para. 91 (S. 47).

99 Vgl. B. Simma/M. Steiner, Menschenrechte für Deutsche in Osteuropa, a. a. O., S. 63, 86, 92; B. Simma, Fragen der zwischenstaatlichen Durchsetzung vertraglich vereinbarter Menschenrechte, a. a. O., S. 636/637; ders., Zur bilateralen Durchsetzung vertraglich verankerter Menschenrechte: Aktivlegitimation und zulässige Mittel nach allgemeinem Völkerrecht, in: Autorität und internationale Ordnung, Berlin (West) 1979, S. 130/131, 149/150.

100 Dazu ausfürhlich: M. Mohr, Fragen der Durchsetzung von Völkerrechtsnormen, a. a. O., S. 54/55.

Menschenrechte international weitergehend und strenger als in den Pakten vereinbart, kontrollieren zu lassen."[101]

Wenn auf internationale Verbrechen im Zusammenhang mit Menschenrechtsverletzungen hingewiesen wird, so wird im allgemeinen — in Übereinstimmung mit der Entscheidung des IGH — auf Völkermord, Sklaverei, Apartheid und Rassendiskriminierung verwiesen oder es wird auf Menschenrechtsverletzungen Bezug genommen, die ein solches Ausmaß angenommen haben, daß sie Teil einer Friedensgefährdung sind und als solche die Dimension eines internationalen Verbrechens angenommen haben.[102] In *solchen Fällen* haben wir es nicht in erster Linie mit einer Vertragsverletzung, sondern einer Verletzung einer zwingenden Norm, einer erga omnes-Verpflichtung zu tun, die, wie im Falle der Konvention gegen Völkermord, des Apartheidverbrechens oder der Konvention zur Beseitigung des Rassismus ihren Niederschlag auch in allgemeinen multilateralen Verträgen finden kann.

Bei den Menschenrechtsverträgen der UN, der ILO und auch bei den regionalen Menschenrechtskonventionen wie der europäischen, der amerikanischen oder der afrikanischen Menschenrechtscharta geht man im Unterschied zur Konvention gegen Völkermord oder der Konvention über die Verfolgung und Bestrafung des Apartheidverbrechens davon aus, daß im Falle von Verletzungen wegen der Spezifik der Verpflichtungen nur das in den Verträgen selbst vereinbarte Durchsetzungsverfahren zur Anwendung kommt oder ein spezifisches Verfahren, das ad hoc von den betroffenen Staaten im Rahmen der friedlichen Streitbeilegung vereinbart wird.[103] In bezug auf die Reaktionsmöglichkeiten der Vertragsparteien haben wir es hier — wie der IGH in anderem Zusammenhang gesagt hat — mit einem „selfcontained regime" zu tun, das spezifische, dem Charakter der vertraglichen Verpflichtungen in ihrer besonderen

---

[101] H. Rumpf, Der internationale Schutz der Menschenrechte und das Interventionsverbot, a. a. O., S. 37. — Vgl. auch: ebenda, S. 61, jedoch: H. Rumpf, UNO-Prinzipien im Widerspruch, in: Festschrift für Schlochauer, a. a. O., S. 601.

[102] Vgl. E. Suy, Droit des Traités et droits de l'homme, a. a. O., S. 935; H. Rumpf, Der internationale Schutz der Menschenrechte und das Invasionsverbot, a. a. O., S. 38; B. Graefrath, Vereinte Nationen und Menschenrechte, Berlin 1956, S. 48/49; R. Ago, Droit des traités á lumière de la Convention de Vienne, in: RdC, Bd. 3, Leyden 1971, S. 324; YBILC 2/1976 (I), S. 24/25; vgl. auch: J. A. Režetov, Bor'ba s meždunarodnymi prestuplenijami protif mira i bezopasnosti, Moskva 1983.

[103] Vgl. auch: M. Mohr, Fragen der Durchsetzung von Völkerrechtsnormen, a. a. O., S. 56/57; F. Ermacora, Human Rights and Domestic Jurisdiction, in: RdC, Bd. 2, Leyden 1968, S. 371/372; J. A. Frowein, The Final Act. The Covenants and the European Convention, in: T. Buergenthal, Human Rights, International Law and the Helsinki Accord, a. a. O., S. 71/72, 79. — Typisch ist eigentlich Art. 62 der westeuropäischen Menschenrechtskonvention, der ausdrücklich und präziser als alle anderen Konventionen aussagt, daß — von einer speziellen Vereinbarung zwischen den Parteien abgesehen — die Teilnehmerstaaten keine anderen als die in der Konvention vorgesehenen Durchsetzungsmaßnahmen anwenden werden. — Vgl. allgemein dazu: W. Wengler, Völkerrecht, Bd. 1, a. a. O., S. 504/505.

Erfüllungsstruktur entsprechende Verfahren vorsieht und damit andere — wenn sie nicht ausdrücklich vereinbart sind — ausschließt.[104]

Die Behauptung, daß es sich bei den Vertragsbestimmungen der Menschenrechtsverträge um ius cogens-Normen handelt,[105] ist schon deshalb völlig unbegründet, weil viele dieser Verträge nur von einer begrenzten Zahl von Staaten ratifiziert worden und ausdrücklich kündbar sind, durch Vorbehalte wesentlich verändert werden können und weil Notstandsbestimmungen ausdrücklich das Recht der Vertragspartner zur Suspendierung oder anderen Abweichung von den vertraglich definierten Pflichten bestätigen.[106] Jedenfalls haben wir es mit einer Gruppe multilateraler Verträge zu tun, die sich deutlich von anderen unterscheidet — sowohl in der Erfüllungsstruktur als auch in den möglichen Rechtsfolgen im Falle der Verletzung einzelner ihrer Bestimmungen.

Diese Beispiele mögen genügen, um zu zeigen, daß die allgemeinen multilateralen Verträge, die die Kodifizierung und Weiterentwicklung des Völkerrechts beinhalten und deren Gegenstand und Zweck im Interesse der gesamten internationalen Gemeinschaft liegen, unter den gegenwärtigen gesellschaftlichen Bedingungen für die Regelung der weltweiten internationalen Beziehungen und damit für die Stabilisierung des Systems des Völkerrechts eine besondere Bedeutung haben. Mit der Erfassung und Entwicklung allgemeiner Regeln dienen sie der Verwirklichung des durch die grundlegegenden Prinzipien charakterisierten Systems des Völkerrechts. Ausgehend von und in Übereinstimmung mit den grundlegenden Prinzipien, die — wie eingangs begründet — „in ihrer Gesamtheit das Rückgrat der Völkerrechtsordnung der Gegenwart darstellen", werden in diesen Verträgen durch die Staaten allgemeine Normen vereinbart, die geeignet sind, in speziellen und besonders wichtigen gesellschaftlichen Bereichen eine Koordinierung der nationalen Interessen mit den übereinstimmenden Interessen aller Völker an der Gewährleistung des Friedens und der Entwicklung der gleichberechtigten friedlichen internationalen Zusammenarbeit souveräner Staaten herbeizuführen. Sie erreichen dieses Ziel auf sehr *unterschiedliche* Weise. Teils kombinieren sie für bestimmte Bereiche zwingende Normen mit dispositiven, teils stellen sie sich als Kodifikation und Weiterentwicklung von Gewohnheitsrecht, teils als neue Regelungen dar; häufig beanspruchen sie nur subsidiäre Geltung, wirken aber als Modell bilateraler Verträge. Dabei weisen sie eine sehr *differenzierte normative Struktur* auf. Ihr Universalitätsanspruch sagt noch nichts über die Art und Weise der Verknüpfung der Verpflichtungen zwischen den Vertragspartnern aus. Ein wichtiges Kriterium für ihre unterschiedliche Struktur ist ihre Zielsetzung und die durch ihren Inhalt bedingte spezifische Art und Weise ihrer Anwen-

---

[104] Vgl. ICJ-Reports 1980, para 86: „The rules of diplomatic law, in short, constitue a self-contained regime which, on the one hand, lays down the receiving state's obligations regarding the facilities, privileges and immunities to be accorded to diplomatic missions and, on the other, foresees their possible abuse by members of the mission and specifies the means at the disposal of the receiving state to counter any such abuse."

[105] So z. B.: B. Simma/M. Steiner, Menschenrechte für Deutsche in Osteuropa, a. a. O., S. 74.

[106] Lediglich einige (übrigens in den verschiedenen Verträgen sehr unterschiedlich bestimmte) Rechte sollen auch im Falle eines Notstandes nicht eingeschränkt werden. Ob man daraus bereits auf den ius cogens-Charakter dieser Rechte schließen kann (vgl. E. Suy, Droit des Traités et droits de l'homme, a. a. O., S. 935), erscheint mir äußerst fragwürdig. — Vgl. dazu auch: N. Questiaux, Study of the implications for Human Rights . . ., a. a. O.

dung in den Beziehungen zwischen den einzelnen Staaten, im Verhältnis zu allen Staaten oder einer internationalen Organisation oder ausschließlich innerhalb des Souveränitätsbereichs der einzelnen Vertragsstaaten.

Die hier beispielhaft und auf Schwerpunkte orientierte Differenzierung wird in der Praxis natürlich meist nicht klar getrennt auftreten. Nahezu alle multilateralen Verträge enthalten sowohl zwei- als auch viel- oder allseitige Verpflichtungen oder Regeln, die sehr unterschiedlich strukturierte Verpflichtungen begründen können. Trotzdem scheint uns die hier skizzierte Unterscheidung in vieler Hinsicht nützlich und praktisch bedeutsam. Es wurde versucht, das durch eine Bezugnahme auf die Wiener Vertragsrechtskonvention und die Arbeiten am Projekt über völkerrechtliche Verantwortlichkeit sowie anhand der spezifischen Durchsetzungsverfahren in solchen Verträgen zu zeigen.

Die vorliegende Übersicht zeigt, daß die Staaten mit den grundlegenden Prinzipien ein System völkerrechtlicher Normen entwickelt haben, das nicht nur horizontale, sondern *auch vertikale Strukturen* aufweist, ohne die unter den gegenwärtigen Bedingungen das allgemeine Völkerrecht seine Funktion als Friedensordnung gleichberechtigter souveräner Staaten nicht erfüllen könnte.

Die grundlegenden Völkerrechtsprinzipien, mit deren Hilfe heute die souveränen Staaten gleichberechtigt die friedliche internationale Zusammenarbeit organisieren, markieren die Umrisse einer völkerrechtlichen Friedensordnung. Sie können diese Funktion erfüllen, weil sie als allgemein anerkannte und zwingende völkerrechtliche Normen die übereinstimmenden Interessen aller Völker zum Ausdruck bringen und die unsere Epoche bestimmenden historischen Gesetzmäßigkeiten widerspiegeln. Sie sind nicht nur selbst Norm, sondern zugleich Kriterium der Rechtmäßigkeit anderer Normen und wirken als Auftrag oder Richtlinie für die Völkerrechtssubjekte bei der Schaffung und Entwicklung weiterer Völkerrechtsnormen. Sie bestimmen die Hierarchie der völkerrechtlichen Normen. Ebenso wie ihre Entstehung hängt ihre Durchsetzung freilich wesentlich davon ab, daß der Einfluß der Kräfte des Friedens und des Sozialismus auf die internationalen Beziehungen weiter wächst.

Personenregister